BENEDICTUS
SYMBOL ABENDLÄNDISCHER KULTUR

BENEDICTUS
Symbol abendländischer Kultur

Dom FILIPS DE CLOEDT O.S.B.

Dom VICTOR DAMMERTZ O.S.B.
Benedictus – Patronus totius Europae

MAUR STANDAERT O.C.S.O.
Das Leben und die Regel des hl. Benedikt

JAN KAREL STEPPE
Der hl. Benedikt im Spiegel der Kunst

JEAN DÉCARREAUX
Geschichte des benediktinischen Mönchtums

LÉO MOULIN
Der Alltag früher und heute

unter der Leitung von
Dom PIETER BATSELIER O.S.B.

Belser Verlag
STUTTGART
ZÜRICH

Frontispiz:
1. Sankt Benedikt, Mosaik aus dem XIII. Jahrhundert. Venedig, San Marco

Die Deutsche Bibliothek – CIP-Einheitsaufnahme

Benedictus : eine Kulturgeschichte des Abendlandes. – Stuttgart ; Zürich : Belser, 1998
Enth. u. a.: Benedictus – Patronus totius Europae. Das Leben und die Regel des hl. Benedikt.
ISBN 3-7630-2351-8

NE: Dammertz, Victor: Benedictus – Patronus totius Europae;
Standaert, Maur: Das Leben und die Regel des hl. Benedikt

ISBN 3-7630-2351-8

Printed in Germany by Westermann Druck, Zwickau

Vorwort

Benedikt von Nursia zählt zu den herausragenden »Vätern des Abendlandes«. Er schuf mit seiner Ordensregel die Grundlage des Mönchtums im Mittelalter und damit zugleich eine entscheidende Voraussetzung für die europäische Geschichte sowohl in geistiger als auch in materieller Hinsicht. Die Rückbesinnung auf Leben und Werk des Heiligen ist daher gleichbedeutend mit dem Rückblick auf fünfzehn Jahrhunderte fruchtbarer kultureller Entwicklung, die angesichts der heutigen Tätigkeit des Benediktinerordens keineswegs zu ihrem Ende gelangt ist.

Dom Pieter Batselier, der die Konzeption des vorliegenden Werkes entwickelt hat, wählte statt einer rein chronologischen Darstellung die Gliederung in vier einander ergänzende Themenbereiche, um zu einem der Lebenswirklichkeit Benedikts und des Benediktinertums angemessenen Gesamtbild zu gelangen.

So bietet dieser Bildband Einblick in das Leben und die Ordensregel des hl. Benedikt, deren herrliche Einfachheit Maur Standaert schildert. Gezeigt wird überdies die Darstellung des hl. Benedikt in der Bildenden Kunst, von Jan Karel Steppe meisterhaft erfasst, geordnet und ausgearbeitet. Aufschlussreich sind auch ein historischer Abriss des Benediktinertums in Europa, wobei Jean Décarreaux uns von Jahrhundert zu Jahrhundert an den Heiligtümern der Benediktinerregel entlangführt, und die Darlegung des Alltagslebens der Mönche, wie es der Soziologe Léo Moulin beobachtet hat.

Ohne den Prolog von Abbas-Primas Victor Dammertz hätten diesem grossen Fresko sicher Perspektiven und Erkenntnisse gefehlt; er hat eine regelrechte »Widmung« geschrieben, in der er den europäischen Auftrag Benedikts und seiner Regel betont: Als Friedensapostel, der zutiefst von der heiligen Würde des Menschen überzeugt war, als Begründer des Mönchtums, geistige Leitfigur des christlichen Abendlandes und »Vater Europas« hat der hl. Benedikt den Geist aller europäischen Völker geprägt.

Die überaus reiche und für das künstlerische Schaffen Europas repräsentative Bebilderung dieses Bandes rundet die beeindruckende Sammlung von Material zu einem vollkommenen Ganzen ab. Bis heute ist zu diesem Thema noch nie eine solche Fülle von Illustrationen zusammengetragen worden. Benedikt wurde von den grössten europäischen Künstlern dargestellt. Darüber hinaus wird dieses Buch durch vielfältiges Bildgut zu verschiedenen Aspekten des Benediktinertums und der Tätigkeit des Ordens illustriert, durch Material aus der Buchmalerei, Architektur, Bildhauerei, Malerei usw. Ein besonderes Glück ist es, dass hier auch bislang unveröffentlichte Dokumente wiedergegeben werden können. So gewähren die Illustrationen eine Übersicht über die ganze europäische Kulturgeschichte – was niemanden erstaunen sollte angesichts der Rolle, die Benedikt in der Entwicklung der abendländischen Kultur gespielt hat.

Zusammengetragen wurde das Bildmaterial von Prof. Dr. J. K. Steppe, Dom A. Hoste, E. Persoons und D. Vandemeulebroecke.

Dom FILIPS DE CLOEDT O.S.B.

Dieses Werk erschien erstmals 1980 als Beitrag zur Feier des 1500. Geburtstages des hl. Benedikt. Die Neuauflage erinnert im Benedikt-Jahr 1997 an den Tod des Heiligen vor 1450 Jahren.

Belser Verlag

Benedictus - Patronus totius Europae

Benedikt - der Patron ganz Europas

Das Kloster Montecassino, das Benedikt von Nursia um das Jahr 529 gegründet und wo er seine Mönchsregel verfasst hatte, ist aus den Trümmern und Ruinen eines verheerenden Weltkrieges wieder erstanden. Als Papst Paul VI. am 24. Oktober 1964 die nach den alten Plänen neu aufgebaute Abteikirche weihte, erklärte er den heiligen Benedikt feierlich zum Patron für ganz Europa. Die päpstliche Urkunde, die damals verlesen wurde, gibt die Motive an, die den Papst zu dieser Ernennung bewogen haben. Die Erinnerung an das zerstrittene und zerrissene Europa, das in zwei grausamen Kriegen sich selbst zerfleischt und die ganze Welt mit ins Chaos gezogen hatte, war dafür ebenso bestimmend wie die Hoffnung auf ein in Frieden und Freiheit geeintes Europa. Fünf inhaltsreiche und ruhmvolle Ehrentitel, die Benedikts Bedeutung für Europa hervorheben sollen, bilden den markanten Anfang dieses päpstlichen Schreibens.

PACIS NUNTIUS – Friedensbote. So lautet der erste von ihnen. In ihm kommt schon das Anliegen des gesamten Dokumentes zum Ausdruck. Wenn der Papst diese Worte so betont an den Anfang der Urkunde setzt, tut er damit seine Hoffnung kund, dass unter dem Schutz Benedikts ganz Europa den Frieden finde und zu einer Quelle des Friedens für die ganze Welt werde.

Friedensbote: dieser ehrenvolle Titel gilt einem Mann, der sich nie in die grosse Politik eingemischt hat. Papst Gregor der Grosse, der uns in seinen ›Dialogen‹ vom Leben und Wirken Benedikts erzählt, erwähnt nur eine einzige Szene, in welcher der weltflüchtige Mönch einem Grossen seiner Zeit begegnet ist. Es mag in der zweiten Hälfte des Jahres 546 gewesen sein. Totila, der König der Goten, beherrschte weite Teile Italiens. Er hörte von den Taten Benedikts und begehrte ihn einmal zu sehen. Benedikt liess ihn vor und benutzte diese Gelegenheit, sich beim siegreichen Feldherrn für die Menschen einzusetzen, die unter den Kriegszügen, Verwüstungen und Plünderungen am meisten zu leiden hatten. Mit unerschrockenem Freimut redete er dem König ins Gewissen: »Viel Böses tust du; viel Böses hast du getan. Halt endlich ein mit deinen Grausamkeiten!« Der Herrscher scheint diese Rüge beherzigt zu haben. »Von da an war er weniger grausam«, weiß Papst Gregor zu berichten (Dialoge II, 15). Ein wehrloser Mönch trotzt dem sieggewohnten König. Das prophetische Wort erweist seine Überlegenheit über die Waffen der Armeen. Das ist die Friedenstat der Wehrlosen, gestern wie heute und morgen. Nicht alle Mächtigen besitzen die Grossmut des Barbaren Totila, solchen Tadel anzunehmen und sich dieses offene und freimütige Wort gefallen zu lassen. Die Geschichte und unsere Gegenwart liefern dafür leider allzu viele Beispiele.

Für Benedikt steht es fest, dass Friede nur da möglich ist, wo Gerechtigkeit herrscht. Gerechtigkeit meint jedoch nicht eintönige Gleichmacherei und unterschiedslose Uniformierung, sondern nimmt Rücksicht auf die Eigenart der einzelnen. Nicht jedem das Gleiche, sondern jedem das Seine. In seiner Regel lesen wir: »Wie es in der Schrift heisst: jedem wurde zugeteilt, was er nötig hatte. Damit wollen wir nicht sagen, dass es ein Ansehen der Person geben darf – was Gott verhüte –, sondern dass man auf die Schwächen Rücksicht nimmt. Wer also weniger braucht, danke Gott und sei nicht traurig; wer aber mehr braucht, demütige sich wegen seiner Armseligkeit und überhebe sich nicht, weil man auf seine Schwäche Rücksicht nimmt. Auf diese Weise bleiben alle Glieder in Frieden« (*Regula* 34, 1-5).

Über vielen benediktinischen Klosterpforten steht das Wort PAX – Friede. Wer hier eintritt, darf eine Stätte des Friedens erwarten. Der Friedenskuss, der den Gästen bei ihrer Ankunft gegeben werden soll, ist ein ausdrucksvolles Zeichen dafür, dass sie in diese Gemeinschaft des Friedens aufgenommen werden, dass sie Anteil erhalten an der Pax Benedictina (vgl. *Regula* 53,4). Darum mahnt Benedikt seine Mönche, der Aufnahme von Armen und Pilgern (das lateinische Wort kann aber auch ganz allgemein ›Fremder‹ heissen), jenen Menschen also, die damals mehr als andere rechtlose und wehrlose Opfer der Ausbeutung waren, besondere Aufmerksamkeit zu schenken und ihnen Geborgenheit zu bieten. »Denn in ihnen wird mehr als in anderen Christus aufgenommen«. Die Reichen und Mächtigen, meint Benedikt, können sich schon selbst Respekt verschaffen (*Regula* 53, 15).

Die Gastfreundschaft als helfender Dienst an den Schutz- und Mittellosen ist in unserer Zeit keineswegs überholt. Aber vielerorts gewinnt sie heute eine andere Bedeutung. Zahlreiche Menschen suchen die Klöster auf, um im Zusammenleben mit einer Gemeinschaft von Menschen, die den Frieden suchen und nach ihm streben (*Regula*, Prolog 17), in der Unrast und Hektik ihres Lebens etwas Ruhe zu finden, zu sich selbst zu kommen und in der Stille vor Gott wieder die Orientierung ihres Lebens zu suchen. Mehr denn je müssen die benediktinischen Klöster heute Stätten und Zentren sein, in denen die Menschen den Frieden finden können: den Frieden mit sich selbst, mit Gott, mit ihrer Umwelt.

UNITATIS EFFECTOR – Baumeister der Einheit. Das ist der zweite Ehrentitel, den der Papst dem heiligen Benedikt zuerkennt. Die Einheit im Kleinen, in der Mönchsgemeinschaft, lag Benedikt sehr am Herzen und er bürdet sie als schwere Verantwortung dem Abt auf: »Der Freigeborene soll keinen Vorzug haben vor dem, der als Sklave eingetreten ist ..., denn ob Sklave oder Freigeborener: in Christus sind wir alle eins und tragen unter dem einen Herrn die gleiche Last des Soldaten- und Sklavendienstes; bei Gott gibt es ja kein Ansehen der Person. ... Der Abt soll also allen die gleiche Liebe zuwenden und ihrer Tugend entsprechend alle gleich behandeln« (*Regula* 2, 18-22). Benedikt duldet in seinem Kloster keine Rassen- oder Standesdiskriminierung. Unter seinen Mönchen finden wir Mitglieder des lateinischen Adels und Abkömmlinge der eingewanderten ›Barbaren‹, Söhne aus reichen und aus armen Familien (*Dialoge* II, 6; *Regula* 59). Um Politik gar hat er sich nie gekümmert. Er hat auch nie daran gedacht, einen grossen, weitverbreiteten Orden zu gründen. Dennoch lag seinem Werk eine Kraft inne, die in den folgenden Jahrhunderten von grundlegender Bedeutung für das Werden des Abendlandes, für Europa sein sollte. Nur langsam zwar, aber unaufhaltsam setzte sich seine Regel gegenüber den anderen Klosterregeln durch und wurde schliesslich die allein anerkannte Regel des abendländischen Mönchtums. Je stärker aber die Zahl der Benediktinerklöster in nahezu allen Ländern des heutigen Europas anwuchs und je mehr diese Klöster durch ihre kulturellen und zivilisatorischen Leistungen an öffentlichem Einfluss gewannen, desto mehr fand die Benediktusregel auch ausserhalb der Klöster Beachtung und Anerkennung. Es ist paradox: Benedikt, der dem Treiben der Welt entfliehen wollte und sich in die tiefste Einsamkeit zurückzog, wurde, ohne es zu wollen und ohne es auch nur zu ahnen, durch seine Regel zu einem der grossen Architekten der Einheit des Abendlandes und zum Patron Europas.

CIVILIS CULTUS MAGISTER – Lehrmeister von Kultur und Zivilisation. Europa ist nicht nur ein geographischer und politischer Begriff, sondern meint eine Kultur, die aus einer Verschmelzung der griechisch-römischen Antike mit der germanischen Welt unter dem Einfluss des Christentums erwachsen ist. An diesem Prozess waren die Regel Benedikts und die Mönche, die nach ihr lebten, massgeblich beteiligt. Waren es doch die Schreibstuben der Klöster, die das literarische Erbe der Antike bewahrten und der Nachwelt überlieferten. Und es waren in erster Linie die Klosterschulen, die den jungen Menschen humane und christliche Erziehung sowie eine umfassende Bildung vermittelten. Nicht Benedikt räumte mit dieser Verachtung der körperlichen Arbeit gründlich auf und wies der Handarbeit einen festen Platz im Tagesablauf des Mönches zu: »Müssiggang ist ein Feind der Seele. Deshalb sollen sich die Brüder zu bestimmten Zeiten mit Handarbeit, zu bestimmten Stunden hingegen mit heiliger Lesung beschäftigen«, ordnete er in seiner Regel an. »Denn erst dann sind sie wirklich Mönche, wenn sie von der Arbeit ihrer Hände leben, wie unsere Väter und die Apostel« (*Regula* 48, 1 und 8). Arbeit war für Benedikt jedoch nicht Selbstzweck. Deshalb ist ihm daran gelegen, dass der Mönch sich nicht in die Arbeit verliert oder vom Übermass der Arbeit erdrückt wird: »Alles muss mit Mass geschehen«, fügt er darum sogleich an (Vers 9).

Eine solche Einstellung zur Arbeit haben Benedikt und seine Mönche gelebt und gelehrt und damit sein Arbeitsethos begründet, das für die mittelalterliche Wirtschafts- und Sozialordnung Europas entscheidend wurde. Es gehört zu den Grosstaten Benedikts, dass er Wert und Würde der menschlichen Arbeit neu ins Bewusstsein gehoben hat. Erst auf diesem Fundament konnte die europäische Kultur und Zivilisation erstehen.

Wenn das päpstliche Dokument, das Benedikt zum Patron Europas erklärt, gerade diesem Thema einen breiten Raum widmet, so soll damit in Erinnerung gerufen werden, dass es grundlegende Werte gibt, die über die politischen und wirtschaftlichen Interessen hinaus seit alters her die Völker Europas verbinden. Sie müssen die Seele des neuen Europas sein.

RELIGIONIS CHRISTIANAE PRAECO – Künder des christlichen Glaubens. Benedikt hat seinem Kloster keine pastoralen Aufgaben gesetzt, noch weniger wollte er einen Missionsorden gründen. Aber als Hirten den Einsiedler in seiner Höhle bei Subiaco entdeckten und immer mehr Leute aus der Umgebung zu ihm kamen, begann er sie im Glauben zu unterweisen (*Dialoge* I). In der gleichen Gesinnung haben später Benedikts Söhne sich nicht gescheut, die Stille des Klosters zu verlassen, um sich in den Dienst der Glaubensverkündigung zu stellen. Im Jahre 596 sandte Papst Gregor der Grosse den Prior Augustinus des von ihm gegründeten Klosters St. Andreas zu Rom mit einer Gruppe weiterer Mönche nach England. Diese Massnahme hatte weitreichende Folgen. Denn bald entwickelten sich die Klöster auf den englischen Inseln zu Missionszentren, von wo aus immer neue Scharen von Mönchen zum Festland übersetzten, um dort das Evangelium zu verkünden. Weite Teile Europas verdanken daher benediktinischen Mönchen die Bekehrung zum christlichen Glauben.

MONASTICAE VITAE IN OCCIDENTE AUCTOR – Begründer des abendländischen Mönchtums. Dieser letzte der fünf Ehrentitel erst nennt die überragende Bedeutung Benedikts für das abendländische Mönchtum.

Nie hat er einen ›Orden‹ stiften wollen, er wollte nur eine Lebensordnung für sein eigenes Kloster verfassen, wobei er allerdings berücksichtigte, dass vielleicht andere Äbte sie für ihr Kloster übernehmen könnten. Er war sich bewusst, nur eine »bescheidene Regel für Anfänger« im monastischen Leben zu schreiben, die nach seiner Auffassung in ihren Forderungen weit hinter dem Standard anderer ihm bekannter Mönchsregeln des Ostens und des Westens zurückblieb (*Regula* 73). Aber gerade diese discretio, die schon Papst Gregor an ihr rühmte (*Dialoge* II, 36), der nüchterne, klare Blick für Maß und Mitte, sollten der Benediktusregel bald die allgemeine Anerkennung im Westen verschaffen.

PATRONUS TOTIUS EUROPAE – Patron ganz Europas. Das ist der neue Titel, den der Papst den fünf bisherigen hinzufügt und den er aus anderen ableitet. Benedikts Eintreten in Wort und Tat für Gerechtigkeit und Frieden, seine tiefe Überzeugung von der unantastbaren Würde eines jeden Menschen, unabhängig von Stand und Bildung, von Rasse und Nation, seine Wertschätzung des Humanen, sein kluger Sinn für Mass und Mitte, der jedem Extrem abhold war, nicht zuletzt die grosse Rolle, die seine Mönche in der Berufung Europas zum christlichen Glauben gespielt haben: das alles hat den Papst bewogen, die vielfältigen und oft so entmutigenden Bemühungen um ein neues Europa unter den besonderen Schutz dieses Heiligen zu stellen.

Mit deutlich erkennbarer Absicht erklärt der Papst den heiligen Benedikt zum Patron von *ganz* Europa, um jeder politisch oder wirtschaftlich bedingten Engführung zuvorzukommen. Wie Benedikt durch seine Regel so gut wie alle Stämme und Völker Europas beeinflusst hat, so soll sein Patronat heute über alle Grenzen und Gräben hinweg alle Länder Europas umfassen und dem ganzen Kontinent zugutekommen. Mehr noch: Europa und das europäische Mönchtum haben keinen Alleinanspruch auf Benedikt, gibt es doch längst in allen Erdteilen Männer und Frauen, die sich der Regel Benedikts verpflichtet haben und auf ihre Weise die benediktinischen Werte leben und weitergeben.

Die Anrufung Benedikts, des Patrons von ganz Europa, ist Ausdruck der Bitte und Hoffnung, dass nach all den sinnlosen, blutigen Kriegen ein friedliches Europa wächst, das seinen Teil zum Frieden auf der ganzen Welt beiträgt.

Dom VICTOR DAMMERTZ O.S.B.

MAUR STANDAERT O.C.S.O.

Das Leben und die Regel des hl. Benedikt

Die ›benediktinische Welt‹, die sich auf den hl. Benedikt als Referenzpunkt bezieht, ist in Zeit und Raum erstaunlich vielfältig und ausgedehnt. Ihre literarische Quelle, die das gemeinsame Erbe aller Erscheinungsformen ist, ist jedoch von sehr bescheidenem Umfang; es handelt sich in erster Linie um die Ordensregel des hl. Benedikt und um eine Biographie des Heiligen. Diese beiden, reichlich kurzen, Dokumente stammen aus dem VI. Jahrhundert und wurden in Mittelitalien abgefasst. Daher erscheint es mir geboten, kurz auf das Italien dieses VI. Jahrhunderts einzugehen.

Im VI. Jahrhundert besteht das römische Westreich nicht mehr. Bereits Ende des III. Jahrhunderts hatten die Barbaren mit ihren Angriffen begonnen, aber ihre zunächst zaghaften, dann immer wilderen Einfälle hatten von den Kaisern auf verschiedene Art und Weise neutralisiert werden können, bis zu dem Augenblick, da man diesen Angriffen keinen Widerstand mehr zu leisten vermochte, und sie das einst so mächtige Römische Reich hinwegfegten. Im Jahr 476 setzt der Heruler Odoaker den närrischen letzten Kaiser, Romulus Augustus, ab. Nur wenig später wird er selber von den Ostgoten ausgeschaltet. Während die Barbaren ganz Europa und Afrika überrennen, gewinnen in jenem Augenblick die Ostgoten in Italien die Oberhand. Kurze Zeit schien es sogar, als erweckten sie die alte Staatsordnung wieder zu neuem Leben. In Ravenna hielt Theoderich (526 gestorben), den der im fernen Konstantinopel residierende Kaiser Anastasius als unabhängigen König von Italien anerkannt hatte, glanzvoll Hof. Dank ihm und seinem Minister Boetius (524 hingerichtet) schien die alte Kultur eine Überlebenschance zu haben. Doch sollte diese Annahme sich schon sehr rasch als falsch erweisen.

Im Ostreich beginnt 527 die Herrschaft von Kaiser Justinian, der stark genug zu sein glaubt, um die verlorengegangenen westlichen Gebiete wiedererobern zu können. Nach ihrem Sieg über die Vandalen in Afrika, ziehen die kaiserlichen Truppen gen Italien. 537 nehmen sie Sizilien ein, danach Neapal und Rom, 540 sogar Ravenna. Die Goten sammeln jedoch neue Kräfte und finden in Totila einen glänzenden Kriegsherrn. Die byzantinischen Truppen, deren Disziplin nachzulassen beginnt, verlieren alles was sie zuvor gewonnen hatten. Bald herrscht Totila über Italien, Sizilien, Korsika und Sardinien; 546/547 war Rom gefallen. Doch noch einmal wechselt das Kriegsglück. Die Byzantiner kehren zurück und erobern wiederum die ganze Halbinsel. Doch das Entscheidungszentrum, Byzanz, liegt zu weit von Italien weg, das ab 568 von den Langobarden angegriffen wird, die um das Jahr 577 Monte Cassino zerstören.

Mühelos kann man sich die Verwüstungen vorstellen, die diese Kriege anrichteten, das allgemeine Chaos, das danach folgte und das Epidemien und Hungersnöte nur noch grösser werden liessen. Mitten in dieser Krisenperiode bleibt die Kirche die einzige einigermassen stabile Kraft. Sie übernimmt, im Grunde genommen gezwungenermassen, Aufgaben, die weit über ihren religiösen Auftrag hinausgehen. Am Ende des Jahrhunderts wählt sie einen ausserordentlichen Papst: Gregor den Grossen, der von 590 bis 601 regiert.[1]

Gregor wurde um das Jahr 540 in Rom als Sohn einer christlichen Patrizierfamilie geboren. Über seine Ausbildung ist wenig Genaues bekannt. Zweifellos musste er Jura studieren. Während der Herrschaft von Konstantinopel wird er, 573, Präfekt von Rom, also der höchste Magistrat von Rom. Dann beschliesst er, nicht ohne Zögern, was er sich später selber zum Vorwurf macht, sich aus der Welt zurückzuziehen; er verteilt seine Habe und zieht sich als Mönch (nicht als Abt) in das Sankt-Andreas-Kloster zurück, das er im väterlichen Haus auf Clivus Scauri gegründet hatte. Im Laufe der Zeit gründet er noch sechs andere Klöster auf den zahlreichen Gütern seiner

2. Sankt Benedikt, Fresko aus dem VIII. Jahrhundert.
Rom, Katakombe des hl. Hermes.
Hierbei handelt es sich um die älteste Darstellung Benedikts. Im offengeschlagenen Buch, das er in der Hand hält, kann man lesen: INITIUM SAPIENTIAE TIMOR DOMINI, Gottesfurcht ist der Anfang aller Weisheit.

Familie. Er bleibt dort fünf oder sechs Jahre lang; dann weiht Papst Gelasius ihn zum Diakon und schickt ihn als seinen Gesandten an den Hof von zunächst Kaiser Tiberius II., danach Kaiser Mauritius. Gregor verweilt sechs Jahre lang in Konstantinopel (ohne dort jemals Griechisch zu lernen), in Gesellschaft einiger Mönche von Sankt Andreas, die ihn begleitet hatten. In Konstantinopel schreibt er den grössten Teil der *Moralia in Job*, ein moralisierender Bibelkommentar (im weitesten Sinne des Wortes), der während des ganzen Mittelalters von sehr grosser Bedeutung ist. Nach Rom zurückgekehrt, verweilt er nur fünf Jahre in seinem Kloster, da er, gegen seinen Willen, zum Papst gewählt wird; unterdessen wird Rom von der Pest und einer Überschwemmung heimgesucht.

Gregor besass ein ausserordentliches Organisationstalent; seine Erfahrungen als Präfekt von Rom nutzten der Kirche; seine Briefe verdeutlichen die Entschlossenheit seines Charakters. Doch er war vor allem ein Hirte, der sich um die Erziehung der Gläubigen kümmerte, die er für das Höhere und die Kontemplation empfänglich machen wollte, weil er deren Bedeutung während seiner Jahre im Kloster schätzen gelernt hatte. Seine Werke verdeutlichen das: Die *Homiliae XL in Evangelia* waren für die Masse der Gläubigen bestimmt; die *Homiliae in Ezechelielm* hatte er vor allem für Klösterlinge geschrieben. Es folgten die *Homiliae ii in Canticum Canticorum.* Sein *Liber Regulae pastoralis,* über das Leben eines echten Seelsorgers, übte einen dauerhaften Einfluss aus. Schliesslich schrieb er die *Dialoge*, auf die später noch zurückzukommen sein wird. Gregor war kein Grübler. Er wachte über die Reinheit der Lehre. Er war, innerhalb der Grenzen, die die unruhige Epoche setzte, sehr gebildet. Auch wenn er nicht so begabt wie Augustinus war, vermittelte er jedoch der Nachtwelt grösstenteils dessen Lehre; man las Gregor während des Mittelalters mindestens ebensoviel wie den grossen Gelehrten. Die Historiker haben ihn unterschiedlich beurteilt; manche waren reserviert. Heute scheint es eher so, dass Gregor zu recht den Beinamen ›der Grosse‹ verdient.[2]

Das Leben des hl. Benedikt

Das zweite Buch der *Dialoge* Gregors des Grossen[3] enthält die einzige Quelle über das Leben des hl. Benedikt. Im Prolog dieses Werkes, dessen Dialogform sicherlich fiktiv ist, erzählt Gregor, wie er eines Tages, da er sich von den ihn bedrängenden Sorgen etwas ausruhen wollte, gegenüber seinem Gesprächspartner und langjährigen Freund, dem Diakon Petrus, alle Heiligen erwähnte, die sich der Kontemplation widmen konnten, während ihn die Last der seelsorgerischen Tätigkeit beinahe erdrückte. Petrus bemerkte daraufhin, dass er nur sehr wenige aussergewöhnlich tugendhafte Menschen kenne; er verstehe darum nicht dass solche Gedanken den Papst verstören könnten. Gewiss kenne er tugendhafte Menschen, aber er habe dennoch nicht den Eindruck, dass die Grossartiges geleistet oder gar Wunder gewirkt hätten. Zumindest seien diese dann nicht bekannt. Gregor antwortete ihm, dass er lange von solchen Menschen erzählen könne, von deren Wirken ihm glaubwürdige Zeugen berichtet hätten. Petrus nutzte sofort die Gelegenheit und bat Gregor, von ihnen zu erzählen, denn wenn schon die Lehren der Ärzte heilsam seien, dann sei das Vorbild der Heiligen und ihrer Wunder noch viel besser geeignet, um zur Demut zu führen und um sich zu wünschen in den Himmel zu kommen. Gregor folgt Petrus' Aufforderung; er schildert die Tatsachen, die erbauen, also etwas aufbauen helfen können. Die Erzählungen verdeutlichen andererseits, dass Gott sein Volk inmitten schwerer Zeiten nicht im Stich lässt. Wie im Alten und sogar auch im Neuen Testament gibt es immer Menschen, deren wundersames Leben beweist, dass Gott diejenigen, die er liebt, nicht im Stich lässt. Heilige gab es nicht nur in ferner Vergangenheit, im Orient oder in Gallien; auch Italien kennt sie; einige lebten ganz in der Nähe von Rom. Das wollen die *Libri IV dialogorum de vita et miraculis italicorum et de aeternitate animarum*, die zwischen Juli 593 und November 594 geschrieben wurden, beweisen.

Die *Dialoge* bestehen aus vier Büchern. Das erste Buch zählt 12, das dritte 38 Kapitel, in denen im ersten Fall 12, im zweiten 37 Personen beschrieben werden. Die 38 Kapitel des zweiten Buches sind einer einzigen Person gewidmet: Benedikt. Das vierte Buch schliesslich handelt zu-

3. Gregor der Grosse hält Zeugnisse über Benedikts Leben fest. Miniatur in Jean de Stavelots ›Miracles de Saint Benoît par Saint Grégoire, Adrevaldus et Aimoin‹, 1437. Chantilly, Musée Condé, hs. 1401.

nächst vom Weiterleben der Seele nach dem Tod; danach folgt ein Aufsatz über die letzten Dinge; der Aufsatz ist überwiegend doktrinär, weist aber dennoch auf eine Vielzahl von Wundern hin (etwa 50 Personen werden erwähnt, was jedoch nur mühevoll auszumachen ist). Wir interessieren uns in diesem Zusammenhang ausschliesslich für das zweite Buch, wobei man dennoch nicht vergessen sollte, dass es Teil eines Ganzen ist, das der Figur Benedikts noch mehr Konturen gibt, da er wirklich den Geist aller Gerechten ausstrahlt, der die Tugenden und Gaben aller anderen in sich vereinigt.

Der Prolog des zweiten Buchs beginnt mit dem feierlichen Satz: *Fuit vir vitae venerabilis, gratia Benedictus et nomine, ab ipso pueritiae suae tempore cor gerens senile.* Einst lebte ein Mann heiligen Lebenswandels, von der Gnade und dem Namen nach ›gebenedeit‹, der bereits als Knabe mit der Weisheit eines Greises gesegnet war.[4] Er wurde in Nursia als Kind einer Familie der Oberschicht geboren und nach Rom geschickt, um dort die Freien Künste zu studieren. Doch schon sehr bald wandte er sich davon ab, da er fürchtete, ebenfalls der moralischen Unordnung zu erliegen, der seine Mitstudenten anheimgefallen waren. Er verliess Rom, nahm Abschied vom Haus und den

Gütern seines Vaters, um ausschliesslich ein Gott gefälliges Leben zu führen *(soli Deo placere desiderans)* und einen mönchischen Lebenswandel zu erstreben. Er zog sich darum zurück und entschied sich damit für die Wissenschaft vom Nicht-Wissen und die weise Unwissenheit *(scienter nescius et sapienter indoctus)*.

Nach dieser Einleitung gibt Gregor seine Quellen bekannt, nachdem er selber seinen Held nicht gekannt hat. Er beruft sich jedoch auf vier Männer, die Benedikt gekannt haben: Konstantin, der Nachfolger Benedikts auf Monte Cassino; Valentin, Abt des Lateranklosters; Simplizius, Nachfolger Konstantins; und Honoratius, Abt von Subiaco, der einzige Zeuge der im Augenblick der Niederschrift der *Dialoge* noch lebt [Prol.]. Erstaunlicherweise werden in den anderen Büchern der *Dialoge* die Quellen nicht erwähnt, sondern schreibt Gregor häufig »man sagt, dass«, »man hat mir mitgeteilt, dass« usw. Im zweiten Buch nennt er dann plötzlich seine Quellen, und wenn Gregor sich hier und da auf ein anderes Zeugnis stützt, vermeldet er es.

Benedikt suchte verlassene Gegenden auf; zunächst weilte er in Enfide, wo die Bevölkerung ihn und seine Amme (die ihn sehr liebte und in die Einsamkeit begleitete) nicht mehr weggehen lassen wollte. Eines Tages zerbrach der Amme ein Sieb; als Benedikt sah, dass sie, die er liebte, deswegen litt, begann er zu beten. Und das Sieb ward wieder ganz. Die Nachricht von diesem Wunder verbreitete sich wie ein Lauffeuer, und man hing das Sieb an der Kirchentür auf, »wo es bis zur Ankunft der Langobarden zu sehen war.« Benedikt aber zog, diesmal alleine, weiter; nach diesem Wunder befürchtete er, eitlem Ruhm zu erliegen.

Er wandte sich nach Subiaco *(Sublacus)*, etwa vierzig Meilen von Rom entfernt und nach dem grossen See benannt, aus dem ein Fluss abfliesst. Unterwegs traf Benedikt einen Mönch namens Romanus, der ihm, als er von den Plänen des jungen Mannes gehört hatte, eine Mönchskutte gab und während der drei Jahre die Benedikt in einer schmalen und schwer zugänglichen Grotte verbrachte, mit Nahrungsmitteln versorgte. Romanus brachte Benedikt Brot, indem er es in einer kleinen, an einem Seil befestigten Glocke vom Felsen herabliess; eines Tages musste er jedoch eine andere Möglichkeit ersinnen, da der Teufel das Glöckchen mit einem Stein zertrümmert hatte, weil er sich über Romanus' Barmherzigkeit und Benedikts Einkehr erbost hatte.

An einem Ostertag erhielt ein Priester, der ziemlich weit von der Grotte entfernt lebte, im Traum den Befehl, Benedikt ein Festmahl zu bringen. Als er den Eremiten ausfinding gemacht hatte, forderte er ihn nach dem gemeinsamen Gebet auf, das Mahl einzunehmen. Benedikt verstand nicht sofort, worum es ging; er wusste nicht, dass Ostern war.

Etwa zur gleichen Zeit entdeckten Hirten aus der Gegend den Einsiedler in seiner Grotte. Wegen seines Aussehens hielten sie ihn zunächst für ein wildes Tier. Doch bald wurden die Bande enger, was für die reichlich unbeholfenen Hirten von grösstem Nutzen war. Auch andere Menschen aus der Gegend kamen, um Benedikt zu sehen; sie brachten ihm Nahrung und seine Lehren halfen ihnen, ein besseres Leben zu führen. [Kap. I]

Doch der Versucher vergass Benedikt ebensowenig. Die Erinnerung an eine sehr schöne Frau, die er einst gesehen hatte, verwirrte ihn dermassen, dass er um ein Haar seine Klause verlassen hätte. Plötzlich fasste er sich jedoch wieder, wälzte sich nackt in einem Dornenbusch und in Brennesseln und von diesem Augenblick an »ward die Versuchung des Fleisches so gut bezwungen, dass er sie nie mehr verspürte.« So konnte er seinen Besuchern als ein Meister der Tugend entgegentreten. [Kap. II]

Die Kunde von Benedikt verbreitete sich mehr und mehr. Die Mönche eines Klosters, dessen Abt soeben verstorben war, baten ihn, sich an ihre Spitze zu stellen. Benedikt zögerte lange, weil die Sitten dieser Mönche alles andere als vorbildlich waren. Schliesslich gab er nach und wurde ihr Oberer. Doch schon nach kurzer Zeit verschlechterte sich die Situation wieder, da die Mönche bereuten einen Abt gewählt zu haben, der ihre Unordnung nicht duldete. Um Benedikt loszuwerden, boten sie ihm einen Gifttrank an. Benedikt schlug über der Schale, die man ihm hinreichte, das Kreuzzeichen; die Schale zerbrach, »als habe man einen Stein in sie geworfen.« Benedikt begriff, dass man ihn hatte vergiften wollen. Sehr ruhig erhob er sich und ging von dannen, um wieder alleine sein zu können, was er so sehr schätzte. »Er lebte mit sich selber«, schreibt Gregor. Aber Petrus versteht diesen Ausdruck nicht, sodass Gregor ihn erklärt: man kann ausserhalb sich selber geführt werden, in die Tiefe wegen allzu grosser Besorgnis, oder, durch die Kontemplation, in die Höhe. In casu lief Benedikt Gefahr, ausserhalb sich selber in die Tiefe geführt zu werden, da er sich um jene schamlosen Mönche gekümmert hatte, die sich nicht hatten bessern wollen. Er kehrte also zu sich selber zurück, »und sein Innerstes vertiefte sich in die Meditation.

4. Sodoma, Der hl. Benedikt verlässt seine Eltern. Fresko, 1505-1508.
Kloster Monte Oliveto Maggiore.

Und jedesmal wenn das Feuer der Kontemplation ihn erhob, erhob er sich über sein eigenes Ich.«

Während der langen Zeit, die er in der Einsamkeit lebte, wurde der Heilige immer tugendhafter; er wirkte auch stets mehr Wunder, so dass eine grosse Schar Jünger zu ihm kam, »um mit ihm dem allmächtigen Gott zu dienen.« Für sie liess er zwölf Klöster bauen, in dem jeweils zwölf Mönche und ein Abt lebten. Benedikt selber blieb im dreizehnten Kloster, wo er den Nachwuchs heranzog. Unter den jungen Leuten, die ihn aufsuchten, waren einige, ›die hoffen liessen‹: Maurus, Sohn des Equitius, der trotz seiner Jugend sehr bald Benedikts Gehilfe wurde, und der sehr junge Placidus, Sohn des Tertullus. [Kap. III]

Gregor erwähnt danach einige erstaunliche Begebenheiten, die sich in Subiaco zugetragen haben. In einem der zwölf Klöster ist ein Mönch nicht fähig, nach der Messfeier zum Gebet zu kommen. Sein Abt, Pompeianus, kann ihn nicht bessern. Er wendet sich an Benedikt, der sich mit Maurus zum Kloster begibt. Dort sieht er, dass am Ende der Messe ein kleines, schwarzes Kind den jungen Mönch nach draussen zieht. Am folgenden Tag beobachtet Maurus das gleiche wie sein Abt. Am dritten Tag heilt Benedikt den Mönch mit einem Peitschenhieb für immer von seiner Unbeständigkeit. Der Erzfeind wagt es nicht mehr, sich der Gedanken des Mönchs zu bemächtigen. [Kap. IV]

Ein anderes Wunder: in drei der Klöster, die hoch droben in den Bergen liegen, mangelt es an Wasser. Um beschwerliche und gefährliche Gänge zu vermeiden, wollen die Mönche sich andernorts niederlassen. Benedikt empfiehlt ihnen je-

doch, an einer bestimmten Stelle auf den Felsen zu schlagen; am folgenden Tag sprudelt dort eine Quelle. [Kap. v]

Oder: ein Gote, ein etwas einfältiges, doch emsiges Wesen, der am Seeufer Gestrüpp ausreisst, schlägt mit seiner Sichel so fest zu, dass der Metallteil sich aus dem Schaft löst und ins Wasser fällt. Der Mönch sucht Maurus auf, um ihm seine Schuld zu bekennen. Maurus bespricht den Vorfall mit Benedikt, der sich zum See begibt, den Griff des Werkzeugs aufhebt und ins Wasser wirft: sofort fügt die Klinge sich wieder in den Schaft. [Kap. vi]

Eines Tages wird der kleine Placidus beim Wasserschöpfen am See von der Strömung fortgerissen. Von seinem Zellenfenster aus hat Benedikt den Vorfall beobachtet. Er befiehlt Maurus, dem Kind zu Hilfe zu eilen. Maurus sputet sich und läuft über das Wasser; erst danach wird er sich des Wunders bewusst, das Benedikt auf den Gehorsam seines Jüngers zurückführt, während dieser es einer Fügung seines Abts zuschreibt. Placidus gibt daraufhin die richtige Antwort: das Wunder ist Benedikt zu verdanken, denn »in dem Augenblick, da ich aus dem Wasser gezogen wurde,« so sagt er, »sah ich über meinem Kopf den Mantel des Abts schweben, und hatte ich den Eindruck, von ihm aus dem Wasser gezogen zu werden.« [Kap. vii]

Die Ausstrahlungskraft Benedikts erregt den Neid des Priesters einer benachbarten Kirche, Florentinus, der seinen Nachbarn gerne loswerden möchte und ihm ein vergiftetes Brot schickt.

5. Magister Conxolus, Benedikt in Enfide und Subiaco. Fresko aus dem xiii. Jahrhundert.
Subiaco, Unterkirche des Sacro Speco.
Benedikt fügt auf wunderbare Weise das Sieb zusammen, das seine Amme fallengelassen hatte. Er erhält aus den Händen von Romanus das Mönchsgewand und zieht sich in Subiaco in eine Grotte zurück.

6. Florentinus schickt sieben nackte Mädchen in den Klostergarten. Miniatur in Jean de Stavelots ›Vita beati Benedicti abbatis in veteri lege figurata et per doctores nove legis luculenter approbata‹, Lüttich, 1432.
Chantilly, Musée Condé, Hs. 1401.

Veritas de virtute castitatis. lxxxij.
xp̄us.
Daniel.
Sarraballa .i. bracce nō sūt mutata & odor ignis nō transiuit p eos. Daniel. iij.
Floretius pb̄r
Septē puelle nude
Brides.
Sit lubi vri precīcti & lucēne ardētes i manibus vris. luce. xij.
fr iohes.
Gregorius.
Floretius ad tēptationē carnis ad locum deuenit. libro dyalogorum. ij.
Vir dei de cella cōspiciēs nudas septē puellas dixerat: timens lapsum discipulorum. inuidie
Si vis luxum castigare. Corpus doma ser temptatus.
Ora. stude. meditare. Fuge locum personatus
Qui son corps convoit chastier. Ches choises bien doit acomplier.
Lier. orer. en contemplation. Femes fuieir & leur conuersation.

Benedikt durchschaut jedoch den Plan und befiehlt einem Raben, das tödliche Geschenk weit weg zu bringen. Das stachelt Florentinus nur desto mehr an. Da es ihm nicht gelingt, den Meister selber anzugreifen, wendet er sich gegen dessen Jünger. Er schickt sieben junge Mädchen in den Klostergarten, um dort nackt zu tanzen. Von seiner Zelle aus wird Benedikt dessen gewahr. Da die Gemeinheit ihm gilt, und Benedikt seine jungen Mönche um allen Preis schützen will, beschliesst er, Subiaco zu verlassen. Er gibt jedem der zwölf Kloster Statuten, stellt Priore an, denen er die Mönche zuweist, und zieht von dannen. Kurze Zeit später stirbt Florentinus beim Einsturz seines Hauses. Maurus beeilt sich Benedikt die frohe Kunde zu übermitteln und ihn zu bitten, nach Subiaco zurückzukehren. Benedikt kommt dieser Aufforderung jedoch nicht nach und erteilt überdies Maurus einen Verweis, weil er sich über den Tod eines Feindes gefreut hat.

Wirklich, ruft in diesem Augenblick der Diakon Petrus, Benedikt war vom Geist aller Gerechten erfüllt. Petrus erkennt in der Quelle im Felsen den Geist von Moses, in der Sichel den Geist von Elisa, im Schreiten über dem Wasser den Geist von Petrus, im gehorsamen Raben den Geist des Elias, Davids Geist im Kummer wegen des Todes eines Feindes. Gregor antwortet ihm, dass Benedikt vom Geist des einzig Gerechten, Jesus Christus des Herrn, erfüllt war, der seine Macht Wunder zu wirken auch anderen übertragen kann. [Kap. VIIIA]

Von Subiaco aus begibt Benedikt sich an einen Ort, der am Abhang eines hohen Gebirges liegt: Monte Cassino. Er lässt sich auf dem Berg nieder, auf dem man früher Apollo verehrt hatte und wo manche Wälder den Dämonen geweiht sind. Der Fromme zerstört zunächst den Altar Apollos und steckt danach den Wald in Brand. Er errichtet ein Oratorium zu Ehren des hl. Martin und stellt anstelle des Apolloaltars einen neuen auf, der dem hl. Johannes dem Täufer geweiht ist. Aber, so merkt Gregor an, Benedikt kann von Ort zu Ort ziehen, der Feind folgt ihm immerdar; der Teufel stellt ihm immer wieder Fallen und macht ihm ständig Scherereien. [Kap. VIIIB] Der Teufel lässt einen Stein so schwer werden, dass die Brüder ihn nicht mehr wegtragen können; erst ein Gebet Benedikts sorgt für Abhilfe. [Kap. IX] Der Teufel spiegelt in der Küche, wo man ein Götzenbild abgestellt hatte, das in der Erde verborgen gewesen war, einen Brand vor. Ein Gebet des Abts heilt die Brüder von der Wahnvorstellung. [Kap. X] Während der Bauarbeiten sorgt der Teufel dafür, dass eine Mauer einstürzt und dabei einen jungen Mönch verletzt. Das Opfer wird übel zugerichtet, aber als Benedikt herbeieilt und betet, kann der Mönch sofort wieder seine Arbeit aufnehmen. [Kap. XI]

Nach dieser Serie von Eingriffen des Teufels erinnert Gregor an verschiedene prophetische und hellseherische Taten, die Benedikt zugeschrieben werden. Zwei Mönche hatten das Kloster verlassen müssen, um einen Auftrag zu erfüllen. Unterwegs nehmen sie, trotz des ausdrücklichen Verbots der Regel, eine Mahlzeit ein. Bei ihrer Rückkehr fragt Benedikt sie, wo sie gegessen haben. »Nirgendwo«, antworten sie. Doch Benedikt sagt ihnen ganz genau, beim wem sie was gegessen und getrunken haben. Er verzeiht ihnen den Verstoss, da er genau weiss, dass sie nie mehr sündigen werden, weil sie ihn im Geiste anwesend wissen. [Kap. XII]

Von Zeit zu Zeit sucht ein Pilger Benedikt auf. Vor der Begegnung isst er nichts; er legt den Weg nüchtern zurück. Eines Tages überredet ihn der als Reisegesell verkleidete Teufel, während der Reise doch etwas zu sich zu nehmen. Benedikt ›sieht‹ es und der andere, der seinen Fehler erkennt, bittet um Vergebung; er schämt sich umso mehr, weil er vor den Augen von Vater Benedikt gesündigt hat. – Wiederum unterbricht der Diakon Petrus die Erzählung Gregors; er erkennt in dieser Begebenheit den Geist Elisas, der einst seinem abwesenden Jünger erschienen war. [Kap. XIII]

Eine andere Episode bezieht sich auf den Besuch von König Totila. Der Gotenkönig hatte von den prophetischen Gaben des Abts gehört und wollte sich selber von ihnen überzeugen. Er bat, von Benedikt empfangen zu werden. Am Tag der vereinbarten Zusammenkunft schickte er jedoch an seiner Stelle seinen Schildjunker Rigo, der in königliche Gewänder gehüllt und von der königlichen Garde begleitet war. Sobald Benedikt Rigo erblickt hatte, rief er ihm zu: »Mein Sohn, lege ab was du trägst, es ist nicht dein.« Verdutzt schilderte Rigo den Vorfall seinem Herrn [Kap. XIV], der den Abt nun persönlich aufsuchte. Benedikt empfing ihn, warf ihm seine Greueltaten vor und forderte ihn auf, sie einzustellen. Er sagte ihm auch die Zukunft voraus: »Ja, du wirst in Rom einziehen und über das Meer fahren. Du wirst neun Jahre lang regieren; im zehnten Jahr wirst

7. Sankt Benedikt, Miniatur aus dem Stundenbuch der Katharina von Kleve, etwa 1440.
New York, Pierpont Morgan Library, M. 917.
Am unteren Rand dieser Seite ist eine Szene aus der Benediktlegende wiedergegeben, die Rettung Placidus' durch Maurus.

Obsecro te beate benedic
te dilecte dei. intercede
pro famula tua. R.
et pro omni sancta ac tua con
gregatiōe. ⁊ p universis sub
tuo magisterio militantibus.
simul et pro omni populo
xpistiano intercede. et pro me

8. Der hl. Benedikt und der junge Mann, der einen Krug Wein verborgen hatte. Miniatur in Jean de Stavelots ›Miracles de Saint Benoît‹.

du sterben.« Und so geschah es tatsächlich. Und Gregor fügt hinzu, dass Benedikt bei einer anderen Gelegenheit dem Bischof von Canossa versichert hatte, dass Rom nicht von den Barbaren zerstört würde, sondern durch Stürme, Springflut, Zyklone und Erdbeben. Was nunmehr geschehen ist, merkt Gregor an. [Kap. XV].

Eine andere Begebenheit: ein Geistlicher wird vom Teufel erlöst, aber Benedikt befiehlt ihm, kein Fleisch mehr zu essen und nicht länger in einen Orden eintreten zu wollen. Eine Weile ist der Geistliche folgsam; schliesslich vergisst er aber sein Versprechen. Aufs neue plagt ihn der Teufel, bis ans Ende seiner Tage. [Kap. XVI]

Anschliessend folgt eine Prophezeiung: Benedikt äusserte sie eines Tages, als er sehr niedergeschlagen war, gegenüber dem Adeligen Theoprobus: »Dieses Kloster, das ich erbaut habe, und alles was ich für die Brüder zusammengetragen habe, wird aufgrund eines Urteils des allmächtigen Gottes den Heiden zum Opfer fallen. Erst nach langem Zureden gestattet er das nackte Überleben.« Und Gregor hält fest, dass diese Vorhersage auch tatsächlich eingetroffen ist; Monte Cassino wurde von den Langobarden zerstört, aber kein einziger Mönch kam dabei ums Leben. [Kap. XVII]

Die Gabe der Prophezeiung und des Hellsehens wird noch bei vielen anderen Gelegenheiten deutlich. Einmal weiss Benedikt, dass ein Krug Öl entwendet und versteckt worden ist [Kap. XVIII], ein andermal weiss er, dass ein Mönch von Nonnen Taschentücher als Geschenk angenommen hat [Kap. XIX], und er errät die stolzen Gedanken eines anderen Mönchs [Kap. XX]. Während einer Hungersnot in Kampanien sagt Benedikt voraus, dass »das Brot, das heute fehlt, morgen auf dem Tisch sein wird.« Am darauffolgenden Tag findet man vor der Klosterpforte zweihundert Scheffel Mehl. [Kap. XXI]

Eines Tages bittet man Benedikt, in Terracina ein Kloster zu gründen. Er stimmt zu und schickt Brüder samt einem Abt und einem Prior, denen er verspricht, an einem bestimmten Tag zu kommen und die Stelle zu zeigen, an der die Kirche, das Refektorium, das Gästehaus und alle anderen Gebäude errichtet werden müssen. In der Nacht vor dem festgesetzten Tag des Besuchs erscheint Benedikt dem Abt und dem Prior von Terracina im Traum und teilt ihnen den Plan für das neue Kloster mit. Am folgenden Tag erscheint der Abt von Monte Cassino nicht in Terracina. Die Brüder suchen ihn auf, um ihn an sein Versprechen zu erinnern, worauf Benedikt ihnen antwortet: »Aber ich bin doch in eurem Traum bei euch gewesen.« [Kap. XXII]

Noch viele andere Ereignisse werden uns mitgeteilt. Benedikt hatte zwei Nonnen wegen ihrer unflätigen Redensweise exkommuniziert. Bald darauf starben sie. Während der Totenmesse stiegen sie mehrere Male aus ihrem Grab in der Kirche auf. Sie konnten an der geheiligten Stätte erst ruhen, nachdem der herbeigerufene Benedikt die Exkommunikation rückgängig gemacht hatte. [Kap. XXIII]

Ein junger Mönch hatte ohne Erlaubnis das Kloster verlassen um seine Eltern zu besuchen. Dort starb er. Man bestattete ihn, aber er wurde zweimal aus seinem Grab geworfen. Man verständigte Benedikt, der empfahl, dem Mönch ein Kreuz auf die Brust zu legen, um dadurch anzudeuten, dass er mit dem Herrn seinen Frieden geschlossen hatte. So kam die Sache in Ordnung. [Kap. XXIV] Ein anderer Mönch, dem das Klosterleben nicht mehr zusagte, verliess das Kloster; unterwegs begegnete er einem Drachen, der ihn verschlingen wollte. Das genügte um ihn von seiner Unbeständigkeit zu heilen. [Kap. XXV]

Ein Kind, das an Elefantiasis erkrankt war, wurde vom Abt des Monte Cassino geheilt. [Kap. XXVI] Ein anderes Mal fand er auf der Kiste mit dem Weizenvorrat des Klosters die zwölf Goldstücke und noch zusätzlich ein dreizehntes Goldstück, um die ihn ein Bittsteller gebeten hatte, der seinem Gläubiger die Schulden zurückbezahlen musste, dem Benedikt jedoch nicht hatte helfen können, weil er das Geld nicht hatte. [Kap. XXVII] Bei einer anderen Gelegenheit gesundete Abt Benedikt einen Leprakranken. [Kap. XXVIII]

Während einer entsetzlichen Hungersnot in Kampanien befahl Benedikt, einem Bedürftigen die einzige Flasche Öl zu geben, die sich im Kloster noch auftreiben liess. Als er erfuhr, dass man seine Anweisung nicht befolgt hatte, liess er die Flasche aus dem Fenster werfen; sie fiel auf den Felsen, aber sie zerbrach nicht. [Kap. XXIX) Daraufhin begannen Benedikt und seine Brüder zu beten; ein leeres Fass wurde randvoll mit Öl gefüllt.

Als Benedikt sich eines Tages zum Oratorium des hl. Johannes begab, das auf dem Berggipfel lag, lief ihm der als Tierarzt verkleidete Teufel über den Weg. Benedikt ging weiter, doch der ›Tierarzt‹ belästigte einen alten Mönch, den Benedikt durch eine Ohrfeige erlöste: »der Schlaue wagte nicht mehr wiederzukommen.« [Kap. XXX]

Noch zwei weitere ›Wunder‹ sollten erwähnt werden. Ohne sich in seiner Zelle auch nur zu rühren und ohne von seiner Lektüre aufzuschauen befreit Benedikt einen Bauern, den der grausame Gote Tzalla – dem Benedikt seine Grausamkeit nicht ohne Erfolg vorhält – terrorisiert und gefesselt hat. [Kap. XXXI] Ein anderer Bauer bit-

9. Die Unterhaltung des hl. Benedikt mit Scholastika. Fresko, Schule von Umbrien und Marken, XV. Jahrhundert. Subiaco, Oberkirche des Sacro Speco.

tet den Heiligen inständig, sein verstorbenes Kind wieder zum Leben zu erwecken, was auch, nach einem Gebet Benedikts, geschieht. [Kap. XXXII]

An dieser Stelle stellt der Diakon Petrus eine Frage: Können die Heiligen tun was sie wollen? Erhalten sie alles was sie sich wünschen? Gregor antwortet ihm mit »Nein«. Ebensowenig wie der hl. Paulus trotz inständigen Bittens, ihn vom Stachel in seinem Fleisch zu befreien, Gehör fand, gelingt es auch Benedikt nicht durchzusetzen, dass das Wetter schön bleibt, was ihm ermöglicht hätte, am Ende eines in erbaulichen Gesprächen mit seiner Schwester Scholastika verbrachten Tages heimzukehren. Scholastika war Nonne und besuchte ihren Bruder einmal jährlich. An diesem Tag wünschte sie die Unterhaltung fortsetzen zu können, was Benedikt aus Respekt vor der Ordensregel ablehnte, die es ihm nicht gestattete, die Nacht ausserhalb seiner Zelle zu verbringen. Scholastika begann zu beten und erreichte damit, dass ein furchtbares Gewitter und strömender Regen den Abt und seine Brüder an der Rückkehr hinderten. So konnten Bruder und Schwester ihr Gespräch fortsetzen. »Es ist gar nicht verwunderlich,« schliesst Gregor ab, »dass Scholastika mächtiger war... Die Gerechtigkeit wollte, dass sie, die

10. Sodoma, Der hl. Benedikt erteilt den schlafenden Mönchen von Terracina Anweisungen, wie sie ihre neue Abtei bauen müssen. Fresko, 1505-1508.
Kloster Monte Oliveto Maggiore.

mehr liebte, auch mehr erhielt.« [Kap. XXXIII] Drei Tage später hob Benedikt in seiner Zelle die Augen gen Himmel, » und er sah die Seele seiner Schwester, in Gestalt einer Taube, in die Weite des Himmels entschweben.« Der Abt liess den Leichnam der Verstorbenen suchen und im Grab, das er für sich selber vorbereitet hatte, beisetzen, »auf dass ein Grab nicht länger diese zwei Wesen trenne, die stets eins in Gott gewesen waren.« [Kap. XXXIV]

Hierauf folgt ein ziemlich langes Kapitel, in dem von einer Vision Benedikts berichtet wird. Die Brüder schliefen bereits; Benedikt lag hingegen noch wach. Zu dieser nächtlichen Stunde sah er plötzlich, wie sich Licht ausbreitete, das die Nacht vertrieb und heller als der Tag erstrahlte. Vor seinen Augen verschmolz die ganze Welt zu einem einzigen Sonnenstrahl. Benedikt sah dann, wie in einem Feuerball die Seele Hermanns, des Bischofs von Capua, von Engeln in den Himmel geleitet wurde. Benedikt erkundigte sich und erhielt als Antwort, dass Hermann tatsächlich zu der Stunde gestorben war, der der Heilige seine Seele zum Himmel hatte auffahren sehen. Diese Vision ist für Gregor eine Anleitung zu einem Lehrstück über die Kontemplation, die im Lichte Gottes die Seele aufgehen und sich über sich selber hinaus erheben lässt, sodass ihr die ganze Schöpfung gering erscheint. [Kap. XXXV]

Die Reihe der Wunder ist damit abgeschlossen. Dennoch muss noch ein herrlicher Umstand mitgeteilt werden. Der Heilige hat für seine Mönche eine Regel geschrieben, die sich durch Augenmass und glänzende Formulierungen *(discretione praecipuam, sermone luculentam)* auszeichnet. Aus ihr kann man Benedikts Lebenswandel ableiten (denn alles, was bisher über ihn gesagt worden ist, teilt nicht sehr viel über sein Privatleben mit), denn »der Heilige kann in keinem Fall Ratschläge erteilen, die sich von seinem eigenen Lebenswandel unterscheiden.« [Kap. XXXVI]

Wir gelangen zum Lebensende Benedikts. Im Jahr seines Hinscheidens sagt er einigen Brüdern seinen Sterbetag voraus. Sechs Tage vor seinem Tod lässt er sein Grab bereiten. Das Fieber packt ihn, und er lässt sich in die Kapelle bringen, wo er den Leib und das Blut des Herrn empfängt. Danach richtet er sich auf; er stützt seine schwachen Glieder auf die Arme seiner Jünger, hebt die Hände zum Himmel und betet bis zum letzten Atemzug. An jenem Tag haben zwei Brüder dieselbe Vision: ein Weg, der mit Teppichen belegt und von unzähligen Lichtern beleuchtet ist, führt von Benedikts Zelle aus geradewegs nach Osten in den Himmel. Und ihnen wird gesagt: »Dies

11. Sodoma, Der hl. Benedikt fügt die Sichel des Goten wieder zusammen. Fresko, 1505-1508.
Kloster Monte Oliveto Maggiore.

ist der Weg, über den Benedikt, den der Herr schätzte, zum Himmel stieg.« Benedikt wird im Johannes dem Täufer geweihten Oratorium beigesetzt. [Kap. XXXVII]

Gregor erwähnt dann noch ein Wunder »jüngeren Datums«: in der Grotte von Subiaco wurde eine Wahnsinnige geheilt. [Kap. XXXVIII]

Gemäss den *Dialogen* ist dies die *Vita des hl. Benedikt*. Wie die zahlreichen erhalten gebliebenen Handschriften beweisen, ist sie sehr oft abgeschrieben worden. Es gibt zahlreiche Ausgaben und Übersetzungen; auch in unseren Tagen wird die *Vita* noch übersetzt. Viele der Begebenheiten sind auf Bildern und, in geringerem Masse, Bildhauerarbeiten festgehalten worden. Auch die Musik hat sich ihrer bedient; für die Gottesdienste in den Benediktinerklöstern schrieb man gregorianische Melodien auf Texte aus der Regel. Das hat in nicht geringem Masse dazu beigetragen, dass sie in klösterlichen Kreisen in Fleisch und Blut übergingen.[5]

Man kann sich die Frage stellen, in welchem Masse in der Vergangenheit wirklich an soviele Wunder geglaubt wurde. Man kann die Frage aber nur schwerlich beantworten, täuscht sich vermutlich jedoch kaum in der Annahme, dass das Glauben an Wunder im Mittelalter weitverbreitet war. Und heute?

Die Renaissance und der Humanismus schätzten das Wunderliche in den *Dialogen* kaum; die Reformation hatte eine Abneigung gegen den Heiligenkultus, die Mutmassungen über das Fegefeuer und den Gottesdienst als nützliches Mittel um die Lebenden und Toten zu erleichtern.

Die späteren Epochen, die noch stärker vom Rationalismus und Positivismus geprägt sind, wenden sich entschieden gegen alles Übernatürliche, Wunderliche und Naive.

Wenn andererseits die historische und die Textkritik geneigt sind, zwar nicht die Authentizität des Werkes anzuzweifeln, aber ihm pauschal die ›Historizität‹ zu bestreiten, so liefern sie dennoch auch Hinweise, die notwendige Differenzierungen ermöglichen.

Im allgemeinen hat man die *Dialoge* zu den volkstümlichen Erzählungen gerechnet; sie wären somit eine Art Schmutzfleck im Werk Gregors, der sie in einem etwas vernachlässigten Stil geschrieben hätte um verständlich zu sein, und der sich ebensowenig gescheut hätte, mit vollen Händen Wundergeschichten zu verbreiten. In Wirklichkeit hat eine Untersuchung erwiesen, dass diese *Dialoge* für die Elite der Priester, Notablen und Gebildeten bestimmt waren,[6] die Wundergeschichten ebenso schätzten wie die ungebildete Masse. Was den Stil betrifft, so hat eine Analyse ergeben, dass er sich keinesfalls von dem der anderen Werke Gregors unterscheidet. Der Qualität nach fällt er ein klein wenig ab im Vergleich zu den *Moralia in Job* und zum ersten Buch der *Homiliae XL in Evangelia*, und er ist etwas besser im Vergleich zum zweiten Buch dieser *Homiliae* und zu den *Homiliae in Ezecheliem*. Darüberhinaus ist der Aufbau der insgesamt vier Bücher der *Dialoge* sehr ausgeklügelt: die ersten drei Bücher bilden ein Triptychon, dessen Mittelteil einer einzigen Person gewidmet ist, während die beiden Seitenflügel, das I. und das III. Buch, eine Vielzahl von Personen vorstellen. Das vierte Buch wirkt wie ein alles umfassendes Gemälde, das das Triptychon krönt und auf das die anderen Teile zulaufen. Es gibt noch weitere Anzeichen für einen sorgfältigen Aufbau (die Anzahl der Personen, die Anzahl der Wunder usw.), die erforscht worden sind, auf die hier jedoch nicht näher eingegangen werden soll.

Wenn man sich im folgenden auf das zweite Buch beschränkt, so scheint es, dass man in bezug auf die Hintergründe der Erzählung streng zwischen den bio- und topographischen Angaben einerseits und den Wundern andererseits unterscheiden muss.[7]

In Wirklichkeit gibt es keinen Grund, an der Existenz Benedikts, an seiner Geburt in Nursia (heute Norcia, 110 Kilometer nordöstlich von Rom gelegen), an seinem Aufenthalt in Enfide (heute Affile, 50 Kilometer östlich von Rom), an seinem Aufenthalt in Subiaco (5 Kilometer nördlich von Affile), zunächst in der Grotte *Sacro Speco*, danach in einem von zwölf anderen Klöstern umgebenen Kloster, an seiner Niederlassung auf dem Monte Cassino (120 Kilometer südöstlich von Rom)[8], an der Gründung von Terracina (55 Kilometer südöstlich von Monte Cassino) und am Bestehen des Lateranklosters in Rom zu zweifeln. Es gibt ebensowenig einen Grund zu bezweifeln, dass er eine Regel verfasst hat, auch wenn Gregor sie eher als Spiegel für Benedikts Heiligkeit auffasste denn als ein Mittel zur Verbreitung des Mönchtums (in der Tat verdankt die Regel ihren Einfluss zu einem nicht geringen Teil der ›Empfehlung‹ des Papstes). Warum sollte man sich sträuben anzunehmen, dass Scholastika wirklich gelebt hat? Auch das Sieb, das man an der Kirchentür in Enfide hängen sehen konnte, muss wohl wirklich bestanden haben. Und es muss ebenso sicher –›neulich‹, schreibt Gregor – etwas Merkwürdiges in der Grotte von Subiaco vorgefallen sein. Auch der Besuch Totilas ist sehr wahrscheinlich.

Nichts von alldem widerlegen die sehr interessanten Studien, die man den formalen literarischen Vorbildern der *Dialoge*, dem Thema der Treffen zwischen Heiligen und Grossen dieser Welt, den heidnischen Elementen in diesem II. Buch,[9] der Symbolik in den Namen Benedikts (der ›Gebenedeite‹) und Scholastikas (›zur Schule gehörig‹)[10] usw. gewidmet hat und auch in Zukunft wohl noch widmen wird.

Aber wenn man die Wunder, die Wunderlegenden und die ›Teufelsstreiche‹ betrachtet, empfiehlt sich viel grössere Zurückhaltung. Nicht weil man a priori die Möglichkeit übernatürlicher Eingriffe oder die Existenz des Teufels zurückweisen sollte; es scheint nämlich, dass Benedikt wirklich ein Thaumaturg war. Aber wir werden niemals alle Einzelheiten und die genauen Umstände jener Wunder oder erstaunlichen Taten kennen, von denen die *Dialoge* berichten. Wir werden auch nicht den wirklichen historischen Kern kennen und wir werden ebenfalls nicht wissen können, ob es einen solchen historischen Kern überhaupt je gegeben hat. Vom II. Buch ausgehend kann man ein Porträt Benedikts, mit einer gewissen Physiognomie, nachzeichnen, aber es ist sehr gut möglich, dass das Resultat anstelle der historischen Wahrheit ein ›image d'Epinal‹ ist. Natürlich besitzen diese beschönigenden Bilder ihren spezifischen Wahrheitsgehalt, eine ›gewisse‹ Wahrheit, und in jedem Fall viel Charme. Warum sollte man dann auf sie verzichten?

Wenn es gewagt ist, sich auf die *Dialoge* zu stützen um die Doktrin des hl. Benedikt zu bestimmen, dann kann man andererseits jedoch da-

12. Albert van den Brulle, Eine wahnsinnige Frau wird in der Grotte von Subiaco wieder gesund. Relief auf dem Chorgestühl von San Giorgio Maggiore, Venedig, 1596-1598.
Rechts unten auf dem Relief steht die Signatur des Schnitzers: Opus Alberti Brulen Fland., ausgeführt von Albert van den Brulle aus Flandern.

13. Eine wahnsinnige Frau wird in der Grotte von Subiaco wieder gesund. Kupferstich in Angelus Sangrinus' ›Vita beatissimi patris Benedicti‹. Rom, 1587.

von ausgehen, dass sie sehr viel von der Doktrin Gregors wiedergeben. Er scheint die ›wundersamen‹ Taten, ob sie nun wirklich stattgefunden haben oder nicht, dazu benutzt zu haben, einerseits das Leben Benedikts festzuhalten – und die biographischen Angaben, von denen weiter oben die Rede war, können als echt angenommen werden –, andererseits aber anhand dieser Lebensgeschichte seine eigenen Ansichten über die Rolle der Versuchung im spirituellen Leben, über die Anforderungen der Kontemplation, über die Bedeutung des Gebets usw. geäussert zu haben. Übrigens weist Gregor selber mehrere Male darauf hin, dass die Wunder – ›die Tugenden‹ – sehr viel weniger ins Gewicht fallen als der heilige Lebenswandel – ›die Tugend‹ – für den sie deutliche Anzeichen sind. Das Leben des historischen Benedikt gab Gregor Gelegenheit, seine eigene Lehre zu verkünden.[11]

So bleibt die Frage übrig, ob man die genauen Lebensdaten des hl. Benedikt kennt. ›Traditionsgemäss‹ gibt man 480 als Geburtsjahr an, 529 für den Aufbruch nach Monte Cassino, 542 als Sterbedatum. Die Gelehrten nehmen an, dass 480 wohl willkürlich gewählt ist (man könnte mühelos noch rund zehn Jahre weiter zurückgehen), aber in etwa stimmt. 529 ist ein völlig mutmassliches Datum, aber es liegt wahrscheinlich sehr dicht bei der Wahrheit. Und 542 als Todesjahr muss mindestens fünf Jahre später gelegt werden (da manche Wissenschaftler nicht zögern, Benedikts Tod in die Mitte des VI. Jahrhunderts und gar noch später zu verlegen): also etwa 547, oder noch etwas später.[12]

Die Regel des hl. Benedikt

Oft ist die erste Lektüre der Regel des hl. Benedikt ziemlich verwirrend. Der wohlgemute Leser hat von den Vorzügen dieser Regel gehört, die das monastische Leben so ausserordentlich befruchtet hat; er weiss, dass die Mönche und Klöster entscheidend zur abendländischen Kultur beigetragen haben; und so erwartet er ein ausserordentliches Werk, ein tiefschürfendes, gedrängtes Exposé einer spirituellen Theologie oder einer theologischen Doktrin, oder aber eine Darstellung der Grundzüge des Mönchtums, mit womöglich den wichtigsten rechtlichen Elementen, die jedoch nicht allzusehr ins Detail geht. In jedem Fall erwartet er einen gut aufgebauten, klar formulierten Text. Aber womit sieht der Leser sich konfrontiert? Er kann keinen klaren Aufbau erkennen (jeder Herausgeber schlägt einen anderen vor), und was den Rest betrifft, werden seine Erwartungen wohl kaum erfüllt. Alles ist hier vermischt: Bibelzitate, geistliche Ermahnungen, Grundzüge einer Doktrin, juristische Bestimmungen, manchmal selbst die kleinsten Details zur Regelung des Alltags, und das alles ohne deutlich erkennbare Proportionen; mehr oder weniger scheint alles gleichermassen wichtig zu sein.

In Wahrheit ähnelt die Regel des hl. Benedikt vom literarischen Aspekt her gesehen den meisten alten Ordensregeln, die man mit einem mehr oder weniger dicken Aktenordner voller Schriftstücke vergleichen kann. Die Schriftstücke beziehen sich auf die Doktrin, das geistliche Leben, die Rechtsnormen und den Alltag; mit ihrer Kenntnis kann man ein Kloster leiten. Der Inhalt dieser verschiedenen Schriftstücke ist natürlich festgelegt – denn es handelt sich ja um Regeln; aber er ermöglicht dennoch eine gewisse Flexibilität. Die Regeln können wiederholt, geändert, ergänzt, anders formuliert werden, nicht nur vom Autor, sondern ebensogut von anderen Autoren; jener Zeit ist der Begriff ›literarisches Eigentum‹ nämlich völlig fremd. Man übernimmt was man findet und passt es, wenn man das für nötig hält, den eigenen Bedürfnissen an.[13]

Ähnlich wie das mit dem II. Buch der *Dialoge* des hl. Gregor der Fall war, soll im folgenden die Regel Benedikts summarisch vorgestellt werden. Denn selbst wenn die Regel des hl. Benedikt wahrscheinlich bekannter und geläufiger ist als Gregors Lebensgeschichte, so erweist sich ihre Lektüre dennoch als nützlich.[14]

Die Regel des hl. Benedikt besteht aus einem Prolog und 73 Kapiteln.

14. Sodoma, Benedikt gibt seinen Mönchen die Regel. Fresko, 1505-1508.
Kloster Monte Oliveto Maggiore.

»Höre, mein Sohn, auf die Lehren des Meisters und neige das Ohr deines Herzens.« So beginnt der Prolog. Es geht hier darum, dem zu gehorchen, der allen Ungehorsam ausgeschlossen hat. Und der Text geht weiter: »So richtet sich denn jetzt mein Wort an dich: an jeden, der dem Eigenwillen entsagen und die starken und herrlichen Waffen des Gehorsams ergreifen will, um dem wahren König, Christus, dem Herrn, zu dienen.« Es folgt eine ganze Reihe ähnlicher Aufrufe: ein Aufruf, um inständig zu beten, um immer wach zu bleiben, um dem Heiligen Geist in allem was er der Kirche befiehlt Folge zu leisten, um Gott zu fürchten (das heisst ihn respektvoll zu lieben), ein Aufruf zum Frieden, ein Aufruf zur Vollkommenheit. In der Masse sucht Gott den Arbeiter *(operarius)*, der bereit ist auf die Bedingungen einzugehen, die zum wahren Leben führen, der bereit ist den Berg des Herrn zu besteigen und der wünscht unter Gottes Zelt zu wohnen. Die Antwort auf diese Aufrufe bedeutet, im Glauben und im Tun den Weg des Evangeliums einzuschlagen, sich von seinen Fehlern zu reinigen, seinen Nächsten wirklich zu lieben und zu beten: »Man muss von nun an laufen und handeln«, sein ganzes Leben lang.

So will Benedikt eine Schule gründen, in der man den Dienst des Herrn lernt *(dominici schola servitii)*. Sein Ziel ist dabei nicht, alles härter und schwieriger zu machen. Aber man muss wissen, dass man den Weg des Heils erst beschreiten kann, nachdem man durch die enge Eingangspforte gegangen ist. »Sollten jedoch Vernunft und Billigkeit zur Besserung von Fehlern und zur Bewahrung der Liebe da und dort etwas strengere Anforderungen stellen, so verlass nicht gleich voll Angst und Schrecken den Weg des Heils, der am Anfang nun einmal eng sein muss.« Selbst dann ist man noch lange nicht gerettet: »Sobald man aber im klösterlichen Leben und im Glauben Fortschritte macht, weitet sich das Herz, und man geht den Weg der Gebote Gottes in unsagbarer Freude der Liebe. Wir wollen uns also nie der Leitung dieses Meisters entziehen, sondern im Kloster bis zum Tod an seiner Lehre festhalten und in Geduld am Leiden Christi teilnehmen, damit wir auch verdienen, Anteil zu haben an der Herrlichkeit seines Reiches. Amen.«

Die eigentliche Regel beginnt im ersten Kapitel mit einer Präzisierung des Adressatenkreises. Denn im Grunde genommen gibt es vier verschiedene Arten von Mönchen. Zunächst gibt es die Zönobiten, das heisst diejenigen, »welche in einem Kloster leben und einer Regel und einem Abt Gehorsam leisten.« Danach kommen die Anachoreten oder Einsiedler: sie haben gelernt, im täglichen Leben den geistigen Kampf zu bestehen und können sich darum alleine, ohne ihre Brüder, mit Gottes Hilfe der Wüste zuwenden. Die Sarabaiten bilden die dritten Kategorie: sie leben zu zweit oder zu dritt, manchmal aber auch alleine, ohne Oberen; sie tun was ihnen beliebt: »Statt in den Hürden des Herrn, sind sie in sich selber eingesperrt und betrachten ihr eigenes Begehren und Behagen als ihr Gesetz. Sie nennen all das heilig, was sie selbst für gut und wichtig halten; was sie aber ablehnen, das gilt ihnen als verboten.« Sie sind zu verabscheuen. Doch es gibt noch Schlimmere als sie: die herumvagabundierenden Bettelmönche oder Gyrovagen, die von Kloster zu Kloster ziehen, hier und dort einige Tage verweilen, um dann wieder anderswohin zu ziehen, »immer unstet, nie beständig, sind sie Sklaven ihrer Launen und der Gaumenlust.« Man schweigt besser über sie als dass man sie erwähnt, meint der hl. Benedikt, der am Ende dieses ersten Kapitels keinen Zweifel daran lässt, dass er sich an die charakterfesten Zönobiten wendet *(coenobitarum fortissimum genus)*.

Der hl. Benedikt widmet dann das zweite Kapitel dem Abt. Im Kloster ist er der Stellvertreter Christi. An der Spitze der Herde, die ihm Gott der Vater anvertraut hat, muss er dereinst über alles was er für sie getan hat Rechenschaft ablegen. Sein Wort, aber ebensosehr sein Vorbild

15. Der hl. Benedikt erklärt einem Mönch die Regel. Miniatur in Jean de Stavelots ›Règle de Saint Benoît en latin et en français‹, Lüttich, 1437. Chantilly, Musée Condé, Hs. 1401.

16. Der hl. Benedikt und sein Schüler. Verzierter Anfangsbuchstabe O in einem Graduale aus der ehemaligen Zisterzienserinnenabtei von Wonnenthal, etwa 1350. Karlsruhe, Badische Landesbibliothek, Hs. U.H.A.

muss seinen Schülern als Lehre dienen und er muss allen, ohne jeglichen Unterschied, die gleiche Zuneigung entgegenbringen. »Ob Sklave oder Freigeborener: In Christus sind wir alle eins und tragen unter dem einen Herrn die gleiche Last des Soldaten- und Sklavendienstes.« Der Abt muss seinen Unterricht und sein ganzes Verhalten den Fähigkeiten seiner Brüder anpassen; zum einen muss er zärtlicher und herzlicher sein, zum anderen strenger und unnachgiebiger. Er muss Fehlern und Vergehen Einhalt gebieten, doch wiederum indem er auf die Intelligenz und das Temperament eines jeden eingeht. So fällt dem Abt sicherlich eine schwere Aufgabe zu. Er muss die Seelen führen und über die Sitten einer grossen Schar wachen *(regere animas et multorum servire moribus)*. Aber man sollte ebensowenig vergessen, dass der Abt die Verantwortung für die weltliche, konkrete Verwaltung trägt, auch wenn die Sorge für das Seelenheil und die Suche nach dem Königreich Gottes seine erste Pflicht sind und alles andere nur nebensächlich ist.

Das dritte Kapitel handelt vom Rat, der dem Abt beisteht. Selbst wenn der Abt in letzter Instanz entscheidet, muss ihm dennoch ein Rat der Brüder beistehen; bei wichtigen Entscheidungen besteht er aus der ganzen Gemeinschaft, bei weniger wichtigen Entscheidungen aus einigen älteren Brüdern. Doch da es letztlich darum geht zu wissen, was Gottes Wille ist, fragt der Abt auch die jüngeren Brüder um Rat, »weil der Herr oft einem Jüngeren offenbart, was das Bessere ist.« Der Abt entscheidet, jedoch unter Berücksichtigung des Gebots: »Der Abt jedoch handle immer in Gottesfurcht und nach der Vorschrift der Regel. Alle sollen daher in allem der Weisung der Regel folgen, und niemand darf leichtfertig von ihr abweichen.«

Kapitel IV stellt die Frage: »Mit welchen Instrumenten vollbringt man gute Taten?« Wir finden über siebzig Gebote, Sentenzen, Maximen, Anweisungen, Warnungen, die meistens in Gruppen zusammengefasst werden, aber keiner ersichtlichen Ordnung folgen. Zunächst die beiden ersten Gebote: Gott und seinen Nächsten zu lieben; darauf folgen die zehn Gebote; danach die Werke der Barmherzigkeit usw. Hier einige dieser Sentenzen: Sich fernhalten vom Treiben der Welt; der Liebe zu Christus nichts vorziehen; wenn man etwas Gutes an sich findet, es Gott zuschreiben, nicht sich selbst; an Gottes Barmherzigkeit nie verzweifeln.« Dazwischen findet man auch prosaische Bemerkungen, wie: »Kein Trinker und kein grosser Esser sein; sich nicht dem Schlaf ergeben.« Und das Kapitel endet, nachdem auf die himmlische Belohnung verwiesen worden ist, die jenen zuteil wird, die das vorgeschlagene Programm treu erfüllen, mit diesen Worten: »Die Werkstatt, in der wir das alles gewissenhaft üben sollen, ist die Abgeschlossenheit des Klosters und das treue Ausharren in der Gemeinschaft.«

Zwischen den Kapiteln V, VI und VII besteht eine enge Beziehung. Sie gehören zu den wichtigsten der ganzen Regel und handeln vom Gehorsam, dem Schweigen und der Demut. Kapitel V beginnt mit der Feststellung: »Die höchste Stufe der Demut ist der Gehorsam ohne Zögern.« Die Demut entspringt vornehmlich der Liebe zu Christus und wird durch die Treue zum geheiligten Dienst bewiesen, die man versprochen hat, durch die Angst vor der Höllenpein und die Sehnsucht in den Himmel zu kommen. Dank der Demut gehorcht man, in aller Ehrlichkeit, ausschliesslich Gott. Der Mönch verzichtet darauf, seinen eigenen Willen auszudrücken und wünscht tatsächlich, sich der Führung des Abts anzuver-

trauen *(abbatem sibi praeesse desiderant)*. Auf diese Weise imitiert er Christus, der einst sagte: »Ich bin nicht gekommen, um meinen Willen zu tun, sondern den Willen dessen, der mich gesandt hat.« Der Mönch muss eifrig, überzeugt und gutwillig, ohne Murren gehorchen: Gott liebt diejenigen, die freudig geben *(hilarem datorem diligit Deus)*.

Kapitel VI handelt vom Schweigen, dessen Sinn ist, Sünden zu verhindern; der Lehrling muss zuhören, nur dem Meister geziemt die Belehrung. Das Schweigen ist so wichtig, dass man nur selten (den vollkommensten Jüngern) die Erlaubnis zum Sprechen über heilige Dinge erteilt. Selbstverständlich wird in jedem Kloster auch gesprochen, anders wäre es nicht lebensfähig; doch darf man nicht an jedem beliebigen Ort oder zu jeder beliebigen Zeit reden (an einer anderen Stelle in der Regel werden die geeigneten Orte und Momente genannt); niemals darf Unsinn geredet werden.

Kapitel VII handelt von der Demut und ist das Kernstück der Regel. Jeder Mensch der sich erhöht, wird erniedrigt werden, und wer sich selbst erniedrigt, wird erhöht werden. So steht es in der Heiligen Schrift geschrieben. Gott fordert uns auf, das Höchste zu erstreben; man erlangt es jedoch nur, wenn man sich selbst im irdischen Leben erniedrigt. Man muss in Demut reifen. Man muss eine Leiter emporklimmen, deren Seitenstücke unser Körper und unsere Seele sind, zwischen die Gottes Wille die zwölf Sprossen eingefügt hat (das Bild ist etwas irreführend, aber man begreift worum es geht).

Die erste Stufe der Demut ist die Gottesfurcht.

17. Der hl. Benedikt in der Grotte von Sacro Speco. Miniatur im Brevier Mayer van den Bergh, Gent-Brügge, etwa 1510.
Antwerpen, Museum Mayer van den Bergh, Kat. Nr. 946.
Diese Miniatur stellt verschiedene Szenen dar: das Wunder mit dem Sieb; den Teufel, der das Glöckchen zerstört; Benedikts Busse im Dornenbusch und sein Ostermahl mit dem behilflichen Priester.

18. Das Besteigen der Mauern zur Heiligen Stadt. Miniatur in Guillaume de Deguilevilles ›Pèlerinage de la Vie Humaine‹, Frankreich, XIV. Jahrhundert.
Brüssel, Königliche Bibliothek, Hs. 10176-10178.
Die Jünger Benedikts erklimmen die Mauer mit Hilfe der Leiter der Bescheidenheit; die Jünger des hl. Franz gelangen mittels eines Taus mit Knoten in die Stadt.

Benedikt behandelt sie am ausführlichsten. Auf dieser Stufe geht es strenggenommen darum, im Angesicht Gottes seine Gedanken, seine Zunge, seine Hände, seine Füsse, seinen Willen, sein Fleisch, also alles was man ist und was man tut, zu beherrschen. Man ist aufgefordert, sich sehr deutlich der Allgegenwart Gottes bewusst zu werden; daraus ergibt sich eine Lebensweise, die Gottes Wollen entspricht. Das kann man nur tun, wenn man auf seinen eigenen Willen verzichtet und somit Christus nachfolgt: »Ich bin nicht gekommen, um meinen Willen zu tun, sondern den Willen dessen, der mich gesandt hat.« Das ist dann die zweite Stufe der Demut. Die dritte erreicht man, wenn man sich, aus Liebe zu Gott und um nochmals Christus nachzufolgen, der bis in den Tod gehorchte, einem Oberen fügen will. Ein solches Leben im Gehorsam bringt Schwierigkeiten mit sich; der Mönch kann die vierte Stufe erreichen, wenn er, trotz schwieriger, abstossender, selbst ungerechter Umstände demütig und friedlich weiterhin dem Weg folgt, den er eingeschlagen hat. Er ist dabei nicht unbedingt frei von perversen Gedanken und verborgenen Sünden; wenn er die fünfte Stufe erreichen will, teilt er dem Abt – und über ihn Gott, der Barmherzigkeit walten lässt – diese dunklen Abgründe seiner Seele mit.

Der Mönch muss sich mit jeder Situation, in die er gerät, mit allen Erniedrigungen und Extremfällen abfinden, selbst wenn er das Gefühl hat, vernichtet zu werden. Er muss sich, so wird ihm auf der sechsten Stufe empfohlen, für einen unwürdigen Arbeiter halten. Die siebte Stufe verlangt dann, dass sich der Mönch dennoch nie anderen überlegen fühlt. Im Gegenteil, er muss sich ihnen unterlegen fühlen, dem Wort von Psalm 118 treu: »Es war gut für mich, dass du mich gedemütigt hast: so lernte ich deine Gebote.« Auf der achten Stufe darf der Mönch sich nicht absondern; er muss zahm die Regeln der Gemeinschaft und das Vorbild der Alten befolgen. Die folgenden Stufen verlangen dann von ihm: nicht zu sprechen, es sei denn, man hat ihn gefragt (neunte Stufe); nicht leichtfertig zu lachen (zehnte Stufe); gemessen und bescheiden zu sprechen (elfte Stufe).

19. Piero della Francesca, Sankt Benedikt. Ausschnitt aus dem Polyptychon der Madonna della Misericordia, etwa 1450-1460.
Borgo Sansepolcro, Palazzo Communale.

»Auf der zwölften Stufe der Demut ist der Mönch nicht nur im Herzen demütig; auch an seinem ganzen äusseren Verhalten kann man seine Demut jederzeit erkennen: beim Gottesdienst, im Oratorium, im Kloster, im Garten, unterwegs, auf dem Feld, kurz überall, mag er sitzen, gehen oder stehen, senkt er stets den Kopf und richtet den Blick auf den Boden.« Er ist sich der Gegenwart Gottes und seines Urteils bewusst. Das ist beinahe furchterregend. Der Mönch sagt zum Herrn, dass er nicht würdig ist, seine Augen gen Himmel zu heben und er wiederholt mit dem Propheten: »Gebeugt bin ich und tief gedemütigt.« Und in der Regel heisst es weiter: »Hat nun der Mönch alle diese Stufen der Demut erstiegen, dann gelangt er bald zu jener Gottesliebe, die vollkommen ist und die Furcht vertreibt. In der Kraft dieser Liebe beginnt er, alle Vorschriften, die er bisher nur aus Angst beobachtete, jetzt ohne Mühe infolge der Gewöhnung wie von selbst zu erfüllen, nicht mehr aus Furcht vor der Hülle, sondern aus Liebe zu Christus, und weil das Gute ihm zur Gewohnheit, die Tugend zur Freude geworden ist. Diesen Zustand der Vollendung wird der Herr durch den Heiligen Geist huldvoll an seinem Arbeiter offenbar machen, der frei geworden ist von Fehlern und Sünden.«

Die Kapitel VIII bis XVIII bilden eine Einheit für sich. In ihnen wird der Ablauf der Liturgiefeiern festgelegt (nicht der Messe, die nicht täglich gelesen wird), die am Tage und in der Nacht, je nach Jahreszeit, stattfinden. Der hl. Benedikt legt grossen Wert auf den Gottesdienst, das *Opus Dei*; deshalb begnügt er sich nicht damit, einige allgemeine Prinzipien mitzuteilen, sondern er hält alle Details, die für einen guten Ablauf sorgen, fest.

Kapitel XIX besagt deutlich, in welchem Geist der Gottesdienst zu feiern ist (die Kapitelüberschrift klingt etwas verächtlich: ›Das Verhalten beim Psalmensingen‹). Der Mönch muss sich erinnern, vor dem ständig, jedoch ganz besonders beim Gottesdienst gegenwärtigen Herrn zu stehen. In Gottes und der Engel Gegenwart singt der Mönch die Psalme geziemend: »Dass unser Herz im Einklang ist mit unserem Wort« *(mens nostra concordet voci nostrae)*. Die gleiche Haltung kennzeichnet das ›private‹ Gebet, das nach dem Psalmensingen still verrichtet wird; so wird es in Kapitel XX empfohlen. Dieses Gebet erfordert dermassen viel Reinheit und innere Stille, dass es kurz sein muss, es sei denn die Gnade habe es ganz besonders inspiriert. Beim gemeinschaftlichen Dienst ist das Gebet immer kurz.

Ab Kapitel XXI wendet Benedikt sich ganz anderen Problemen zu: ›Die Dekane des Klosters‹. Benedikt präzisiert hier den Aufbau des Gemeinschaftslebens. An der Spitze von Gruppen von jeweils zehn Mönchen steht ein Dekan, den der Abt sorgfältig ausgesucht hat, da er sich beim Erledigen der alltäglichen Geschäfte auf die Dekane stützt, »auf die der Abt einen Teil seiner Bürde legen kann.« Kapitel XXII regelt die Schlafgewohnheiten der Mönche. Alle schlafen in einem einzigen Saal, es sei denn, dass ihrer zu viele sind; in dem Fall schlafen sie zu zehnt oder zu zwanzig. Man behält die Kleider an, um beim Ertönen des Signals sofort zum Gottesdienst gehen zu können.

Es kann vorkommen, dass Mönche Fehler machen oder sich vergehen. Der hl. Benedikt gibt in den Kapiteln XXIII-XXX eine Art Strafgesetzbuch. Im Falle einer Übertretung oder eines Fehlers straft der Abt, je nachdem wie schwer das Vergehen war; er erteilt dem Mönch privat oder öffentlich einen Verweis, er kann ihn sogar auf verschiedene Weise vom Gemeinschaftsleben ausschliessen. Diese Kapitel verblüffen die modernen Geister am meisten. Sie stützen sich jedoch immer auf moralische Einsichten, zum Beispiel wie man ein ernsthaftes Leben führt, vor allem aber auf den Wert des Gemeinschaftslebens. Benedikt schätzt ihn so hoch ein, dass er verfügt, die Strafe der Ausschliessung nur bei denen anzuwenden, die die Bedeutung und die Reichweite der Massnahme erkennen können. In diesen Kapiteln fällt auf, wie sorgfältig der Abt mit schuldigen Brüdern umgehen muss: »Der Abt muss sich grosse Mühe geben und mit Umsicht und Beharrlichkeit alles daransetzen, um keines der ihm anvertrauten Schafe zu verlieren. Er muss wissen, dass er die Sorge für franke Seelen, nicht die Gewaltherrschaft über gesunde übernommen hat.« Er muss dem Beispiel des Guten Hirten folgen, der das verlorene Schaf sucht und es auf seinen Schultern zurückträgt [Kap. XXVII].

Die Kapitel XXXI-XXXIV sind den materiellen Gütern des Klosters gewidmet, ihrer Verwaltung und ihrer Verwendung. Der für alles verantwortliche Abt beruft sich hier auf die Dienste des Kellermeisters [Kap. XXXI; in den Klöstern spricht man nie von Verwaltern, sondern traditionell von Kellermeistern]. Er muss über eine ganze Reihe guter Eigenschaften verfügen (Nüchternheit, Höflichkeit, weder geizig noch verschwenderisch), aber auch übernatürliche Gaben besitzen (Gottesfurcht, Liebe zu und Respekt vor den Brüdern, Demut). Der Abt hat ihm alles anvertraut, und er ist sozusagen der Vater der Gemeinschaft. Ein anderer sorgfältiger Bruder bewahrt und pflegt das Werkzeug, die Kleider und die Instrumente

20. Magister Conxolus, Sankt Benedikt. Fresko aus dem XIII. Jahrhundert.
Subiaco, Unterkirche des Sacro Speco.

[Kap. XXXII]. Die Mönche selber besitzen überhaupt nichts [Kap. XXXIII]: »Sie haben ja nicht einmal das Recht, über ihren eigenen Leib und die Regungen des Willens eigenwillig zu verfügen.« Sie müssen sich dem Vater des Klosters fügen. Privateigentum ist ein abscheuliches Laster. Wer sich ihm hingibt, und dabei erwischt wird, muss mit einer empfindlichen Strafe rechnen. Die Gebrauchsgegenstände der Mönche werden nicht einheitlich ausgeteilt [Kap. XXXIV]; wie in der ersten Gemeinschaft von Jerusalem erhält jeder was er benötigt. »Wer also weniger braucht, danke Gott und sei nicht traurig; wer aber mehr braucht, demütige sich wegen seiner Armseligkeit und überhebe sich nicht, weil man auf ihn Rücksicht nimmt. Auf diese Weise bleiben alle Glieder in Frieden. Vor allem darf aus keinem Grund, in keinem Wort und keiner Andeutung das Übel des Murrens aufkommen.« Nicht nur hier verurteilt Benedikt das Murren als eines der Grundübel des Gemeinschaftslebens.

Es folgen einige Kapitel, die verschiedene Dienste der Gemeinschaft betreffen, zunächst den Küchendienst [Kap. xxxv]. Reihum hat jeder eine Woche lang Küchen- und Putzdienst. Vermutlich waren nicht alle Mönche gleichermassen erfinderisch beim Kochen, sodass an manchen Wochen im Refektorium zusätzlich Busse getan wurde.

Der Dienst am Kranken erfordert kompetentes, aufmerksames Personal [Kap. xxxvi]. »Die Sorge für die Kranken steht vor und über allen anderen Pflichten. Man soll ihnen wirklich wie Christus dienen. Er hat ja gesagt: ›Ich war krank und ihr habt mich besucht‹.« Die Kranken dürfen ihrerseits keine übertriebenen Ansprüche stellten; man muss ihnen gegenüber jedoch immer Geduld aufbringen. Eine Bruder kümmert sich um die Kranken, aber der Abt wacht dennoch streng darüber, dass der Kellermeister und der Krankenwärter auch wirklich alles für die Kranken tun: »Er allein ist für jedes Vergehen eines der Brüder verantwortlich.« Alten und Kindern gegenüber beweist man Milde und Grossmut, da sie schwach sind [Kap. xxxvii]. In der Tat gibt es im Kloster Kinder (in der Regel werden sie mehrere Male erwähnt), die von ihren Eltern ›angeboten‹ worden sind und auf ein Leben als Mönch vorbereitet werden.

Während des Essens muss einer der Mönche vorlesen. Die Lesung ist ebenso wichtig wie die Stärkung des Körpers. Der Vorleser muss seinen jeweils eine Woche lang dauernden Auftrag gewissenhaft ausführen; zum anderen ist besonders auf die Einhaltung des Schweigegebots zu achten: die Lesung muss ›erbauen‹ können [Kap. xxxviii].

Es folgen zwei Kapitel über die Nahrung und die Getränke. Die Grösse der Portionen hängt von den individuellen Bedürfnissen, den Jahreszeiten und der Arbeit ab. Benedikt hält sich hier [Kap. xxxix], wie auch bei der Erwähnung der Getränke, sehr zurück (Kapitel xli ist ein Musterbeispiel an Ausgewogenheit). Man sollte daraus jedoch nicht ableiten, dass die Kost üppig war. Während eines halben Jahres (von Ostern bis zum 14. September) wird, von einigen Ausnahmen abgesehen, nicht gefastet; man nimmt dann nach der Sexte (gegen Mittag) und am Abend eine Mahlzeit ein. Während des anderen halben Jahres (vom 14. September bis Ostern) wird jedoch gefastet, sodass nur eine Hauptmahlzeit pro Tag serviert wird, entweder nach der None (gegen zwei oder drei Uhr nachmittags), oder nach der Abendvesper.

Der Tag geht zur Neige. Nach dem Abendmahl

21. Mariano di Matteo da Roma, Sankt Benedikt. Fresko aus der zweiten Hälfte des xv. Jahrhunderts.
Monte Oliveto Maggiore, Kloster.
Benedikt legt seinen Finger auf die Lippen und ermahnt somit seine Mönche zum Schweigen.

kommen die Mönche zusammen, um eine Lesung zu hören, die einem der Vorträge von Johannes Kassian, einer der *Vitae* der Wüstenväter oder einem anderen ›erbaulichen‹ Buch entstammt. Daraufhin feiern die Brüder den letzten Dienst des Tages, die Komplete. Danach darf niemand mehr sprechen (es sei denn, wenn Gäste aufgenommen werden müssen, oder wenn der Abt etwas mitzuteilen hat. Das in der ganzen monastischen Tradition so genannte ›grosse Schweigen‹ beginnt. Es dauert bis zum Morgen [Kap. XLII].

Die Kapitel XLIII-XLVI vervollständigen das Strafgesetzbuch der Kapitel XXIII-XXX. Benedikt verfügt hier, wie die Mönche sich betragen müssen, die zu spät zum Gottesdienst oder zu Tisch kommen [Kap. XLIII], wie die Ausgeschlossenen Abbitte leisten müssen [Kap. XLIV], wie die Fehler bestraft werden, die während des Gottesdienstes oder im Oratorium [Kap. XLV], oder bei irgendeiner anderen Gelegenheit [Kap. XLVI] begangen worden sind.

Ein kleines Kapitel hält fest, wie der Gottesdienst angekündigt wird [Kap. XLVII], was in einer Zeit, in der Armbanduhren nicht bestanden, sehr wichtig war. Und das leitet über zu Kapitel XLVIII, das nicht nur von der körperlichen Arbeit handelt, wie seine Überschrift andeutet, sondern auch von einigen anderen Beschäftigungen des Mönchs und von der Tageseinteilung. Das Kapitel beginnt mit einer Erklärung: »Müssiggang ist der Feind der Seele. Deshalb sollen sich die Brüder zu bestimmten Zeiten mit Handarbeit, zu bestimmten Stunden dagegen mit heiliger Lesung beschäftigen.« Das sind die Bestandteile des herrlich ausbalancierten Tagesablaufs eines Benediktiners: Gebet, Lektüre, Arbeit im Stundenrhythmus der Gottesdienste. Am Rande sei auf die folgende Bemerkung hingewiesen: wenn die Arbeit schwer ist, sollen die Mönche nicht stöhnen, »denn erst dann sind sie wirklich Mönche, wenn sie von der Arbeit ihrer Hände leben, wie unsere Väter und die Apostel.« Etwas weiter steht, dass sonntags mehr gelesen werden sollte: »Ist aber einer so nachlässig und träge, dass er nicht üben oder lesen will oder dazu nicht imstande ist, so weise man ihm eine Arbeit zu, die er tun soll, damit er nicht untätig ist.«

Kapitel XLIX handelt von der Fastenzeit und ist es wert, fast vollständig zitiert zu werden: »Eigentlich soll der Mönch die ganze Zeit seines Lebens als österliche Busszeit verbringen. Da jedoch nur wenige die Kraft haben, so empfehlen wir, man soll wenigstens während dieser Tage der Fastenzeit sein Leben ganz rein bewahren und zugleich alle Nachlässigkeiten der anderen Zeiten während dieser heiligen Tage sühnen. Das geschieht dann in angemessener Weise, wenn wir uns vor allen Fehlern hüten, uns dem Gebet mit Tränen, der Lesung, der Zerknirschung des Herzens und der Entsagung hingeben. Während dieser Tage sollen wir also zu unserer gewöhnlichen Dienstleistung etwas hinzufügen: besondere Gebete, Verzichte beim Essen und Trinken. Einjeder soll also von sich aus über das ihm bestimmte Mass hinaus in der Freude des Heiligen Geistes Gott etwas als Opfer darbringen, das heisst: er entziehe seinem Leib etwas an Essen, Trinken, Schlafen, Reden, Scherzen und harre in Freude und Sehnsucht des Geistes dem heiligen Osterfest entgegen.«

Im folgenden hängen die Kapitel der Regel kaum oder nicht immer zusammen. Kapitel L bestimmt, dass die Mönche, die sich zur Arbeit oder auf einer Reise ausserhalb des Klosters befinden, an ihrem Aufenthaltsort und im Rahmen ihrer Möglichkeiten den Gottesdienst feiern, »und nicht versäumen, den schuldigen Dienst zu leisten.« *(pensum servitutis)*. Kapitel LI schreibt dann vor, dass ein Mönch, der sich tagsüber ausserhalb der Klosters, aber nicht in allzu weiter Entfernung von ihm aufhält, abends heimkehren muss und draussen keine Mahlzeiten zu sich nehmen darf.

Kapitel LII handelt vom Oratorium: »Das Oratorium soll sein, was sein Name besagt, und nichts anderes soll dort getan oder aufbewahrt werden.« Zwischen den Gottesdiensten muss hier absolute Ruhe herrschen, damit die Brüder ungestört beten können; dabei sprechen sie nicht laut, sondern unter Tränen und beherzt.

Sehr wichtig ist auch Kapitel LIII, »Die Aufnahme von Gästen«, das mit der prinzipiellen Feststellung beginnt: »Alle Gäste, die zum Kloster kommen, sollen wie Christus aufgenommen werden. Denn er wird einmal sagen: ›Ich war Gast und ihr habt mich aufgenommen‹.« Benedikt beschreibt, wie die Gäste aufzunehmen sind: mit einem gemeinsamen Gebet, Friedenskuss, Fussfall, »um in den Gästen Christus zu verehren, den man ja tatsächlich selber aufnimmt.« Danach behandelt man sie mit aller nur erdenklichen Zuvorkommenheit *(humanita)*. Zu Ehren eines Gastes darf das Fasten unterbrochen werden. Besonders aufmerksam begegnet man den Armen und den

22. Sodoma, Die Vermehrung der Mehlsäcke. Fresko, 1505-1508.
Kloster Monte Oliveto Maggiore.
Während das eigentliche Wunder nur am Rande dargestellt wird, stehen im Mittelpunkt dieser Darstellung die essenden Mönche.

D·DOMINICO PVERONO CREMONENSI
ABB·GEN·
SEXENNIVM OLIVET·CONGREG·PARET
QVÆ
PRIMVM SVFFRAGATORIBVS·CL·
ANNO·MDCXXVII·
MANIFESTA ISPIRAT·COEVNTIB·CVCTIS
SE ILLI CONCREDIT
DEINDE
AB VRBANO VIII·PONT·MAX·
FIDO VIRO MERITO COMENDATVR
MDCXXX·
REM NE OBTICEAM
BENE MVTVS LAPIS SVM POSITVS
D·ANGELO MARIA CANTONO
BONON·ABBATE
D·VICTORIO TESTA SENEN
VIC GENERALIBVS·

23. Giovanni di Consalvo, Der hl. Benedikt bestraft einen Mönch, der sich vom Teufel versuchen liess. Fresko, 1435-1440. Florenz, Badia, Chiostro degli aranci.

Reisenden, denn vor allem in ihnen begegnet man Christus. Benedikt fügt dann diese etwas spitze Bemerkung hinzu: »Die Reichen sorgen schon durch ihr herrisches Auftreten dafür, dass sie geehrt werden.« Ein Trakt des Klosters ist den Gästen vorbehalten und ein Bruder kümmert sich um sie; die anderen Brüder haben mit ihnen jedoch nichts zu tun.

Das kurze Kapitel LIV resümiert noch einmal die Kapitel XXXIII und XXXIV. Ohne Erlaubnis des Abts darf der Mönch nichts annehmen (keine Briefe, keine kleinen Geschenke), weder von Verwandten noch von Brüdern.

Danach begibt man sich in die Kleiderkammer [Kap. LV]. Kleider, Schuhe und Bettwäsche werden von der Kleiderkammer gestellt. Der Abt sorgt dafür, dass jeder erhält, was er benötigt: damit soll das Übel des persönlichen Eigentums bereits im Keim erstickt werden. In einem kurzen Kapitel (LVI) wird verlangt, dass der Abt nicht mit den Brüdern, sondern mit den Gästen essen soll. Danach [Kap. LVII] handelt die Regel von den Handwerkern, die ihre Arbeit demütig und selbstlos verrichten, »damit in allem Gott verherrlicht werde.«

So kommen wir zu den Kapiteln LVIII-LXII über den Eintritt ins Kloster. Kapitel LVIII trägt als Überschrift: »Das Verfahren bei der Aufnahme der Brüder.« Benedikt stellt zunächst fest: »Wenn einer neu ankommt, um Mönch zu werden, soll ihm der Eintritt nicht ohne weiteres gewährt werden, sondern halte man sich an das Apostelwort: ›Prüft ob die Geister aus Gott sind‹.« Man lässt den Bewerber vier oder fünf Tage draussen vor der Tür warten. Wenn er auf seinem Vorhaben beharrt, darf er hereingelassen werden. Zunächst verbleibt er im Gästetrakt, danach im Novizenbau. Ein Älterer kümmert sich um ihn und versucht herauszufinden, ob der Neue wirklich Gott sucht *(si revera Deum quaerit)*, ob es ihn zum Werk Gottes drängt, zum Gehorsam und zu den Demütigungen drängt. Man muss ihm von Anfang an die harten, unangenehmen Dinge mitzuteilen, die zu Gott hinführen. Zwei Monate später liest man ihm die Regel vor und sagt zu ihm: »Das ist das Gesetz, unter dem du dienen willst. Kannst du es beobachten, so tritt ein! Kannst du es aber nicht, steht es dir frei wegzugehen.« Nach sechs Monaten liest man ihm wiederum die Regel vor, »damit er weiss, wozu er sich beim Eintritt verpflichtet.« Und wieder vier Monate später erfolgt eine neuerliche Lesung, »und wenn er nach reiflicher Überlegung verspricht, alles zu beobachten und jedem Befehl nachzukommen, dann nimmt man ihn in die Klostergemeinde auf. Doch muss er wissen, dass es ihm von diesem Tag an auch durch das Gesetz der Regel nicht mehr erlaubt ist, das Kloster zu verlassen oder das Joch der Regel von seinem Nacken abzuschütteln, das er während zo langer Überlegung ablehnen oder annehmen konnte.« Daraufhin wird der Aufnahmeritus beschrieben: »Vor der Aufnahme verspricht er in Gegenwart aller im Oratorium Beständigkeit, klösterliches Leben und Gehorsam vor Gott und seinen Heiligen; falls er je anders handelt, soll er wissen, dass er von dem verdammt wird, dessen er spottet.« Der Kandidat unterschreibt einen Vertrag *(petitio)*, den er auf dem Altar niederlegt. Nach einigen Gebeten für den neuen Bruder ist dieser endgültig in die Gemeinschaft aufgenommen. Er muss sich von seiner ganzen Habe trennen, über die er nach Gutdünken verfügen kann, und legt die klösterliche Kleidung an.

Im LIX. Kapitel wird festgelegt, wie die Kinder aus armem oder reichem Hause angeboten und aufgenommen werden müssen. Was die materiellen Güter betrifft, bleibt Benedikt kategorisch: man muss sich vollkommen von ihnen trennen.

Auch Priester und Geistliche können an der Klosterpforte anklopfen; Kapitel LX beschreibt, wie man sie aufnehmen muss. Man gibt ihrem Wunsch nicht ohne weiteres nach. Sie müssen wissen, dass die strengen Vorschriften der Regel in keinem Fall zu ihren Gunsten ausgelegt werden. Die Priester können, mit Zustimmung des Abts, ihr Priesteramt innerhalb des Klosters ausüben.

Mönche von weither muss man wie Gäste behandeln [Kap. tel LXI]; sie können bleiben solange sie wollen, müssen sich jedoch mit dem, was man ihnen gibt, zufriedenstellen und dürfen keinerlei Schwierigkeiten machen. Wenn sie mit aller gebotenen Bescheidenheit eine Bemerkung oder einen Vorschlag machen, schenkt der Abt ihnen grosse Aufmerksamkeit, denn Gott könnte sie deswegen gesandt haben. Wenn der Besucher sich korrekt benimmt und im Kloster zu bleiben wünscht, so kann man ihm den Wunsch, mit Zustimmung seines eigentlichen Oberen, erfüllen; man kann ihm auch diesen Schritt vorschlagen.

Auch die Mönche benötigen Priester, um die Sakramente empfangen zu können. Im Prinzip ist ein Mönch jedoch kein Priester. Der hl. Benedikt war auch keiner. Man nahm also die Dienste eines durchreisenden oder eines benachbarten Priesters in Anspruch. Kapitel LXII stellt jedoch fest, dass der Abt entscheidet, ob er einen der Seinen zum Priester oder Diakon weihen lassen will. Der Betreffende ist damit keinesfalls privilegiert. Ausser dem Altardienst weicht seine Lebensweise nicht von der aller anderen ab: »Das Priestertum darf ihm nicht Anlass sein, den Gehorsam gegen die Regel und gegen die Zucht zu vergessen, vielmehr soll er danach streben, Gott immer näher zu kommen.« Wenn er gegen die Regel verstösst, wird er bestraft; bessert er sich nicht, so stösst man ihn aus dem Kloster aus.

Die drei folgenden Kapitel gehen etwas näher auf die Klosterhierarchie ein: die Rangordnung in der Klostergemeinschaft [Kap. LXIII], die Einsetzung des Abts [Kap. LXIV], der Prior des Klosters [Kap. LXV]. Die Rangordnung in der Klostergemeinschaft hängt von der Anciennität ab, das heisst dem Datum des Eintritts und, bis auf Ausnahmefälle, nicht vom Lebensalter. Diese Ordnung wird immer und überall respektiert. Die Jüngeren sollen die Älteren ehren, und die Älteren sollen die Jüngeren lieben. Der Abt steht an Christi Stelle. Alle begegnen sich ehrerbietig und respektvoll.

Kapitel LXIV ist dem Abt gewidmet; es vervollständigt und nuanciert das II. Kapitel. Der Abt wird auf Lebenszeit gewählt, entweder von der ganzen Gemeinschaft und einstimmig, oder von einem Teil der Gemeinschaft, »nach besserer Einsicht« *(saniore consilio)*; diese Bestimmung gab, wie man sich leicht vorstellen kann, zu sehr vielen Diskussionen Anlass. Bei der Wahl des Abts ist nicht das Alter entscheidend, sondern sein vorbildlicher Lebenswandel und Weisheit in der

Lehre. Benedikt wiederholt mehrmals, welche Eigenschaften der Abt haben muss: feste Überzeugung, Barmherzigkeit (»er soll lieber Erbarmen walten lassen als strenges Gericht«), Augenmass, Umsicht (die Mutter aller Tugenden, *mater virtutum*). »Er hasse das Böse und liebe die Brüder. Muss er zurechtweisen, handle er klug und gehe nie zu weit, damit das Gefäss nicht zerbricht, wenn er es allzu sauber vom Rost reinigen will.« Er darf weder aufbrausen noch ängstlich sein, weder übermässig verbohrt noch eifersüchtig oder misstrauisch. Er muss alle Dinge mit Abstand betrachten »und alles so massvoll anordnen, dass die Starken angezogen und die Schwachen nicht abgeschreckt werden.« Er soll eher geliebt als gefürchtet werden *(studeat plus amari quam timeri)*.

Kapitel LXV handelt vom Prior des Klosters. Benedikt stellt nachdrücklich fest, dass erfahrungsgemäss die Ernennung eines Priors, vor allem durch diejenigen, welche auch den Abt gewählt haben, oft zu grossem Durcheinander führt. Der Prior kann sich für einen zweiten Abt halten oder sich mit dem Abt auf die gleiche Stufe stellen wollen. Wenn der Abt und der Prior sich streiten, müssen alle Seelen darunter leiden. Deshalb bevorzugt Benedikt das System der Dekaneien und der Dekane (Kapitel XXI). Wenn es jedoch nötig ist und die Gemeinschaft achtungsvoll darum bittet, kann der Abt (und kein anderer) einen Prior ernennen, der ihm und der Regel untersteht. Sollte der Prior sich vergehen und aufbegehren, so kann er von seinem Amt entbunden und aus dem Kloster gejagt werden. »Doch soll der Abt bedenken, dass er über alle seine Entscheidungen vor Gott Rechenschaft ablegen muss, sonst könnte in seiner Seele die Flamme des Neides und der Eifersucht brennen.«

Kapitel LXVI führt uns zu den wichtigen Torhütern des Klosters. Der Bruder, dem diese Aufgabe zufällt, muss über folgende Eigenschaften verfügen: Klugheit, Reife, Dienstfertigkeit, Zuvorkommenheit, Gottesfurcht, Mitleid. Er muss mit seiner Zeit gut umgehen können und auf alle Fragen die richtige Antwort geben. Benedikt empfiehlt dann besonders: »Das Kloster soll womöglich so angelegt sein, dass sich alles Notwendige innerhalb der Klostermauern befindet, nämlich Wasser, Mühle, Garten und die verschiedenen Werkstätten, in denen gearbeitet wird. So brauchen die Mönche nicht draussen herumzulaufen, was ihren Seelen ja durchaus nicht zuträglich wäre. (...) Wir wollen, dass diese Regel öfters in der Klostergemeinde vorgelesen wird, damit sich kein Bruder mit Unkenntnis entschuldigen kann.«

Wenn ein Bruder das Kloster verlassen muss, was vorkommen kann, dann empfiehlt Kapitel LXVII der Gemeinschaft, nach dem Gottesdienst für ihn zu beten. Nach seiner Rückkehr hält der betreffende Bruder sich zurück mit Mitteilungen über das draussen Gesehene und Gehörte.

Was ein Bruder tun muss, wenn ihm »Unmögliches aufgetragen wird«, hält Kapitel LXVIII fest. Am besten zitiert man es ganz, weil es ein bezeichnendes Licht auf den Gehorsam wirft und, unter anderem, Kapitel V nuanciert: »Wird einem Bruder etwas Schweres oder Unmögliches aufgetragen, so nehme er den Befehl des Vorgesetzten gelassen und gehorsam an. Wenn er aber sieht, dass die auferlegte Last das Mass seiner Kräfte durchaus übersteigt, dann soll er dem Oberen geduldig und bescheiden auslegen, warum er den Auftrag nicht ausführen kann. Bleibt es nach seiner Darlegung beim Entscheid und Befehl seines Vorgesetzten, so wisse der Untergebene, dass es so für ihn gut ist, und er gehorche aus Liebe, im Vertrauen auf die Hilfe Gottes.«

Die drei folgenden Kapitel haben die Beziehungen zwischen den Brüdern zum Thema. Im Kloster darf sich keiner erlauben, einen anderen zu verteidigen [Kap. LXIX]; keiner darf sich erlauben, eigenmächtig einen anderen zu schlagen [Kap. LXX]; schliesslich soll man sich gegenseitig gehorchen [Kap. LXXI], denn »die Tugend des Gehorsams soll nicht nur dem Abt gegenüber geübt werden, sondern die Brüder sollen sich auch gehorchen in der Überzeugung, dass sie auf diesem Weg des Gehorsams zu Gott gelangen.«

Kapitel LXXII fasst zusammen, was vom Mönch verlangt wird; sein Text lautet: »Der gute Eifer, den die Mönche haben sollen. – Wie es einen bitteren Eifer gibt, der von Gott trennt und zur Hölle führt, so gibt es auch einen guten Eifer, der von der Sünde trennt und zum ewigen Leben führt. Das ist der Eifer, den die Mönche in glühender Liebe betätigen sollen. Sie sollen einander in gegenseitiger Achtung übertreffen. Sie sollen ihre leiblichen und charakterlichen Schwächen in grosser Geduld aneinander ertragen. Sie sollen sich in gegenseitigem Gehorsam zu überbieten suchen. Keiner soll den eigenen Vorteil suchen, sondern mehr den des anderen. Sie sollen einander selbstlos die brüderliche Liebe erweisen. Gott sollen sie in Liebe fürchten. Ihrem Abt seien sie in aufrichtiger und demütiger Liebe zugetan. Sie sollen nichts höher stellen als Christus, der uns alle zum ewigen Leben führen möge.«

So kommen wir zum letzten, LXXIII., Kapitel: »Darüber, dass in dieser Regel nicht alles enthalten ist, was zur vollen Beobachtung der Gerechtigkeit gehört.« Wenn wir die Vorschriften der

24. Sankt Benedikt. Fresko aus dem X.–XI. *Jahrhundert.*
Civate, Oratorio di San Benedetto, Altarwand.

Regel befolgen, meint der hl. Benedikt, dann haben wir damit begonnen, aufrichtig zu leben. Aber wer Vollkommenheit erstrebt, muss die Lehren der heiligen Väter und des Alten und Neuen Testaments kennen, denn jede Seite der Hl. Schrift ist eine sehr genaue Norm für das Leben *(rectissima norma vitae humanae)*. Die Schriften der Väter des Katholizismus lehren, wie man direkt *(recto cursu)* zum Schöpfer gelangt. Und die monastischen Schriften (Johannes Kassians), die Regel »unseres heiligen Vaters Basilius«, sind Instrumente der Tugend, die uns Faule vor Scham erröten lassen sollen. Und Benedikts Regel schliesst: »Darum sage ich zu jedem, der rasch zum himmlischen Vaterland gelangen will: Befolge mit der Hilfe Christi zunächst diese bescheidene Regel, die wir für Anfänger geschrieben haben. Dann wirst du schliesslich unter Gottes Schutz die oben erwähnten Höhen der Lehre und der Tugend erreichen. Amen.«

Die Regel des hl. Benedikt, deren Vorzüge die schnelle, notwendigerweise entstellende Lektüre nur annähernd wiedergibt, ist, wie man immer wieder betont, nicht sofort im ganzen Abendland übernommen worden. Selbst dort, wo man sie gekannt haben kann, bestand sie neben der Regel des hl. Kolumban (die etwas später, etwa um 615, entstanden ist) und noch einigen anderen mehr. In diesem Zusammenhang spricht man oft von Mischregeln *(regulae mixtae)*; das heisst, dass in ein und demselben Kloster verschiedene Regeln als spirituelle oder ›legale‹ Grundlage befolgt wurden.[17] Die Wissenschaftler können uns heute nicht genau sagen, wie es zur Verbreitung der Regel des hl. Benedikt gekommen ist. Tatsache ist jedoch, dass sie sich im ganzen Abendland durchgesetzt hat: dank ihrer Vorzüge, dank des Lobs von Papst Gregor I. (s. *Dialoge*, II,36), dank auch und vor allem der Unterstützung von Karl dem Grossen und seinem Sohn Ludwig dem Frommen, zu Beginn des IX. Jahrhunderts. Der Kaiser, dem auch die religiöse Einheit seines Reiches am Herzen lag, betrachtete die Regel des hl. Benedikt als das beste Mittel, um das Mönchtum zu reformieren und zu einen. Deshalb beauftragte er Benedikt von Aniane aus Aquitanien, in Inda bei Aachen ein Modellkloster auf der Grundlage der Regel Benedikts zu schaffen, nach dem sich alle anderen Klöster richten sollten. Aufgrund der Unterstützung des Kaisers, die nicht ewig währte, konnte die Regel sich schliesslich durchsetzen.

Um sich der Regel fügen zu können, musste man ihren Text besitzen. Dashalb ist die Benediktinerregel nach der Bibel einer der am häufigsten kopierten Texte. Es gibt zahlreiche lateinische Handschriften und, seit der Erfindung der Buchdruckkunst, viele Ausgaben und Übersetzungen.[18]

Selbstverständlich wurde ein derart weitverbreiteter Text nicht immer wortgetreu abgeschrieben; es gibt viele sowohl rein formale als auch inhaltliche Varianten. Seltsamerweise haben die Mönche sich jahrhundertelang nicht an diesen Unterschieden gestört. Man kann sie verstehen: sie wollten in erster Linie als Mönche leben und der Text, der ihnen dazu zur Verfügung stand, genügte ihnen.

Es war jedoch, zum Glück, nicht zu vermeiden, dass man, je besser die Techniken der historischen und der Textkritik im XIX. Jahrhundert wurden, auch diesen ehrwürdigen Text genauer untersuchte. Wir werden auf einige der wichtigsten Probleme eingehen. Sie betreffen den Tenor des Textes, seine Authentizität (Verfasser, Ort, Datum), seine Quellen und seine Interpretation.

Den ersten Versuch, die Handschriften zu ordnen, um den ältesten Text zu bestimmen, unternahm der deutsche Benediktiner E. Schmidt im Jahre 1880. Andere Arbeiten folgten, darunter die bislang wichtigsten von L. Traube. Der deutsche Philologe schlug 1898 vor, die Handschriften in drei Gruppen einzuteilen, je nachdem ob es sich um den ›sauberen Text‹, einen ›interpolierten Text‹ oder einen ›angenommenen Text‹ handelte. Letzterer ist eine Art Vulgärfassung, die bereits Ende des VIII. Jahrhunderts verbreitet war und immer beliebter wurde; er soll auch die jüngste Fassung sein. Um einen ›interpolierten Text‹ handelt es sich, unter anderem, bei der ältesten uns bekannten Handschrift der Regel, der *Oxford Hatton 48* (erste Hälfte des VIII. Jahrhunderts, Sigel O). Der beste Text soll hingegen in der Handschrift *Sankt-Gallen 914* (IX. Jahrhundert, Sigel A) stehen. Bei dieser Handschrift soll es sich um einen ›reinen Text‹ handeln, weil er ungemein sorgfältig von einer (verlorengegangenen) Kopie des Originals von Benedikt kopiert worden sein soll.[19] Seither haben Wissenschaftler jedoch Einwände gegen die Ansicht von Traube vorgebracht[20]; dennoch halten sie alle diese Fassung für ›hervorragend‹ oder ›die beste‹; sie liegt seit mehreren Jahrzehnten allen Ausgaben und Übersetzungen zugrunde.

Weder Traube, noch seinem Schüler H. Plen-

25. Die Mönche von Vicovaro bitten Benedikt ihr Abt zu werden. Randverzierung (Vignette) im Brevier der Abtei von Geraardsbergen, etwa 1450.
Denée, Abtei von Maredsous.

kers, der sein Werk fortsetzte, gelang es, die gewünschte kritische Ausgabe zu veröffentlichen; sie erschien zum ersten Mal erst 1960 in Wien.[21] Ihr Herausgeber, der Philologe R. Hanslik, hatte völlig von vorne beginnen müssen und rund 300 Handschriften untersucht, um den Text zu bestimmen. Inzwischen ist 1972 in Paris eine weitere kritische Ausgabe von J. Neufville erschienen[22], während Hanslik 1975 eine zweite Auflage herausgegeben hat, in der er die Anmerkungen zur ersten verarbeitet hat.

Heute hält man also den Text der Handschrift von Sankt Gallen für den besten; mit kleinen Varianten (Orthographie, ›Korrekturen‹, Referenzen nach anderen Handschriften) wird er heute überall benutzt.

Beim Problem der Authentizität der Regel stellt sich zunächst die Frage nach dem Autor: Wer hat die Regel geschrieben? Traditionsgemäss hat man stets geantwortet Benedikt, Abt von Monte Cassino, von dem Gregor der Grosse in seinen *Dialogen* spricht und dessen Loblied er in den *Dialogen* II,36 anstimmt. Eine etwas leichtfertig geäusserte Hypothese, auf die man auch kaum zurückgekommen ist, bezweifelte diese Zuordnung und veranlasste die Historiker, sich mit den notwendigen ›Beweisen‹ zu beschäftigen. Das Resultat ist eindeutig: es gibt keinen plausiblen Grund, an der traditionellen Meinung zu zweifeln.[23]

Wo hat Benedikt die Regel geschrieben? Auch hierauf gibt es eine traditionelle Antwort: auf Monte Cassino. Die Wissenschaftler konnten sie nicht widerlegen. Gewiss sollte man nicht vergessen, dass Benedikt in Subiaco zwölf oder sogar dreizehn Klöster leitete, für die er Massregeln ergreifen, Observanzen und eine spirituelle Ausrichtung festlegen musste. Als er um das Jahr 529 auf dem Monte Cassino ankam, hat er sicher aus seinen früheren Erfahrungen Nutzen geschlagen. Die Erfahrungsperiode war auch nicht kurz, da man annimmt, dass er 20 bis 30 Jahre in Subiaco gelebt hat. Der Mann, der auf Monte Cassino ankam, war im besten Mannesalter, vielleicht auch etwas älter. Er hat in diesem Augenblick auch nicht ›alles erfunden‹, sondern stand den Erfahrungen aus dem Leben sehr aufgeschlossen gegenüber. Von daher kann es stimmen, dass er einige Veröffentlichungen jener Zeit gekannt hat (falls die lateinische Übersetzung der *Vitae der Väter*, die der spätere Papst Pelagius veröffentlicht hatte, vor 556 entstanden ist).[24] Man kann nur vermuten, wie Benedikt die Regel geschrieben hat. Sicher ist jedenfalls, dass er sie nicht in einem Zug schrieb. Das Detail der Wiederholungen, Verbesserungen und ›Neuausgaben‹ entgeht uns aber meistens.

Als Entstehungsdatum schlägt A. de Vogüé die Jahre nach 530 vor, möglicherweise 530-556.[25]

Es ist klar, dass Benedikt sich verschiedener Quellen bedient hat, da er selber häufig die Heilige Schrift, die katholischen und orthodoxen Kirchenväter, die Schriften des hl. Basilius und von Johannes Kassian, sowie die *Vitae der Väter* nennt. Jahrhundertelang dachte man vermutlich an keine anderen Quellen: und die, die Benedikt nennt, sind zweifellos auch sehr wichtig. Vor allem Kassian war sehr wertvoll. Benedikt wäre genial gewesen, wenn er dem Abendland die monastische Tradition des Ostens, in einer dank seines juristisch geschulten, ›römischen‹ Geistes angepassten Form vermittelt hätte. Als C. Butler 1912 zum ersten Mal eine kritisch-praktische Ausgabe der Regel veröffentlichte[26], ging er ausführlich auf die Quellen ein und konnte, zum Erstaunen vieler, die Liste der alten Autoren, die wirklich oder vermutlich Benedikt beeinflusst hatten, verlängern; zum Beispiel um den hl. Augustinus, den hl. Leo, den hl. Cäsarius von Arles usw. Später wurde auch der hl. Cyprianus genannt.[27]

Im Verlauf dieser friedlichen Forschungsarbeit kam es zu einem sensationellen Streit, den man, etwas übertrieben, als die homerische Frage des XX. Jahrhunderts bezeichnet hat.[28] Dank eines Bandes mit alten Regeln, die Benedikt von Aniane gesammelt hatte, um seine Reform durchzuführen (die weiter oben bereits erwähnt worden ist), war seit langem eine anonyme Regel bekannt, die Benedikt von Aniane aus praktischen Erwägungen ›Magisterregel‹ genannt hatte. Die Regel ist tatsächlich als Dialog zwischen einem fragenden Schüler und dem antwortenden Lehrer geschrieben. Dieser Text, der dreimal so lang wie Benedikts Regel ist, sollte nach Benedikt entstanden sein; man nannte zwar das Datum nicht, aber es schien sicher, dass der Magister weitgehend von Benedikt abgeschrieben, dessen Text erweitert und verwässert und ihm hier und da merkwürdige Dinge hinzugefügt hatte. Niemand interessierte sich für diese Regel, die von deutlich geringerer Qualität und darüberhinaus jünger als die Benedikts war. 1938 erscheint dann jedoch ein Zeitschriftenartikel, in dem der Sachverhalt umgekehrt und vorgeschlagen wird, die Magisterregel als eine Quelle Benedikts zu betrachten. Auf diese Hypothese, die ihr Autor, A. Genestout, kaum auszusprechen gewagt hatte, folgte eine leidenschaftliche Diskussion.[29] Jahrelang stritten sich die Befürworter und die Gegner der neuen Hypothese. Zwischen 1938 und 1970 zählte eine Bibliographie 563 Beiträge zur Sache.[30] Mittlerweile haben sich die Gemüter wieder beruhigt. Fast alle Wissenschaftler halten die Magisterregel für älter als die Regel Benedikts. Unter denen, die der neuen These zum Erfolg verholfen haben, muss vor allem Pater A. de Vogüé genannt werden, dessen hartnäckige Arbeit schliesslich überzeugen konnte. Seiner Ansicht nach entstand die Magisterregel in der Gegend von Rom, etwa zwischen 500 und 530.[31]

Wenn man von der These ausgeht, dass die Magisterregel älter ist, hat man ein Musterbeispiel für Benedikts Arbeitsmethode.[32] Er hat vom Magister ganze Seiten übernommen, zumindest für den Prolog und die ersten sieben Kapitel seiner Regel (mit Ausnahme des II. Kapitels); das sind aber gerade die doktrinärsten Seiten der Regel des hl. Benedikt. Doch bleibt Benedikt auch hier stets sich selber treu: zwar übernimmt er Passagen, aber er kürzt, wo der Magister zu langatmig ist, er lässt Abschnitte weg, weil er vermutlich nicht mit ihnen einverstanden ist, er fügt eigene Ideen hinzu, ersetzt hier und da Worte usw. In den Kapiteln VIII-LXVI (und möglicherweise auch LXXIII) erkennt man noch immer den Einfluss des Magisters; Benedikt weicht jedoch stärker von ihm ab: er ändert die Textstruktur und vor allem den Geist, da er viel mehr auf den Menschen eingeht als der Magister und ihm an der inneren Einstellung mehr gelegen ist als an äusserlicher Vollkommenheit. In den Kapiteln LXVIII-LXXII (und vielleicht auch LXXIII) findet man keine Spur der Magisterregel. Wie A. de Vogüé sehr gut gezeigt hat, ist Benedikt hier um die horizontalen Beziehungen zwischen den Brüdern besorgt (im Gegensatz zum Magister) und trägt den persönlichen, ›subjektiven‹ Gefühlen sowie der Barmherzigkeit untereinander Rechnung.[33]

Selbstverständlich kann man Benedikt, nachdem man seine Abhängigkeit von der Magisterregel festgestellt hat, nicht mehr als das Genie betrachten, dessen Weisheit und Umsicht die manchmal etwas zügellose monastische Tradition des Ostens den abendländischen Mönchen vermittelt hat. Vielleicht ist er aber doch ein Genie, wenn auch auf eine ganz andere Art und Weise. Denn Benedikt besass die geniale Gabe des Unterscheidungsvermögens und schuf somit ein Werk, das sowohl traditionell als auch neu war. Er fügte seiner Kenntnis der Texte und der Mönche vor ihm seine persönlichen Erfahrungen als Mönch (die, zwischen Subiaco und Monte Cassino, sehr reich waren) und seine Menschenkenntnis hinzu und schrieb dieses bemerkenswerte Werk, das die Jahrhunderte überdauert hat. Er hat auf andere Quellen zurückgegriffen, die wir inzwischen, zum Glück, besser kennen, aber er hat das ausgewählt, was er gebrauchen wollte und hat es vollkommen zu seinem eigenen Gedankengut gemacht. Aus seiner Regel spricht sofort er selber.

Die Regel Benedikts war für die Mönche von Monte Cassino, zweifellos auch für die von Terracina, möglicherweise auch für die aus anderen Gegenden gedacht.[35] Benedikt wäre vermutlich überrascht gewesen, wenn ihm jemand vorausgesagt hätte, dass sie vierzehn Jahrhunderte später noch immer ein ›lebendiges Dokument‹ sein sollte. Auf Monte Cassino wurde sie für die späteren Epochen interpretiert. Die Interpretationen der Regel folgten zwei Richtungen: die eine ging mehr vom Text aus, die andere von der Erfahrung.

Viele mehr oder weniger gelehrte Kommentare sind geschrieben worden, die alle im grossen und ganzen von den monastischen Erfahrungen ihrer Verfasser ausgehen. Der erste uns bekannte Kommentar stammt von Smaragd, Abt von Saint-Michiel bei Verdun, und wurde vermutlich um das Jahr 820 geschrieben. Der Kommentar von Hildemar, Abt von Corvie, ist etwa 840 entstanden. Viele andere folgten, auf die hier näher einzugehen kaum sinnvoll ist. Nur einige Kommentare aus unserem Jahrhundert seien erwähnt. Im Deutschen die von Binderbauer, Herwegen und Steidle, im Italienischen die von Lentini und von Penco, im Spanischen der von Cunill, im Französischen der von Delatte und der neueste, fundierteste und umfangreichste von de Vogüé.[36]

Es gibt jedoch noch einen anderen Kommentar zu dieser Regel: ihr nachzuleben. Das führt uns hin zur Geschichte der Benediktiner, zur Geschichte der Mönche und Nonnen, die unter der Regel des hl. Benedikt gedient haben.[37] Diese Geschichte kennt Licht- und Schattenseiten, glanzvolle Höhepunkte, Schwierigkeiten und Verfallserscheinungen. Der Aufschwung gelang jedoch fast immer wieder, wenn man ›zur Regel zurück‹ gegangen war, der man oft einige Rechtsvorschriften und gewisse Observanzen als Konkretisierungen hinzufügte (die manchmal charakteristisch für die Zeit und ihren Geist waren). Diese Reformen gingen meistens von einem Kloster aus, dem sich andere Klöster anschlossen, bis sie typisch waren für eine Kongregation, die dann die Regel neu interpretiert hatte. Andere

Sainte scolastie sa seur fu dediee
a dieu des le temps de son en
fance Et avoit acoustume de
venir a lui une foys en lan Et lomme de
dieu s. benoit a elle hors de la porte du

Benediktinerkongregationen, die unter anderen Bedingungen entstanden waren, hatten natürlich auch ihren eigenen Charakter. Trotz dieser zahlreichen Interpretationen findet man bei allen die gleichen Merkmale, wobei hier ein Merkmal besonders betont wird, dort ein anderes für wichtiger gehalten wird; man könnte das mit den Kindern einer Familie vergleichen, die ganz unterschiedliche Wege gegangen sind und weit voneinander entfernt leben, aber dennoch den gleichen ›Familiengeist‹ teilen und sich physisch oder moralisch ähneln. Man möchte diese gemeinsame Basis so gerne charakterisieren, die Cluny und Citeaux, Saint-Maur und La Tappe, die Benediktinermissionare und die Klosterbrüder, die traditionell ausgerichteten Gemeinschaften und die neuen, die ihren eigenen Weg suchen, die katholischen und die anglikanischen oder lutherischen Benediktiner, die Klöster und die weltlichen Oblaten, die man in den meisten von ihnen antrifft, verbindet. Zweifellos bestehen ein gemeinsamer Nenner und grundlegende Ähnlichkeiten, die man jedoch nicht genau beschreiben kann. Darum enden wir mit einer kurzen Darstellung der essentiellen Spiritualität der Benediktiner.

Das erste und das letzte Wort der Regel sind kennzeichnend: ›Höre‹ *(obsculta)* und ›erreichen‹ *(pervenies)*. Der Mönch hört und er strebt einem Ziel zu, das er auch erreicht, wenn er den an ihn gerichteten Aufrufen folgt. Er muss sich auf den Weg machen und geradeaus auf ihm fortschreiten *(recto cursu)*.[38]

Wer ruft ihn? Wohin geht er? Gott, der Schöpfer und der Vater, ruft ihn in sein Königreich und verspricht ihm ein Glück, das alles übersteigt, was sein Auge je gesehen und sein Ohr je gehört hat. Als Schöpfer hat Gott Recht auf Respekt. Man muss ihn im biblischen Sinne fürchten. Man muss Gott lieben und dienen. Seine Diener besitzen nichts ausser dem, was sie benötigen, um Gott zu ehren und zu lobpreisen, um das ›Werk Gottes‹ zu verrichten (das eher ein Werk von Gott als ein Werk für Gott ist) und um im Dienste Gottes zu arbeiten. Was der Mönch auch tut, er tut es im Angesicht Gottes, des Vaters, der allgegenwärtig ist, im Kloster, das sein Haus ist und in denen, die es bewohnen. Dieser sehr tiefe ›Sinn für Gott‹ muss den Mönch in seinem Denken und Handeln beseelen.

26. Sankt Benedikts Unterhaltung mit Scholastika. Miniatur in Vincentius van Beauvais' ›Speculum Historiale‹, Frankreich, XV. Jahrhundert.
Chantilly, Musée Condé, Hs. 722, ex. 1196.

Dieser keinesfalls abstrakte, sondern im Gegenteil sehr persönliche Gott wird noch gegenwärtiger, falls man das so ausdrücken kann, in der Person Christi, der im Leben des Mönchs eine wichtige Rolle spielt. Die Regel postuliert ebenfalls einen wirklichen Christozentrismus, der sich mit dem soeben erwähnten Theozentrismus gut verträgt, da für Benedikt vor allem Christus Gott ist. Oft nennt er ihn Herr *(Dominus)*, manchmal Gott *(Deus)*. Er nennt ihn *Abbas*, wie Gottvater in der Schrift genannt wird. Hingegen verwendet er niemals den menschlichen Namen Jesus.[39] Keine Stelle des Evangeliums wird wirklich angesprochen. Jedoch ist die Rede von den Leiden Christi, von seiner Passion und von seinem Tod, vom Osterfest (dessen Rolle die Organisation des Gottesdienstes bestimmt und von dem ausgehend der jahreszeitlich unterschiedliche Tagesablauf festgelegt wird). Nichts ist Christi Liebe vorzuziehen, die alle verderblichen Gedanken, die in den Tiefen des Herzens verborgen schlummern, zerstört. Er ist der König, in dessen Dienst der Mönch tritt; wenn er ihm treu folgt, lässt Christus ihn an seinem Reich teilhaben.

Christus ist so spürbar gegenwärtig, weil er im Kloster einen Stellvertreter hat: den Abt. Aber der Mönch trifft Christus auch in jedem seiner Brüder, vor allem in den kranken Brüdern, an. Der Gast ist Christus, der empfangen und verehrt wird.

Benedikt hat eine ›Schule des Dienstes am Herrn‹ gegründet. Man kann sie mit Hilfe einiger Dreierkombinationen von Termini aus der Regel charakterisieren; es ist wichtig, jedem Terminus den ihm zukommenden Wert zu geben, weil anders das Gleichgewicht innerhalb der Kombination zerstört wird.

Drei Elemente sind für die Gründung dieser Schule essentiell: ein Kloster, das heisst eine Behausung; eine Regel, das heisst ein geschriebener Text; und ein Abt, der das Kloster leitet und die Regel auslegt. Ohne dies gibt es kein Benediktinerkloster.

Bevor jemand eintreten kann, muss er beweisen, Gott wirklich zu suchen, was bewiesen ist, wenn es ihn zum Gottesdienst drängt (wo er Gott verehrt und lobpreist, ihm dankt und ihn bittet), wenn er gehorchen will (womit er den Aufruf Gottes, Christi, des Abts und der Brüder gültig beantwortet), wenn er sich erniedrigen will (denn ohne Erniedrigung ist es vergeblich, zu hoffen, in ›Demut zu wachsen‹). Insgesamt liefern diese drei Kriterien den Beweis, dass der Bewerber bereit ist, Christus im Gebet, im Gehorsam und in der Schande zu folgen.

Wenn der Neuling endgültig in die Gemeinschaft aufgenommen wird, gelobt er Gehorsam (die ›starken und glänzenden‹ Waffen), Beständigkeit (am Ort, vor allem aber gegenüber der Gemeinschaft, die an jenem Ort lebt) und die ›Änderung seiner Sitten‹, das heisst die Übernahme der monastischen Lebensweise (fern der Welt und innerlich einsam).

Von nun an beschäftigt der Mönch sich mit drei Dingen: dem liturgischen und privaten Gebet, bei dem das Herz Gott hört und sein Lob singt; der heiligen Lektüre, die ihm Gottes Wort näherbringt; und der körperlichen Arbeit, die zum Lebensunterhalt beiträgt und den Mönch realistisch in der Welt leben lässt.

Analog hierzu besteht eine enge Bindung zwischen den drei Kapiteln über den Gehorsam, das Schweigen und die Demut.

In dieser ›Schule‹ muss der Mönch ständig hören, um Gott und Gottes Lehre zu vernehmen. Darum muss er zu schweigen lernen, damit das Ohr seines Herzens aufmerksam dem Lehrer lauschen kann. Das Schweigen lehrt ihn, alle Dinge von innen heraus zu erfassen; darüberhinaus verhindert es Fehler oder die Möglichkeit Fehler zu begehen und vermeidet es alles Flüchtige.

Die Schule des ›Dienens‹ verlangt die Askese. Die Nachtwachen, das Fasten, die Arbeit, die Schwierigkeiten des Gemeinschaftslebens, wo sich Temperamente und Charaktere entsprechen oder widersprechen, das eigene Elend, die eigenen Fehler: der Mönch muss sie grossmütig, geduldig, ohne Murren ertragen, um rein zu werden. Askese ist auch das ruhige, aber entschiedene Bemühen, die Leiter der Demut emporzusteigen; der Mönch verzweifelte beim Aufstieg, wenn er nicht wüsste, dass der Heilige Geist ihm beisteht und ihm, wenn der Augenblick gekommen ist, unbeschreibliche Freuden gewährt.

Grundlage des Programms einer solchen Schule des Dienens ist der Glaube. Das Leben des Mönchs beruht auf dem Glauben, der seine Schritte, seinen Weg, sein Ziel bestimmt. Die Hoffnung auf Gottes Hilfe und die Gewissheit des Ewigen Lebens beseelen das Leben des Mönchs. Es muss vor allem von der Liebe zeugen, der Liebe zu Gott, Christus, dem Abt, den Brüdern. Der Mönch vertraut dem Abt und seinen Brüdern, um mit ihnen gemeinsam den spirituellen Kampf zu bestehen. Ihr Vorbild, ihre Gebete und ihr tägliches Zusammensein sind eine unschätzbare Stütze und eine Quelle der Freude.

Der Mönch, der grossmütig zum Königreich strebt, in das der Herr ihn gerufen hat, wird das Himmelreich auch erreichen.

27. Joannes Christian Smisscheck, Benedikts Regel, Ursprung und Quelle der Inspiration aller Klosterregeln. Kupferstich in Joannes Caramuel y Lobkowicz ›Sanctus Benedictus Christiformis‹. Prag, 1680. Padua, Abtei Santa Giustina.

Die Regel des hl. Benedikt sagt nichts (oder so gut wie nichts) über die Ausstrahlung der Mönche und Klöster. Die Geschichte lehrt uns, wie gross ihre Ausstrahlungskraft war.

Man sollte korrekterweise zwischen der spirituellen und religiösen Ausstrahlung einerseits, und dem kulturellen, zivilisatorischen, ökonomischen und sozialen Einfluss andererseits unterscheiden. Selbst wenn es um die spirituelle Beeinflussung geht, ist sie dem Mönch kein entscheidendes Motiv für sein Leben. Er weiss, dass sein Leben einen Sinn hat; anders hätte Gott ihn nicht gerufen; er weiss, dass sein Leben durch Gott bei den Menschen fruchtbar ist, selbst wenn er nur selten die Wege von Gottes Gnade und die Früchte, die sie abwirft, kennt.

Auf allen anderen Gebieten kann der Einfluss zweideutig sein. Ist er positiv, so ist der Mönch dankbar, da er sieht, dass das Wort der Schrift in Erfüllung gegangen ist: »Suchet vor allem das himmlische Reich und alles andere wird euch gegeben werden.«

ANMERKUNGEN

1. Nähere Angaben zu dieser Periode stehen in *Geschiedenis van de Kerk*, Bd. 1, *Van de vervolging van Diocletianus tot de dood van Gregorius de Grote*, Hilversum, von H.I. Marrou.
Über das Leben des hl. Gregor: P. Battifol, *Saint Grégoire le Grand*, Paris, 1928. Bibliographie: R. Gillet, Artikel *Saint Grégoire le Grand*, in: *Dictionnaire de spiritualité*, Bd. 6 (1967), Spalten 905-910.
2. Vgl. C. Dagers, *Saint Grégoire le Grand; Culture et expériences chrétiennes*, Paris, 1977, S. 431 ff.
3. Die beiden wichtigsten lateinischen Textausgaben der *Dialoge* sind die Ausgabe des Mauristen D. de Sainte-Marthe, 1705, die mit geringfügigen Änderungen in Mignes *Patrologia latina*, Bd. 77, 127-432 und Bd. 66, 125-204 aufgenommen wurde und vor allem auf französischen Handschriften beruht, und die Ausgabe von U. Moricca, *Gregorii Magni Dialogi Libri IV*, Rom, 1924, die sich hauptsächlich auf italienische Quellen stützt. Eine weitere Ausgabe, von A. de Vogüé besorgt, wird demnächst in der Reihe *Sources chrétiennes* erscheinen. Der erste Teil, einschliesslich einer Einführung, Bibliographie und Karten, ist soeben erschienen: *Grégoire le Grand, Dialogues, Bd. 1*, Paris, 1978. Wir haben uns häufig auf diese Ausgabe gestützt. J. Mallet arbeitet an einer kritischen Ausgabe für *Corpus Christianorum* in Turnhout.
4. Vom zweiten Buch gibt es zahlreiche lateinische Ausgaben und Übersetzungen. Wir benutzten E. Solms, *La vie et la Règle de saint Benoît*, Paris, 1977. Deutsche Übersetzung: J. Funk, *Vier Bücher Dialoge*, München, 1933.
5. Vgl. *Corpus antiphonalium officii*, hrsg. v. R.J. Hesbert, Bd. 2-5, Rom, 1965-1975; betreffend die literarischen Texte und den Musiktext: *Antiphonale monasticum pro diurnis horis*, Doornyk, 1934: *Liber responsorialis... juxta ritum monasticum*, Solesmes, 1895; *Antiphonalium cisterciense. Pars hiemalis et vernalis*, Westmalle, 1947, Folio und 8°-Ausgaben: *Antiphonarii cistercienses pars prima vigilas nocturnas complectens*, Westmalle, 1955, und *Antiphonarii cistercienses pars horas diurnas... complectens*, Westmalle, 1954.
6. Vgl. A. de Vogüé, *Grégoire le Grand, Dialogues, Bd. 1*, Paris, 1978, S. 31 ff.
7. C. Lambot, *La vie et les miracles de saint Benoît*, in: *Revue liturgique et monastique*, 19 (1934), S. 137 ff, Nachdruck in *Revue monastique*, 1956, S. 49 ff; S. 97 ff; S. 149 ff.
8. P. Carosi, *Il primo monastero benedettino*, Subiaco und Rom, 1956.
9. J. Laporte, *Saint Benoît et les survivances du paganisme*, in: *Etudes ligériennes d'histoire et d'archéologie médiévale*, Auxerre, 1975, S. 233 ff.
10. J.H. Wansbrough, *St. Gregory's Intention in the Stories of St. Scholastica and St. Benedict*, in: *Revue bénédictine*, 75 (1965), S. 145 ff.
11. M. Doucet, *La tentation de saint Benoît: relation ou création par saint Grégoire le Grand?* in: *Collectanea cisterciensa*, 37 (1975), S. 63 ff. – Ders., *Pédagogie et théologie dans la ›Vie de saint Benoît‹ par saint Grégoire le Grand*, in: *Collectanea cisterciensa*, 38 (1976), S. 158 ff. – A. de Vogüé, *Benoît, modèle de vie spirituelle d'après le Deuxième Livre des Dialogues de saint Grégoire*, in: *Collectanea cisterciensa*, 38 (1976), S. 147 ff.
12. Vgl. hierzu A. de Vogüé, *La Règle de saint Benoît*, Bd. 1, Paris, 1972.
13. Hervorragende Hinweise hierzu in F. Masai, *Recherches sur les règles de s. Oyend et de s. Benoît*, in: *Regulae Benedicti Studia*, 5 (1977), S. 43 ff.
14. Die wörtlichen Zitate aus der Regel entstammen der deutschen Übersetzung von B. Steidle, *Die Regel St. Benedikts*, Beuron, 1968. Bibliographien: B. Jaspert, *Neuere französische Ausgaben der Benediktusregel. Eine Statistik*, in: *Studien und Mitteilungen zur Geschichte des Benediktinerordens*, 79 (1968), S. 435 ff. Dergl., *Regula S. Benedicti. Die deutschen Ausgaben (1930-1965)*, in: *Studien und Mitteilungen...*, 80 (1969/III-IV), S. 225 ff.
Unter den zweisprachigen Textausgaben sei auf die von P. Schmitz, *Sancti Benedicti regula monachorum*, Maredsous, 1962, hingewiesen, die eine glänzende Studie von C. Mohrmann, *La langue de saint Benoît*, einleitet und der eine lateinische, alphabetische Namensliste folgt, die zwar nicht vollständig ist, aber dennoch gute Dienste leisten kann. Leider wurde die im allgemeinen anerkannte Einteilung der Kapitel in Verse nicht beibehalten.
15. *Claustra* wurde als Kloster und nicht Klostergebäude übersetzt.
16. *Pariter* wurde mit alle zusammen übersetzt; es kann jedoch ebensogut zugleich bedeuten.
17. Zu den Mischregeln: K. Hallinger, *Papst Gregor der Grosse und der hl. Benedikt*, in: *Commentationes in Regulam S. Benedicti*, Rom, 1957, S. 231 ff (S. 259 ff.).
18. Einige Manuskripte werden beschrieben in: R. Hanslik, *Benedicti Regula*, Wien, 1977^{2}, S. XXII ff. – Bibliographie der gedruckten Ausgaben: A. Albareda, *Bibliografia de la Regla benedictina*, Montserrat, 1933. 1980 soll von J.D. Broeckaert eine wichtige Ergänzung dieser Bibliographie erscheinen.
19. Eine Übersicht gibt D. Knowles, *Great Historical Enterprises, Problems in Monastic History*, Nelson, 1963, S. 139 ff.
20. Zum Beispiel: P. Meyvaert, *Problems concerning the ‹Autograph› Manuscript of Saint Benedict's Rule*, in: *Revue bénédictine*, 69 (1959), S. 3 ff.
21. R. Hanslik, *Benedicti Regula*, Wien, 1960.
22. *La Règle de saint Benoît*, Einleitung, Übersetzung und Anmerkungen von A. de Vogüé, Text herausgegeben und vorgestellt von J. Neufville, Bd. I-II, Paris, 1972.
23. A. Mundo, *L'authenticité de la Regula Sancti Benedicti*, in: *Commentationes in Regulam S. Benedicti*, Rom, 1957, S. 105 ff. – A. de Vogüé, *La Règle de saint-Benoît*, Bd. 1, Paris, 1972, S. 149 ff.
24. Vgl. P. Carosi, a.a.O., S. 92 ff.
25. A. de Vogüé, a.a.O., S. 149 ff.
26. *Sancti Benedicti regula monachorum.* Editionem critico-practicam adornavit D.C. Butler, Freiburg im Breisgau, 1912. Die dritte und letzte Ausgabe, aus dem Jahre 1935, ist die bekannteste.
27. Bei Hanslik gibt es einen *index scriptorum* (einschliesslich Bibelzitaten) auf S. 182 ff. – Auch bei A. de Vogüé findet man einen ähnlichen Index auf S. 882 ff.
28. Die beste Beschreibung gibt Knowles, a.a.O., S. 139 ff.: *The Regula Magistri and the rule of St. Benedict.*
29. B. Jaspert, *Die Regula Benedicti – Regula Magistri Kontroverse*, Hildesheim, 1975.
30. B. Jaspert, *Regula Magistri – Regula Benedicti. Bibliographie ihrer Erforschung 1938-1970*, in: *Studia monastica*, 13 (1971), S. 129 ff.
31. Die Arbeiten von Pater A. de Vogüé über die Benediktinerregel, ihre Vorgeschichte und alles andere, was mit ihr zusammenhängt, sind sehr zahlreich und imponierend. Man kann auf die vor einigen Jahren erstellte Bibliographie verweisen: A. Linage Conde, *Bibliografia de Dom Adalbert de Vogüé*, in: *Studia monastica*, 16 (1974), S. 451 ff. A. de Vogüé arbeitet indessen weiter. Zwei Autoren stimmen ihm nicht zu: F. Masai und Pater E. Manning. F. Masai hat einen entscheidenden Beitrag zur Veröffentlichung eines Werks beigetragen, das einen Fortschritt bei der Erforschung der Magisterregel bedeutet: H. Vanderhoven, F. Masai, P.B. Corbett, *La Règle du Maître. Edition diplomatique des manuscrits 12205 et 12634 de Paris*, Brüssel-Paris-Antwerpen-Am-

sterdam, 1953. In diesem Werk kündigte F. Masai das Erscheinen einer weiteren Arbeit an: *Aux sources du monachisme bénédictin, II; Genèse de la Règle des monastères*. Leider ist diese Arbeit noch immer nicht erschienen. Masai hat jedoch verschiedene Artikel und Besprechungen veröffentlich. E. Manning ist seiner Meinung. Beide nehmen an, dass die Magisterregel älter als die Benediktinerregel ist, aber sie meinen, dass die Magisterregel nicht in der Gegend von Rom, sondern in Gallien, unter dem Einfluss der ›Pères du Jura‹ entstanden ist. Hauptsächlich die Evolution der Magisterregel sehen sie völlig anders als de Vogüé. Sie nehmen an, dass dieser lange Text eine ›lebende‹ oder ›evoluierende‹ Regel gewesen ist. Von zwei Basisdokumenten ausgehend, dem rein geistlichen *Actus militiae cordis* und dem konkreteren *Ordo monasterii* mit seinen praktischen Hinweisen zur Gründung und Führung eines Klosters, hat ein Meister genannter Abt eine Akte zusammengestellt. Dieser Abt oder sein Nachfolger hat später die Akte korrigiert, überarbeitet, verbessert, erweitert und aufs neue bearbeitet. Masai und Manning geben sich sehr viel Mühe, um die verschiedenen Stufen der Regel aufzuspüren. Eine dieser Stufen soll die Regel Benedikts sein. Für eine kritische Ausgabe der Benediktinerregel genügt daher auch nicht die Widergabe nur einer einzigen Handschrift (in der Praxis die Handschrift 12205 von Paris), die de Vogüé für den *vollständigen Text* hält und die der hier zitierten Ausgabe zugrunde liegt. In einer kritischen Ausgabe müssten also sämtliche Varianten aufgezählt werden, die bekannt sind, darunter das Manuskript 12634 von Paris und die Regel Benedikts.

32. Vgl. hierzu die klare Übersicht von A. Borias, *Comment saint Benoît a élaboré et rédigé sa Règle*, in: *Lettre de Ligugé*, 175 (1976), S. 5 ff.
33. A. de Vogüé, *La communauté et l'abbé dans la Règle de saint Benoît*, Paris, 1961 (hauptsächlich S. 438 ff.).
34. Ein typographisches Verfahren hat es ermöglicht, um in der lateinischen Textausgabe der Regel die Stellen, die der Magisterregel entstammen, deutlich zu erkennen. Vgl. hierzu die Ausgabe von A. de Vogüé-Neufville und B. Steidle, *Die Benediktus-Regel lateinisch-deutsch*, Beuron, 1975².
35. Vgl. hierzu A. de Vogüé, a.a.O., S. 48 f, über diejenigen, für die die Regel gelten soll.
36. *S. Benedicti Regula Monachorum*. Herausgegeben und philologisch erklärt von B. Linderbauer, Metten, 1922. – T. Herwegen, *Sinn und Geist der Benediktinerregel*, Einsiedeln und Köln, 1944. – *Die Regel St. Benedikts*, eingeleitet, übersetzt und aus dem alten Mönchtum erklärt von B. Steidle, Beuron, 1952. – S. Benedetto, *La regola*, testo, versione e commentato a cura di A. Lentini, Montecassino, 1947 (Auf Lentini geht die gute Initiative zurück, die Kapitel der Regel in Verse einzuteilen, was Verweisungen auf die Regel vereinfacht. Diese Einteilung ist inzwischen allgemein üblich). *S. Benedicti Regula*. Introduzione, testo, apparati, traduzione e commentato a cura di G. Penco, Florenz, 1958. – *San Benito, su vida y su regla*, hrsg. von G.M. Colombas, versiones von L.L. Sansegundo, commentarios y notas von O.M. Cunili, Madrid, 1968². – P. Delatte, *Commentaire sur la Règle*.
A. de Vogüé, *La Règle de saint Benoît*, Bd. *IV-VI: Commentaire historique et critique*, Paris, 1971, und Bd. VII, *Commentaire doctrinal et spirituel*, Paris, 1977. Ein Verzeichnis der Kommentare bis zum Jahre 1942 findet man in P. Schmitz, *Histoire de l'Ordre de saint Benoît*, Bd. 1, Maredsous, 1942, Appendix III, S. 373 ff. Die Aktualisierung der Regel bringt heutzutage grosse Probleme mit sich, auf die hier jedoch nicht eingegangen werden kann.
37. Für die Benediktiner: P. Schmitz, *Histoire de l'Ordre de saint Benoît*, 7 Bde., Maredsous, 1942-1956. Für die Zisterzienser: L.J. Lekai, *The Cistercians. Ideals and Reality*, Kent State University Press, 1977. Vgl. auch P. Cousin, *Précis d'histoire monastique*, Paris, 1956.
38. Im folgenden kann man stets auf die Regel verweisen. Wir verzichten darauf jedoch ebensogut wie auf Hinweise auf die zahlreichen Studien zum Thema.
39. Es handelt sich vermutlich um die Folgen einer Reaktion katholischer Rechtgläubigkeit gegenüber dem Ariertum der Goten, die die Gottheit Christi abstritten.

JAN KAREL STEPPE

Der hl. Benedikt im Spiegel der Kunst

Man kann nur schwerlich behaupten, dass Benedikt von Nursia ein ›volkstümlicher‹ Heiliger war. Selten wird er in Kathedralen oder Dorfkirchen abgebildet. Seine Ikonographie beschränkt sich vornehmlich auf das Klostermilieu, die relativ geschlossene Welt der Benediktinerklöster und ihrer religiösen Stiftungen. Dennoch sind die Darstellungen seiner Person, seines Lebens und seines Wirkens so zahlreich, dass sie eine der wichtigsten abendländischen Heiligenikonographien darstellen.

Im Europa des Mittelalters bestand eine ungemein grosse Zahl von Benediktinerabteien (der ›schwarzen Mönche‹) und von Klöstern, die, reformiert oder getrennt, die Benediktinerregel befolgen (wie, zum Beispiel, die ›weissen Mönche‹ von Citeaux). Das fruchtbare Wirken des Ordens und seiner zahlreichen Klöster erklärt die Anzahl von Darstellungen des Heiligen in ganz Europa. Auch inhaltlich ist diese Ikonographie reichhaltig und abwechslungsreich; das verdankt sie vermutlich der langen Biographie, die Gregor der Grosse knapp fünfzig Jahre nach dem Tod des hl. Benedikt im II. Buch der *Dialoge* abfasste. Die wundertäterischen Kräfte des Heiligen und die zahlreichen Wunder, die ihm die bedeutenden Schriftsteller der Kirche zugeschrieben haben, sodass sie einer Krone von *fioretti* ähneln, boten in den folgenden Jahrhunderten dem künstlerischen Schaffen Stoff und gaben der Ikonographie Benedikts den Charakter einer ebenso langen wie bunten religiösen Erzählung. Vom rein künstlerischen Standpunkt aus betrachtet sind die Kunstwerke, die sich auf den Heiligen beziehen, oft von ausserordentlich hohem Wert. Oft beauftragten die Mönche die besten Künstler ihrer Zeit, die Klöster auszuschmücken und die Abteien prächtig zu verzieren. Viele grosse Meister haben den hl. Benedikt und Szenen aus seinem Leben gemalt. Im Augenblick möge es genügen, Lorenzo Monaco, Fra Angelico, Luca Signorelli, Sodoma, Raffael, Memling, Gérard David und Pieter-Paul Rubens zu nennen. Schon diese kurze Aufzählung, die weder die Bildhauer noch die Kupferstecher berücksichtigt, legt bereits die Vermutung nahe, dass man in der ausgedehnten Ikonographie Benedikts Werke findet, die ob ihrer künstlerischen oder ästhetischen Qualität zu den besten der Kunstgeschichte gehören.

Aus diesem reichen Fundus von Darstellungen wurden für dieses Gedenkbuch eine Reihe von Reproduktionen ausgewählt, die dem Leser, der nicht unbedingt Fachmann ist, einen Überblick über die verschiedenen Entwicklungsstadien der Ikonographie des hl. Benedikt in der europäischen Kunst geben. Selbstverständlich haben wir den Beitrag der altniederländischen Meister nicht vergessen. Die Kommentare erheben keinen Anspruch auf Wissenschaftlichkeit; sie sind weniger für Spezialisten als für einen breiten Leserkreis bestimmt, der mit der Fachliteratur wenig vertraut ist und vor allem einen zusammenhängenden, komprimierten Kommentar zu den Werken wünscht, die er vor Augen hat. Nach einer kurzen Einleitung, in der auf die Quellen der Ikonographie des hl. Benedikt, auf die verschiedenen Anleihen, die bei ihm gemacht wurden und auf die Aufbewahrungsstätten der Werke eingegangen wird, werden der Reihenfolge nach die ältesten Darstellungen des Heiligen, seine Physiognomie, sein Typus, seine Attribute und Emblemata untersucht; danach sehen wir Benedikt in anderem ikonographischen Zusammenhang oder Darstellungen Benedikts zusammen mit anderen Heiligen, Benedikt als Schutzpatron, Themen, zu denen die Ordensregel anregte, die bildliche Darstellung seines Lebens aufgrund der *Dialoge* Gregors und schliesslich die Ikonographie Benedikts nach dem Mittelalter. Die Übersicht endet mit einigen Anmerkungen über Benedikts Darstellung in der modernen Kunst. Die Leser, die sich für gewisse Detailaspekte interessieren, verweisen wir auf die ikonographischen Handbücher und Lexi-

28. Der hl. Benedikt heilt einen Mann, der an einer Hautkrankheit leidet. Fresko aus dem X. Jahrhundert.
Rom, Unterkirche von San Crisogono.
Benedikts von der spitzen Kapuze umrahmtes Antlitz strahlt Willenskraft, Intelligenz und Entschlossenheit aus. Das Fresko macht deutlich, dass bereits im X. Jahrhundert Szenen aus der Vita Benedicti abgebildet wurden.

ka, auf einige Zeitschriftenartikel, die Detailaspekte behandeln, auf die neueren, bebilderten Ausgaben der Lebensgeschichte Benedikts und auf die grundlegende Untersuchung von E. Dubler über die Ikonographie des hl. Benedikt im Mittelalter.

Die wichtigste und im Grunde genommen einzige Quelle für das Leben und die Ikonographie Benedikts ist die Biographie, die Gregor der Grosse im II. Buch seiner *Dialoge* geschrieben hat. Auf diese Biographie geht der vorherige Beitrag näher ein. In seiner *Legenda aurea* übernimmt Jacobus de Varazzo, in etwas abgeänderter Form, diese Biographie (das 15. Kapitel, das Gespräch zwischen Benedikt und Totila, dem die Zerstörung Roms vorausgesagt wird, fehlt). In jedem Fall bleibt Gregors *Leben des hl. Benedikt* die wichtigste Quelle für die Ikonographie und ihre Merkmale, sowohl für das Mittelalter, als auch für die späteren Epochen. Selbstverständlich kommen kleine Abweichungen vor, die auf eine andere Quelle verweisen, nämlich einen lateinischen Text des Dichters Markus, der, so meinen manche, ein Jünger Benedikts war und dessen Zeugnis aus dem VI. Jahrhundert stammt. Es handelt vom Verlassen von Subiaco und von der Niederlassung auf dem Monte Cassino. Dem Dichter zufolge wurde Benedikt von drei Raben auf der Reise begleitet: Christus selber diente ihm als Führer, und an jeder Kreuzung wiesen zwei Engel Benedikt den rechten Weg. Auf dem Monte Cassino lebte ein Eremit in seiner Grotte unter den Heiden. Er führte ein reuevolles Leben und der Herr liess ihn wissen, dass seine Zeit nun abgelaufen sei und er einem neuen Apostel Platz machen müsse. Man hat herausgefunden, dass es sich bei diesem Einsiedler um den Klausner Martin handelte, von dem Gregor der Grosse im dritten Buch (Kapitel 16) seiner *Dialoge* spricht.

Die Ikonographie Benedikts ist auch von der berühmten *Regula* angeregt worden, der Ordensregel, die auf Monte Cassino entstanden sein soll. Bei ihrer Darstellung des Vaters der Mönche sind die Künstler durch gewisse Züge des Heiligen, wie sie aus den 73 Kapiteln der Regel hervortreten, beeinflusst worden. Sie stellen ihn sich väterlich um das geistige und materielle Wohlergehen seiner Untergebenen besorgt vor, aber auch streng und unerbittlich, wenn es um die Observanz geht, sodass er gegebenenfalls auch nicht zögerte, Widerspenstige gefügig zu machen, und sei es mit starker Hand (um genau zu sein: mit der Peitsche). Die Darstellung des Heiligen hing im Laufe der Jahrhunderte auch von den besonderen Gebräuchen in den einzelnen Klöstern und Kongregationen ab, die sich auf die Benediktinerregel beriefen. Das betrifft, zum Beispiel, die Tonsur und den Haarschnitt, oder den Schnitt und die Farbe der Kutte, die der Heilige trägt.

Bei der Ikonographie Benedikts spielen auch die sogenannten *patrocinia* eine Rolle, die Schutzherrschaften, die man ihm im Laufe der Jahrhunderte zugeschrieben hat. Sie beziehen sich hauptsächlich auf die Wunder, die er während seines Lebens gewirkt haben soll. Der hl. Benedikt wird als Schutzpatron für einen guten Tod und als Fürsprecher der Sterbenden angerufen, da er zwei Mal Tote wieder zum Leben erweckte, und sein eigenes Ende ausserordentlich erbaulich war. Wie sich bei der Besprechung des Barock herausstellen wird, war diese Art von Schutzherrschaften in den Jahrhunderten nach Ende des Mittelalters sehr beliebt. In diesem Zusammenhang sollte erwähnt werden, dass der hl. Benedikt ein Glöckchen benutzte, um die bösen Geister aus der Seele des Sterbenden zu vertreiben. Diese Darstellung war vor allem in den germanischen Ländern üblich und bezieht sich auf die Begebenheit, da der Teufel das Glöckchen zerstörte, dessen Benedikt sich bediente als er in der Einsamkeit von Subiaco zurückgezogen lebte.

Andere *patrocinia* beziehen sich auf Benedikts heilende Kraft und erinnern an Begebenheiten aus seinem Leben, wie zum Beispiel sein Einschreiten im Falle von Vergiftungen, Entzündungen, Fieber und gewissen Hauterkrankungen (wie Rotlauf). Man schrieb ihm auch heilende Kraft bei Nierensteinen zu, nachdem er den deutschen Kaiser Heinrich II. auf wunderbare
Weise gesundet hatte (*Baseler Antependium*, im 71
Musée de Cluny, Paris, aufbewahrt und Szene auf
dem Grabmal des Kaisers im Bamberger Dom). 85
Darüberhinaus rief man ihn zum Schutz vor dem Teufel, vor der Hexerei, vor teuflischer Besessenheit und vor allen möglichen Übeln an, die man der Macht des Bösen zuschrieb. Vor allem Bauern suchten die Benediktinerabteien auf, um dort Benedikts Segen zu erhalten oder um sich sein Medaillon auflegen zu lassen. In Flandern betrachtete man den Benediktsegen als wirksamen Schutz gegen die Übel, die den Ställen und dem Vieh

29. Abt Desiderius bietet dem hl. Benedikt Bücher und Besitz an. Miniatur mit Widmung aus einer prächtigen Handschrift aus der Abtei Monte Cassino, etwa 1070.
Rom, Bibliotheca Vaticana, Codex Latinus 1202.

Cum domibus miros plures pater accipe libros.

Rura, lacus, presto. Celi michi prestitor esto.

30. Sankt Benedikt zwischen Sankt Sebastian und Sankt Zozimus. Fresko aus dem XI. *Jahrhundert.*
Rom, San Sebastianello.
Benedikt wird hier als eine jugendliche Idealfigur zwischen den beiden anderen bärtigen Heiligen dargestellt. Im Barock hielt man dieses Fresko für ein authentisches Porträt Benedikts.

drohten. Das Kreuz und das Medaillon mit dem Bildnis des hl. Benedikt wurden als Amulette getragen, was vor allem in der Periode nach dem Mittelalter und vor allem dann in unseren Tagen sehr beliebt war. Im XVIII. Jahrhundert verband Papst Benedikt XIV. sie mit einem besonderen Ablass; die barocke und die zeitgenössische Ikonographie haben entscheidend zur Verbreitung dieses Brauchs beigetragen.

Benedikt besass die ganz besondere Gabe, die Anwesenheit des Teufels, der sein unheilvolles Werk verrichtete, festzustellen. Er bekämpfte ihn mit Gebeten und Kreuzzeichen; er zögerte auch nicht, gewaltsam gegen seinen Widersacher vorzugehen. Das war der Beginn des benediktnischen Exorzismus, wozu man das heilbringende Kreuzzeichen mit einer kräftigen Beschwörungsformel verband – eine Sitte, die bereits die ersten Christen kannten, und die im Mittelalter, unter anderem, zu den Wappensprüchen führte.

Eine Beschreibung aus dem XVII. Jahrhundert vermeldet, dass das Medaillon des hl. Benedikt auf der Vorderseite ein Bildnis des Heiligen zeigte und auf der Rückseite ein Kreuz des hl. Benedikt mit den Initialen C.S.S.M.L. (vertikaler Balken) und N.D.S.M.D. (horizontaler Balken); das bedeutet *Crux Sacra Sit Mihi Lux* (Auf dass das hl. Kreuz mir Licht sei) und *Non Draco Sit Mihi Dux* (Auf dass der Teufel mich nicht leite). In den vier Feldern ausserhalb des Kreuzes steht: C.S.P.B., *Crux Sancti Patris Benedicti* (Kreuz des hl. Vaters Benedikt) und schliesslich der wenig banale Exorzismus V.R.S.N.S.M.V. – S.M.Q.L.I.V.B., *Vade Retro Satana Numquam Suade Mihi Vana* und *Sunt Mala Quae Libas, Ipse Venena Bibas*

(Weiche, Satan, und gebe mir nicht Eitelkeiten ein; Du, der Du das Böse liebst, trinke Dein Gift selber). Solche Beschwörungsformeln gehen auf alte Darstellungen zurück, die Benedikt beim Angriff auf den Teufel zeigen, wobei er in der Rechten das Kreuz hält und diese Formel ausspricht (vgl. den Anfang der Benediktinerhymne, *Signi-*
75 *fer*). Bei der Besprechung der Attribute des Heiligen werden wir auf diesen Punkt zurückkommen. Diese Benediktmedaillons und -kreuze wurden als Talisman benutzt, um Menschen und Tiere, Häuser und Felder vor dem Einfluss des Teufels zu schützen. Manchmal wurden sie in Bauwerke oder Turmspitzen eingelassen, um die Naturgewalten abzuwenden. Die benediktinische Formel zur Teufelsbeschwörung hat nachweislich auch die Zisterzienser beeinflusst (vgl. Cäsarius von Heisterbach in seinem *Dialogus Miraculorum* über die Anwesenheit des Teufels beim Choramt, im XIII. Jahrhundert dargestellt auf den Bänken für die Laienbrüder in Doberan, und später in der *Engelmesse* von Dürer).

Benedikt wird auch als Schutzpatron der Schüler (die römischen Patrizierfamilien hatten ihm ihre Söhne anvertraut), der Krieger, der Kupferschmiede und Messingschläger und auch des Viehs angerufen. In Frankreich war er der Schutzpatron der Kapetinger.

Man sollte annehmen, dass sich die älteste und reichste Ikonographie in den Klöstern und Heiligtümern der Orte befindet, an denen Benedikt gelebt hat oder an denen Reliquien von ihm bewahrt wurden. Dort müssten bereits vor dem Jahr 1000 Darstellungen des Heiligen und der Stationen seines Lebens entstanden sein, sicherlich in Subiaco, in Monte Cassino, in Rom und auch in der französischen Abtei Fleury (Saint-Benoît-sur-Loire). Von diesen grossen Werken der primitiven Kunst sind jedoch nur einige Fragmente in römischen Heiligtümern bewahrt ge-
5,20 blieben. Im Sacro Speco von Subiaco stam-
31,32,62 men die ältesten Fresken erst aus dem XIII. Jahrhundert. Auf dem Monte Cassino gibt es, wegen der zahlreichen Zerstörungen und Wiederaufbauten des Klösters im Laufe der vierzehn Jahrhunderte seines Bestehens, auch nicht die geringste Spur der alten Ikonographie. Zum Trost kann man darauf hinweisen, dass man beim letzten Wiederaufbau des Klosters, 1950, unter dem Hochaltar der Basilika, an genau jener Stelle, die Gregor der Grosse in seinen *Dialogen* angibt, die Gräber von Benedikt und Scholastika entdeckt hat; um genau zu sein, man fand sie in der Johanneskapelle auf dem Berggipfel, wo früher die *ara* Apollos gestanden hatte. Die stofflichen Überreste

31. Sankt Benedikt. Fresko, Römisch-byzantinische Schule, XIII. Jahrhundert.
Subiaco, Sacro Speco.
Diese strenge Figur mit dem scharfen, durchdringenden Blick befindet sich auf der Aussenwand der Apsis, genau über der Stelle, an der Benedikt sich gemäss der Überlieferung in den Dornen wand um der Versuchung zu widerstehen.

S BENEDICTVS
+ INNOCENTIV
SPECV BEATI BE
VIRTVTV NVLI
CARITATIS. HOC
VRE QVE BEATVS
INSTITVTIONE
SPIRITVALIS OBS
IMPENDENDV. SPE
ET PRECIB APVD
NECESSITATIB
CAMERA BEATI
VOBIS ESSENT V
SVEVISTIS PCIP
MINIME NEGAR
VRIS AD NRAM
IPSA INALIQVO
SEX LIBRAS PCI
ASSENSV. IA D
ANNIS DE AN
PRIVILEGIO CON
CONCESSIONIS
IRE. SIQVIS A
ET BEATORV PE

der beiden Heiligen waren relativ gut erhalten; es scheint, dass man nunmehr darauf verzichten muss, die in Saint-Benoît-sur-Loire aufbewahrten Reliquien als authentisch zu betrachten.

Was die späteren, aus dem Mittelalter und den Perioden danach stammenden Dokumente zur Ikonographie des hl. Benedikt betrifft, so sind wir hauptsächlich auf die ausgemalten Handschriften angewiesen. Zunächst muss man die bebilderten Ausgaben von Gregors *Dialogen* zu Rate ziehen, sowie die *Vitae* des hl. Benedikt, die auf der Basis der *Dialoge* geschrieben worden sind. Einige dieser Lebensgeschichten, vor allem die sogenannten
88 *Bis-bini-Vitae*, enthalten nicht weniger als 115
91 verschiedene Abbildungen. Der Name stammt
vom Beginn des Textes: *Bis bini justi narrant...* (Zweimal erzählen zwei Heilige...); damit sind die vier Zeugen gemeint, denen Gregor sein Material verdankt. Andere Abbildungen des hl. Benedikt
15,87 befinden sich in Handschriften der Ordensregel;
manche Exemplare stammen aus dem X. Jahrhundert. Eine andere dokumentarische Quelle sind die liturgischen Handschriften und Gebetbücher:
17,86 Missale, Breviere, Graduale und Stundenbücher.
7,55 Ab dem Ende des XVI. führen die Kupferstecher
13,100 grosse Zyklen aus, die später Bildhauern und an-
deren Künstlern als Vorlage dienen. Die eindrucksvollsten Verwirklichungen treffen wir jedoch in den Kreuzgängen der berühmtesten Abteien an. Es scheint, dass diese Abbildungen im späten Mittelalter und in der Neuzeit nicht nur üblich, sondern sogar eine Pflicht waren. Die Erinnerung an das Leben des hl. Benedikt im Kreuzgang, einem Ort den die Mönche ständig passierten und der der Mittelpunkt der Abtei war, bedeutete, dass die Mönche immerzu belehrt und aufgefordert wurden, die Regel und das Vorbild ihres hl. Vaters treu zu befolgen. In manchen Fällen war der Zyklus auch in der Sakristei oder im Refektorium untergebracht. In Italien, dem Ursprungsland der Freskenmalerei, führte diese Technik zu herrlichen, oft von den grossen Meistern geschaffenen Werken. Um einige Beispiele zu nennen: In der Sakristei von San Miniato al Monte, Florenz, ist der dekorative und äusserst
60,65 lyrische Zyklus von Spinello Aretino zu bewun-
105 dern (1387); die Serie der grossartigen und aus-
sergewöhnlich scharf beobachteten Szenen, von
Luca Signorelli begonnen (1497-98) und von So- *4,10,11*
doma vollendet (1505-1508) im lichtdurchfluteten *14,22*
Chiostro grande der Abtei Monte Oliveto Maggio- *54,64*
re in Siena. Wegen des feuchten Klimas, das Fresken zerstört, bevorzugten die Abteien in den alten Niederlanden manchmal Glasfenster in den Kreuzgängen, die in leuchtenden, durchscheinenden Farben den Mönchen das Leben ihres Ordensstifters vor Augen führten. So gab es in Affligem neben einer *Lebensgeschichte der Mutter Gottes* (XVII. Jahrhundert) auch eine *Lebensgeschichte Benedikts,* und im *refugium* von Baudelo zu Gent eine Serie, die die Vitae Benedikts und Bernhards erzählte (XVI. und XVII. Jahrhundert).

Andere Darstellungen des hl. Benedikt sind mehr an einen bestimmten Platz im Kloster gebunden. Etwa Benedikt, der den Finger auf den *21*
Mund legt, um daran zu erinnern, dass an bestimmten Orten geschwiegen werden muss; im Kapitelsaal wo in der Tat täglich ein Kapitel aus der Regel vorgelesen wurde, war Benedikt mit einem

33. Sankt Benedikt. Fresko aus dem XII. Jahrhundert. Abteikirche von Berzé-la-Ville.

32. Der hl. Benedikt und Abt Romanus erhalten von Papst Innozenz III. eine Bulle. Fresko aus dem XIII. Jahrhundert. Subiaco, Unterkirche des Sacro Speco.

offengeschlagenen Buch abgebildet; über den Brunnen und Waschbecken sah man Szenen aus seinem Leben, bei denen Wasser eine Rolle gespielt hatte (Maurus der Placidus vor dem Ertrinken rettet). Natürlich gibt es auch die Klosterkirchen mit ihren gehauenen Portalen, Kapitälen und Schlusssteinen. Besonders reich sind hierbei die grossen romanischen Kirchen der französischen Abteien. Erwähnt werden müssen in diesem Zusammenhang die Fresken, mit denen man das sogenannte Chor des hl. Benedikt ausgeschmückt hatte, eine Seitenkapelle, die in den alten Benediktinerkirchen das Gegenstück zur Marienkapelle bildete (etwa in der Georgskirche von Prüfening, oder in Sankt Peter auf dem Petersberg von Dachau). So wie wir es bereits im Falle der Klöster in den nördlicheren Ländern erwähnt haben, bilden dort auch in den Kirchen Glasfenster die Höhepunkte des Lebens und Wirkens des hl. Benedikt ab (wie einst ein oder zwei Fenster in der Abteikirche von Suger in Saint-Denis bei Paris, XII. Jahrhundert; eine Vita Benedikts ist auf einem spätgotischen Glasfenster im schweizerischen Biel zu sehen; für die Tetzelkapelle in der
96 Nürnberger Ägidiuskirche fertigte Dürer Entwürfe an). Und man greift ebenfalls auf Benedikts Vita zurück um die Altäre zu verzieren, vor allem diejenigen, die dem Heiligen geweiht sind (Altäre mit Reliquien). In der vorromanischen und romanischen Epoche stellten manch kostbare, aus Silber getriebene Altarverkleidungen Szenen aus dem Leben des Heiligen dar (*paliottos* und *antependia*). Bereits im X. Jahrhundert war in Monte Cassino der Altar des hl. Benedikt ganz mit aus Silber getriebenen Reliefs bedeckt; im XI. Jahrhundert liess Abt Desiderius, der die Abtei wiederaufbauen liess, in Konstantinopel ein neues *antependium* anfertigen, auf dem neben biblischen Szenen auch Episoden aus dem Leben Benedikts zu sehen waren. Im X. Jahrhundert hatte man in der Abtei von Fleury (Saint-Benoît-sur-Loire) das verehrte Grab des heiligen Gründers mit bossierten Platten geschmückt, auf denen mehrere Wunder, die er gewirkt hatte, dargestellt wurden. Ebenso sieht man oft auf den Retabeln über den Altären Darstellungen Benedikts oder Szenen aus seinem Leben, letztere fast immer auf den Predellen unterhalb der Retabeln. Zumindest im Mittelalter waren tragbare fromme Bilder nicht sehr zahlreich; ihre Zahl nimmt erst ab dem XVI. Jahrhundert zu. Die Sucht nach Bildern, die sich im Barock in den Kirchen bemerkbar macht, berührt auch die Ikonographie Benedikts und führt zu immensen Fresken in den Gewölben und Skulpturen auf dem Mobiliar, vor allem dem Chorgestühl. Das Chorgebet, das *Opus Dei* par excellence, ist eine der wichtigsten Aufgaben, die Benedikt seinen Jüngern stellt; in der Regel widmet er ihr nicht weniger als zwei Kapitel. Jedoch ist die Darstellung Benedikts und der Szenen aus seinem Leben auf dem Chorgestühl erst jüngeren Datums (Anfang des XVI. Jahrhunderts in Italien, Deutschland und Spanien; XVII. und XVIII. Jahrhundert in den Spanischen Niederlanden). Um genau zu sein, die ersten Chorgestühle, auf denen solche Zyklen zu sehen sind, entstehen Anfang des XVII. Jahrhunderts in Spanien (Valladolid), gegen Ende des gleichen Jahrhunderts in Italien
(San Giorgio Maggiore in Venedig), während im *12,68*
XVIII. Jahrhundert in den deutschen und schwei-
zerischen Barockabteien (Banz, Ottobeuren, Wib- *98,99*
lingen, Sankt Gallen) und in den südlichen Nie- *378*
derlanden (Saint-Hubert) kleinere Zyklen entstehen. Man muss vermutlich nicht ausdrücklich darauf hinweisen, dass Darstellungen des hl. Benedikt auch die heiligen Gefässe und Messgewänder schmücken. Schliesslich ziert sein Konterfei auch die Benedikt-Medaillons, -Kreuze und die Siegel.

Es gab noch nie und es wird zweifellos auch niemals ein authentisches Porträt Benedikts geben. Zumindest gestattet es das uns bekannte ikonographische Material nicht, einen hypothetischen Prototypus zu bestimmen. Die Überreste des Leichnams, die man 1950 auf Monte Cassino fand, ermöglichen es, die Körpergrösse Benedikts zu bestimmen; er mass ungefähr 1,72 Meter. Gregor der Grosse hat sich damit begnügt, ein intellektuelles Porträt aufzuzeichnen; über die physische Erscheinung seines Helden teilt er uns nichts mit. Von daher versteht man, dass die Kunst versucht hat, einen Idealtypus zu schaffen, der einige der Vorzüge und Tugenden, die Gregor der Grosse vermeldet hat, aufwies. In San
Sebastianelle (Santa Maria in Pallara) in Rom *30*
befindet sich jedoch eine Darstellung, die zumindest in Italien die Künstler in gewisser Weise beeinflusst hat. Weiter unten wird gezeigt, dass es eine Darstellung Benedikts aus dem Barock gibt, die auf das römische ›Porträt‹ zurückgeht und die man lange Zeit als *vera effigies* des Heiligen ansah.

Aus naheliegenden Gründen stammen die ältesten Darstellungen aus Italien: Fresken (die wichtigsten in Rom), Miniaturen in Handschriften, die fast alle in Monte Cassino angefertigt wurden. Zu
den ältesten römischen Fresken gehören *Benedikt* *2*
in Begleitung der Mutter Gottes und anderer Heiliger in der Katakombe des hl. Hermes (Ende des

34. Lütticher oder Maasländischer Meister, Triptychon von Norfolk, etwa 1415, oberer Teil rechts: Sankt Anton, Sankt Benedikt, Sankt Leonhard und Sankt Ägidius.
Rotterdam, Boymans-van Beuningenmuseum, Kat. Nr. 2466.

SANCTVS
BENEDICTVS

VIII. Jahrhunderts), Szenen aus seinem Leben in
28 der Unterkirche von San Crisogno in Trastevere
(X. Jahrhundert); in Norditalien, in Civate, befin-
det sich eine Darstellung des Heiligen in der Be-
24 nediktkapelle (Ende X. oder Anfang XI. Jahrhun-
dert). Die Miniaturen in den Handschriften von
Monte Cassino zeigen ihn bei der Übergabe der
Ordensregel an Abt Johannes (Cod. Cass. 175, X.
Jahrhundert) und wie er einem sitzenden Christus
den Miniaturmaler Grimoaldus vorstellt (Cod.
Cass. 109/25, erste Hälfte des XI. Jahrhunderts).
Etwas später wird er im berühmten Codex Vat.
29 Lat. abgebildet: er sitzt, in prächtige Messgewän-
der gehüllt, auf einem Thron und installiert und
segnet den Abt Desiderius, der diesen Kodex an-
fertigen liess. Man fragt sich vergeblich, in wel-
chem Masse diese ausgemalten Bilder ältere Por-
träts als Vorlage benutzten. Mit Ausnahme der
Abbildungen in Civitate, die einen jugendlichen
Benedikt zeigen, sehen wir auf den anderen Bil-
dern einen reifen, entschlossenen, vom Mönch-
dasein gestählten Mann, dessen Gesicht fast im-
mer von einem schmalen Bart und dünnen
Schnurrbart konturiert wird. Er trägt eine Tunika
(tunica), deren Ärmel bis über die Knie reichen,
und darüber ein Kleidungsstück *(cuculla)* das
hem heutigen Skapulier ähnelt, eine Art Über-
wurf mit spitzer Kapuze, ohne Ärmel und an den
Seiten offen, sodass die beiden Tuchbahnen den
Körper vorne und hinten bedecken; meistens
werden die beiden Bahnen unterhalb der Arme
mit Schnürchen zusammengehalten. Auf anderen
Darstellungen trägt Benedikt hingegen einen lan-
gen, geschlossenen Überrock mit Ärmeln und Ka-
puze. Im allgemeinen ist die Tunika heller als das
Kleindungsstück darüber; doch muss man hier im
Auge behalten, dass sich die Künstler, vor allem
die Miniaturmaler, manche künstlerischen Gestal-
tungsfreiheiten erlaubten.

Aus dem XI. und XII. Jahrhundert stammen
Darstellungen, die einen viel jüngeren, bartlosen
Benedikt zeigen (vor allem in Norditalien – wie
das Beispiel von Civate verdeutlicht – scheint die-
ser Typus verbreitet zu sein). Dergestalt wird er
auf dem goldenen *antependium* im Münster von
71 Basel (Beginn XI. Jahrhundert) abgebildet, das ein
Geschenk Kaiser Heinrichs II. war, den Benedikt,
wie zuvor bereits erwähnt, von einem Nierenstein
befreit haben soll (Paris, Musée de Cluny). Über
der Tunika trägt er diese Art Skapulier, die weiter
oben beschrieben worden ist. Mit dieser Kleidung
wird er auch in den bayerischen Handschriften 87
der Regel aus dem XII. Jahrhundert abgebildet.
Jugendlich und ohne Bart, jedoch mit äusserst
ernstem Gesichtsausdruck (*vultu gravi* steht in
einem Dokument aus jener Zeit, das unsere Quel-
le war), wird er auf einer Freske im ehemaligen
Chor des Nonnenklosters Nonnberg abgebildet. 72
Das Werk verrät deutlich byzantinische Einflüsse.
Der Kopf mit der Tonsur ist nicht bedeckt und
von einem Heiligenschein umgeben; mit der lin-
ken Hand hält er ein Kreuz und drückt die offene
Regel gegen seine Brust (etwa 1140). Dieses Werk
stammt aus der Salzburger Malerschule, die zur
gleichen Zeit aber auch einen bärtigeren Typus
mit kurzem, grauen Bart und Schnurrbart dar-
stellt, der auf die byzantinische Tradition zurück-
geht. Auf dem Petersberg in der Nähe von Da-
chau (Bayern) tritt Benedikt uns wieder mit kur-
zem Bart und Schnurrbart entgegen; den Kopf
ziert eine typisch byzantinische Tonsur; er trägt
ein Messgewand und das *pallium*. Dieses Bild, das
einen älteren Mann zeigt, weist deutlich auf den
Einfluss des asketischen Typus und des byzantini-
schen Mönchtums (vgl. das Bildnis Benedikts im
nach Süden gehenden Fenster des Querschiffs
von San Marco in Venedig); es beherrscht die 1
Doppelwölbung der Apsis eines Seitenchors, das
ihm, wie es in den alten Benediktinerkirchen üb-
lich war, geweiht ist. Es ist ein Brustbild in einem
Rundbild oder *clipeus*, das von zwei Engeln getra-
gen wird; darunter sieht man zwei Szenen aus
seinem Leben.

In Frankreich findet man im XI. und XII. Jahr-
hundert die gleiche Situation vor. Der junge,
bartlose Typus scheint vorzuherrschen. Man
sieht ihn auf den Kapitälen von Saint-Be-
noît-sur-Loire, Vézelay und Moissac, sowie auf 93,94
dem Tympanon von Souillac. Auf einigen 73
dieser Darstellungen trägt er noch immer das
ärmellose Skapulier und die nach hinten fal-
lende Kapuze. In Souillac bildet die Darstel-
lung das Pendant zu Petrus, der auf der anderen
Seite des Tympanons abgebildet wird: denn
der Kirchengründung Petri entspricht die Grün-
dung des Mönchtums durch Benedikt. Als alten
Mann, mit kurzem, grauem Bart und Schnurr-
bart, die spitze Kapuze über den Kopf gezogen,
sieht man Benedikt in der Apsis des Chors
des Benediktinerpriorats Berzé-la-Ville im Bur- 33
gund, das von der Abtei von Cluny abhängig
war. Diese Darstellung verrät ebenso wie die gan-
ze Ausmalung der Apsis den italienisch-byzanti-
nischen Einfluss.

*35. Hans Memling, Sankt Benedikt. Linker Flügel des Trip-
tychons von Benedetto Portinari, 1487.
Florenz, Uffizien, Inv. Nr. 778.*

Als ehrwürdigen Vater der Mönche, jugendlich
und ohne Bart, einen reichverzierten Chorrock
(pluviale) tragend, in einer Hand den typischen,
oben einfach gekrümmten Abtsstab, so zeigt uns
ein englischer Kodex vom Beginn des XI. Jahr-
hunderts Benedikt (London, British Museum,
Arundel Cod. 155). Im Heiligenschein um seinen
Kopf steht geschrieben: *Sanctus Benedictus pater*
monachorum dux (der hl. Benedikt, Vater und Hir-
te der Mönche). In dieser Gestalt zeigen ihn viele
Werke aus jener Epoche: er ist der rechtsmässige
Gesetzgeber, der Beschützer seiner Mönche und
der Anführer der Seinen in der *Militia Christi*,
die seine Regel begründen will. Dieser junge und
bartlose Typus kommt im Norden auch dann
noch vor, als in Italien (ungefähr ab dem Jahr
1300) der Typus des Patriarchen erscheint. Im
31 Sacro Speco von Subiaco werden zwei bemer-
kenswerte Darstellungen Benedikts aufbewahrt.
Die erste stammt vom Beginn des XIII. Jahrhun-
derts und ist wahrscheinlich einem römischen
Maler zu verdanken; sie befindet sich in einer
Nische auf der Aussenseite einer Seitenwand der
Apsis. Sie deucht sehr archaisch und erinnert an
das bereits erwähnte Bildnis in der Katakombe
des hl. Hermes. Es handelt sich hierbei um eine
der markantesten Darstellungen Benedikts über-
haupt. Die zweite Darstellung, eine Freske von
20 Meister Conxolus, der auch in der Unterkirche
verschiedene Szenen aus dem Leben Benedikts
gemalt hat, stammt aus der zweiten Hälfte des
XIII. Jahrhunderts. Der Maler sah den Heiligen
als einen mächtigen Patriarchen mit dichtem,
grauem Bart; hier und da taucht dieser Typus
in Italien bis weit in die Renaissance hinein auf
(unter anderem bei den Malern aus dem Norden,
wie Giovanni Bellini oder Andrea Mantegna).

Vom Ende des XIV. Jahrhunderts bis zum Ba-
rock hat die italienische Kunst auch den Patriar-
chentypus übernommen, der auf Giotto und seine
Schüler zurückgeht. Benedikt erscheint hier als
36,46 der grosse Patriarch der Mönche, der als würdiger
und ehrfurchtgebietender Greis auftritt. Der
Schädel ist kahl geworden; aber noch immer ist
die Tonsur, in Form eines Halbkreises, der die
Schläfen bedeckt lässt, erkennbar. Das Gesicht ist
breit und majestätisch und ein grauer Bart, der
in zwei Spitzen ausläuft und an die Bärte erinnert,
die die Eremiten und Klausner trugen, fällt tief
auf die Brust hinab; er strahlt Serenität und tie-
fen, inneren Frieden aus; *Vir Domini vultu placido*
nennt das die kirchliche Liturgie. Der mächtige
Bart und die weite Kutte, von der er sich abhebt,
verstärken noch die ehrwürdige Erscheinung der
Person. Und versicherte Gregor der Grosse nicht,
dass Benedikt wie alle bedeutenden Diener des
Gottes des Alten Testaments (die Patriarchen,
Propheten und Thaumaturgen) vom Geist der
Gerechten erfüllt war? Und lassen ihn der Glanz
und die Würde auf seinem Gesicht, die seine
Feinde stets verblüfften, nicht tatsächlich wie
einen Propheten, gar wie Moses selber, er-
scheinen? Natürlich handelt es sich hier um keine
historische Rekonstruktion, sondern um einen
Idealtypus, der die Tugenden und Eigenschaften
zum Ausdruck bringt, die Gregor Benedikt zu-
schreibt und die Benedikt in seiner Regel allen
seinen Jüngern ans Herz legt. Je nach Art der
Szene, in der Benedikt auftritt, oder der Bedeu-
tung, die man ihm beimisst, herrscht mal die
Strenge vor (Benedikt als Gesetzgeber und Hüter
der Disziplin), mal die Milde (der gute, um seine
Kinder besorgte Vater, der *abbas* seiner Mönche).
In der italienischen Kunst des Spätmittelalters
und der Renaissance gibt es ungemein viele Bei-
spiele für diesen Patriarchentypus. So sind, unter
anderem, die Werke von Lorenzo Monaco, Spi- *37*
nello Aretino, Fra Angelico, Signorelli, Sodoma, *44,42*
Raffael und aus dem Atelier von della Robbia zu *38,40*
erwähnen. Möglicherweise verraten die Entste- *36*
hung und Verbreitung dieses Typus in Italien das
Verlangen der alten, gefestigten Mönchsorden –
und an ihrer Spitze der Benediktiner –, ihr hohes
Ideal der Askese gegenüber der religiösen Propa-
ganda und Ikonographie der Bettelorden zu beto-
nen.

Ausserhalb Italiens kommt der Patriarchenty-
pus zumindest im Mittelalter nicht vor. Hier wird
Benedikt als jugendlicher oder reifer, bartloser
Mann dargestellt. Man könnte zahlreiche Beispie-
le ab Ende des XIII. Jahrhunderts nennen (bereits
in den ältesten Handschriften der *Bis-bini-Vitae*).
Dieser Typus herrscht in den Niederlanden auch
im Barock noch vor (als Maler wären hier zu nen-
nen: der Meister des Triptychons von Norfolk,
der Meister van 1499, der Meister der Ursulale- *34,82*
gende, Gerard David, Jan Provoost und Jan van *14,83*
Coninxlo; als Miniaturmaler: der Autor des *Stun-* *55,56*
denbuchs von Katharina von Kleve (New York, *7*
Pierpont Morgan Library). Im ausgehenden Mit-
telalter werden die Züge dieses jungen, idealisier-
ten Typus persönlicher und realistischer; das
bartlose Gesicht weist die Spuren der Leiden des
Lebens auf (zum Beispiel der Benedikt von Hans *35*
Memling in den *Uffizien* von Florenz, und der

36. Schule von Della Robbia, Sankt Benedikt. Terracotta glasiert, erste Hälfte des XVI. Jahrhunderts.
Monte Oliveto Maggiore, Pförtnerhaus.

FILI ET IN
PRECE CLINA
PTA AVREM

Benedikt mit der Mutter Gottes und dem Kind eines anonymen Meisters der Schule von J. Fouquet im Museum von Le Mans). Die Tonsur hängt von den Gebräuchen der verschiedenen Zweige des Benediktinerordens und der abendländischen Kirche ab; sie kann aus nur wenigen weggeschnittenen Haaren bestehen, aber ebensogut nur noch einen dünnen Haarkranz am Rande eines kahlen Schädels übriglassen, im wahrsten Sinne des Wortes einen Haarkranz, *corona* genannt (Meister
20 Conxolus in der Unterkirche des Sacro Speco in Subiaco).

Gleichzeitig mit der Ausbildung des Patriarchentypus messen die Künstler verstärkt den persönlichen Attributen Benedikts Bedeutung zu. Hier gilt es, allgemeine Attribute – die sich auf die Funktion und die Stellung des Abgebildeten beziehen –, und individuelle Attribute – die sich auf die historische Figur, wie sie uns aus dem Bericht Gregor des Grossen entgegentritt, beziehen – zu unterscheiden. Die allgemeinen Attribute haben schon immer zu Benedikt gehört, während die individuellen Attribute erst im XII. Jahrhundert auftauchen, sich im XIII. und XIV. Jahrhundert verbreiten und im XV. und XVI. Jahrhundert am deutlichsten ausgeprägt sind. Wie wir weiter unten feststellen werden können, bestehen sie teilweise auch noch im Barock; selbst heute sind sie noch nicht vollkommen verschwunden. Selbstverständlich führte diese Vermehrung der akzessorischen Emblemata während des Spätmittelalters zu einem Verlust an religiöser Aussagekraft der Person selber. Diese Materialisierung des sakralen Stoffs ist ein Phänomen, das die gesamte Heiligenikonographie jener Zeit betrifft.

Im folgenden soll näher auf die unterschiedlichen Attribute eingegangen werden. Zu den allgemeinen gehören die Kleidung, das Kreuz und das Buch.

Wie sah die Mönchskleidung zu Zeiten des hl. Benedikt aus? Es ist sehr schwer, sich hierüber eine klare Vorstellung zu machen. In der *Regula* geht der Heilige selber nur mit einigen wenigen Zeilen auf die Frage ein. Im Kapitel LV, das von der Kleidung und vom Schuhwerk der Mönche handelt, schreibt er ihnen vor, eine *tunica* und eine *cuculla* zu tragen; darüberhinaus denkt er an ein Kleidungsstück für die Verrichtung körperlicher Arbeit, das *scapulare propter opera*. Damit meint er zweifellos eine Art Schürze, mit der die eigentliche Kutte geschützt wurde. Die Tunika war ein einfaches Kleidungsstück mit Ärmeln, das seit der Antike von allen sozialen Schichten getragen wurde; für die Mönche dachte Benedikt sicher an das lange Modell, das bis auf die Füsse fällt *(tunica talaris)*. Die *cuculla* war gleichfalls, wenn auch in sehr verschiedenen Formen, weitverbreitet. In seiner ursprünglichen Form diente dieses Kleidungsstück zweifellos zum Bedecken des Kopfes und der Schultern. Es bestand hauptsächlich aus einer spitzen Kapuze und einem mehr oder weniger langen Mäntelchen. In manchen Fällen war die *cuculla* nicht grösser als eine kleine Schulterjacke oder Pelerine; in anderen Fällen hingegen glich sie einem ärmellosen Überwurf mit Kapuze. Zu Zeiten Benedikts gab es erwiesenermassen verschiedene Arten der *cuculla* *(Gewand-cuculla, cuculla talaris)*.

Die reichlich ungenauen Kleidervorschriften Benedikts führten bereits in den ersten Benediktinerklöstern zu sehr viel Abwechslung. Im IX. Jahrhundert bemühte sich Benedikt von Aniane, der Königsabt Ludwigs des Frommen, um eine gewisse Vereinheitlichung; dazu verdeutlichte er die Vorschriften des Ordensstifters. Er unterschied weiterhin zwischen Tunika und *cuculla*, die nunmehr ein an den Seiten offenes, ärmelloses Kleidungsstück mit Kapuze von nicht mehr als zwei Ellen Länge war, sodass es kaum bis zu den Knien reichte. – Wie bereits erwähnt, waren das Brust- und Rückenstück dieses Kleides oftmals unter der Achsel mit Kordeln zusammengebunden. Diese Art Skapulier war sowohl das alltägliche Kleidungsstück, als auch das Erkennungszeichen der Benediktiner. Neben dem Skapulier mussten die Benediktinermönche auch noch ein anderes Kleidungsstück zum Überziehen besitzen, das *roccus* oder *froccus* hiess und eine Spielart der langen *cuculla (cuculla talaris)* war. Dieses rundum geschlossene Kleidungsstück mit Ärmeln und Kapuze war uspründlich die Festtagskleidung. Diese beiden Stücke, das *cuculla*-Skapulier und den *roccus*, finden wir bereits auf den ersten Darstellungen Benedikts. Ein schönes Beispiel für das erste Kleidungsstück ist in der Handschrift von Jean de Stavelot im Musée Condé von Chantilly zu sehen (fol. 119r).

Die Vorschriften Benedikt von Anianes konnten die Kleiderfrage jedoch nicht einheitlich und definitiv lösen. Vermutlich gab es, was die Kleidung betrifft, bereits ab dem X. Jahrhundert grundlegende Unterschiede zwischen den Klöstern im deutschen Reich einerseits (vor allem den

37. Lorenzo Monaco, Krönung Unserer Lieben Frau. Retabel, 1414.
Florenz, Uffizien.

Klöstern, die vom lothringischen Gorze beeinflusst waren), und den Gemeinschaften, die sich der Reform von Cluny in Burgund angeschlossen hatten, andererseits. In den deutschen Klöstern trug man, abhängig von den Umständen, entweder das *cuculla*-Skapulier, oder aber den *roccus*. Hingegen trugen die Kluniazenser den *roccus* über dem *cuculla*-Skapulier; auch waren beide Kleidungsstücke bei ihnen wesentlich weiter und länger geschnitten. Dieses ›weite‹ *(laxa vestis)*, ›doppelte‹ *(duplex vestis)* Gewand wurde von denen, die es nicht übernahmen, scharf als Zeichen von Eitelkeit und Hochmut kritisiert.

Ab dem Spätmittelalter wird Benedikt hauptsächlich mit der langen Kutte mit Ärmeln und Kapuze abgebildet, die eine Weiterentwicklung des *roccus* zu sein scheint. Allmählich ändert sich das Aussehen der Kutte: unter dem Einfluss der Bürgerkleidung wird sie weiter und weist zwei auf die Brust herabfallende Schösse auf (so wird Benedikt, zum Beispiel, auf dem Triptychon von Gerard David im *Palazzo Bianco* zu Genua, oder auf dem burgundischen Bild im Rotterdamer *Mu-*
81 *seum Boymans-van Beuningen* abgebildet).

Im gleichen Kapitel LV der Regel ermahnt Benedikt die Mönche ausdrücklich, der Farbe und der Stoffqualität ihrer Kleidung keine Bedeutung beizumessen, sondern schlichte und billige Stücke zu tragen, die aus der Gegend stammen, in der sie leben. Auf den ältesten Darstellungen tragen die Benediktinermönche eine helle Tunika und darüber ein dunkles (blaues, braunes oder graues) Kleidungsstück. Jedoch scheint sich seit dem VIII. Jahrhundert das Schwarz allgemein durchgesetzt zu haben. Die Orden, die sich später vom benediktinischen Stamm trennen, wählen hauptsächlich ungefärbte oder weisse Stoffe (Zisterzienser, Kamaldulenser, Olivetaner), um den Unterschied zu verdeutlichen. Auch den hl. Benedikt stellen sie in ihrer Tracht dar (zum Beispiel in Monte Oliveto Maggiore). Zu erwähnen wäre noch, dass in einigen Benediktinerklöstern bis zum XV. Jahrhundert eine weisse Tunika unter der schwarzen Kutte getragen wurde (im holländischen Egmond, zum Beispiel, bis 1478).

In manchen Fällen wird Benedikt mit einer Mitra und einer Stola oder *pluviale* abgebildet; jedoch liegt die Mitra wie bei allen Heiligen, die die Bischofswürde abgelehnt hatten, vor seinen
Füssen (Pinturicchio, *Sankt Gregor und Sankt* 46
Benedikt beten die Madonna mit dem Kind an, Museo Civico, San Gimignano). Sehr rasch stellt man ihn im bischöflichen Ornat dar, wie auf dem Retabel von Cismar (Ende XIII. Jahrhundert). Dass der Heilige mit bischöflichen Attributen dargestellt wird, hängt tatsächlich damit zusammen, dass den Benediktineräbten seit dem Spätmittelalter die *pontificalia* verliehen wurden; daraufhin wird der Bezug vor allem im XVII. und XVIII. Jahrhundert noch deutlicher.

Altem kirchlichem Brauch gemäss erhielt der Abt bei seiner Konsekration Stab (*baculus* oder *pedum* genannt) und Schuhe *(pedules)* zum Zeichen seiner Würde. Ursprünglich handelte es sich dabei um einen Stab, der in einer kleinen, einfachen Krümmung ausläuft – ein echter Hirtenstab, der den Abt daran erinnert, dass er der Hirte der Truppe ist, die ihm anvertraut wurde (*Regel,* II. Kapitel). Ab dem X. Jahrhundert bildet man Benedikt auch mit dem Krummstab ab, wie es dann ab dem XIII. Jahrhundert allgemein üblich ist. Man muss ihn deutlich vom T-förmigen Stab der Eremiten und Klausner unterscheiden, die diesen Stab während ihrer langwierigen, im Stehen aufgesagten Gebete unter den Arm klemmten, um sich darauf zu stützen. Ein solcher Stab wurde in den Benediktinerklöstern auch von alten Mönchen benutzt (ein schönes Beispiel finden wir im
Tod Benedikts von Spinello Aretino in der Sakri- 105
stei von San Miniato al Monte, Florenz). Aus dem zunächst nur leicht gekrümmten Abtsstab (vgl. den *Stab des hl. Bernhard* in der Peter-und-Pauls-Abtei von Dendermonde), wurde im Spätmittelalter der reichverzierte Krummstab, der dem Bischofsstab nachempfunden war. Seit jener Zeit wird an der Krümmung des Stabs, den Benedikt hält, ein kleines Stück Stoff befestigt. Es handelt sich um den sogenannten *panisellus*, der ursprünglich dafür sorgte, dass der Metallschaft nicht mit der blossen Hand festgehalten werden musste (schöne Beispiele hierfür finden sich auf den genannten Bildern von H. Memling
und G. David). Dank diesem *panisellus* kann 35
man einen Abt von einem Bischof unterscheiden (Alexander VII. schreibt ihn noch 1659 vor), obwohl auf dem Gemälde *Das Lamm Gottes* von Van Eyck auch die Päpste und Bekenner einen Krummstab mit *panisellus* festhalten.

Von allen Emblemata Benedikts kommt das Buch zuerst und am häufigsten vor. Meistens ist es die Ordensregel und ruft somit in Erinnerung, dass Benedikt der Stifter des abendländischen Mönchtums war. Von den Abbildungen in der
Katakombe des hl. Hermes angefangen, ist das 2

38. Sodoma, Der hl. Benedikt befreit einen Bauern aus Tzallas Händen. Fresko, 1505-1508. Ausschnitt: Sankt Benedikt. Kloster Monte Oliveto Maggiore.

39. Meister der Rinuccinikapelle, Triptychon mit Unserer Lieben Frau, dem hl. Bernhard und anderen Heiligen, XIV. Jahrhundert. Ausschnitt: der hl. Benedikt.
Florenz, Academia di Belle Arti.

40. [oben] Rafael, Die Heilige Dreifaltigkeit und Heilige. Fresko, 1505-1508. Ausschnitt: die Heiligen Maurus, Placidus und Benedikt.
Perugia, San Severo.

41. Simone Martini, Sankt Benedikt. Fresko, 1322-1326.
Assisi, Unterkirche.

42. [oben] Fra Angelico, Kreuzigung. Fresko, 1442. Ausschnitt. Florenz, Kapitelsaal von San Marco. Links und aufrecht steht Benedikt, zusammen mit den Heiligen Romuald, Franz, Bernhard und Giovanni Gualberto.

43. Perugino, Kalvarienberg. Fresko, etwa 1495. Ausschnitt: Der hl. Johannes und der hl. Benedikt. Florenz, Kloster Santa Maria Maddalena dei Pazzi.

44. [oben] Spinello Aretino, Wiedererweckung des toten Mönchs zum Leben. Fresko, 1387. Ausschnitt: Sankt Benedikt. Florenz, Sakristei von San Miniato al Monte.

45. Bertoldo di Giovanni, Sankt Benedikt zwischen zwei Engeln, xv. Jahrhundert. Florenz, Museo Bardini.

Buch mit der Regel, über das Mittelalter bis zu unserer Zeit, eines der wichtigsten Attribute des hl. Benedikt. Wir werden hierauf noch ausführlicher bei der Erörterung des Einflusses der Regel auf die Ikonographie des Heiligen zurückkommen.

Dennoch stellen nicht alle Bücher, die Benedikt trägt, ein Exemplar der Regel dar. Wenn er im Buch liest oder blättert, handelt es sich meistens um einen Psalter oder um eine Bibel; im Psalter liest er dann wohl ein Stundengebet, über dem Bibeltext meditiert er vermutlich. Er selber hat seinen Mönchen die *lectio divina*, die tägliche Lektüre geistlicher Texte, ausdrücklich aufgetragen und sorgfältig ihren Platz im Tagesrhythmus festgelegt (*Regel*, Kap. XLVIII). Zu Beginn der Fastenzeit erhielt jeder Mönch eine Bibel. Während der Mahlzeiten durfte die Lektüre nicht unterbrochen werden; die Aufgabe des Lesens galt als geheiligte Tätigkeit (*Regel*, Kap. XXXVIII). Das
35 Buch, das Hans Memlings Benedikt in der Hand hält, ist mit Sicherheit keine Regel, sondern vermutlich ein Psalter. Benedikt steckt seinen Zeigefinger zwischen die Folios, um somit schnell vom einen zum anderen Psalm oder Gebet übergehen zu können. Auf Giovanni Bellinis Tripty-
47 chon in der Bruderkirche von Venedig zeigt Benedikt dem Betrachter nicht die Benediktinerregel, sondern das Buch Jesus Sirach der Heiligen Schrift, dessen moralisierender Ton ihm gefallen haben muss und das er in der Regel häufig zitiert. Manchmal trägt Benedikt sein Buch auch in einer besonderen Tasche (Anonymer Meister der Schule J. Fouquets, Museum von Le Mans).

Zu den persönlicheren Attributen gehören die Peitsche oder die Geissel, die zerbrochene Schale, das Sieb und der Rabe mit dem vergifteten Brot.

39,40 *Peitsche oder Geissel.* Dieses Attribut findet
42,44 man nur in Italien im XIV. und XV. Jahrhundert. Im allgemeinen wird es mit dem Buch gezeigt und ersetzt dann den Stock, der ebenfalls ein Symbol für den Zwang ist (*virga et ferula*, mit der Peitsche und dem Stock). Die Peitsche kommt in Nordwesteuropa nicht vor, mit Ausnahme einer aus dem XIX. Jahrhundert stammenden Darstellung im neogotischen Chorgestühl der Kathedrale von Antwerpen. Die Peitsche in Benedikts Hand ist kein persönliches Busswerkzeug, und sie ist im Prinzip auch weder auf die Regel, noch auf die Vita Papst Gregors zurückzuführen. In der Regel gestattet Benedikt den Gebrauch der Peitsche, um Widerspenstige, Kinder und junge Mönche zu bestrafen (Kap. XXVIII und XXX). Nach Gregor (*Dialoge* II, Kap. 4) benutzte Benedikt die Peitsche einmal, um einen Mönch, der sich ständig vom Teufel hatte ablenken lassen, wieder auf den rechten Weg zurückzuführen.

Es ist nicht ausgeschlossen, dass die Geissel im Zusammenhang mit dieser Geschichte gesehen werden kann, aber es ist doch wahrscheinlicher, dass sie das Verhältnis von Lehrmeister und Schülern symbolisiert (»Höre, mein Sohn, die Gebote Deines Meisters...« beginnt der Prolog der Regel). Die ursprünglich zur Züchtigung gedachte Geissel war seit der Antike aber auch das Symbol für die *grammatica*, die erste der Sieben Freien Künste. Die *grammatica* wurde durch eine Frau symbolisiert, die eine Geissel in der Hand hielt *(cum virga in manu)*, mit der sie unter den Kindern oder Schülern, die ihr anvertraut waren, für Ordnung sorgte. Im Mittelalter war die Geissel das typische Kennzeichen für den Schulmeister, den *magister puerorum*. Benedikt ist der *Magister*, der seine Lehre mit Autorität verteidigt und mit starker Hand für Disziplin unter den Mönchen sorgt.

Die zerbrochene Schale oder das zerbrochene Glas. Dieses Emblem erinnert an den ersten Versuch, Benedikt zu vergiften. Die Mönche von Vicovaro hatten ihm ein Glas mit Gift gereicht, das aber in Stücke zersprang als der Heilige es segnete (Gregor, *Dialoge*, II, 3. Kapitel). Dieses Attribut kommt in Italien nicht vor. Man trifft es ab dem XV. Jahrhundert nördlich der Alpen an, wo es bis heute vorkommt. Es ersetzt hier die italienische Abbildung der Peitsche. Zunächst malte man ein spätgotisches Trinkglas, das manchmal mit Ausbauchungen verziert war; im Barock bevorzugt man eine Schale oder einen Pokal. Mit der Rechten segnet der Heilige den Trank und vertreibt dadurch eine einfache oder doppelte Schlange, im Barock auch einen geflügelten Drachen (Retabel von M. Pacher in Sankt
Wolfgang, Österreich, und Federzeichnung von 77
A. Dürer). Ein ähnliches Attribut gibt man auch dem hl. Johannes dem Täufer, der ebenfalls ein vergiftetes Getränk, das man ihm gereicht, unschädlich gemacht hatte. Beim hl. Benedikt steht das Glas manchmal auf dem geschlossenen Buch
(zum Beispiel das schöne Benediktbild von Gre- 303
gor Erhart in der Abteikirche von Blaubeuren, aus dem Jahre 1493).

Das Sieb (capisterium). Das Attribut erinnert an Benedikts erstes Wunder. Die Episode wird

46. Pinturicchio, Unsere Liebe Frau mit dem Glorienschein und mit den Heiligen Gregor der Grosse und Benedikt, 1512. San Gimignano, Museo Civico.

*47. Giovanni Bellini, Sankt Benedikt. Rechter Flügel eines Triptychons, 1488. Venedig, Chiesa dei Frari.
Benedikt trägt den Krummstab und zeigt eine offengeschlagene Bibel. Hinter ihm steht der hl. Markus.*

*48. Peter Paul Rubens, Der hl. Markus und der hl. Benedikt. Zeichnung, etwa 1605.
London, British Museum.
Rubens fertigte diese Skizze nach dem Seitenflügel des Triptychons von Giovanni Bellini in der Chiesa dei Frari, Venedig, an.*

in den bebilderten Viten ausführlich geschildert
5 (zum Beispiel die Fresken von Meister Conxolus in der Unterkirche des Sacro Speco von Subiaco). In den Einzeldarstellungen erscheint das Sieb als Attribut des Heiligen ab der zweiten Hälfte des XV. Jahrhunderts; in Italien kommt es nicht vor. Wir verweisen hier auf die Darstellung des hl. Benedikt auf dem grossen Triptychon des Brüsseler Malers Jan van Coninxlo in den Königlichen Museen der Schönen Künste, Brüssel. Hier hält der Heilige in seiner rechten Hand ein grosses, rundes Sieb und in seiner Linken einen Krummstab mit dem *panisellus*.

Der Rabe mit dem vergifteten Brot. Das Attribut erinnert an den zweiten Versuch, Benedikt in Subiaco zu vergiften (Gregor, *Dialoge* II, 8. Kapitel). Der Rabe als Attribut Benedikts taucht nach dem Mittelalter auf; normalerweise sitzt er zu Füssen des Heiligen. In diesem Zusammenhang sollte erwähnt werden, dass Benedikt manchmal auch in Gesellschaft mehrerer Raben dargestellt wird. Wie bereits erwähnt, erzählt der Dichter Markus, dass drei Raben Benedikt auf seiner Reise von Subiaco zum Monte Cassino begleiteten. Manchmal sieht man die drei Vögel auf den Bildern, die diese Episode aufgreifen (zum Beispiel die Serie von Kupferstichen von Passeri-Capriolo, oder das Chorgestühl von San Giorgio Maggiore in Venedig), aber sie kommen nicht auf Einzeldarstellungen des Heiligen vor.

Einige andere Emblemata, die hier und da Benedikt zugefügt wurden, sind nicht so weit verbreitet, dass man sie als wirkliche Attribute betrachten kann. Besondere Erwähnung verdient jedoch der Kreuzstab, den Benedikt auf der Abbil-
75 dung in einer Handschrift aus dem Jahre 1414 festhält, die aus Metten in Oberbayern stammt. (München, Bayerische Staatsbibliothek, Clm. 8201). Es handelt sich um eine Federzeichnung; Benedikt steht einer Frau gegenüber, die von Emblemata der Todsünden übersät ist und das Böse symbolisiert. Der Heilige hält in seiner Rechten den Kreuzstab, in der Linken ein Spruchband. Auf den langen Schaft des Kreuzes und auf das Spruchband hat der Künstler den bereits erwähnten apotropäischen Text graviert. Dieses beschwörende Werk scheint übrigens den Medaillons und Benediktkreuzen zugrunde zu liegen. Das Werk selbst verweist auf eine Abbildung in einer älteren Handschrift (Beginn des XIV. Jahrhunderts), die in der Bibliothek von Wolfenbüttel aufbewahrt wird (Cod. Helmst. 2°35a) und ebenfalls aus Oberbayern oder Österreich stammt. Der dort abgebildete Mönch heisst jedoch *Religio* und erwehrt sich mit seinem Kreuzstab des *Lasterweibs;* es handelt sich also nicht um den hl. Benedikt, der mit dem Kreuz den Teufel vertrieb (Gregor, *Dialoge* II, 2. Kapitel) und viele Wunder wirkte. Er ermahnte seine Jünger, das Symbol unserer Erlösung zu verehren. Aber das Kreuz ist nicht oft als Attribut Benedikts vorgekommen.

Benedikt erscheint nicht nur alleine oder in Szenen aus seinem Leben, sondern oft auch als Teil einer Gruppe oder als Statist in ikonographischen
Ensembles. Bereits in der römischen Hermeskata- 2
kombe taucht er unter den Engeln und Heiligen
auf, die die Mutter Gottes und das Kind flankie- 71
ren. Auf dem *antependium* von Basel bildet er mit den drei Erzengeln die Ehrengarde des triumphierenden Christus. Man könnte sagen, dass er am Ruhm derer teilhat, deren engelhaften Lebenswandel *(vita angelica)* er als Mönch auf Erden nachgeahmt hat. Sein Platz neben dem heilenden Erzengel Raphael deutet darauf hin, dass Benedikt auf wundersame Weise den Stifter dieses *antependium*, Kaiser Heinrich II., geheilt hat.

Im Rahmen dieser Übersicht ist es unmöglich, ausführlich auf die verschiedenen Ensembles einzugehen, in denen Benedikt vorkommt. Wir beschränken uns auf eine kurze Darstellung und heben dabei einige Werke der flämischen Malerei besonders hervor. Als Ordensstifter gehört Benedikt zur Gruppe der *confessores* (Bekenner); in deren Mitte sehen wir ihn auf Darstellungen des Jüngsten Gerichts, des Allerheiligenfests und der Krönung Mariä. Ausnahmsweise wird er auch den Anachoreten und Eremiten zugerechnet. Man kann nicht mit absoluter Sicherheit feststellen, ob der junge Mönch unter den Bekennern, die dem Lamm auf Van Eycks *Lamm Gottes* nahestehen, Benedikt ist. Er trägt eine Kutte benediktinischen Zuschnitts, jedoch in Blau. Wenn Van Eyck diese Farbe nicht aus rein ästhetischen Erwägungen gewählt hat, dann handelt es sich zweifellos um einen Vertreter eines anderen Ordens. In der italienischen Kunst stellt man Benedikt gerne im Kreis seiner Mitbrüder und anderer Heiliger dar, die auf Bänken oder Tribünen sitzen (zum Beispiel im *Jüngsten Gericht* von Giovanni da Modena in der Kathedrale von Bologna, oder im *Jüngsten Gericht* der Mitarbeiter von Fra Angelico im Kloster San Marco, Florenz). Meistens sind das Buch und die Peitsche seine Attribute. Die *Seelenwanderung* von Guillaume de Deguileville (XIV. Jahrhundert) zeigt Benedikt mit anderen Ordensstiftern in einem Häuschen des Himmels (ähnlich wie im mittelalterlichen Theater dargestellt).

Die Darstellungen aller Heiligen bei der Krönung Mariä sind sich im Spätmittelalter alle sehr

ähnlich. Auch hier gehört Benedikt meistens zur Masse von Heiligen, die dem Ereignis folgen. Sein Platz und seine Nachbarn hängen von der Ordensgemeinschaft ab, für die das Gemälde angefertigt wurde. Ein schönes Beispiel ist die *Krö-*
37 *nung der Mutter Gottes* von Lorenzo Monaco in den Uffizien zu Florenz. Zu Beginn des XV. Jahrhunderts brachte der Meister von Lüttich oder aus dem Maasland im Mittelstück des Triptychons von Norfolk, das die *Krönung Mariä im*
34 *Himmel* darstellt, Benedikt und einige andere heilige Äbte in einem Teil des rechten Seitenflügels unter. Auf dem linken Flügel der *Krönung der Mutter Gottes* vom Meister von 1499 (London, Buckingham Palace) kniet der hl. Benedikt mit gefalteten Händen – vermutlich – neben dem hl. Bernhard. Andere Bilder der Krönung verzichten auf den himmlischen Rahmen; nur einige ausgesuchte Heilige wohnen der Feierlichkeit bei (Fra
82 Angelico, Fresko der *Krönung der Mutter Gottes* im Kloster San Marco, Florenz). Hier spielen der Verwendungszweck des Werks und der Wunsch seines Stifters eine noch grössere Rolle (vgl. die *Krönung der Mutter Gottes* des aus Brügge stammenden Malers J.-B. Herregouts in der Abtei Sinte-Godelieve von Brügge, XVII.-XVIII. Jahrhundert, wo Benedikt mit Scholastika, Dionysius und Godelieve abgebildet wird).

Das Thema von Benedikt, Maria und dem Kind kennt viele Varianten. Von Heiligen in einzelnen Nischen nebeneinander zu beiden Seiten des Throns der Mutter Gottes bis zur Heiligen Unterhaltung *(Sacra conversazione)*, die in der italienischen Kunst häufig vorkommt, gibt es eine ganze Reihe von Zwischenstadien. Soweit es die flämische Malerei betrifft, sei hier nochmals auf das Triptychon von Gerard David im Palazzo Bianco, Genua, verwiesen. Auf dem mittleren Teil sieht man die Jungfrau mit dem Kind, auf den beiden Seitenflügeln die Heiligen Hieronymus und Benedikt. Hinter den Figuren hängt ein Blütenteppich aus Brügge. Ganz im Stil der nordischen und flämischen Tradition ist Benedikt noch ein ziemlich junger Mann. Er trägt eine Kutte mit einer weiten, nach hinten geworfenen Kapuze und hält in der einen Hand ein reichverziertes Buch, in der anderen einen fein ziselierten Krummstab mit einem *panisellus* fest.

Benedikt sieht man auch auf anderen Mariendarstellungen, zum Beispiel bei der Himmelfahrt. Das Thema war um das Jahr 1500 sehr beliebt, vor allem in den Niederlanden und in Spanien. Auf dem grossen Retabel der Memling-Werkstatt für die berühmte Benediktinerabtei Santa María la Real de Nájera war ein grossgewachsener Benedikt dargestellt. Um das Jahr 1700 wurde das Werk weggestellt; so gingen die Tafeln, aus denen es bestand, mit Ausnahme der drei obersten (*Christus mit den musizierenden Engeln*, heute in Antwerpen aufbewahrt) verloren. Benedikt war am Rande des Mittelstücks zu sehen, in Gesellschaft der Heiligen, deren Reliquien in der Abtei aufbewahrt wurden. Auch zwei Apostel waren zu sehen; vermutlich handelte es sich um Petrus und Paulus. Der heilige Vater der Mönche stand vermutlich aufrecht, mit Buch und Krummstab, ohne Kopfbedeckung, bartlos und mit knochigem Gesicht, so wie Memling ihn auf dem Portinari-Bild in den Uffizien gemalt hat.

In der italienischen Kunst des XV. und XVI. Jahrhunderts wird Benedikt auch mit dem Leidensweg Christi assoziiert. Die Leiden Christi, an denen der Mönch ob seines Lebenswandels teilhat, sind für die Spiritualität der Benediktiner
sehr wichtig. Im Kapitelsaal von San Marco in 42
Florenz zeigt Fra Angelico Benedikt und andere Ordensstifter am Fusse des Kreuzes; man erkennt Benedikt am Buch und an der Peitsche in der Rechten. In der *Kreuzigung*, die Perugino für das
Kloster Santa Maria Maddalena dei Pazzi in Flo- 43
renz malte, kniet Benedikt auf der Schädelstätte.

Es gibt noch andere Darstellungen Benedikts im Kreise anderer Heiliger. Einige Beispiele: Benedikt und seine Schwester Scholastika (doppeltes Medaillon von Meister Conxolus in der Unterkirche des Sacro Speco, Subiaco); Benedikt und Bernhard, meistens mit der Mutter Gottes, oft
aber auch anlässlich der sogenannten *Lactatio des* 84
hl. Bernhard (zum Beispiel, aus dem Barock, das Gemälde von G. de Crayer im Königlichen Museum der Schönen Künste, Antwerpen); Benedikt und Gregor der Grosse (zu Füssen der Mutter Gottes; Darstellung von Pinturicchio, Museo Ci-
vico, San Gimignano); Benedikt und Basilius, die 46
beiden bedeutenden Ordensstifter der römischen und der griechischen Kirche. Manchmal werden auch drei Heilige kombiniert, zum Beispiel Benedikt mit seinen Jüngern Maurus und Placidus (Relief am Dom von Hildesheim).

In anderen Fällen hängt die Kombination vom Verwendungszweck des Bildes ab (zum Beispiel muss der Schutzpatron eines Klosters mit abgebildet werden, wie in der Sankt-Martinsabtei von Doornyk: *Mutter Gottes zwischen Benedikt und*

49. Die grossen Heiligen des Benediktinerstammbaums. Miniatur in Jean de Stavelots ›Vita beati Benedicti‹.

Veritas de prosapia filior ab abbate bndicto descendentium
Venerabilis beda
Odilo cluniacen
Colubanus
Gerardus
Benedictus duodecim Construxit monasteria
In quibus anacoresim Duxit preditus gratia

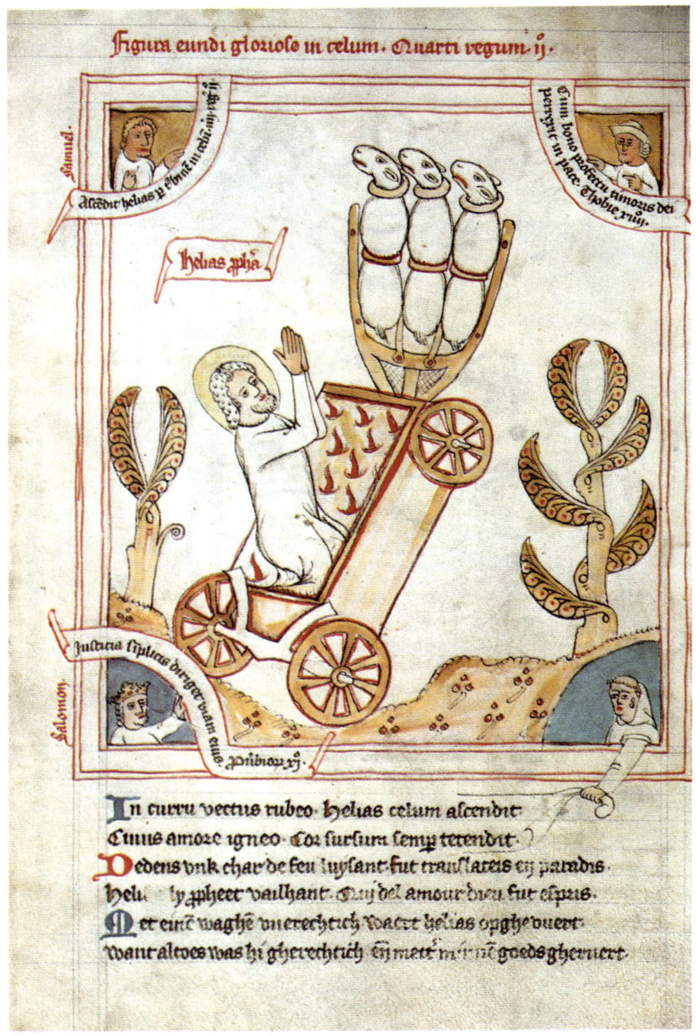

50. Die glorreiche Aufnahme des hl. Benedikt im Himmel. Miniatur in Jean de Stavelots ›Vita beati Benedicti‹.

51. Präfiguration der Aufnahme im Himmel: der Prophet Elia wird in einem Feuerwagen Himmel geleitet. Miniatur in Jean de Stavelots ›Vita beati Benedicti‹.

52. Präfiguration der Verstellung der Sarabaiten: Davids Frau Micol legt ein Tier in das Bett ihres Gemahls. Miniatur in Jean de Stavelots ›Vita beati Benedicti‹.

53. Die Verstellung der Sarabaiten. Miniatur in Jean de Stavelots ›Vita beati Benedicti‹.
Chantilly, Musée Condé, Hs. 1401.

Martin), ebensooft auch vom Willen des Stifters oder Auftraggebers (Benedikt und der hl. Johannes der Täufer; Sankt Michael und Sankt Christophorus auf dem rechten Seitenflügel eines
Triptychons des Meisters der Ursulalegende von 74
Brügge, Brompton Oratory, London).

Der Stammbaum ist ein anderes ikonographisches Thema seit dem Spätmittelalter. Hier umgeben die Heiligen, die aus dem Benediktinerorden hervorgegangen sind, Benedikt (der Ruhm des Ordens des hl. Benedikt). Ein sehr schönes
Beispiel bietet die Handschrift von Jean de Stave- 49
lot in Chantilly (fol. 126r). Die Abtei von Affligem besass ebenfalls eine solche Darstellung auf einem Triptychon (möglicherweise eines Brüsseler Malers, um das Jahr 1500). Das Thema wird
nach dem Konzil von Trient ausserordentlich po- 102
pulär.

Die Verehrung der Stifter hat eine Kategorie von Darstellungen Benedikts als Schutzheiligem ergeben. In einer ausgemalten Handschrift aus

dem XI. Jahrhundert stellt er Christus und der Mutter Gottes den Kopisten und Miniaturmaler Grimoaldus vor (Monte Cassino, Ms. Q 109/25). Auf einem Fresko aus dem XIII. Jahrhundert im
32 Sacro Speco von Subiaco erhält der von Benedikt beschützte Abt Romanus von Papst Innozenz III. eine Bulle, in der die Privilegien des Klosters bekräftigt werden. In der *Seelenwanderung* von Guillaume de Deguileville (Mitte des XIV. Jahrhunderts) verwendet er sich für seine Mönche im Augenblick ihrer Rechtfertigung nach dem Tod.
311 Zusammen mit der Barmherzigkeit *(misericordia)* tritt Benedikt als Fürsprecher der Mönche auf (unter anderem in Brüssel, Königliche Bibliothek, Ms. 10, 176-178, fol. 130v). Auf dem Tafelaltar von Jean Bellegambe für die Abtei von Anchin
313 stellt Benedikt, der auf dem rechten Seitenflügel zu sehen ist, der Heiligen Dreifaltigkeit und der Mutter Gottes auf dem Mittelstück den Prior und die Mönche der Abtei vor (Douai, Musée de la Chartreuse). Auf den Seitenflügeln des grossen Triptychons von Jan van Coninxlo, das in den Königlichen Museen von Brüssel aufbewahrt wird, kniet ein Benediktiner, der ein Sieb in der Hand hält (vgl. den Absatz über die Attribute), vor einem jungen Benedikt. Manchmal trägt auch der Stifter den Vornamen Benedikt, wie im Fall
des Benediktbildes von Hans Memling in den 35
Uffizien von Florenz. Ursprünglich war das Gemälde der linke Flügel eines Triptychons, dessen Mittelstück die Mutter Gottes mit dem Kind zeigte, während auf dem rechten Seitenflügel Benedetto Portinari verewigt worden war, ein Mitglied der berühmten florentinischen Familie, die in Brügge die Interessen der Medici wahrte und deren Mäzenat wir auch das herrliche Portinari-Triptychon *Die Geburt Christi* von Hugo van der Goes verdanken. Aus der Jahreszahl, die auf dem Porträt Benedettos angegeben wird, kann man ableiten, dass das Werk 1487 entstanden sein muss. Auf der Schwelle vor dem Heiligen vermeldet Memling den Namen, als sei er in Stein gehauen:

Sanctus Benedictus. Er hat ihn im Brustbild und lesend gemalt. Anstatt des bärtigen, gütigen Patriarchentypus der italienischen Renaissance kann man hier ein feingezeichnetes und ausserordentlich entschlossen wirkendes Gesicht bewundern. Man sieht einen Mann reiferen Lebensalters, der dennoch Energie und Willenskraft ausstrahlt; das Gesicht wirkt asketisch und geklärt. Wie bei allen Werken der Flämischen Primitiven haben gewisse Details Symbolcharakter. Hinter Benedikt hängt ein Gemälde, das eine Szene vom Kalvarienberg zeigt; es spielt auf Benedikts Wunsch an, dass seine Jünger durch ihren Lebenswandel dem leidenden Christus nachfolgen sollen (Ende des Prologs der Regel). Eine der kleinen Nischen, die den Stab verzieren, zeigt den hl. Johannes den Täufer, dessen segnende Hände eine Schale mit Gift unschädlich machen – eine deutliche Anspielung auf das Wunder von Vicovaro. In der Krümmung des Stabs bezwingt Samson einen Löwen; damit wird an Benedikts Macht über den Tod und den Teufel erinnert.

Zum gleichen Genre der Schutzheiligenbilder
47 gehört auch die berühmte dreiteilige *pala* von Giovanni Bellini in der Bruderkirche von Venedig (1488). Das Werk wurde von Pietro Pesaro und dessen Söhnen Benedikt, Nikolaus, Petrus und Markus als Andenken an ihre 1478 verstorbene Frau und Mutter Franceschina Tron bestellt. Auf den beiden Seitenflügeln werden die Namenspatrone der Familienmitglieder gezeigt: links die Heiligen Nikolaus und Petrus, rechts Benedikt und Markus, die auch die Stifter symbolisieren. Vom
48 rechten Flügel fertigte Pieter-Paul Rubens eine herrliche Federzeichnung an, die heute im Besitz des British Museum ist.

Der Einfluss der Regel des hl. Benedikt ist bereits deutlich geworden; das Buch gehört zu den festen Attributen des Heiligen. Dieses Grundgesetz des Benediktinertums und gleichzeitig die *Magna Charta* des römisch-katholischen Mönchtums wird gemäss der Überlieferung, an der nicht zu zweifeln ist, Benedikt von Nursia zugeschrieben. Aus diesem Grund wird Benedikt sehr häufig auf dem Frontispiz von Handschriften der Regel abgebildet. Entweder wird der grosse Gesetzgeber gezeigt, oder aber der strenge *magister*, der seine Jünger ermahnt, so getreu wie möglich die Gebote der 73 Kapitel zu befolgen. Als Autor der Regel wird Benedikt manchmal im Stehen gemalt; meistens sitzt er hingegen gebieterisch auf einem Sessel oder Thron. Manchmal liegen Drachen zu seinen Füssen. Oft hält er vor der Brust die offengeschlagene Regel, die er dem Betrachter zeigt. Auf den beiden Seiten stehen meistens die
Anfangsworte des Prologs der Regel: *Ausculta, o* 36
fili, praecepta magistri... (Höre, mein Sohn, die Gebote Deines Meisters...). Manchmal folgen noch andere Textpassagen. Darstellungen im Kapitelsaal, wo täglich aus der Regel vorgelesen wurde, fügt man hier und da ein Zitat aus der Regel hinzu, das sich auf die öffentliche Zurechtweisung widerstrebender Mönche bezieht (Benediktinerabtei von Praglia, in der Nähe von Padua; Kapitel XXIII). Auch die folgenden Themen kommen
vor: Benedikt beim Diktat der Regel an einen 87
Bruder Sekretär; Benedikt sitzt auf einem Abts-
thron und hält die Regel Maurus, einem Abt, einer 389
Äbtissin oder einer Gruppe kniender Mönche hin. 14
Ebenso häufig wird Benedikt beim Erklären der Regel gezeigt (auf dem Retabel von Jan Polack, etwa 1483, in der Alten Pinakothek, München; Miniatur in einem Kommentar von Arsenius zur Regel, Beginn XVI. Jahrhundert, Grosseminar von Brügge, Ms. 90/30; Gemälde von Luis Morales aus dem XVI. Jahrhundert in der Pinakothek der Abtei von Montserrat, Spanien). Manchmal wird Benedikt von einem Engel begleitet, der ihm die Ordensregel eingibt (Giovanni Pisano in der *Fonta Gaia*, Perugia), oder von der den Heiligen Geist symbolisierenden Taube. Auf wieder anderen Darstellungen trägt er einen Doktorshut.

Gegen Ende des Mittelalters entsteht eine triumphalere Version. Benedikt sitzt auf einer bischöflichen *cathedra* und verkündet den Mönchen, die zu beiden Seiten des Throns niederknien, die Ordensregel. Manchmal stehen auf der einen Seite die Mönche, auf der anderen die Nonnen. Diese Version kennt Ende des XVI. Jahrhunderts durch die Kupferstichserie von Passeri-Capriolo grosse Verbreitung. Höhepunkt der triumphalen Darstellungsweise ist die Ikonographie des Barock, in der die Regel Benedikts als eine lebendige Quelle dargestellt wird, aus der die vielen abendländischen Mönchsorden hervorspru-
deln (Kupferstichserie von Johannes Caramuel, 27
Prag, 1680, Nr. 32).

Nicht nur die Regel als Buch regte die Ikonographie Benedikts an, sondern auch ihr Inhalt. Drei Beispiele für die vielen Themen: Im ersten Kapitel unterscheidet Benedikt vier Arten von Mönchen, die guten Mönche (Zönobiten oder auch Mönche im eigentlichen Sinne), die Anachoreten oder Einsiedler, schliesslich die schlechten Mönche (Sarabaiten), die man gleich der Pest meiden muss, vor allem die umhervagabundierenden Bettelmönche unter ihnen, die Benedikt auf der alleruntersten Sprosse der Leither monastischer Werte ansiedelt. Die ausgemalten Handschrif-

ten der Regel zeigen sehr oft diese vier Arten von Mönchen, die Benedikt umgeben. Zusammen mit den Figuren des Alten Testaments und der heid-
52,53 nischen Antike, die ihnen entsprechen, hat Jean de Stavelot sie in der Handschrift des Musée Condé in Chantilly festgehalten (fol. 113v-117r). Zu den verachteten Sarabaiten gehören unter anderem *Beggardus*, der *detractor clericorum* und der *visitator virginum*, womit vermutlich diejenigen gemeint sind, die allzu enge Beziehungen zu den Mönchen und Nonnen unterhalten, die sich doch ausschliesslich Gott verschrieben haben.

Besonders eindringlich fordert Benedikt seine Mönche zum Schweigen auf [Kap. VI]. Vor allem die grosse Nachtruhe, *magnum silencium* genannt, die unmittelbar nach dem Abendgebet begann, durfte auf keinen Fall gestört werden [Kap. XLII]. Das erklärt die Darstellungen Benedikts, der einen oder zwei Finger auf seine Lippen legt. Man trifft sie vor allem im Kreuzgang an – oder zumindest in dessen Nähe –, wo die Mönche tagsüber und auch abends, wenn sie schlafengehen, häufig vorbeikommen (Abtei der hl. Scholastika,
21 Subiaco, und auf dem Monte Oliveto Maggiore, bei Siena). Im Barock wird man diesen Benedikt, der zum Schweigen auffordert, wiederum aufgreifen, vor allem in den südlichen Niederlanden.

Auch das VII. Kapitel hat zu sehr interessanten ikonographischen Illustrationen angeregt. Benedikt erklärt dort die unterschiedlichen Abstufungen der Demut, die er mit einer zwölfsprossigen Leiter vergleicht, über die die Mönche bis hinauf zu Gott steigen können. Vorbild war das biblische Thema der Leiter Jakobs gewesen (Gen. 28, 12). Schon die ersten Kirchenväter und ihre Schriftsteller griffen das Motiv der Himmelsleiter gerne auf (vgl. die *Leiter zum Paradies* von Johannes Climacius, um 630). Das Bild wird auch in den theologischen und frommen Schriften des Mittelalters verwendet, zum Beispiel von Honorius von Autun, oder im *Hortus deliciarum* (dem ›Wonnegarten‹) der Herrad von Landsberg. In der benediktinischen Ikonographie erhält die Vorstellung doppelte Bedeutung: zunächst symbolisiert sie die eigentliche sogenannte Leiter der Demut, zum anderen aber die Regel, die ebenfalls mit einer Leiter verglichen werden kann (eine *norma vitae*), über die die Mönche in den Himmel gelangen können. In der *Wallfahrt des menschlichen Lebens* von Guillaume de Deguileville lässt Benedikt
18 seine Mönche über eine zwölfsprossige Leiter, die an einer Mauer anlehnt, bis ins Innere der Himmelsstadt steigen. Später gab ein Dichter in einem Lehrgedicht Benedikt einen Konkurrenten; der hl. Franz hilft seinen Mönchen allerdings wesentlich sportlicher in den Himmel: er zieht sie an einem Seil mit Knoten, dem Symbol seines Ordens, in die Höhe.

Das Leiter-Thema kommt auch bei einigen Kongregationen vor, die aus dem Benediktinerorden hervorgegangen sind, wie zum Beispiel die Zisterzienser, die Kamaldulenser oder die Olivetaner. In einigen Benediktinerklöstern hat es sogar die Form der Leiter beeinflusst, die zu den Bussinstrumenten (die *arma Christi*) der Passion gehört (*Passionale* der Äbtissin Kunigunde, das aus der Prager Benediktinerabtei stammt, 1314-1321, fol. 10r). Auch das Barock schätzt die Leiter der Demut. Die Äbtissin des Pariser Montmartre, Marie de Beauvillers, liess sie noch mit einem Kupferstich in ihrem Werk *Explication familière sur la Règle de St.-Benoît* abbilden (Paris, 1637). Man findet sie auch auf den aus Holz geschnitzten Chorgestühlen der Benediktinerklöster aus dem XVIII. Jahrhundert wieder (Saint-Hubert und Ottobeuren). In Ottobeuren setzt ein Deckengemälde in der Abteikirche die Leiter in Beziehung zur Regel, die hier als Leiter, die zum Himmel führt, dargestellt wird. Am Fussende steht der hl. Benedikt und fordert seine Mönche auf emporzusteigen (*Sacra Regula ad vitam*, die hl. Ordensregel führt ins ewige Leben). Im Barock ist die Regel der Ausgangspunkt einer grossen Zahl von Allegorien und emblematischen Darstellungen, auf die wir später näher eingehen werden.

Die Zyklen und Einzeldarstellungen von Szenen, die Gregor der Grosse in seinen *Dialogen* festgehalten hat, sind das wichtigste Gebiet der Ikonographie Benedikts. Bereits vor dem Jahre 1000 müssen solche Zyklen entstanden sein; aber ausser den beiden Episoden im rechten Seitenschiff der Unterkirche von San Crisogno in Rom (X. 28
Jahrhundert) sind keine anderen sehr frühen Werke erhalten geblieben.

Was die übrigen uns bekannten Zyklen betrifft, müssen zwei Feststellungen getroffen werden. Die Einzeldarstellungen Benedikts geben vor allem die Vorstellung wieder, die jede Epoche sich von dem Heiligen machte; und auch die Zyklen verschaffen uns eher einen Einblick in die Spiritualität und das Kulturverständnis zu ihrer Entstehungszeit als dass sie uns etwas über die historische Persönlichkeit und die wahre Bedeutung des Ordensstifters mitteilen. Die Künstler nahmen den Text Gregors für bare Münze, aber sie interpretierten ihn je nach ihrem eigenen Temperament und ihren persönlichen Ansichten. Im Spätmittelalter und in der Renaissance reicherten sie die Szenen bedenkenlos mit Elementen an, die sie in

ihrer eigenen, zeitgenössischen Umgebung beobachtet hatten – eine Tatsache, die uns überrascht. Man muss ebenfalls den Einfluss früherer Zyklen berücksichtigen, die für die Einzeldarstellungen eine gewisse Gestaltungsnorm gewesen waren (zum Beispiel *Die Rettung von Placidus durch Maurus*). In den meisten Fällen kann man davon ausgehen, dass die Künstler die eigentliche *Vita* nicht gelesen hatten. Vielleicht waren sie hier und da über einen Abt oder Mönch, der ihnen eine Art Libretto oder Kompendium zusammengestellt hatte (so geschehen in der Abtei Santa Giustina, Padua), mit dem Text in Kontakt gekommen; die konkrete künstlerische Ausgestaltung war jedoch einzig und allein das Werk des Künstlers. Manchmal bezog er sich auf ein Vorbild aus früheren Zeiten, wie etwa Jean de Stavelot, der im XV. Jahrhundert lebte, aber von romanischen Darstellungen inspiriert worden war (unter anderem von der Handschrift mit Miniaturen zu Gregors *Dialogen*, Brüssel, Königliche Bibliothek, Ms. 9916-17, die zu Lebzeiten von Jean de Stavelot jedoch noch in seinem Kloster bei Lüttich aufbewahrt wurde). Als dann Kupferstichserien, die das ganze Leben Benedikts behandeln, in Umlauf kamen, dienten sie sofort Malern und Bildhauern als Vorlage. Lange Zeit regten die Serien von Passeri-Capriolo aus dem XVI. Jahrhundert und von Sébastien Le Clercq aus dem XVII. Jahrhundert Künstler an.

Die *Vita* des hl. Benedikt zählt 38 Kapitel, in denen teilweise mehr als eine Episode erzählt wird. Deshalb zählen die Zyklen, die das ganze Leben behandeln, wesentlich mehr Szenen als es Kapitel in der *Vita* gibt. Es konnte auch geschehen, dass der Künstler eine Episode detaillierter darstellen wollte und die einzelnen Phasen in gesonderten Arbeiten festhielt (man könnte dieses Vorgehen mit der Technik der Comic-strips vergleichen, bei denen ebenfalls die Bilder alles ausführlich erzählen müssen). So zählt die Vita Benedikts in der Handschrift von Vaticanum Lat. 1202 (die aus dem XI. Jahrhundert und vom Monte Cassino stammt) 65 Abbildungen; die grossen Zyklen in den italienischen Klöstern umfassen zwischen 31 und 51 Darstellungen; es gibt jedoch auch kleinere Zyklen von nur 13 oder 20 Episoden. Manche Kupferstichserien zählen 32, andere ungefähr 50 Blätter. Am ausführlichsten sind die
Zyklen in den deutschen *Bis-bini-Vitae*, in denen *88,91*
bis zu 115 Abbildungen vorkommen. Diese ausgemalten Handschriften beziehen sich auf eine Vita Benedikts, die zwischen 1265 und 1295 im süddeutschen Schüttern geschrieben worden war. Die Illustrationen unterscheiden sich von allen anderen dadurch, dass auf jeder zwei Verse stehen, die allem Anschein nach dazu dienen sollten, die verschiedenen Ereignisse noch verständlicher zu machen.

Neben diesen sehr umfangreichen Zyklen gab es jedoch auch kürzere – und manchmal sehr kurze –, die seher beliebt gewesen zu sein scheinen. Die kurzen Zyklen berücksichtigen nur die wichtigsten Lebensstationen Benedikts – in gewisser Hinsicht den ›Kern‹; die allerkürzesten begnügen sich sogar mit 7 oder 9 Themen. Ferner gibt es Beispiele, wo auf einem einzigen Bild das ganze Leben Benedikts evoziert wird; diese Darstellungen findet man überall dort, wo man nicht viel Platz für Illustrationen hatte. Die Wahl hing dabei meistens von den Wünschen des Auftraggebers oder vom Verwendungszweck des Bildes ab (wie, zum Beispiel, die Verzierung eines Waschbeckens im Vestibül der Sakristei von Santa Giustina, Padua).

E. Dubler zufolge sind zumindest im Mittelalter die Szenen, die sich auf den ersten Teil des Lebens von Benedikt beziehen (bis zum Verlassen von Subiaco, *Dialoge* II, 1-8), am beliebtesten. Seinem Aufenthalt und Wirken in Monte Cassino wird weniger Bedeutung beigemessen. (Kapitel 16-32). Einige Zyklen müssen gesondert betrachtet werden, da sie zwischen Episoden aus Benedikts Leben und Szenen aus dem Leben der grossen Figuren des Alten Testaments und des Neuen Testaments Parallelen ziehen. Wir werden auf dieses interessante ikonographische Phänomen noch zurückkommen.

Selbstverständlich spiegeln die verschiedenen Benediktzyklen inhaltlich und formal die unterschiedlichen Stile der Entstehungszeiten. Die ältesten – wie zum Beispiel der Zyklus im Kodex Vat. Lat. 1202 von Monte Cassino; die romanischen Fresken in Deutschland; die Fresken von Meister Conxolus in der Unterkirche des Sacro Speco in Subiaco (XIII. Jahrhundert) – zeichnen sich durch ihre Nüchternheit und ihren zutiefst religiösen Charakter aus. Viel lieblicher und voll subjektiver Details sind die Zyklen aus den letzten Jahrhunderten des Mittelalters, die deutliche Spuren des Manierismus der Spätgotik aufweisen
– wie zum Beispiel die Zyklen in den *Bis-bini-Vi-* *88,91*
tae, der Zyklus von Lorenzo Monaco, die im XV. *69*
Jahrhundert gemalten Fresken umbrischer Mei- *9,58*

54. Sodoma, Der hl. Benedikt verlässt die Schule. Fresko, 1505-1508. Ausschnitt.
Kloster Monte Oliveto Maggiore.

55-56. Jan II van Coninxlo.
Ein Priester teilt sein Ostermahl mit Benedikt und Das Wunder mit dem zerbrochenen Sieb, Retabelflügel, zweites Viertel des XVI. Jahrhunderts.
Brüssel, Königliche Museen der Schönen Künste, Kat. Nr. 584a, b.
Diese Szene spielt sich in Benedikts Wohnung zu Enfide ab. Das Bild bietet ein sehr hübsches Beispiel einer spätmittelalterlichen Kücheneinrichtung.

70 ster im Sacro Speco. Die Erneuerung der italienischen Malerei im Quattrocento beeinflusst auch die Zyklen, die monumentaler, dramatischer und aussagekräftiger wirken. Dank einer kraftvollen, einheitlichen Komposition und der Betonung grosser, majestätischer Figuren im Vordergrund schaffen die italienischen Renaissancemaler jene meisterlichen Benediktzyklen – wie zum Beispiel in den Klöstern La Badia in Florenz, Monte Oliveto Maggiore bei Siena, oder San Severino in Neapel –, die noch heute jeden Besucher in ihren Bann schlagen. Hier spielen sich die Episoden in der echten Landschaft ab. Sanfte Hügelketten erstrecken sich bis zum Horizont; zahlreiche realistische Details wurden festgehalten. Andere Szenen finden in Interieurs statt, die wirklichkeitsgetreu einen Kirchenraum, ein Refektorium oder ein Zimmer abbilden. Personen und Kleidung der Renaissance sind in den Heiligendarstellungen übernommen worden, denen es oft nicht an Verschmitztheit und Humor fehlt (wie zum Beispiel im Zyklus von Monte Oliveto). Die Liebe zur Antike macht sich durch die Anwesenheit klassischer oder altertümlich anmutender Elemente bemerkbar (Schule von Padua). Dagegen neigen die flämischen Maler der Spätgotik, vor allem die Brüsseler Meister vom Beginn des XVI. Jahrhunderts, bei ihren Benediktdarstellungen eher zum Archaischen. Auch sie sind realistisch, aber sie verlieren sich in allzuvielen pittoresken Details und verfallen oft der Genremalerei. Das stellt
56 man etwa oft bei Jan van Coninxlo fest, der zum Beispiel das Wunder mit dem Sieb, eines der ersten Wunder Benedikts, in einer Küche voll präzise wiedergegebener Gerätschaften gemalt hat, sodass der eigentliche Anlass in den überflüssigen Details ertrinkt (Brüssel, Königliche Museen der Schönen Künste, Kat. – Nr. 584b). In seinem 1530 für die Benediktiner von Vorst gemalten
63 Benedikt-Triptychon (*ibid.*, Kat.-Nr. 582), bedient er sich der Technik der Brüsseler Maler und Zeichner von Wandbehangentwürfen vom Beginn des XVI. Jahrhunderts. Das wichtigste Ereignis, das Wunder gegen den Teufel auf dem Felsen beim Bau des Klosters von Monte Cassino, stellen grosse Figuren im Vordergrund des mittleren Teils dar. Etwa fünfzehn andere Perioden aus Benedikts Leben werden viel kleiner gemalt; sie spielen sich in kleinen Renaissancebauwerken im Hintergrund ab. Diese Art, verschiedene Episoden einer Erzählung getrennt auf einem einzigen Gemälde oder Triptychon zusammenzubringen, ist typisch für die Brüsseler Maler jener Zeit; auch Barend van Orley bedient sich dieser Technik. Pieter-Paul Rubens, der Meister des Barock, geht ganz anders vor, als die Abtei von Affligem
ihn beauftragt, ein ähnliches, synthetisierendes *106*
Bild zu malen (Brüssel, Königliche Museen der Schönen Künste). Er unterteilt die Bildfläche nicht mehr in verschiedene Felder, sondern vereint die unterschiedlichen Episoden zu einem grossen, stromartigen Lebenslauf; der Betrachter, der nicht weiss, dass es sich hier um chronologisch deutlich verschiedene Ereignisse handelt, begreift die wahre Bedeutung des Werkes kaum. Dank des Treppenmotivs unterscheidet der Künstler dennoch drei verschiedene Schwerpunkte.

Der Beitrag von M. Standaert hat uns bereits mit Benedikts Leben, wie Gregor der Grosse es überliefert hat, vertraut gemacht. Daher können wir uns hier darauf beschränken, die verschiedenen Szenen nur kurz und ohne auf Details einzugehen, zu erwähnen. Der Leser möge entschuldigen, dass wir diese Inventarliste dazwischenschieben, weil sie sehr trocken zu sein scheint; sie ermöglicht es uns jedoch, das ikonographische Material in der chronologischen Reihenfolge und im richtigen Kontext zu sehen. Der Deutlichkeit halber haben wir bei jedem Thema in Klammern auf das entsprechende Kapitel der Vita des hl. Benedikt in Gregors *Dialogen* verwiesen.

Im Hinblick auf Leser, die selber weiterforschen möchten, erscheint es uns nützlich auf einige der wichtigsten Zyklen zurückzukommen, aus denen wir die Abbildungen in diesem Buch entnommen haben. Aus naheliegenden Gründen handelt es sich nur um eine sehr beschränkte Auswahl. Auf die nach 1600 entstandenen Zyklen werden wir bei der Behandlung des Barock zurückkommen.

Was das XI. und XII. Jahrhundert betrifft, so
muss man in Italien den Kodex Vat. Lat. 1202 *1,89*
erwähnen, der herrlich ausgemalt ist und von Monte Cassino stammt, wo er um das Jahr 1070 unter Aufsicht des bedeutenden Erneuerers der Abtei, Abt Desiderius, entstanden ist. Der Zyklus bestand aus 65 Darstellungen des Miniaturmalers Grimoaldus. Ausserhalb Italiens wäre ein bel-
gischer Kodex mit den *Dialogen* Gregors zu nen- *67,92*
nen; er entand im XII. Jahrhundert in der Lütticher Abtei Saint-Laurent (Brüssel, Königliche Bibliothek, Ms. 9916-17). Der Text des II. Buches wurde mit 19 Abbildungen verziert, die zwei verschiedene Meister angefertigt haben; die besse-

57. Schule von Giotto, Ein Priester teilt sein Ostermahl mit Benedikt. Fresko, Mitte des XIV. Jahrhunderts.
Florenz, Santa Croce, Rempter.

TU TIBI DELITIAS · PREPARAS · 7 SERUUS · MEUS · IN ILLO · LOCO · FAME · CRUCIATUR

58. Der hl. Benedikt bestraft einen Mönch, der sich vom Teufel versuchen liess. Fresko, Schule von Umbrien und Marken, xv. Jahrhundert.
Subiaco, Oberkirche des Sacro Speco.

ren Abbildungen stammen von der ersten Hand. In Frankreich findet man in Saint-Benoît-sur-Loire auf den romanischen Kapitälen aus dem XII. Jahrhundert neun Szenen, sowie eine
93,101 *Überführung der Reliquien Benedikts* auf dem Schlussstein des nördlichen Portals. In der
94 Kirche Sainte-Madelaine von Vézelay gibt es zwei Kapitäle mit Szenen, die sich auf Benedikt beziehen. Ebenfalls zwei gibt es in der Abteikirche von Moissac.

Besonders reich sind die Heiligtümer von Subiaco, das Sacro Speco und die Abtei der hl. Scholastika, das heisst die ehemalige Sankt-Sylvester-Abtei, eines der zwölf Klöster, die Benedikt während seines Aufenthalts in Subiaco gegründet hatte. Das Heiligtum Sacro Speco besteht aus einer *Chiesa inferiore* und einer *Chiesa superiore*. In der Unterkirche befindet sich eine Reihe von Wandmalereien, die dem römischen Meister Con-
5,62 xolus (zweite Hälfte des XIII. Jahrhunderts) zugeschrieben werden. Sie beziehen sich auf Benedikts Leben zwischen dem Wunder mit dem Sieb und dem Wunder mit dem vergifteten Brot. In der Oberkirche sind Gemälde bewahrt geblieben, die
9,58 sich auf die Periode von Benedikts Aufenthalt und
70 auf die späteren Heiligen Maurus und Placidus, sowie auf Benedikts Schwester Scholastika beziehen. (XV. Jahrhundert; die Werke stammen von Meistern der umbrisch-märkischen Schule). In der Abtei der hl. Scholastika sind im *Chiostro gotico* sieben Darstellungen auf den Eingangswänden zu beiden Seiten der Kirchentür erhalten geblieben; vier davon sind noch sehr gut zu entziffern (XIV. Jahrhundert).

Eine ungemein reiche Ikonographie liefern die
88,91 *Bis-bini*-Handschriften (155 Abbildungen). Es handelt sich um eine in Süddeutschland und Österreich verbreitete Version der Lebensgeschichte Benedikts; der Name wurde vom Beginn der Erzählung abgeleitet (*Bis bini justi narrant vitam Benedicti...* – Zweimal zwei, also vier, Gerechte erzählen das Leben Benedikts; zur Identifizierung dieser vier Gerechten sei auf die Quellen der Ikonographie Benedikts zurückverwiesen). Das in der zweiten Hälfte des XIII. Jahrhunderts in Schüttern entstandene Original ist verlorengegangen. Neben vielen nicht ausgemalten Kopien gibt es fünf, die mit Miniaturen verziert sind. Die älteste Kopie datiert ungefähr von 1300 (New
88 York, Pierpont Morgan Library, Ms. 55), die jüngste wurde im Jahre 1495 angefertigt (München, Bayerische Staatsbibliothek, Clm. 4308).

Aus dem XIV. und XV. Jahrhundert gibt es in Florenz interessante Belege zu sehen. In der Sakristei von San Miniato al Monte befindet sich

59. Pisanello, Das Wunder mit dem zerbrochenen Giftbecher, zweites Viertel des XV. Jahrhunderts.
Florenz, Uffizien.
Die Mönche von Vicovaro halten Benedikt für einen zu gestrengen Abt und versuchen, ihn mit einem Glas vergifteten Weins aus dem Weg zu schaffen. Aber eine segnende Gebärde des Heiligen lässt das Glas zerspringen.

ein Zyklus mit 16 Szenen, den der toskanische Maler Spinello Aretino im Auftrag der Oliveta- 44,60
nermönche malte. Der Zyklus beginnt mit Bene- 65,105
dikts Abschied von seinen Eltern in Nursia und endet mit dem Tod und dem Begräbnis auf dem Monte Cassino. In den Uffizien sieht man vier Szenen auf der Predelle des Retabels von Lorenzo Monaco *Die Krönung Mariä im Himmel*; zwei Szenen beziehen sich auf den Aufenthalt in Su- 69
biaco, zwei auf die Zeit in Monte Cassino. Die obere Galerie im *Chiostro degli Aranci* in der Badia bietet eine Serie, die mit den stilisierten Figu- 23

60. Spinello Aretino, Der hl. Benedikt fügt die Sichel des Goten wieder zusammen. Fresko, 1387.
Florenz, Sakristei von San Miniato al Monte.

ren, den dekorativen Landschaften und zarten Farben sehr stark an Fra Angelico erinnert. Sie
61 wird jedoch dem portugiesischen Maler Giovanni di Consalvo zugeschrieben, der hier von 1436-1439, möglicherweise zusammen mit einem Laienbruder aus dem Kloster namens Fra Macario, gearbeitet hat. Die Serie ist in sehr schlechtem Zustand. Dreizehn oder vierzehn Szenen, die sich auf die Periode von Subiaco beziehen, sind noch zu erkennen; die anderen Szenen lassen sich nur mit Mühe entziffern. Die Fresken sind kürzlich restauriert und auf Leinwand übertragen worden. Im gleichen Kloster kann man jetzt die Entwürfe oder *sinopie* sehen, die man unter den Originalen entdeckt hat.

Aus der Lütticher Abtei Saint-Laurent stammt ein anderer Kodex aus dem Jahre 1437 (an anderer Stelle wird als Entstehungsdatum 1432 angegeben), der sich heute im Besitz des Musée Condé in Chantilly befindet (Nr. 1401, XIXB-I). Er enthält verschiedene Werke, die der Mönch Jean de Stavelot zusammengebracht und illustriert hat.
Behandelt werden das Leben, die Wunder und 8,66
die Regel Benedikts; der Kodex ist in acht Teile gegliedert. Den zweiten Teil, *Wunder des hl. Benedikt*, schmücken 17 Miniaturen. Fünfzehn handeln vom Leben des Heiligen, während sich zwei Miniaturen auf Gregor, dessen Diakon Petrus
und die vier Zeugen beziehen (die *bis bini justi*). 3
Der fünfte Teil enthält 35 bemalte Doppelseiten mit der typologisch behandelten Lebensgeschichte Benedikts (zur Typologie s.o.). Im siebten Teil des Kodex, *Die Ordensregel des hl. Benedikt in*
lateinischer und französischer Sprache, findet man 15

drei Illustrationen zur Regel. Obwohl der künstlerische Wert der Handschrift gering ist, bietet sie jedoch eine ausserordentliche Fülle an ikonographischem Material. Man kann mehrmals feststellen, dass Jean de Stavelot ältere Vorbilder vor Augen gehabt haben muss. Mehrere Illustrationen des fünften Teils verweisen auf Miniaturen des Ms. 9916-17 der Königlichen Bibliothek von Brüssel. Von der Abhandlung im sechsten Teil *De rota*
391,392 *vere religionis* ist eine Version aus dem XIII. Jahrhundert bewahrt geblieben; sie stammt aus der Zisterzienserabtei von Aulne (Brüssel, Königliche Bibliothek, Ms. II 1076).

Eine sehr schöne Serie bilden die zwölf Albrecht Dürer zugeschriebenen Entwürfe für Glasfenster in der Tetzelkapelle der Sankt-Ägidiuskirche in Nürnberg. Die Glasfenster wurden um das Jahr 1500 vom Meister Benedikts angefertigt. Sechs behandeln Ereignisse aus der Zeit von Subiaco, die sechs anderen Ereignisse aus der Zeit
96 auf dem Monte Cassino. Die Zeichnungen befinden sich in verschiedenen europäischen Museen und Kupferstichkabinetten. Etwa um die gleiche Zeit müssen in Italien einige aufschlussreiche Zyklen entstanden sein. Einer der eindrucksvollsten und am besten bewahrten befindet sich im gros-
4,10 sen Kreuzgang der Abtei Monte Oliveto Maggiore, bei Siena gelegen. Er folgt der Erzählung Gre-
11,14 gors, lässt jedoch das Ende aus. Der Zyklus endet
22,38 mit der Episode vom grausamen Zalla [Kap. 31];
54,64 hinzugefügt wird dann noch eine Szene mit der Verkündung der Ordensregel [Kap. 36]. Der Zyklus wurde von Luca Signorelli begonnen (1497-98) und von Sodoma fertiggestellt (1503-1508). Die Szene mit der Entsendung von Maurus nach Frankreich und von Placidus nach Sizilien wurde später (1534) von Riccio hinzugefügt. Ein anderer, sehr dekorativer Zyklus schmückt das *Chiostro del platano* von San Severino in Neapel. Der Zyklus umfasst 20 Episoden; auch er folgt der Erzählung Gregors, lässt jedoch ebenfalls die letzten Lebensereignisse aus. Die Serie, die heute zum Teil zerstört ist, entstand gegen Ende des XV. Jahrhunderts und wird dem umbrischen Maler Antonio Solario (lo Zingaro) zugeschrieben. Eine dritte Lebensgeschichte Benedikts entstand im *Chiostro dipinto*, dem grossen Kreuzgang der Abtei Santa Giustina in Padua. Von Bernardo da Parenzo begonnen (11 Szenen, 1489-1498), einem Schüler des grossen Mantegna, und vom aus Padua stammenden Maler Gerolamo Tessari, genannt del Santo, vollendet (1542-1549), umfasste dieser Freskenzyklus 51 Szenen; zu jeder gehörten die typologisch parallellaufenden Ereignisse aus dem Alten und Neuen Testament, aus der heidnischen Antike und der klassischen Mythologie. Von diesem herrlichen Ensemble sind nur noch Fragmente und *sinopie* übrig. Reste der Originalfresken wurden entfernt und sind jetzt in der oberen Galerie des *Chiostro del capitolo* zu sehen.

Auch die Kupferstichkunst hat sich für Benedikts Leben interessiert. Einige Episoden sind bereits in den Inkunabeln der *Dialoge* Gregors festgehalten worden. Die umfangreichste Serie erschien 1579 in Rom und ist das Werk von Bernardino Passeri und Aliprando Capriolo. Die Serie war als Illustration des II. Buches der *Dialoge* gedacht und verdankt ihr Entstehen einem Auftrag der spanischen Benediktinerkongregation. Sie umfasste 50 grandiose Kupferstiche im Folioformat. Dieser Ausgabe, die trotz ihres hohen Preises ungemein gefragt und im Handumdrehen ausverkauft war, folgte 1596 eine zweite Auflage

61. Giovanni di Consalvo, Maurus rettet Placidus vor dem Ertrinken. Fresko, 1435-1440.
Florenz, Badia, Chiostro degli aranci.

mit ebensovielen Abbildungen; eine dritte Auflage aus dem Jahre 1597 zählt 23 Kupferstiche weniger. In einem kleineren Format und mit einigen Abänderungen wurde diese Serie in der um
13 lateinische Verse angereicherten Lebensgeschichte Benedikts von Angelus Sangrinus, Abt von Monte Cassino, nachgedruckt (1. Auflage, Florenz 1586; 2. Auflage, Rom 1587). Die zweite Auflage enthält 52 Abbildungen. Genauestens hatte man die Architektur, die Landschaften und die Kleidung Benedikts und seiner Mönche angepasst; überdies wurden einige Szenen seitenverkehrt gedruckt. Im XVII. und XVIII. Jahrhundert erschienen noch andere Kupferstichzyklen; auf die wichtigsten werden wir bei der Besprechung des Barock näher eingehen.

Aus dem XVI. Jahrhundert stammen geschnitzte Zyklen auf Chorgestühlen. Das monumentalste Ensemble seht in San Giorgio Maggiore, Venedig. Das Chorgestühl dieser Abteikirche wurde 1596-1598 von Gaspare Gatti und dem Flamen Albert van den Brulle geschnitzt. Van den Brulle
12 fertigte die 48 Szenen aus dem Leben Benedikts
8 an, die die Rücklehnen der oberen Reihe des Gestühls zieren (man erkennt seine Signatur unter anderem auf der letzten Reliefskulptur der Reihe: OPVS. ALBERTI. BRVELEN. FLAND.). Er folgte getreulich der Kupferstichserie im Werk von A. Sangrinus, bis auf zwei Episoden, bei denen er wegen der Enge und der vertikalen Form der Füllung von seinem Modell abweichen musste.

Im folgenden werden wir die ikonographischen Themen aufzählen, zu denen die gregorianische Version der Lebensgeschichte Benedikts angeregt hat; jedes dieser Themen ist in diesem Buch mindestens mit einer Abbildung vertreten. Die Themen wurden in drei Kategorien eingeteilt: I. *Benedikts Jugend und der Aufenthalt in Subiaco*; II. *Die Periode von Monte Cassino*; III. *Benedikts Lebensende*. Zuvor sei noch erwähnt, dass den meisten Handschriftenausgaben der *Vita* ein Blatt vorausgeht, auf dem entweder Benedikt mit dem Abt, der ihm die Handschrift überreicht, oder aber Benedikt und Gregor im Gespräch mit dem Diakon Petrus abgebildet sind. In anderen Handschriften, zum Beispiel des *Bis-bini*-Typus, umringen die vier Äbte Papst Gregor, die ihm das Material zu den *Dialogen* geliefert hatten.

I. BENEDIKTS JUGEND UND SEIN AUFENTHALT IN SUBIACO
Prolog und Kap. 1-8

1. *Benedikts Geburt* [Prolog]. Ab dem Mittelalter wird dieses Thema immer häufiger behandelt. Jan van Coninxlo malte sogar die Hochzeit der Eltern Benedikts. Noch später wird man auch den Stammbaum der *Gens Anicia* darstellen, der Benedikt und Scholastika entstammen.

2. *Benedikt verlässt sein Elternhaus und begibt sich* 4
nach Rom, um dort zu studieren [Prolog].

3. *Benedikt verlässt Rom und stellt sein Leben* 54
ganz in den Dienst an Gott [Prolog und Kap. I]. Manche Darstellungen, wie zum Beispiel von Sodoma in Monte Oliveto, geben herrliche Ansichten der Heiligen Stadt.

4. *Das Wunder mit dem Sieb* [Kap. I]. Sehr schö- 5,56
ne Darstellungen, unter anderem in der Handschrift der *Dialoge* aus der Lütticher Abtei Saint-Laurent, im Zyklus von Meister Conxolus in Subiaco und auf dem Seitenflügel eines Retabels von Jan van Coninxlo in den Königlichen Museen der Schönen Künste, Brüssel. Besonders interessant ist das Pisanello zugeschriebene Paneel in den Uffizien von Florenz.

5. *Romanus kleidet Benedikt in das Mönchsgewand ein* [Kap. I]. Wie bereits erwähnt wurde, verwendet Romanus in der Handschrift von Jean de Stavelot (in Chantilly aufbewahrt) das alte *cuculla*-Skapulier.

6. *Romanus bringt Benedikt die Nahrung in die* 17
Grotte [Kap. I]. Oft wird diesem pittoresken Ereignis noch die eigenartige Szene der Dornengeisselung beigefügt, der sich Benedikt zur Busse unterzog (zum Beispiel auf dem Paneel von Maarten van Heemsterk, Königliche Museen der Schönen Künste, Brüssel).

7. *Das Ostermahl mit dem Pastor eines Nachbar-* 57,55
ortes [Kap. I]. Diese Szene wurde von einem Meister der Schule von Giotto im Refektorium von Santa Croce, Florenz, dargestellt, sowie auf einem Altarflügel von Jan van Coninxlo (Brüssel).

8. *Schäfer entdecken Benedikt in seiner Grotte* [Kap. I].

9. *Die Versuchung Benedikts und Benedikts* 93,244
Selbstkasteiung [Kap. II]. Eine herrliche Darstel- 17
lung ist auf einem romanischen Kapitell in Saint-Benoît-sur-Loire zu sehen; ferner im Brüsseler Kodex (Ms. 9916-17) aus der Lütticher Abtei Saint-Laurent, und später in der niederländischen Kunst: im Stundenbuch Mayer van den Bergh und auf einem Gemälde von Jan Brueghel dem Älteren, auch ›der Samtene‹ genannt, im Kloster von Montserrat (Spanien). Albrecht Dürer fügte der Begebenheit noch ein deutsches

62. Magister Conxolus, Das Wunder mit dem vergifteten Brot. Fresko aus dem XIII. Jahrhundert. Subiaco, Unterkirche des Sacro Speco.

S. BENEDICTVS
S. MAVRVS
S. PLACIDVS

Fräulein hinzu, das in Benedikts Geist schmutzige Gedanken wachruft.

25 10. *Die Mönche von Vicovaro und der erste Ver-*
59 *such Benedikt zu vergiften* [Kap. III]. Diese Begebenheit wird im aus dem XI. Jahrhundert stammenden Kodex von Monte Cassino festgehalten (Vat. Lat. 1202). Der Zyklus von Monte Oliveto gibt sehr realistisch und ausdrucksvoll die versoffenen Gesichter der Mönche wieder. Die Episode wird ebenfalls in einer marginalen Miniatur im Gebetbuch der Abtei Sint-Adriaan von Geraardsbergen dargestellt (XV. Jahrhundert; heute in der Abtei von Maredsous aufbewahrt).

11. *Benedikt gründet in Subiaco zwölf Klöster* [Kap. III].

12. *Maurus und Placidus werden von ihren Eltern Benedikt vorgestellt* [Kap. III]. In der italienischen Renaissance bietet diese Szene eine willkommene Gelegenheit, die verschwenderischen Kostüme der Zeit zu malen, wie zum Beispiel Sodoma auf Monte Oliveto es tut. Im XVIII. Jahrhundert stellt der Brüsseler Bildhauer Jacques Bergé sie auf dem Benediktaltar der Abteikirche von Affligem dar.

23 13. *Ein Mönch wird von seiner Zerstreutheit ge-*
58 *heilt* [Kap. IV]. Eine der schönsten Darstellungen stammt von Spinello Aretino in der Sakristei von San Miniato al Monte in Florenz. Andere gelungene Darstellungen findet man in der Badia von Florenz und in der Oberkirche des Sacro Speco von Subiaco (XV. Jahrhundert).

14. *Benedikt lässt aus einem Felsen nahe Subiaco eine Quelle sprudeln* [Kap. V]. Ein schönes polychromiertes Relief stammt vom bedeutenden spanischen Renaissancekünstler Alonzo Berruguete. Es war für den Hochaltar der ehemaligen Abtei San Benito in Valladolid bestimmt (von diesem grossen, 1532 vollendeten Retabel sind auch noch einige andere Szenen aus dem Leben Benedikts und eine Skulptur des Heiligen erhalten geblieben); heute befindet es sich im Nationalen Museum für Bildhaukunst von Valladolid.

11 15. *Die wunderbare Bergung der Sichel des Goten*
60 *aus dem See* [Kap. VI]. Eine interessante Abbildung findet man im Zyklus von Meister Conxolus in Subiaco und im Zyklus von Spinello Aretino für San Miniato al Monte in Florenz, sowie von Sodoma im Kloster Monte Oliveto.

7 16. *Maurus läuft über das Wasser und rettet Pla-*
cidus vor dem Ertrinken [Kap. VII]. Placidus sagte, 61
dass er im Augenblick seiner Rettung den *melote*, das heisst einen kleinen Mantel aus Häuten, den man zum Schutz vor der Kälte trug, von Benedikt über seinem Kopf schwimmen sah. Dieses Detail wird auf dem Fresko von Meister Conxolus in der Unterkirche des Sacro Speco in Subiaco nicht vergessen.

17. *Der Priester Florentinus trachtet Benedikt* 62
vergeblich nach dem Leben [Kap. VIII]. Im Sacro Speco unterscheidet Meister Conxolus zwei Phasen der Begebenheit, nämlich einerseits das Überreichen des vergifteten Brotes durch einen Boten von Florentinus, und andererseits den Befehl Benedikts an den Raben, das Brot wegzubringen. Der Maler schien davon auszugehen, dass Benedikt und seine Jünger noch stets in einer Grotte lebten.

18. *Florentinus versucht die Jünger Benedikts zu* 6
bestechen und sie zum Verlassen von Subiaco zu bewegen [Kap. VIII]. Aus verständlichen Gründen malte man in den Klöstern keine nackten Tänzerinnen, sondern Damen in aufwendiger Kleidung (Monte Oliveto). In der Handschrift von Jean de Stavelot (Chantilly) wird die Szene allerdings realistisch behandelt: die Mädchen sind tatsächlich vollkommen nackt und Florentinus scheint den Ballettmeister zu spielen, während Benedikt dem sündhaften Geschehen von einer Turmspitze aus verbittert zuschaut.

19. *Florentinus' Tod und die Besserung von Maurus* [Kap. VIII]. Auf manchen Darstellungen dieser Begebenheit tauchen die drei Raben auf, die mit Benedikt Subiaco verlassen; andere Abbildungen zeigen auch die beiden Engel, die Benedikt an jeder Kreuzung den rechten Weg weisen (s.o. die Quellen der Ikonographie Benedikts: die Lobeshymne des Dichters Markus).

II. DIE PERIODE AUF MONTE CASSINO
Kap. 8-32

1. *Die Zerstörung der Reste des heidnischen Tem-* 97
pels und die Bekehrung der Einwohner [Kap. VIII]. Das Thema von Benedikt, der die Statue Apollos zerstört, kommt noch im Barock in der Lütticher Ikonographie Benedikts vor (Federzeichnung von E. Fisen im Museum der Schönen Künste von Lüttich, Nr. 164/209).

2. *Benedikt verjagt den Teufel, der den Stein* 63
beschwert [Kap. IX]. Dieses Thema ist sehr beliebt und wird von Spinello Aretino in San Miniato al Monte, Florenz, und Luca Signorelli in Monte Oliveto ungemein lebendig ausgebildet. Jan van Coninxlo nahm es als Hauptthema seines Tripty-

63. Jan II van Coninxlo, Szenen aus dem Leben des hl. Benedikt. Triptychon, etwa 1530, Mittelstück.
Brüssel, Königliche Museen der Schönen Künste, Kat. Nr. 582.

64. *Luca Signorelli, Zwei Mönche sündigen gegen das Gebot der Regel, ausserhalb des Klosters nichts zu essen. Fresko, 1497-1498.*
Kloster Monte Oliveto Maggiore.

chons in den Königlichen Museen der Schönen Künste in Brüssel (Kat. – Nr. 582).

95 3. *Das vermeintliche Feuer in der Küche* [Kap. IX]. Unter anderem gibt es eine schöne Federzeichnung von einem der Gebrüder Caracci in der Pinakothek von Bologna (Inv. – Nr. 1587).

4. *Wiederauferstehung eines Mönchs, den eine einstürzende Mauer erschlagen hatte* [Kap. XI]. Wiederum bietet Spinello Aretino in San Miniato al Monte, Florenz, die schönste Gestaltung dieser Episode. Die Wiederauferstehung geschieht nicht in Benedikts Zelle, sondern in der freien Natur.

64 5. *Die Bestrafung der beiden Mönche die ausserhalb des Klosters gegessen haben* [Kap. XII]. In der Renaissance war die Episode manchmal Anlass zu hübschen Genrebildern (Luca Signorelli auf dem Monte Oliveto).

6. *Benedikt weist einen Pilger zurecht, der das Fasten gebrochen hat* [Kap. XIII].

7. *Benedikt entlarvt den falschen Totila* [Kap. 65
XIV]. Das Thema steht im Mittelpunkt des be- 106
rühmten Ölgemäldes von Rubens *Die Wunder des hl. Benedikt* (Brüssel, Königliche Museen der Schönen Künste).

8. *Der Besuch Totilas und die Weissagung Bene-* 66
dikts [Kap. XV]. Die Figur Benedikts ist besonders gut gelungen in der Version von Signorelli im Kloster Monte Oliveto. In Belgien gibt es eine Illustration zum Thema im Kodex mit Gregors *Dialogen* aus der Lütticher Abtei Saint-Laurent, sowie in der Handschrift von Jean de Stavelot in Chantilly.

9. *Benedikt sagt den Untergang Roms voraus* [Kap. xv].
10. *Die Heilung eines Geistlichen, der vom Teufel besessen ist* [Kap. xvi].
11. *Benedikt sagt weinend die Zerstörung von Monte Cassino voraus* [Kap. xvii].
8 12. *Benedikt entdeckt die Lüge von Exilaratus* [Kap. xviii]. Diese Episode gibt Jean de Stavelot in seiner Handschrift vorzüglich wieder.
67 13. *Benedikt weist einen Mönch zurecht der ausserhalb des Klosters Taschentücher angenommen und vor seinem Abt verborgen gehalten hat* [Kap. xix]. Von dieser Episode haben wir die Version des Kodex mit den *Dialogen* Gregors aus Saint-Laurent, Lüttich, ausgewählt.
14. *Benedikt wirft einem Mönch vornehmer Abstammung seinen Hochmut vor* [Kap. xx].
22 15. *Das Wunder mit den Mehlsäcken* [Kap. xxi]. Maler des Spätmittelalters und der Renaissance geben uns bei dieser Gelegenheit oft sehr realistische Darstellungen der Refektorien ihrer Zeit, sowie der Tischsitten, des Geschirrs und der Speisen der Mönche einiger Benediktinerkongregationen (zum Beispiel Sodoma auf dem Monte Oliveto).
10 16. *Benedikt offenbart dem Abt und dem Prior von Terracina im Traum die Pläne ihres Klosters* [Kap. xxii]. Manche Darstellungen des Wunders sind besonders aufschlussreich, da sie uns Einsicht geben in die Art der Gestaltung von Schlafsälen und uns ebenfalls über die Schlafgewohnheiten der Mönche zur Entstehungszeit der Werke informieren (ein gutes Beispiel hierfür gibt Sodoma im Kloster Monte Oliveto).
17. *Die zwei geschwätzigen Mönche erhalten nach ihrem Tod die Absolution Benedikts* [Kap. xxiii]. Diese Episode wird unter anderem in den Handschriften aus Lüttich (*Dialoge* Gregors und Handschrift von Jean de Stavelot) sehr hübsch dargestellt. Im Kloster Monte Oliveto malte Sodoma zu Beginn des xvi. Jahrhunderts ein sehr realistisches Kircheninterieur.
18. *Benedikt beruhigt einen Mönch, der im Grab nicht ruhen kann* [Kap. xxiv].
19. *Der Mönch, der das Kloster verliess und unterwegs einem Drachen begegnete* [Kap. xxv]. Zur Illustration dieser Episode wurde eine Miniatur aus der Lütticher Handschrift von Gregors *Dialogen* ausgewählt (xii. Jahrhundert).
20. *Die wunderbare Heilung des an Elefantiasis Erkrankten* [Kap. xxvi].
21. *Benedikt hilft dem von seinen Gläubigern Verfolgten* [Kap. xxvii].
28 22. *Heilung eines Leprakranken* [Kap. xxvii].
23. *Das Wunder mit der Ölflasche* [Kap. xxviii].
24. *Das Ölfass, das auf wunderbare Weise gefüllt wird* [Kap. xxix]. Wie auch zum vorhergehenden Wunder haben wir hierzu eine Miniatur in der Lütticher Handschrift aus der Abtei Saint-Laurent. 92
25. *Benedikt heilt entschlossen einen vom Teufel besessenen Mönch* [Kap. xxx]. 68
26. *Benedikt entreisst dem grausamen Goten Zalla einen Mönch* [Kap. xxxi]. Eine köstliche Darstellung des armen, barfüssigen Mönchs, den der stolze Zalla terrorisiert, sowie des Bandenanführers der vor Benedikt einen Fussfall tut, befindet sich im Kodex Vat. Lat. 1202 aus Monte Cassino. Von dieser Episode gab es eine noch lebhaftere Version im achteckigen Kreuzgang der Olivetanerabtei San Michele in Bosco zu Bologna. 38
27. *Wiederauferstehung eines toten Kindes* [Kap. xxxii]. Diese wichtige Szene wird in den meisten Zyklen, sowohl den sehr grossen als auch den sehr kleinen, abgebildet. Darüberhinaus ist sie auf einem romanischen Kapitell in Vézelay zu sehen, sowie in den Lütticher Handschriften der Abtei Saint-Laurent (Kodex aus dem xii. Jahrhundert und die Handschrift von Jean de Stavelot). 94

III. BENEDIKTS LEBENSENDE
Kap. xxx-xxxviii

1. *Benedikts letztes Gespräch mit seiner Schwester Scholastika* [Kap. xxxiii]. Sehr idyllischen Darstellungen dieser Szene begegnet man in verschiedenen Zyklen und in der Ikonographie der hl. Scholastika. In den Zyklen der Spätrenaissance und des Barock sind deutlich die Einflüsse der Kupferstichserie von Passeri und Capriolo und der Darstellung der Lebensgeschichte Benedikts durch A. Sangrinus zu erkennen. 9,26 69
2. *Tod und Grablegung Scholastikas* [Kap. xxxiv]. Scholastikas Seele, die in Form einer Taube gen Himmel auffährt, wird in der Oberkirche des Sacro Speco in Subiaco der Darstellung des »letzten Gesprächs Benedikts mit seiner Schwester« hinzugefügt (erster Bogen des rechten Querschiffs, Schule von Umbrien und Marken, xv. Jahrhundert). 26 70
3. *Benedikt bestaunt die ganze Welt in einem Sonnenstrahl und sieht die Seele von Bischof Germanus von Capua in den Himmel auffahren* [Kap. xxxv]. In einer der drei Szenen, die vom Zyklus von Onogrio da Fabriana für San Michele in Bosco zu Bologna (1462) erhaltengeblieben sind, wird die Welt so dargestellt wie das Mittelalter sie sah: in Form eines Kreises, den ein T aufteilt, das die drei damals bekannten Weltteile voneinander trennt. Nach dem Mittelalter malt man die Welt 96

65. Spinello Aretino, Der hl. Benedikt und der falsche Totila. Fresko, 1387. Florenz, Sakristei von San Miniato al Monte.

dann als Erdball, der Gottvater trägt. Diese Szene ist ein Teil der Serie, die Albrecht Dürer zum Benedikt-Thema schuf. Im Barock mit seiner Vorliebe für alles Visionäre und Ekstatische wird dieses Thema ungemein geschätzt.

14 4. *Benedikt gibt seinen Mönchen eine Ordensregel* [Kap. XXXVI]. Eine der grossartigsten Darstellungen dieser Szene stammt von Sodoma, im grossen Kreuzgang von Monte Oliveto.

105 5. *Benedikt stirbt und fährt gen Himmel* [Kap.
89 XXXVII]. Benedikts Hinscheiden wird in der Iko-
50 nographie in mehreren Szenen dargestellt. Meistens führt das Thema zu zwei verschiedenen Bildern. Unter dem Einfluss der italienischen Kunst, in der die Darstellung der Beweinung und des Begräbnisses grosser Heiliger sehr beliebt ist (vgl. *Die Beweinung und Grablegung des hl. Franz* von Giotto, Florenz, Santa Croce), entstand auch eine Szene, bei der Benedikt auf dem Sterbebett von den Seinen getröstet wird, während um sie herum Geistliche mit den Vorbereitungen zu den Trauerfeierlichkeiten begonnen haben (Spinello Aretino in der Sakristei von San Miniato, Florenz). Der Kodex Vat. Lat. 1202 aus Monte Cassino enthält ein eindrucksvolles Bild des sterbenden Benedikt, der die Hände zum Himmel ausstreckt und von seinen Mönchen gestützt wird. Zwei Mönche, die in einer Vision Benedikt gen Himmel auffahren sehen, und dabei die Worte »Dies ist der Weg, über den Benedikt, den Gott liebte, zum Himmel stieg« vernehmen, sieht man auf dem Fragment eines Glasfensters, das aus der Abteikirche Saint-Denis bei Paris stammt (Paris, Musée de Cluny).

6. *Eine Wahnsinnige wird in der Grotte von Su-* 12
biaco geheilt [Kap. XXXVIII]. Um einen Vergleich 13
zu ermöglichen, bilden wir hier das Basrelief von van den Brulle im Chorgestühl von San Giorgio Maggiore in Venedig ab, sowie den entsprechenden Kupferstich aus der Lebensgeschichte Benedikts von A. Sangrinus. Der Einfluss des Kupferstichs auf die Skulptur ist evident.

Wir beenden hiermit die Übersicht über die Szenen, die von der Erzählung des hl. Gregor angeregt worden sind. Die Zyklen, die nach dem Mittelalter entstanden sind, fügen dieser Reihe von Themen noch eine letzte, triumphale Szene hinzu: Benedikt und Scholastika beten im Himmel die Heilige Dreifaltigkeit an, bei der sie für ihre Nachfolger vorsprechen. Dieses Thema taucht bereits in der Kupferstichserie von Passeri-Capriolo auf; im Barock kennt es seinen Höhepunkt. Doch bevor wir uns diesem Thema näher widmen, muss noch auf eine sehr spezifische Form der Darstellung der Lebensgeschichte Benedikts in Bildern hingewiesen werden: die typologische oder präfigurative Darstellungsweise. Darunter versteht man die Übertragung der Prinzipien der biblischen Typologie, so wie sie im Mittelalter bis hin zur Ikonographie praktiziert wurde, auf das Leben eines Heiligen. Gemäss diesen Prinzipien stimmen das Alte und das Neue Testament überein *(concordia Veteris et Novi Testamenti)*. Die Ereignisse des Alten Testaments werden als Präfiguration (*figura* oder *Typus*) der entsprechenden Begebenheiten im Neuen Testament betrachtet, die dadurch die endgültige Wahrheit der ersten Ereignisse bekräftigen (*veritas* oder *Antitypus*). Von daher stammen die beiden Termini Typologie und Präfiguration.

Die Typologie Benedikts stammt aus Nordwesteuropa, wo die biblische Typologie sehr stark ausgeprägt ist: zur Römerzeit vor allem im Rhein-Maas-Gebiet, gegen Ende des Mittelalters in Süddeutschland, Frankreich und den Niederlanden (vgl. die ›Armenbibel‹ und den ›Spiegel des menschlichen Glücks‹). In Wahrheit ist die Typologie in der Lebensgeschichte Benedikts jedoch bereits in der Version, die Gregor aufgezeichnet hat, anwesend. Die meisten Wunder, die

Gregor Benedikt zuschreibt, sind Wiederholungen analoger Wunder der grossen Figuren des Alten Testaments oder von Christus und seinen Aposteln im Neuen Testament. Wie der Diakon Petrus in Gregors Erzählung feststellt, war Benedikt ein vom Geist aller Gerechten (*omnium justorum spiritu plenus erat*, [Kap. VIII]) erfüllter Mann. Gregors Bemühungen, eine präfigurative Parallele zwischen den Taten der Gerechten aus den beiden Testamenten und den Taten Benedikts zu ziehen, entstammen der Überzeugung, auf der auch die Ordensregel Benedikts beruht, dass die beiden Testamente die entscheidende und streng anzuwendende Norm für unser moralisches Verhalten sind.

Viele der Wunder, die Benedikt in Subiaco und Monte Cassino gewirkt haben soll, sind in Wirklichkeit eine Wiederholung analoger Wunder aus dem Alten und Neuen Testament, vor allem von Wundern, die den Propheten Elias und Elisa zugeschrieven werden. Unter diesem Gesichtspunkt sind zu sehen: Benedikt lässt des Goten Sichel wieder an die Wasseroberfläche kommen (Elisa: II Könige, 6); er befiehlt einem Raben (Elias: I Könige 17); er erweckt Tote wieder zum Leben (Elias: I Könige 17 und Elisa: II Könige 4); er heilt Kranke, die an Hautkrankheiten oder Lepra leiden (Elisa: II Könige 5); er vermehrt auf wunderbare Weise in Notzeiten Mehl und Öl (Elias: I Könige 17) und Elisa: II Könige 4); er rettet einen Schuldner vor seinem Gläubiger (Elisa: II Könige 4); er liest im Herzen der Menschen und bringt verborgene Fehler ans Licht (Elisa: II Könige 5); er sagt die Zukunft und zukünftige Katastrophen voraus (Elias: II Könige I und Elisa: II Könige 8); er fährt ruhmreich gen Himmel auf (Elias' Himmelfahrt in einem Feuerwagen: II Könige 2).

Bereits im Benediktinerpsalter von Peterborough (etwa 1220) wird die Szene, in der Benedikt die Füsse der Armen und Pilger wäscht, mit Christus, der die Füsse seiner Apostel wäscht, in Beziehung gebracht. Eine vollständige, typologische Lebensgeschichte Benedikts ist die *Vita beati Be-*

66. Der hl. Benedikt und König Totila. Miniatur in Jean de Stavelots ›Miracles de Saint Benoît‹.

bat. Quadam u̅ die misit ex more. Sed is q̄ missus fuerat
monach᷒. p̄ ammonitione̅ factam a scis monialib᷒ femi
nis rogatus mappulas accepit. sibiq; eas abscondit
in sinu. Qui mox ut reuers᷒ est. eum uir di uehemen
tissima amaritudine cepit increpare dicens. Quomo
ingressa ē iniquitas in sinū tuū? At ille obstupuit. & q̄d
egisse oblitus. unde corripiebat ignorabat. Cui ait.
Numqd ego illic p̄sens n̄ eram. quando ab ancillis di
mappulas accepisti. teq; eas in sinum misisti? Qui mox
ei p̄uolutus pedib᷒. stulte se egisse penituit. & eas q̄s
in sinu absconderat mappulas p̄iecit;

Quadam q̄q; die dū uenerabilis pat uespertina iā hora
corporis alimenta perciperet. ei monach᷒ cuiusdā defen
soris filius fuerat. qui ei ante mensam lucernā tene
bat. Cumq; uir di ederet. ipse aut cum lucerne mi

nedicti abbatis, der fünfte Teil der aus verschiedenen Stücken zusammengestellten Handschrift von Jean de Stavelot, die heute in der Bibliothek des Musée Condé in Chantilly aufbewahrt wird. Wie bereits erwähnt, war Jean de Stavelot in der Abtei Saint-Laurent in Lüttich Mönch. Sein Werk trägt als Datum 1437 (obwohl in dem Teil, der uns hier interessiert, 1432 vermeldet wird). Diese *Vita* zählt 70 Seiten, die vollständig ausgemalt sind (35 Doppelseiten). Die Zeichnungen wurden mit der Feder ausgeführt und anschliessend mit Wasser-
51,52 farbe koloriert. Die linken Seiten *(versos)* sind dem Alten Testament vorbehalten (der *figura*),
50,53 während auf den rechten Seiten *(rectos)* verschiedene Episoden aus dem Leben Benedikts dargestellt werden (die *veritas*). In den vier Ecken der Umrahmungen, die die Szenen einfassen, befinden sich kleine Figuren mit Spruchbändern; die Inschriften kommentieren das Leben des Heiligen. Wie bereits aus dem Titel des Werkes hervorgeht, soll hier das Leben Benedikts durch Beispiele aus dem Alten Testament präfiguriert werden, während die Doktrin des Neuen Testaments (Heilige Schrift, Kirchenväter und Theologen des Mittelalters) Benedikts hervorragende Tugendhaftigkeit beweisen soll *(per doctores nove legis luculenter approbate)*. In jeder Szene hat sich Jean de Stavelot in einer der unteren Ecken als einer der vier Zeugen selber dargestellt. Er entrollt ein Spruchband, auf dem als Unterschrift der Episode ein lateinischer Distichon steht. Diesem Zweizeiler folgt jeweils eine französische und eine niederdeutsche Übersetzung. Es ist deutlich, dass sich Jean de Stavelot auf die *Bis-bini-Vitae* Benedikts bezieht. Seine köstlichen Texte dienen dem Moralisieren. So steht unter der Szene, die
6 die sieben nackte Tänzerinnen darstellt, die der Priester Florentinus entsandt hatte, um die Tugendhaftigkeit der Mönche Benedikts zu gefährden, die folgende Inschrift (niederdeutsche Version): »Wer sich der Unreinheit des Fleisches erwehren will, tut dieses: er bete, lese, denke nach, meide die Frauen« (fol. 135r). Diese Zeichnungen sind weniger wegen ihrer künstlerischen Qualität (die eher mässig zu nennen ist) wertvoll, als vielmehr wegen ihres ikonographischen Reichtums. Jean de Stavelot ist sehr deutlich sichtbar von älteren (romanischen) Vorbildern beeinflusst worden, unter anderem durch die Handschrift aus dem XII. Jahrhundert mit Gregors *Dialogen* (Brüssel, Königliche Bibliothek, Ms. 9916-17), die er in der Bibliothek seines Klosters hatte einsehen können.

67. Der hl. Benedikt rügt einen Mönch, der von Nonnen Geschenke annahm. Miniatur in Gregors des Grossen ›Dialogen‹, Lüttich, XII. Jahrhundert.
Brüssel, Königliche Bibliothek, Hs. 9916-17.

Nach einigen einleitenden Bildern, die sich auf die vier Kategorien von Mönchen beziehen, von denen Benedikt im ersten Kapitel der Regel spricht, folgen verschiedene Episoden aus Gregors Lebensgeschichte des hl. Benedikt. Ihnen werden moralisierende Unterschriften gegeben, wie zum Beispiel: Abkehr von der Welt, Benedikt stellt sich in den Dienst Gottes, Benedikt war ein Apostel, Benedikt war ein Märtyrer, usw. Manche Bilder werden unter einem allegemeinen Oberbegriff zusammengefasst, wie zum Beispiel: Benedikts Macht über den Teufel, Benedikts heilende Kräfte usw. Benedikts Wunder werden in Bezug auf die vier Naturelemente Erde, Wasser, Luft und Feuer eingeteilt. Zu erwähnen ist ebenfalls noch, dass neben der Präfiguration aus dem Alten Testament auch Personen aus der antiken Philosophie vorkommen (zum Beispiel Pythagoras und Plato, als Vorläufer der Anachoreten, fol. 114v).

Wer sich für die religiöse Ikonographie des Mittelalters interessiert, findet in diesem Werk Material erster Güte. Hier einige Beispiele, die den typologischen Szenen entstammen:

1. *Das Gelübde der Keuschheit*
   Typus: Joseph flüchtet vor der Frau Putiphars (fol. 122v).
   Vita Benedikts: Versuchung Benedikts in der Grotte von Subiaco (fol. 123r).
2. *Die Hervorbringung einer zahlreichen Nachkommenschaft*
   Typus: Die Nachfahren von Rechab, Jerem. 35 (fol. 125v).
   Vita Benedikts: Die spirituelle Nachfolge Be- *49*
   nedikts in Form eines Stammbaums (fol. 126r).
3. *Die Offenbarung verborgener und zukünftiger Dinge*
   Typus: Elisa teilt seinem Diener Giezi mit, dass er vom Armeechef Naaman Geld bekommen hat (fol. 128 v).
   Vita Benedikts: Benedikt weissagt Totila das Schicksal, das ihn erwartet. Er teilt zweien seiner Mönche mit, dass er weiss, dass sie ausserhalb des Klosters gegessen haben (fol. 129r).
4. *Benedikts Wunder unter freiem Himmel*
   Typus: Vom Gipfel des Berges Nebo zeigt Gott Moses vor seinem Tod das Land Israel (fol. 143r).
   Vita Benedikts: Von der *Toretta* auf dem Monte Cassino aus erschaut Benedikt die ganze Welt in einem einzigen Sonnenstrahl, in

dem ebenfalls die Seele von Germanus zum Himmel auffährt (fol. 144r).

Der wegen seiner Ausmasse grösste typologische Zyklus von Benedikt war die Freskenserie, die einst den grossen Kreuzgang von Santa Giustina in Padua schmückte. Die 51 Bilder dieses Zyklus waren von grauen, mit Kandelabern, Grotesken und anderen antiken Motiven verzierten Pilastern umrahmt. Die elf ältesten Bilder wurden, wie bereits gesagt, von Bernardo da Parenzo *(il Parentino)* gemalt, der damit eines der wichtigsten Ensembles von Padua im ausgehenden Quattrocento schuf (1489-1498). Die anderen 40 Bilder entstanden erst 1542-1549 und stammen von Girolamo Tessari, genannt ›del Santo‹, der in der Stadt des hl. Antonius noch andere religiöse Freskenzyklen malte. Sein Stil ist dekorativer und weniger kräftig als der Parentinos; dennoch hat er gemäss dem Wunsch seiner Auftraggeber versucht, sich dem Stil und der Komposition seines Vorgängers anzupassen. Heute ist der grösste Teil dieses Ensembles zerstört; dennoch kennen wir die ursprüngliche Reihenfolge und den ikonographischen Inhalt der verschiedenen Szenen dank einer Abteichronik aus dem XVII. Jahrhundert (die *Cronaca Giustiniana* von Gerolamo da Potenza in der Universitätsbibliothek von Padua) und dank einer Beschreibung der Abtei, wie sie im Jahre 1791 aussah (Brief von Guglielmo della Valle an den Prinzen Chigi). Der Zyklus war folgendermassen aufgebaut: Auf den grossen Wandgemälden waren die Episoden aus Benedikts Leben dargestellt; im oberen Teil, in den Lünettenfeldern, war jedesmal eine Präfiguration aus dem Alten und aus dem Neuen Testament zu sehen, die grau in grau gemalt war: Benedikts Leben stand somit in Beziehung zu den beiden Testamenten. In der Mitte eines jeden Lünettenfeldes war ebenfalls ein Heiliger oder eine historische Persönlichkeit abgebildet, die entweder dem Benediktinerorden angehört hatte oder aber eng mit ihm verbunden gewesen war; dieser Zyklus stellte also eine *Verherrlichung des Benediktinerordens* dar. Dem Geist der Renaissance entsprechend und gemäss der Tradition der Malereischule von Padua fügte, man ausserdem noch ikonographische Themen hinzu, die der römischen Geschichte und Mythologie entnommen waren; in Form gemalter Reliefs schmückten sie die Pilaster und Friese. Einige dieser Themen hat man vermutlich ausgewählt, weil sie heidnische Präfigurationen oder aber Allegorien auf die Episoden aus Benedikts Leben waren. So schöpfte man in den beiden Testamenten und in der heidnischen Antike, um die Lebensgeschichte des heiligen Ordensstifters typologisch auszuschmücken. Rein ikonographisch betrachtet, war dieser Zyklus zweifellos eine aussergewöhnliche Leistung. Bedauerlicherweise konnte dieses unschätzbare Ensemble dem Zahn der Zeit und dem Vandalismus der Menschen nicht trotzen. Einige Reste der Originalfresken wurden losgelöst und befinden sich heute in der oberen Galerie des *Chiostro del capitolo.*

Ein dritter typologisch besonders bemerkenswerter Zyklus ist im Barock entstanden. Es handelt sich um eine 1680 in Prag gedruckte Kupferstichserie von 32 Blättern. Ihre Konzeption verdanken wir Johannes Caramul y Lobkowicz, 27
Bischof von Vigevano in Norditalien, und die Ausführung Joan. Christ. Smisscheck. Wie der Titel *Sanctus Benedictus Christiformis* bereits zum Ausdruck bringt, werden Leben und Taten Benedikts parallel zum Leben und Wirken Christi gesehen: Benedikts Leben ist eine Imitation des Lebens unseres Herrn. Das Titelblatt unterstreicht das: der Künstler sitzt an seinem Arbeitstisch, um das Porträt Benedikts anzufertigen, wozu er seine Augen auf ein Bildnis des Gekreuzigten heftet. Die Reihenfolge der Kupferstiche entspricht nicht der Chronologie von Gregors Lebensgeschichte Benedikts, sondern der Chronologie des Lebens Christi. In grösserem Format wird in der Bildmitte die entsprechende Episode aus dem Leben Benedikts festgehalten. Darunter stehen ein erläuternder Text und andere Texte aus der Bibel, den Schriften der Kirchenväter, der grossen Theologen und anderer geistlicher Schriftsteller. Dieses Vorgehen erinnert an die typologische Darstellung des Lebens von Benedikt durch Jean de Stavelot. Einige Themen der Stiche sind: Der *Baum von Jesse* präfiguriert den Stammbaum der *Gens Anicia*, der Benedikt und seine Schwester Scholastika angehören. Dem Thema *Christus erkennt Maria-Magdalena beim Festmahl Simons* entspricht die Episode *Benedikt entlarvt den falschen Totila und erkennt den wahren;* zum *Letzten Abendmahl und dem Verrat des Judas* gehört der *Vergiftungsversuch von Vicovaro.* Einige Blätter dieser Serie sind von den grossen Themen des Barock beeinflusst, die zur Zeit der Gegenreformation in der Ikonographie Benedikts eine grosse Rolle spielten. Wir werden darauf noch zurückkommen. Die auf dem Gegensatzpaar von *figuras* und *veritas* beruhende typologische Darstellungsweise des Heiligenlebens ist noch bis zum XVIII. Jahrhundert gebräuchlich. Beispiele findet man auf den Rokoko-Chorgestühlen in süddeutschen Abteien (Ottobeuren und Wiblingen). 98,99

Im Barock wird die Ikonographie Benedikts von

68. Albert van den Brulle, Der hl. Benedikt treibt einem Mönch den Teufel aus. Relief auf dem Chorgestühl von San Giorgio Maggiore, Venedig, 1596-1598.

den wichtigen Impulsen, die die Gegenreformation der Heiligenverehrung und Heiligenikonographie gibt, beeinflusst. Leidenschaftlich heroisch und pathetisch sollen jetzt Triumph und Verherrlichung ausgedrückt werden. In den Ge-
323 wölben, Kuppeln und immensen Retabeln öffnet sich der Himmel: sein strahlendes, verblendendes Licht nimmt die Heiligen auf; ihre Jünger haben am himmlischen Ruhm teil. Verzückt und ekstatisch knien sie vor der Heiligen Dreifaltigkeit und der Mutter Gottes nieder. Ekstase und Verzückung sind die Lieblingsthemen jener Zeit. Die Sucht nach Bildern, die so charakteristisch für das Barock ist, und die wir bereits am Anfang dieses Beitrags erwähnten, nimmt die Themen und Motive der Lebensgeschichte Benedikts wieder auf, jedoch einem viel umfassenderen ikonographischen Programm zufolge, das im gesamten Innenraum der benediktinischen Abteikirchen eine Synthese aus Glauben und Gottesdienst zustandebringt. Bilder schmücken die Gewölbe, Kup-
peln, Altäre, Kanzeln und, vor allem, Chorge- 323
stühle. Dieses Phänomen stellt man hauptsächlich 378
im XVIII. Jahrhundert fest (zum Beispiel in einigen Klosterkirchen in Süditalien und in den grossen süddeutschen und österreichischen Abteien). Selbstverständlich liegt dieser triumphalen und überschwenglichen Ikonographie der Wille zur Propaganda zugrunde. In jener Zeit schätzt man verschiedene Episoden aus Benedikts Leben ausserordentlich, weil sie didaktisch wertvoll sind und weil sie den Glaubensüberzeugungen und sakramentalen Verrichtungen Ausdruck verleihen,

69. Lorenzo Monaco, Placidus wird durch Maurus gerettet und Benedikt unterhält sich mit Scholastika. Prädelle des Retabels ›Krönung Unserer Lieben Frau‹, 1414. Florenz, Uffizien.

von denen die Kirche nach dem Konzil von Trient annehmen konnte, dass sie besonders gut zur Abwehr gegen die protestantischen Angriffe geeignet seien. Schliesslich tauchen im Zusammenhang mit der Figur Benedikts und anderer grosser Ordensstifter Symbole und Emblemata auf, die dann auch zur Ausschmückung der Benediktinerkirchen verwendet werden.

Man stellt die Lebensgeschichte Benedikts nach der Erzählung von Gregor weiterhin in grossen Zyklen dar (21 Szenen in San Michele in Bosco, Bologna; 45 Szenen in Sankt Peter im Schwarzwald. Meistens begnügt man sich jedoch mit kleineren Serien mit vier bis neun oder 11 bis 13 Szenen.), wobei die Episoden behandelt werden, die am meisten dem Geist des Barock entsprechen. Diese Zyklen befinden sich noch stets in den Wandelgängen oder Galerien der Kreuzgänge (in Affligem auf den Glasfenstern des Kreuzgangs; diese *Lebensgeschichte Benedikts und der Mutter Gottes* mit lateinischen Inschriften ist das Werk von Propst Benedikt van Haeften), manchmal auch im Refektorium der Abtei (Saint-Martin-des-Champs, Paris) und später in den Kirchengewölben und auf den Chorgestühlen.

Der zu Beginn des XVII. Jahrhunderts entstandene Zyklus im achteckigen Kreuzgang der Olivetanerabtei San Michele in Bosco zu Bologna ist eine Arbeit der Schule von Bologna. Die Lebensgeschichte Benedikts (21 Episoden) wird hier mit Szenen aus der Lebensgeschichte der hl. Cäcilia und des hl. Valerian (16 Episoden) kombiniert. Dieser Zyklus von Lodovico Carraci und einigen seiner Schüler, worunter Guido Reni, war in jenen Tagen eine wahrhaftige Stilfibel für Maler und Bildhauer. Die heidnische Formenwelt der Renaissance und die Spiritualität und das religiöse Pathos der Gegenreformation sind hier vereint. Die Bewegung und das jähe Aufbrausen, vor allem in den Szenen die Carraci selber gemalt hat, versetzen uns unmittelbar in die Zeit des frühen Barocks. Der Eindruck des Feierlichen und Pathetischen, den diese Schöpfungen vermitteln, wird noch durch die massigen, nackten, gequält dreinschauenden Figuren unterstrichen. Sie gleichen Michelangelos *ignudi* und umgeben, enormen Atlanten gleich, die zentralen Szenen. Man trifft sie auch in anderen Freskenzyklen Carracis an. Gleich dem von Santa Giustina in Padua existiert auch dieser Zyklus heute zum grössten Teil nicht mehr. Mit viel gutem Willen kann man noch rund ein Dutzend Szenen entziffern; um jedoch deren Inhalt genauer kennenzulernen, muss man auf frühere Ausgaben von Kupferstichen zurückgreifen (Kupferstiche von Giacomo Giovanni, von Carlo Cesario Malvasio 1964 in Bologna herausgegeben; und eine vollständige Serie in der Ausgabe von G. Cavazzoni Zanotti aus dem Jahre 1776).

Völlig im Gegensatz zu diesem theatralischen Zyklus steht die ein Jahrhundert später entstandene Serie von Gemälden, die die Maler Louis Silvestre der Jüngere und Louis Galloche für das Refektorium von Saint-Martin-des-Champs in Paris ausführten; sie ist auf Leinwand gemalt. Zehn Szenen befinden sich heute in den Königlichen Museen der Schönen Künste von Brüssel (8 von Silvestre und 2 von Galloche), eine Szene (von Silvestre) hängt im Louvre (L. Réau zufolge soll noch eine weitere Szene im Museum von Béziers hängen). Die Serie ist ganz im Stil des französischen Realismus des XVII. Jahrhunderts gemalt. Die Darstellungsweise ist objektiv und realistisch; die Physiognomie und die Kleidung der Mönche und die Interieurs der Klöster entstammen jenem Jahrhundert; die Ereignisse, die draussen dargestellt werden, finden in weiten Landschaften statt, die in ein diffuses Licht getaucht sind. Der Zyklus behandelt sowohl die Periode in Subiaco als auch die Zeit auf Monte Cassino.

Grössere und kleinere Zyklen im Stil des Barock findet man auch in den Gewölben der süditalienischen Benediktinerkirchen (in der Basilika von Monte Cassino, die Luca Giordano aus Neapel zwischen 1677-1691 ausmalte und die 1944 bei einem Bombenangriff zerstört wurde; San Severino in Neapel, ein Werk von Francesco de'Mura; San Benedetto von Giovanni Tuccari im sizilianischen Catania. Die beiden letzteren Werke stammen aus dem XVIII. Jahrhundert). Kleinere Zyklen zieren die Chorgestühle. In San Giorgio
Maggiore in Venedig hatte van den Brulle 48 *12,68*
Stühle geschnitzt. In Ottobeuren (1750-1768) und
in Saint-Hubert (1731-1733) befinden sich jeweils *98,99*
9; auch die Zahl der geschnitzten Stühle im
schweizerischen Sankt Gallen ist nicht sehr gross. *378*
In Ottobeuren werden die Szenen typologisch, zusammen mit den entsprechenden Ereignissen aus dem Alten Testament dargestellt; das ist auch bei der noch kleineren Reihe von Wiblingen (4 Szenen) der Fall. Ebenfalls sehr wenige, von Felipo de Espinabete geschaffene Szenen gibt es im aus dem XIII. Jahrhundert stammenden Chorgestühl von San Benito la Real in Valladolid (heute im Nationalen Museum für Bildhaukunst); sie befinden sich auf den Rückenlehnen der Stühle in der vorderen Reihe des 28 Plätze zählenden Gestühls.

Im Barock sind die Kupferstiche, die die Lebensgeschichte Benedikts darstellen, sehr beliebt.

Noch stets dienen die Zyklen von Passeri und Capriolo und die danach entstandene Serie von A.
13 Sangrinus für die Vita Benedikts (beide XVI. Jahrhundert) den Künstlern als Vorlage. (San Giorgio Maggiore in Venedig und, im XVIII. Jahrhundert noch, für die *Rettung des Placidus* in der Sakristei des Doms von Fulda). Das gleiche gilt übrigens auch für die anderen Heiligen gewidmeten Kupferstichzyklen.

100 Der französische Kupferstecher Sébastien Le Clercq gab 1658 in Metz eine neue Serie heraus. Die insgesamt 32 Kupferstiche werden jeweils von barocken Allegorien und Emblemata eingerahmt, die sich auf Benedikt und seine Ordensregel beziehen. Einschliesslich dem Frontispiz zählt
27 der bereits erwähnte Zyklus von Johannes Caramuel, der 1680 in Prag erschien, ebenfalls 32 Blätter. In Augsburg widmen die Brüder Jos. und Joh. Klauber 1768/69 achtzehn Blätter Benedikt und seinem Einfluss. Manche der angeschnittenen Themen sind charakteristisch für die Spiritualität des Benediktinerordens im XVII. und XVIII. Jahrhundert.

Der Einfluss mancher dieser Kupferstiche auf Künstler, die grössere Oberflächen bearbeiten, wird sehr deutlich im Fall der Reliefs auf den Stuhlrücken in der ehemaligen Abteikirche von Saint-Hubert. Diese nach Norden gelegenen Reihen des Chorgestühls wurden 1731-1733 von Lütticher Meistern geschaffen und schildern die Lebensgeschichte Benedikts; die nach Süden gehenden die Lebensgeschichte des hl. Hubert, Schutzpatron des Klosters. Der Benedikt-Zyklus zeigt der Reihe nach: *Benedikt empfängt aus den Händen von Romanus sein Mönchsgewand* (nach Passeri-Capriolo); den *Vergiftungsversuch von Vicovaro;* den *Mönch, der von seiner Zerstreutheit geheilt wird* (eine getreue Kopie des Kupferstichs von Sébastien Le Clercq); die *Rettung Placidus' vor dem Ertrinken* (nach Passeri-Capriolo und Le Clercq, jedoch seitenverkehrt); schliesslich *Benedikts Tod* (frei nach Le Clercq). Der oder die Bildhauermeister, dem oder denen die Verzierung des Chorgestühls zu verdanken ist, suchte(n) offensichtlich Anregungen bei den Kupferstichserien, die die Auftraggeber oder Lütticher Benediktiner vermutlich zur Verfügung gestellt haben.

Folgende ikonographischen Themen, die sich auf Benedikts Triumph beziehen und vor allem im ausgehenden Barock auf den grössten Deckengemälden in Süddeutschland, Österreich und Süditalien dargestellt wurden, sollten erwähnt werden: Benedikts Tod und glorreiche Himmel-
323 fahrt; sein Triumph im Himmel, beziehungsweise im Benediktinerparadies; Benedikt auf einem Triumphwagen; Benedikt als Ziehvater einer vielköpfigen Nachkommenschaft, oder auch der Ruhm des Benediktinerordens; Benedikt als Verfasser der Ordensregel und Gründervater des abendländischen Mönchtums; schliesslich Benedikts ruhmreiches Eingreifen auf dem Schlachtfeld. Aus verständlichen Gründen können wir hier nicht ausführlich auf alle Einzelheiten und formalen Kennzeichen eines jeden dieser Themen eingehen; überdies ist die benediktinische Ikonographie aus dem Barock noch nicht genügend erforscht. Wir werden uns daher auf drei Werke beschränken.

Wie bereits erwähnt wurde, taucht das Thema der Verherrlichung Benedikts gegen Ende des XVI. Jahrhunderts in der italienischen Ikonographie auf (Kupferstichserie von Passeri und Capriolo). Benedikt und Scholastika beten das Mysterium der Dreifaltigkeit an, bei der sie sich, so gut es ihnen möglich ist, für die männlichen und weiblichen Mitglieder ihres Ordens verwenden. Am unteren Bildrand knien die Mönche und Nonnen und folgen dem Geschehen, das sich über ihren Köpfen im Himmel abspielt. Dieses Thema wird im Barock weiterentwickelt und erhält die Form des typischen Benediktinerparadieses. In der grossen Kuppel der Wallfahrtskirche Ettal (Johann Jacob Zeiller, 1751/52) sehen wir Benedikt, den eine Schar jubilierender Engel gen Himmel geleitet, wo ihm die Siegeskrone aufgesetzt wird. Mit Benedikt singen die Mönche, die seine Ordensregel befolgen – die Benediktiner (in Schwarz) die Zisterzienser (in Weiss) und die Celestiner (in Blau) –, zusammen mit den Nonnen, denen Scholastika vorsteht, auf immer und ewig Gottes Lob. Hohe kirchliche Würdenträger, die aus dem Benediktinerorden hervorgekommen sind, weltliche Potentaten und gewöhnliche Gläubige, die als Oblaten das Benediktinerideal befolgen, nehmen an dieser Huldigungsszene teil. Mit einem ähnlichen Thema hat der Maler Giovanni Tuccari aus Messina das Gewölbe von San Benedetto zu Catania (Sizilien) ausgeschmückt. Johannes Caramuel lässt die Dreifaltigkeit selber Benedikt krönen und zieht zu diesem Ereignis eine typologische Parallele zur Krönung Mariä im Himmel. Im süddeutschen Metten (1722-1724) wird Benedikt als Prophet verherrlicht; er sitzt zu Füssen von Christus (Eingeber) und Maria (Königin der Propheten).

Ebenfalls typisch für die Mentalität das Barock ist das Bild von Benedikt auf einem Triumphwagen. In Oberaltaich (Bayern) thront er als altehrwürdiger Greis und mit den Flügeln der Seraphim auf einem mit allegorischen Tieren verzierten Thronsessel (1727-1733). In der Prälatenresidenz von Melk (Österreich) hat Paul Troger ihn mit der offengeschlagenen Ordensregel auf einem Triumphwagen sitzend, vor den zwölf Löwen gespannt sind, gemalt (1739). Das Thema taucht auch auf Kupferstichen auf, zum Beispiel auf einem aus dem XVIII. Jahrhundert, der die berühmtesten Persönlichkeiten des Benediktinerordens zeigt (von Karl von Restfeld gezeichnet und von Leonhard Heckenauer in Augsburg gestochen).

In jener Zeit ist auch das Thema des Stammbaums der Benediktinerfamilie weiterhin sehr beliebt. Diesen hagiographischen Baum, oft auch Ruhm des Ordens des hl. Benedikt genannt, findet man in der Malerei und Kupferstechkunst des XVII. und XVIII. Jahrhunderts häufig (zum Beispiel das Gemälde in der Abtei San Giorgio Maggiore in Venedig und der Kupferstich von
102 W. Hollar, auf dem alle Heiligen des Ordens abgebildet worden sind). Auch in der Serie von Kupferstichen der Gebrüder Klauber (1768/69) trifft man dieses Thema an; auf dem Blatt Nr. 16 trägt der benediktinische Baum zahllose Früchte. Die Nachkommenschaft des grossen Ordensstifters leuchtet gleich Sternen am Himmel, Benedikts Einfluss erstreckt sich über die ganze Erde; im Himmel dankt der Heilige dafür Maria, der Schutzpatronin seines Ordens. Auf die grosse Rolle Mariä in jener Zeit werden wir noch zurückkommen. Die Darstellungen des genealogischen Typus gehören zur eigentlichen Ikonographie des Barock; sie dienen der Propaganda, die die grossen Ordensgemeinschaften unterstützen, da in jener Zeit die Heiligenverehrung innerhalb der Kirche einen neuen Aufschwung erlebt.

Während der Gegenreformation und des Barock werden einige Episoden aus der Lebensgeschichte Benedikts besonders bevorzugt. Diese Episoden werden entweder einzeln dargestellt, oder aber auch zu einer einzigen Komposition zusammengefügt. Eine solche Zusammenfassung hat zum Beispiel Pieter-Paul Rubens in seinem Ge-
106 mälde *Die Wunder des hl. Benedikt* vorgenommen; die Mönche von Affligem hatten das Werk bestellt, das die Wand gegenüber dem Eingang ihres Refektoriums schmücken sollte. Das unvollendet gebliebene Gemälde befindet sich heute in den Königlichen Museen der Schönen Künste von Brüssel. Beda Regaux, der im XVIII. Jahrhundert das Werk noch im Gästeflügel der Abtei hatte hängen sehen, nannte es »einen Entwurf..., der die Wunder des hl. Benedikt im allgemeinen behandelt.« Das Gemälde wurde vermutlich vom Propst der Abtei, Benedictus van Haeften, angeregt, der die *Vita* des Ordensstifters sehr gut kannte; das Werk zeigt einen vom Geist der Gerechten des Alten Testaments erfüllten Benedikt, der die gleichen Vorzüge wie seine grossen frommen Vorgänger besitzt. Aufrecht steht er am Eingang von Monte Cassino und entlarvt den falschen Totila (Gabe der Weissagung und der Hellsichtigkeit); er heilt einen Kranken und erweckt ein Kind wieder zum Leben (wundertäterische Kraft); er erlöst einen Besessenen (Macht über den Teufel); links im Bild werden Maurus und Placidus von ihren Eltern Benedikt dargebracht. Vom geöffneten Himmel aus folgen Christus und die Schutzpatrone der Abtei – Maria und die Apostel Petrus und Paulus – dem Geschehen. Eine solche Gruppierung ausgewählter Episoden findet man auch, wie zuvor bereits im Mittelalter, in den Klosterkirchen und -kapellen, die Benedikt geweiht sind. In diesem Zusammenhang sei die Kapelle des hl. Benedikt in der Kirche von Santa Giustina zu Padua (1616-1618) genannt. Auf dem Altar sehen wir die Darstellung *Benedikt empfängt Maurus und Placidus*, auf einer Seitenwand *Benedikt und Totila*, auf der gegenüberliegenden Wand *Benedikt verkündet seine Ordensregel* den Mönchsorden, die aus seiner Gründung hervorgegangen sind. Kleinere Szenen aus Benedikts Leben schmückten früher die Decke der Kapelle.

Zu den beliebtesten Episoden jener Zeit gehörten: Benedikts Geburt; Benedikt als Büsser und Eremit in der Grotte; Maurus und Placidus werden Benedikt gebracht (unter anderem von Caspar de Crayer für die Abtei von Affligem; ein Fragment dieses Gemäldes hängt heute in der Abtei von Dendermonde. Ebenfalls in Affligem muss das Marmorrelief von Jacques Bergé aus dem XVIII. Jahrhundert erwähnt werden, das sich heute in der Sankt-Gertrudiskirche von Ophain befindet). Sehr beliebt war auch die Episode von Benedikt und dem Barbarenfürsten Totila. Caspar de Crayer malte sie 1633 für das Refektorium der Abtei von Affligem; möglicherweise erteilten die Mönche ihm diesen Auftrag als sie feststellten, dass die *Wunder des hl. Benedikt*, die sie kurze Zeit zuvor bei Rubens bestellt hatten, vermutlich unvollendet bleiben würden. Übrigens machte de Crayer beim Werk seines berühmten Landsmanns Anleihen (Vorstudie auf einem Holzpaneel in der Abtei von Dendermonde. Das eigentliche Gemälde in Öl auf Leinwand gehörte bis 1954 zur Sammlung Wilstack in Philadelphia; eine andere Version hängt in der Sint-Pieters-Kirche in Gent). In jenen Tagen wiesen die Abteien besonders nachdrücklich auf Benedikts wundertäterische und teufelsaustreibende Kraft hin: von da-

her erklärt sich der Erfolg von Szenen wie der Wiederweckung des toten Kindes (Ölgemälde von Bon Boullongne und Pierre Subleyras im Louvre, XVII. Jahrhundert); Befreiung des Bauern aus Zallas Händen (Abteikirche von Vlierbeek); Zerstörung der Statue Apollos (E. Fisen, Museum der Schönen Künste, Lüttich); die Heilung eines Besessenen (Jan Cossiers' Ölgemälde im Elisabeth-Hospiz von Antwerpen).

Das wichtigste Thema, das aufgrund seines ekstatischen und visionären Charakters am besten zum Geist der barocken Ikonographie passt und im XVIII. Jahrhundert zum Symbol für den Benediktinerorden schlechthin wird, ist die Vision Benedikts, der die Welt in einem Sonnenstrahl erblickt. Im Süddeutschland des Spätbarock (Banz, Weingarten, Gottweig und Vierzehnheiligen), in der italienischen Malerei des XVIII. Jahrhunderts, in der französischen und spanischen Kunst jener Zeit wurde diese Episode meistens mit ungeheuerlicher Begeisterung dargestellt. Auch in den Niederlanden findet man das Thema häufig (zum Beispiel auf dem von Boyermans bemalten Reliquienschrein in der Kathedrale von Antwerpen, oder auf dem aus dem XVIII. Jahrhundert stammenden Chorgestühl in Saint-Hubert). Auf einem Kupferstich von Caramuel wird das Thema ausserordentlich originell behandelt. Benedikts Vision wird von der Verklärung Christi auf dem Berg Thabor präfiguriert; ein Engel hält dem knienden Benedikt eine grosse Tafel vor Augen, auf die ein anderer, durch die Lüfte schwebender Engel mit einer Art Teleskop ein Abbild des ganzen Universums mit seinen konzentrischen Kreisen projiziert. Der Barock hatte ebenfalls eine Vorliebe für die letzte Kommunion der grossen Heiligen (*Die letzte Kommunion des hl. Hieronymus* von Agostino Carraci und Domenichino; *Die letzte Kommunion des hl. Franz* von Rubens). In Benediktinerkirchen trifft man häufig eine *Letzte Kommunion des hl. Benedikt* an.

Die eigentliche Person Benedikts erhält im Barock im allgemeinen einen sehr ausdrucksvollen und sehr pathetischen Charakter. In jener Zeit sucht man nach einem authentischen Porträt Benedikts, eine *vera effigies*. So kommt man auf die Büste Benedikts von San Sebastianello, die als Kupferstich grosse Verbreitung findet. Zur gleichen Zeit spricht man in Monte Cassino davon, ein authentisches Porträt des Heiligen zu besitzen. Der piemontesische Maler Marco Mazzoroppo (1560-1620), der auf Monte Cassino Szenen aus Benedikts Leben gemalt hat, soll im Traum das Gesicht des Gründervaters erschaut haben. Er malt ihn als einen alten Mann mit wallendem, weissem Bart, ekstatisch, die Augen zum Himmel gehoben, den Krummstab in der Hand oder zusammen mit der Mitra und der Ordensregel zu seinen Füssen; manchmal trägt auch ein Engel die Mitra und das Buch. Auch der Rabe mit dem Brot erscheint häufig. Belisario Corenzo, Luca Giordano und die anderen Maler aus Neapel, die im XVII. Jahrhundert in der Basilika von Monte Cassino arbeiteten, hielten sich an diesen Typus, der auch auf vielen Kupferstichen vorkommt. In den Niederlanden gibt es Darstellungen des hl. Benedikt, die den Vermerk *vera effigies S. Benedicti* tragen und auf das italienische Vorbild zurückgehen dürften (Kloster Hunnegem in Geraardsbergen, sowie eine andere Version in der Petrus-und-Paulus-Abtei von Dendermonde, jedoch ohne Vermerk).

Die italienische Kunst bleibt dem Patriarchentypus treu und stellt Benedikt weiterhin mit wallendem Bart und in einer weiten Benediktinerkutte dar. Dieser Typus herrscht in den süddeut- *104*
schen und österreichischen Barockabteien vor, *323*
während er in den Niederlanden nicht so häufig vorkommt (Abbildung in der Abtei von Bornem, XVIII. Jahrhundert). Hier stellt man sich wie bereits zuvor Benedikt als ziemlich jung und im besten Mannesalter vor, glattrasiert und mit einem Haarkranz um den kahlen Schädel. Er trägt die weite Kutte mit der grossen Kapuze und den weiten Ärmeln. Einige Längsfalten zieren die Vorderseite des Kleidungsstücks. Dergestalt kann man den hl. Benedikt auf einer seiner schönsten Darstellungen im flämischen Barock sehen, der geschnitzten Figur im Chorgestühl der Abtei Sint-Bernard in Bornem, eine Arbeit von L. Willemssens oder A. Quellin dem Jüngeren (ab 1827 in Wouw, Nord-Brabant). Andere Beispiele für diesen jugendlichen Typus des XVIII. Jahrhunderts findet man auf dem Hochaltar und auf dem Benediktaltar der Basilika von Saint-Hubert. Was die Kleidung betrifft, so gibt es in den Niederlanden im XVII. und XVIII. Jahrhundert mehrere Varianten. Manchmal trägt Benedikt das Mäntelchen eines Bischofs oder Prälaten, sowie das Brustkreuz. Selten trägt er eine Mitra oder Priestergewänder (wiewohl das der Fall ist in der Kirche von Beauvoorde, wo Benedikt zusätzlich zum Chorhemd und zur Stola auch noch einen Chorrock und ein Brustkreuz trägt. In der Sint-Bene-

70. Der hl. Benedikt sieht die Seele seiner Schwester Scholastika zum Himmel auffahren. Fresko, Schule von Umbrien und Marken, XV. Jahrhundert.
Subiaco, Oberkirche des Sacro Speco.

diktuskirche von Mortsel wird er mit einer Mitra dargestellt). Neben einem emphatischen und gestikulierenden Benedikt, der seine Schüler belehrt, indem er ihnen die offengeschlagene Ordensregel
97 vorhält (Lüttich, Abtei Paix-Notre-Dame) und einem entrückten, völlig verzückten Benedikt, dessen Augen sich gen Himmel richten, sehen wir uns auch einer strengen, ruhigen Person gegenüber, die die Mönche mit erhobenem Zeigefinger zum Schweigen und zur Beherrschung auffordert. Wie bereits erwähnt wurde, war diese Figur bereits im Mittelalter bekannt (zum Beispiel auf
30 dem Chorgestühl von Bornem, das sich jetzt in Wouw befindet; die kleine Silberstatue in derselben Abtei; die Statue in der Benediktinerabtei von Poperinge; das Relief von Denis Georges Bayar, 1750-1760, in der Abteikirche Saint-Guibert in Gembloux; das Terracottafigürchen in derselben Kirche; und, späteren Datums, verschiedene Kupferstiche, von denen einige Exemplare in der Abtei Val-Dieu bei Herve zu sehen sind). Was die Attribute des Heiligen betrifft, kommen in der italienischen Kunst allem Anschein nach die Peitsche und die Geissel nicht mehr vor. Benedikt wird statt dessen fast immer zusammen mit dem Raben und dem Brot abgebildet (Statue von G. M. Rossi in San Michele in Bosco, Bologna, 1662; die grosse Statue von P. P. Campi in Monte Cassino, 1736). Diesseits der Alpen, vor allem in den südlichen Niederlanden, trägt Benedikt den Krummstab und das Buch. Auf dem Buchdeckel ist die zerbrochene Schale
78 abgebildet. Die Statue von Laurent Delvaux, die zunächst in Affligem stand und heute in der Kathedrale von Brüssel zu sehen ist, zeigt den Heiligen mit erhobener Hand, um das Glas in der anderen Hand zu segnen (1753). In der deutschen Barockkunst entsteigt dem Glas oft ein geflügelter Drache oder eine doppelte Schlange. Ausser dem Buch, der Schale und dem Krummstab bilden die niederländischen Künstler auch den Raben mit dem vergifteten Brot gerne ab (Statuen in der Sint-Gangulfkirche von Sint-Truiden, Hochaltar der Abtei Sint-Bernard in Bornem, Chorgestühl von Wouw, bei den Benediktinern von Poperinge,
78 Statue von Laurent Delvaux). Manchmal liegt das Sieb des Wunders von Enfide zu Füssen Benedikts (Statue im Besitz der Benediktiner von Poperinge; Kupferstich von A. Collaert). Man findet auch die Spuren der Schutzherrschaften, die dem Heiligen zugeschrieben wurden, unter anderem im Falle der Statue in der Sint-Benediktuskirche von Mortsel; dem Heiligen zu Füssen liegen zwei Tiere vom Bauernhof (was sich auf Benedikts Segen zum Schutz der Tiere und Ställe bezieht); links kniet eine Mutter, die ihr Kind auf dem Arm trägt (Anspielung auf die Wiederauferstehung des toten Kindes und vielleicht auch auf Benedikts Segen der Kinder); auf der rechten Seite scheint der Mann mit der erhobenen Hand Benedikt anzuflehen.

Eine andere Tatsache, die anzumerken wäre, betrifft den Umstand, dass die Bildhauer im XVII. und vor allem im XVIII. Jahrhundert Benedikt oft mit seiner Schwester Scholastika darstellen. Eine ähnliche Komposition ist uns bereits in der mittelalterlichen Kunst aufgefallen. Am Anfang der Treppe, die zur Basilika von Monte Cassino führt, stehen die überlebensgrossen Statuen der Geschwister. In der Basilika von Saint-Hubert stehen sie zur Rechten und zur Linken des barokken Hochaltars, sodass sie die Gebete der versammelten Mönche zu leiten scheinen (andere Beispiele findet man in den südlichen Niederlanden und im Rheinland; zwei ähnliche Skulpturen in der Lütticher Kirche Saint-Jacques werden Jean Delcour zugeschrieben; andere befinden sich in der Abtei Sinte-Godelieve in Brügge).

Mehrere Male erscheint Benedikt auch auf Marienbildern, die für Zisterzienserklöster bestimmt waren. Caspar de Crayer hat einige Arbeiten die- 84
ser Art angefertigt. Benedikt, Bernhard und einige andere Heilige umgeben die Mutter Gottes mit dem Kind; manchmal nimmt Benedikt auch an der *Lactatio* des hl. Bernhard teil. (Beispiele hierfür findet man in der Gymnasialkerk von Meppen, im Königlichen Museum der Schönen Künste von Antwerpen und in der Liebfrauenkirche von Brügge). De Crayer sieht Benedikt als einen bartlosen Asketen, der mit der einen Hand den Krummstab und mit der anderen ein Buch, auf dem eine Schale steht, festhält. Man erkennt Benedikt auch auf dem Gemälde *Sacra Conversazione* von Jacques van Oost (Liebfrauenkirche von Brügge, 1618). Das Gemälde von Herregouts in der Abtei Sinte-Godelieve zu Brügge haben wir bereits erwähnt; Benedikt wohnt hier der Krönung der Mutter Gottes bei. Diese Werke sind Ausdruck der grossen Marienverehrung, die in jener Zeit bei den Benediktinern herrscht.

Bei den Benediktinern des XVII. und XVIII. Jahrhunderts ist der Kultus um Maria, die Schutzpatronin des Ordens, sehr stark ausgeprägt. Das geht zum Beispiel sehr deutlich aus einem Kupferstich hervor, dem Edmond Moreau den Titel *Triumph der allerheiligsten Mutter Gottes, gesungen von den Benediktinerpatres* gab. Maria und Jesus thronen hier auf einem Triumphwagen, der von heiliggesprochenen Benediktinern und Zisterziensern (der hl. Anselm, der hl. Ildefonsus, der

71. Antependium von Basel, Lothringische Schule, Anfang XI. Jahrhundert, Detail: Der hl. Benedikt und der Erzengel Michael.
Paris, Musée de Cluny.
Der deutsche Kaiser Heinrich II. liess das Antependium anfertigen, weil Benedikt ihn von einem Nierenstein geheilt hatte.

72. Sankt Benedikt. Fresko aus der Mitte des XII. Jahrhunderts. Nonnberg (Salzburg), Benediktinerinnenabtei.

73. Sankt Benedikt. Steintympanon aus dem XII. Jahrhundert. Abteikirche von Souillac.
Auf diesem Tympanon steht Benedikt, der Vater des abendländischen Mönchtums, gegenüber dem hl. Petrus, dem Begründer der christlichen Kirche.

74. Meister der Ursulalegende, Retabel von der Botschaft. Ende XV. Jahrhundert.
London, Privatbesitz.
Benedikt ist mit Stab und Buch in der oberen Hälfte des rechten Flügels neben dem hl. Johannes dem Täufer abgebildet.

75. Der hl. Benedikt beschwört die Sünde. Federzeichnung in einer Handschrift aus Metten, 1414.
München, Staatsbibliothek, Clm. 8201.
Mit einem Kreuzstab und einer Beschwörungsformel rückt Benedikt der allegorischen Darstellung der sieben Todsünden zu Leibe.

76. Cristobal de Salamanca, Sankt Benedikt, eine heilige Märtyrerin und der hl. Lukas, XVI. Jahrhundert.
Tortosa, Chorgestühl in der Kathedrale.

77. Michael Pacher, Sankt Benedikt. Holzskulptur, Detail des Retabels von Sankt Wolfgang, 1477-1481.
Pfarrkirche, Sankt Wolfgang.
Das Retabel wurde im Auftrag Benedikts, Abt von Mondsee, angefertigt.

79. [links oben] Arnold Hontoire, Sankt Benedikt. Lindenholz, etwa 1690.
Lüttich, Benediktinerinnenabtei Paix-Notre-Dame.

80. [links unten] Sankt Benedikt. Silberfigürchen aus dem XVIII. Jahrhundert.
Bornem, Sint-Bernards-Abtei.

81. [oben] Burgundische Schule, Sankt Benedikt. Alabasterfigürchen aus dem XV. Jahrhundert.
Rotterdam, Boymans-van Beuningenmuseum, Inv. Nr. 1005.

◁78. Laurent Delvaux, Sankt Benedikt. Marmorbild, 1753.
Brüssel, Kathedrale.

82. *Meister von 1499, Krönung Mariä in Anwesenheit von Heiligen. Triptychon nach Hugo van der Goes, Ende des xv. Jahrhunderts. London, Buckingham Palace.*

83. Jan Provoost, Thronende Maria mit den Heiligen Bernhard und Benedikt.
Ende des XV. Jahrhunderts.
London, Hampton Court, Royal Collection, Inv. Nr. 1419.

84. Gaspar de Crayer, Beweinung Sankt Bernhards in Anwesenheit verschiedener Heiliger. Gemälde, etwa 1655-1660. Antwerpen, Königliches Museum der Schönen Künste, Kat. Nr. 829.

85. Tilman Riemenschneider, Grabmal Kaiser Heinrich II. und Kaiserin Kunigundes, 1499-1513. Detail: Sankt Benedikt heilt den Kaiser von einem Nierenstein. Bamberg, Dom.

86. Brevier Mayer van den Bergh, Kalenderblatt für den Monat März, Gent-Brügge, etwa 1510.
Antwerpen, Museum Mayer van den Bergh, Kat. Nr. 946.
Die Randverzierung dieser Seite steht im Bezug zum Kalender für den Monat März; Benedikt wird dargestellt, weil am 21. März sein Namenstag gefeiert wird.

87. Der hl. Benedikt schreibt die Regel. Federzeichnung in einem Kodex aus Zwiefalten, 1138-1147.
Stuttgart, Württembergische Landesbibliothek, Cod. Hist. Fol. 415.

& potentiani. q̄ a pontifice romano ad p̄dicandū directi. eandē
metropolim martyrii. sui c̄fessionē illustrē fecerunt. Et in eadē
urbe sc̄ę Colubę uirḡ. quę supato igni gladio cęsa ē. Reciarię
sci Ermetis exorcistę.

88. [oben] Szenen aus dem Leben des hl. Benedikt. Miniaturen aus der Bis-bini-Vita (Kopie Y), wahrscheinlich aus der Abtei Sankt Florian, XIV. Jahrhundert.
New York, Pierpont Morgan Library, Hs. 55.

89. [links] Sankt Benedikts Lebensende. Seite aus einer verzierten Handschrift aus der Abtei von Monte Cassino, etwa 1070.
Rom, Bibliotheca Vaticana, Cod. Lat. 1202.

90. Der hl. Benedikt wälzt sich in Dornen, nachdem er vom Teufel in Versuchung geführt worden ist, Miniatur in den Dialogen Gregors des Grossen, Lüttich, XII. Jahrhundert.
Brüssel, Königliche Bibliothek, Hs. 9916-17.

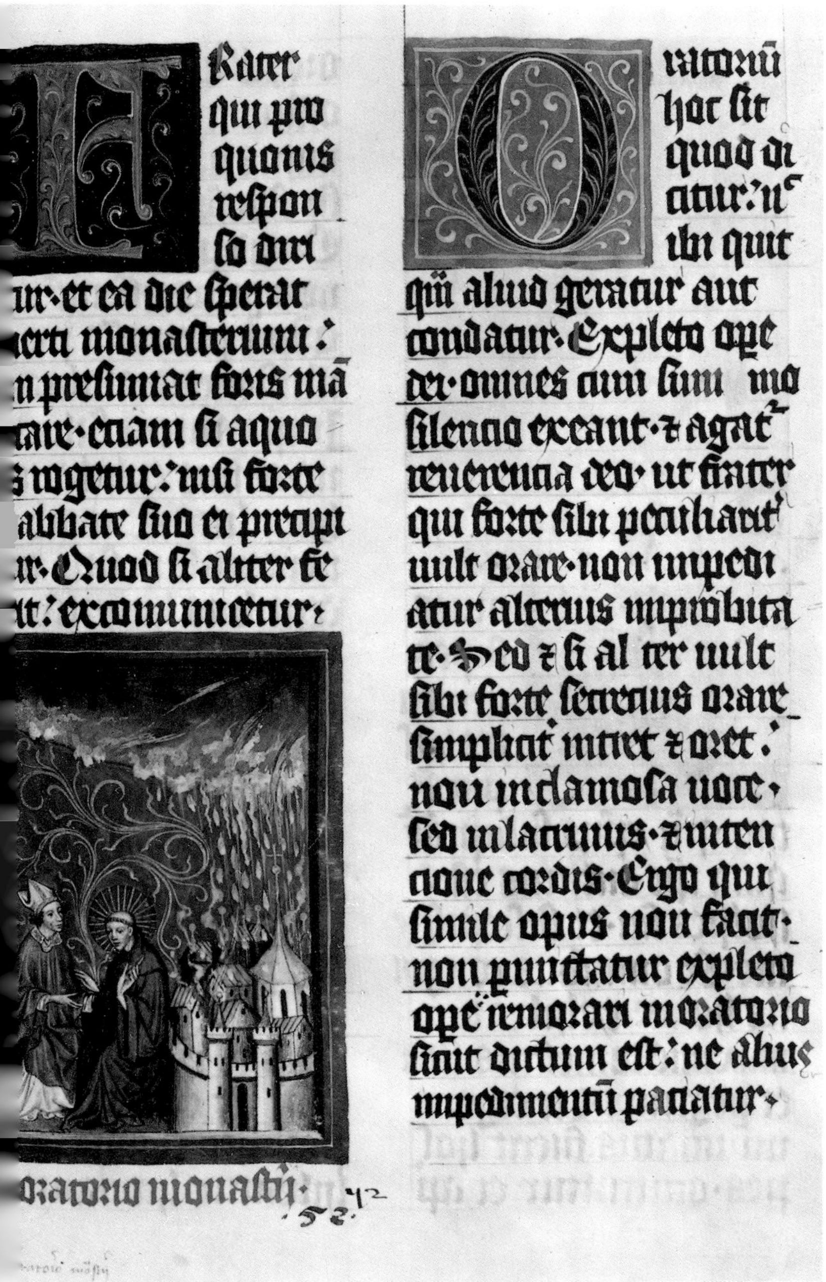
Praeter qui pro quonis respon so dici tur. et ea die sperat ... ceri monasterium. n presumat foris ma ere. etiam si a quo s rogetur. nisi forte abbate suo ei precipi ur. Quod si aliter fe at: excommunicetur.

oratorio monasterii.

Oratorium hoc sit quod dicitur. nec ibi quicquam aliud geratur aut condatur. Expleto opere dei omnes cum summo silencio exeant. et agatur reverencia deo. ut frater qui forte sibi peculiariter vult orare non impediatur alterius improbitate. Sed et si aliter vult sibi forte secrecius orare simpliciter intret et oret. non in clamosa voce sed in lacrimis et intencione cordis. Ergo qui simile opus non facit non permittatur expleto opere remorari in oratorio sicut dictum est: ne alius impedimentum paciatur.

91. Szenen aus dem Leben des hl. Benedikt. Miniaturen aus der Bis-bini-Vita (Kopie M) in einer Handschrift der Regel aus der Abtei von Metten, 1414.
München, Bayerische Staatsbibliothek, Clm. 8201 d.

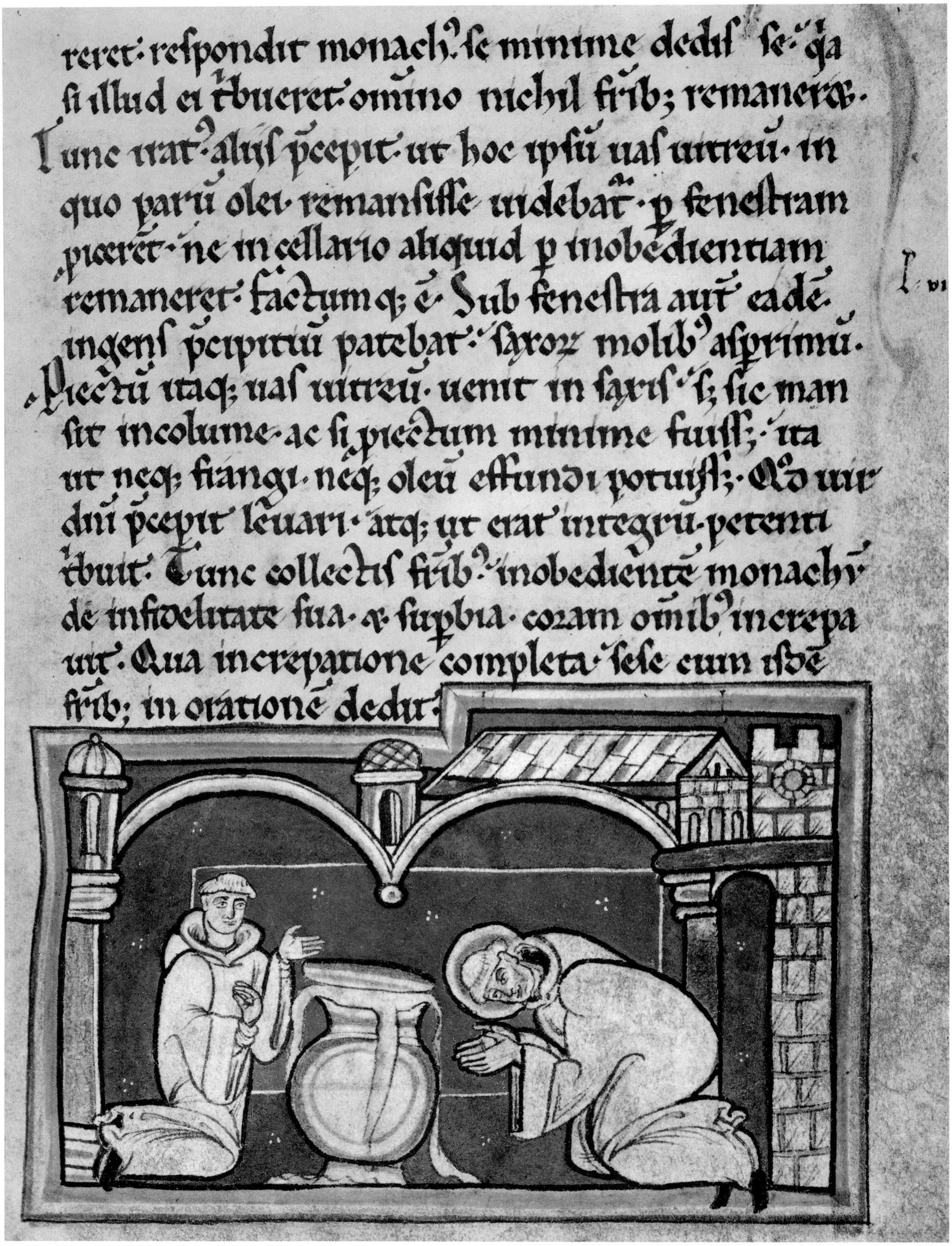

rereret. respondit monachus se minime dedisse. quia
si illud ei tribueret. omnino nichil fratribus remaneret.
Tunc iratus aliis praecepit. ut hoc ipsum vas vitreum. in
quo parum olei remansisse videbatur. per fenestram
proicerent. ne in cellario aliquid per inobedientiam
remaneret. Factumque est. Sub fenestra autem eadem
ingens praecipitium patebat. saxorum molibus asperrimum.
Proiectum itaque vas vitreum. venit in saxis. sed sic man
sit incolume. ac si proiectum minime fuisset. ita
ut neque frangi. neque oleum effundi potuisset. Quod vir
domini praecepit levari. atque ut erat integrum petenti
tribuit. Tunc collectis fratribus inobedientem monachum
de infidelitate sua et superbia. coram omnibus increpa
vit. Qua increpatione completa. sese cum ipsis
fratribus in oratione dedit.

92. Ein Fass wird auf wunderbare Weise mit Öl gefüllt. Miniatur in Gregors des Grossen ›Dialogen‹, Lüttich, XII. Jahrhundert.
Brüssel, Königliche Bibliothek, Hs. 9916-17.

93. Vom Teufel in Versuchung geführt, wälzt der hl. Benedikt sich in Dornen. Kapitell aus dem XII. Jahrhundert. Abteikirche von Saint-Benoît-sur-Loire.

94. Der hl. Benedikt erweckt das tote Kind des Gärtners wieder zum Leben. Kapitell aus der ersten Hälfte des XII. *Jahrhunderts.*
Abteikirche von Vézelay.

95. Agostino Caracci, Der scheinbare Brand in der Klosterküche. Federzeichnung, Anfang XVII. *Jahrhundert.*
Bologna, Pinakothek.

96. *Albrecht Dürer, Die Vision des hl. Benedikt. Federzeichnung, etwa 1500.*
Berlin, Staatliche Museen Preussischer Kulturbesitz, Kupferstichkabinett, KdZ 47 A 25.

97. *Engelbert Fisen, Der hl. Benedikt zerstört das Bildnis Apollos auf dem Monte Cassino. Ausgewaschene Federzeichnung, Ende XVII. Jahrhundert.*
Lüttich, Museum der Schönen Künste, Kabinett, Kat. Nr. 164/209.

131

100. Ein Priester teilt sein Ostermahl mit Benedikt. Kupferstich in Sébastien le Clercs ›Vie et Miracles du bienheureux père Saint Benoît‹, Metz, 1658.

*98. Joseph Christian, König David singt Psalmen. Relief im Chorgestühl von Ottobeuren, 1750-1768.
Abteikirche von Ottobeuren.*

*99. Joseph Christian, Sankt Benedikt und seine Mönche singen Psalmen. Relief im Chorgestühl von Ottobeuren, 1750-1768.
Abteikirche von Ottobeuren.*

hl. Bernhard und der selige Rupert), die besonders verdienstvoll die Mutter Gottes gepriesen haben, gezogen wird. Überall auf dem Kupferstich singen andere Mönche das Loblied der Mutter Gottes. Im *Annus Mariano-Benedictinus*, das von 1668 bis 1672 in Salzburg erschien, macht man jeden Tag des Jahres zu einem Festtag eines heiliggesprochenen Mönchs des Ordens, der Maria besonders glühend verehrt hat. Es ist auch aufschlussreich, dass die Benediktiner jener Zeit behaupten den Rosenkranz wenn nicht gar erfunden, so doch zumindest miterfunden zu haben. Der Kupferstich Nr. 38 von Caramuel zeigt die Mutter Gottes in der Mitte von knienden Benediktinern, die alle einen Rosenkranz in der Hand halten; der Heilige Geist schwebt über der Gruppe und schickt Feuerzungen auf die Mönche hinab. Auf einem Begleittext zu diesem Bild wird behauptet, dass die Benediktiner den Rosenkranz schon 700 Jahre vor dem hl. Dominikus und dem hl. Bonaventura gekannt hätten. Man sollte diese fromme Übertreibung nicht allzu wörtlich nehmen; sie rührt vermutlich von der Tatsache her, dass der Rosenkranz aus den Gebetsschnüren mit beweglichen Körnern hervorgegangen ist, die die Laienbrüder benutzten, um die Vater Unser zu zählen, die sie täglich anstatt der Psalmen im Chor aufsagen mussten. Inzwischen wissen wir, dass der Rosenkranz in seiner heutigen Form im XV. Jahrhundert entstanden ist; die Dominikaner führten ihn auf den hl. Dominik zurück. Aufgrund schriftlicher Aufzeichnungen erinnerten sich die Benediktiner an heiliggesprochene Mönche, die täglich 150 oder auch 60 Ave Maria – eingedenk der 60 Lebensjahre der Mutter Gottes – aufsagten. Einer von ihnen, der hl. Petrus von Amiens

105. Spinello Aretino, Der Tod des hl. Benedikt. Fresko, 1387.
Florenz, Sakristei von San Miniato al Monte.

(1096), wird von dieser Tradition als Erfinder des Rosenkranzes angesehen. Auch der hl. Beda Venerabilis (673-735) ist genannt worden. Unter dem Gesichtspunkt dieses benediktinischen Anspruchs, muss die Figurengruppe über dem 1742 aufgestellten Rosenkranzaltar am linken Choreingang der ehemaligen Benediktinerabteikirche von Saint-Hubert erwähnt werden. In dieser Bildhauerarbeit von René Panhay de Rendeux reicht die Mutter Gottes dem hl. Dominikus den Rosenkranz, während das Jesuskind auf ihrem Arm einen weiteren Rosenkranz einer zweiten, knienden Figur reicht, die der Kutte und dem Stab nach zu urteilen ein Benediktinerabt sein muss. Die Marienbegeisterung tritt auch sehr deutlich in der Kupferstichserie der Gebrüder Klauber zum Vorschein. Mehrere Szenen aus Benedikts Lebensgeschichte spielen sich vor den Augen der Mutter Gottes ab. Die gleiche Verehrung für Maria spürt man beim Betrachten eines anderen, kleinen Kupferstichs der Gebrüder Klauber; hier wird auch der Grund für die Verehrung der Benediktiner deutlich: Benedikt und Scholastika beten ein Bildnis der Mutter Gottes mit dem Kind an, vor dem, der Überlieferung gemäss, Benedikt in seiner Jugend in Rom gebetet haben soll. Dieses Bild befindet sich noch immer in der Kirche San Benedetto in Piscinula.

Ein anderes Thema, das im XVII. und XVIII. Jahrhundert sehr populär war, ist Benedikt als Schutzpatron für einen guten Tod und als Tröster der Sterbenden. Die Beliebtheit dieses Themas kann man mit der Fähigkeit Benedikts erklären, Tote wieder zum Leben zu erwecken und Verstorbene, die von ihren Fehlern noch im Grab verfolgt wurden, in Frieden ruhen zu lassen. Bei den Benediktinern kursieren hierzu zahlreiche fromme Legenden; so soll Benedikt zum Beispiel der hl. Gertrud von Helfta (XIII. Jahrhundert) erschienen sein. In ihren *Revelationes* steht (IV. Buch, 11. Kapitel), dass der hl. Benedikt ihr versprochen habe, besonders den sterbenden Nonnen beizustehen, die ihn anriefen und sich auf seinen glückseligen Tod beriefen. Auch dem Grafen Bruno von Dagsburg (Elsass), dem späteren Papst Leo IX. (XI. Jahrhundert), soll Benedikt während einer schweren Krankheit erschienen sein und ihn mit einem Kreuzzeichen geheilt haben. Zu erwähnen sind ferner noch die *Fünf Versprechen*, die Gott Benedikt offenbart haben soll und die dem Vernehmen nach in einem alten Dokument im Kloster von Lérins (Frankreich) aufbewahrt sein sollen (Dom Arnold Wion, *Lignum Vitae*, Rom 1595). Die Gebrüder Klauber haben dieses Thema im 17. Kupferstich ihrer Serie aufgegriffen. Folgende *Fünf Versprechen* soll demzufolge Gott Benedikt gegeben haben: Der Benediktinerorden wird bis zum Weltenuntergang bestehen; er beschütze immer die Kirche; wer als Mitglied des Ordens stirbt, dessen Seele ist nicht verloren; die Feinde des Ordens werden eines plötzlichen und elenden Todes sterben; den Freunden des Ordens ist ein guter Tod gewiss. Auch Johannes Caramuel hat einen Kupferstich zum Thema Benedikt als Schutzpatron für einen guten Tod und als Fürsprecher der Seelen im Fegefeuer angefertigt (Nr. 25).

Auf ihren Kupferstichen haben die Gebrüder Klauber dem Benediktmedaillon, das im XVII. und XVIII. Jahrhundert sehr beliebt war, besondere Aufmerksamkeit geschenkt (Nr. 17). Es handelt sich dabei um das Medaillon mit der Abbildung des Kreuzes und der Beschwörungsformel, auf das wir zu Beginn dieses Beitrags bereits ausführlich hingewiesen haben. Benedikt sitzt hier im Himmel; Engel umgeben ihn, die diese Medaillons mit dem apotropäischen Text tragen. Dieser Kupferstich deutet ebenfalls an, welche Dienste das Medaillon leistet: es heilt Kranke, hilft den Bauern, vertreibt Dämonen, erlöst Besessene und bestraft Gotteslästerer. Das Medaillon fand die Zustimmung des Papstes; wer es erstand, erwarb zugleich auch einen besonderen Ablass (1741-1743). Eine andere, grössere Abbildung ist im Emblematabuch über Benedikts Ordensregel von Bonifatius Gallner, einem Mönch der Abtei von Melk (Österreich), zu finden. Dort heisst es, dass dieses Medaillon mit dem Kreuz auf ein altes Bildnis des heiligen Ordensstifters zurückgehe, der in seiner rechten Hand ein Kreuz mit den besagten Initialen gehalten haben soll. Zweifellos meint der Autor hiermit den bereits erwähnten Kodex von Metten (1414). In den Alben von A.J. *75*
Corbierre (Rom, 1904) sind einige dieser Medaillons abgebildet.

Ein letzter Aspekt der Ikonographie Benedikts im Barock, der unsere Aufmerksamkeit verdient, betrifft die emblematischen und allegorischen Darstellungen, zu denen Leben und Wirken des Heiligen angeregt haben. Dergleichen Allegorien kommen in den Einrahmungen der eigentlichen Kupferstiche von Sébastien Le Clercq vor (zum Beispiel das ›Beschauliche Leben‹ und das ›Aktive Leben‹, die zur Rechten und zur Linken einer Episode aus Benedikts Lebensgeschichte zu sehen sind, die man in jener Zeit als eine *Vita mixta* interpretierte, also eine Mischung von Kontemplation und Handeln). Emblematischen Abbildungen sind wir bereits begegnet, etwa dem Lichtstrahl in Benedikts Vision (*Dialoge* II, Kap. 35),

106. Peter Paul Rubens, Wunder des hl. Benedikt. Ölbild, etwa 1630–1635.
Brüssel, Königliche Museen der Schönen Künste, Kat. Nr. 809.

der Leiter der Demut oder der Himmelsleiter (Ordensregel, Kap. VII). Die Motive kommen in der Malerei und Bildhaukunst des Spätbarock wieder zurück. Allegorische Figuren begleiten auch die verschiedenen Episoden aus Benedikts Lebensgeschichte, mit denen Luca Giordano die Decke der Basilika von Monte Cassino bemalt hat (letztes Drittel des XVII. Jahrhunderts). Zu vermelden ist in diesem Zusammenhang die häufig vorkommende Unterschrift U.I.O.G.D. oder I.O.G.D.; diese Initialien sind einer Textstelle aus dem ersten Brief des hl. Petrus (4, 11) entnommen (*ut in omnibus glorificetur Deus*, auf dass in allen Dingen Gott gepriesen werde); mit diesen Worten endet auch Kapitel LVII der Ordensregel. Die abgekürzte Form, I.O.G.D., erinnert an die berühmte Jesuitenlosung A.M.D.G. (*Ad maiorem Dei gloriam*, zum höchsten Ruhme Gottes).

Im XVIII. Jahrhundert veröffentlichten österreichische Benediktiner Sammelbände mit den Emblemata, die sich auf die Benediktinerregel stützen. Zwei dieser Werke waren ziemlich berühmt. Das erste, das der Zisterziensermönch Chrysostomus Hauthaler zusammengestellt hatte, erschien 1741 in Linz. Das zweite war die bereits erwähnte Arbeit des Melker Benediktinermönchs Bonifatius Gallner. Obwohl die Arbeit bereits 1728 vollendet worden war, erschien sie erst 1780 in Wien, unter dem Titel *Regula emblematica Sancti Benedicti* (2. Auflage, Wien 1783). Das Buch enthielt 187 Emblemata; jedes Emblem war auf einem eigenen Blatt gedruckt. Über jedem

Kupferstich steht jeweils eine kurze Formel oder ein Titel, der sehr prägnant den Inhalt des Auszugs aus der Regel, der unter der Abbildung steht, zusammenfasst. So wird ein Zitat aus dem Prolog (»Siehe, in seiner Güte hat Gott uns den Weg zum Leben gezeigt«) durch den pythagoräischen Buchstaben Y dargestellt (Emblem Nr. 5). Dieser Buchstabe symbolisiert die Weggabelung oder auch die Wahl der Lebensweise (vgl. das Thema Herkules am Schnittpunkt zweier Wege): der breitere Weg führt ins Verderben, der schmale Weg, der mit der Regel gleichbedeutend ist, führt zum ewigen Leben. Über dem Emblem steht als Titel: *Monstrat iter* (Er weist den Weg). Das LIII. Kapitel der Regel gibt an wie Gäste im Kloster aufgenommen werden müssen. Dieser Text wird im Titel *Venerandi* (man muss sie ehrerbietig aufnehmen) zusammengefasst und emblematisch mit den Attributen eines Pilgers des hl. Jakobus illustriert, den eine strahlende Sonne erleuchtet, in deren Mitte der Name Christi steht (Emblem Nr. 135). Wie das Fragment aus der Regel verdeutlicht, das unter dem Emblem abgedruckt wurde, müssen die Gäste im Kloster so empfangen werden, als seien sie Christus selber. Wir empfehlen dieses reich bebilderte Emblematabuch allen die sich für diesen Aspekt besonders interessieren; die Lektüre ist künstlerisch und intellektuell anregend.

Die Französische Revolution und die Kriege Napoleons bedeuteten für das Mönchtum in ganz Europa eine Katastrophe. Abteien wurden aufgelöst, Gemeinschaften vertrieben, Gebäude zerstört oder für profane Zwecke benutzt. Diese Periode führt daher zu einem Bruch in der Ikonographie Benedikts, für die es erst wieder ab der Mitte des XIX. Jahrhunderts Anzeichen gibt. Auch andere politische Ereignisse, wie die Gesetze gegen die Tilgung in Spanien, die beginnende Säkularisierung in einem eins werdenden Italien oder der Kulturkampf in Deutschland, bremsen lange Zeit hindurch das Wiederaufleben des Mönchtums. Während man sich in manchen Fällen damit begnügt ganz einfach die Lebensweise, die unterbrochen worden war, wieder aufzunehmen, suchen die aktiveren Gruppen eine neue Basis; sie wenden sich einer authentischeren Tradition des Mönchseins wieder zu. Zu diesen aktiveren Klöstern gehören vor allem Solesmes in Frankreich, Beuron in Deutschland und Maredsous in Belgien, das 1872 unter Einfluss von Beuron gegründet worden war. Im XIX. und XX. Jahrhundert zeichneten sich die Benediktinerklöster durch ihre Arbeit auf dem Gebiet der Liturgie aus. Sie widmeten sich der Erneuerung der Gregorianik und der kirchlichen und reliösen Kunst. In dieser Hinsicht übt gegen 1870 die Schule von Beuron, dank sei Desiderius Lenz, grossen Einfluss aus. Im Jahre 1900 gründete Maredsous eine Kunsthandwerkschule; später wandte sich die Abtei Sint-Andries in Loppem an einen noch grösseren Kreis mit ihrer Zeitschrift *L'artisan liturgique* (ab 1950 *Art d'Eglise*). Viele Benediktinerabteien leiten heute noch mehr oder weniger wichtige kunstgewerbliche Werkstätten, in denen religiöse Kunstgegenstände angefertigt werden: Ikonen, Kupferstiche, Medaillons, Keramiken, Emailarbeiten, manchmal auch Möbel.

Gleich den alten benötigten auch die neuen Abteien Darstellungen des hl. Benedikt, um ihre Kirchen und Kreuzgänge zu schmücken. Für die Gläubigen mussten Bilder, Medaillons und andere Andachtsgegenstände hergestellt werden. Die Vorstellung, die man jetzt vom hl. Benedikt hat, verrät deutlich den Einfluss der neuen Tendenzen bei den Benediktinern jener Zeit, die zu den Ursprüngen der Doktrin und der Spiritualität Benedikts zurückkehren wollten. Man sah Benedikt als den ehrwürdigen Vater der Mönche, als Meister – *magister* – des abendländischen Mönchtums, als Urtypus des *monachos*. Also stellt man ihn gross, statisch, unbeweglich dar; das Gesicht strahlt tiefen, religiös-verinnerlichten Frieden aus. Es versinnbildlicht den benediktinischen Frieden – *Pax*. Von daher erstaunt nicht mehr, dass dieses Wort so häufig auf dem Buch, das Benedikt in der Hand hält, oder auch auf dem Sockel seiner Standbilder steht. Vor allem fällt die weite Kutte auf, die besser als alles andere die Persönlichkeit charakterisiert. Die meisten dieser Darstellungen gehören zum Patriarchentypus: Benedikt ist ein ehrwürdiger Greis; in manchen Fällen unterstreicht der Künstler auch noch den Aspekt des Eremitentums. Das majestätische Gesicht, auf dem Entschlossenheit und väterliche Güte abzulesen sind, ist fast immer in eine weite Kapuze gehüllt. Es handelt sich hierbei um die Erfindung eines neuen Typus; im Vordergrund stehen die tiefsten religiösen und monastischen Werte, die das moderne Benediktinertum in der Doktrin des Gründers wiederentdeckt. Manchmal ist Benedikt auch jung und bartlos (u.a. der hl. Benedikt des katalonischen Bildhauers Josep Clarà in der Abtei von Montserrat. Der Heilige trägt hier eine Mitra). Die wichtigsten Attribute bleiben das Buch und der Krummstab. Die Geissel kommt im ganzen XIX. Jahrhundert nur ein einziges Mal ausnahmsweise vor (auf dem neogotischen Chorgestühl der Kathedrale von Antwerpen,

1870). Gleich den heutigen Äbten trägt Benedikt oft ein Brustkreuz. Mit einer Geste der rechten Hand segnet er; zur Mahnung hebt er oft den Zeigefinger. Auf anderen Bildern lädt er zum Schweigen ein (Mosaik van Louis Barillet in der Kapelle der ›Franz von Sales-Schule‹ in Alençon). Im allgemeinen trägt Benedikt das Buch mit der Regel; in manchen Fällen ist es offengeschlagen, in anderen Fällen nicht; wie in der Barockkunst steht auf dem geschlossenen Buch eine zerbrochene Schale, der ein geflügelter Drache entsteigt. Im offengeschlagenen Buch liest man die traditionellen Worte *Ausculta, o fili...*, manchmal aber auch *Regula monachorum* oder *Monasteriorum Disciplina vitae* oder *Ecce lex sub qua militare vis* (dies ist das Gesetz, dem Du unterstehen wirst). Auch die Initialen U.I.O.G.D. (*Ut in omnibus glorificetur Deus*, Regel, Kap. LVII) kommen vor. In Nordamerika wählt man manchmal auch die Devise *Pray and Work* (*Ora et Labora*, Bete und arbeite).

Normalerweise begleitet der Rabe mit dem vergifteten Brot im Schnabel den Heiligen. Manchmal stellt man ihn jedoch auch mit dem Benediktmedaillon dar. Ein kleines Gemälde aus dem XIX. Jahrhundert in der Abtei Sinte-Godelieve in Brügge zeigt Benedikt noch mit allen nur möglichen Attributen: dem Krummstab, dem Buch, der Schale, dem Raben und dem Erdball.

Die modernen Künstler gestatten sich mancherlei Freiheiten. So zeigt Bruder Jean-Marie aus der Abtei Sint-Paul in Oosterhout Benedikt in einer hellgrauen Kutte; zweifellos bezieht sich der Künstler hierbei auf das Gebot der Regel, dass der Mönch sich nicht um die Farbe und das Material seiner Kleidung kümmern soll (Regel, Kap. LV). Erwähnt werden sollten auch das Werk des flämischen Künstlers des XX. Jahrhunderts Albert Servaes, *Tod des hl. Benedikt* (Dendermonde, Abtei Sint Pieter-en-Paulus).

Auch im XIX. und XX. Jahrhundert sind Zyklen entstanden, die die Lebensgeschichte oder die Person Benedikts zum Thema haben. Das gilt vor allem für die Abtei von Monte Cassino, die historische Wiege des Benediktinertums. Ein erster Zyklus entstand 1876-1880 in der *Torretta*, dem echten Herzstück der Abtei und gleichzeitig dem ersten Aufenthaltsort des Gründervaters. Der Zyklus war in Freskentechnik und ein typisches Beispiel der Schule von Beuron. In den Jahren 1900-1913 fertigten die Mönche aus derselben Schule einen zweiten Zyklus für die aus dem XVI. Jahrhundert stammende Krypta unter dem Chor der Basilika an. Diesmal handelte es sich jedoch um Mosaiken und Basreliefs. Einen dritten Zyklus schuf man nach der völligen Zerstörung der Abtei im Jahre 1944; damals war der erste Zyklus bis auf zwei Fragmente vernichtet worden. Der zweite Zyklus blieb grösstenteils erhalten und ist inzwischen wieder restauriert worden (die Arbeiten wurden 1967 abgeschlossen).

Der zerstörte Zyklus aus dem Jahre 1880, den die Mönche von Beuron in der *Torretta* geschaffen hatten, war vom ikonographischen und ästhetischen Standpunkt aus betrachtet der wichtigere. Das Werk wurde unter Leitung des Gründers der Schule von Beuron, Desiderius Lenz, anlässlich des vierzehnhundertsten Jahrestags der Geburt Benedikts angefertigt; man kann den Zyklus als eines der typischsten Beispiele für den hieratischen, etwas kalten Stil dieser Künstlergruppe betrachten. Die Bilder befanden sich im oberen Stockwerk – der Ort an dem Benedikt zunächst verweilt hatte war noch immer ein turmähnliches Bauwerk über dem antiken *arx*, auf dem Gipfel des Monte Cassino –, sowie im unteren Stockwerk und im weiten Treppenhaus, das die beiden Ebenen miteinander verbindet. Die Mönche von Beuron verwirklichten hier ein herausragendes ikonographisches Programm, auf dessen Themen wir ganz kurz eingehen werden (was Abbildungen anbelangt, so empfehlen wir die Lektüre des von der Abtei Monte Cassino herausgegebenen Bändchens *St. Benedictus – Fresken in Monte Cassino aus dem Jahre 1880*). Im oberen Stockwerk hatte man Episoden aus der Lebensgeschichte Benedikts zusammen mit Personen und Szenen aus dem Alten Testament zusammengebracht. In dem ›Vorsaal der Patriarchen‹ genannten Raum waren sieben Bilder; jedes symbolisierte eine der Tugenden des hl. Benedikt. Auf der gegenüberliegenden Wand gab Papst Gregor das Thema der Serie an: *Spiritu justorum omnium plenus fuit* (er war vom Geist aller Gerechten erfüllt). Der Diakon Petrus und die vier Zeugen, die über Benedikts Leben Aufschlüsse gegeben hatten, begleiteten Gregor. Die danebenliegenden Räumlichkeiten zeigten Szenen, die sich auf die Gründung von Monte Cassino und die Wunder, die der Heilige hier gewirkt haben soll, bezogen. Das Zimmer in der Turmspitze, das Benedikt selber bewohnt hatte – man nennt es auch ›Oratorium des hl. Benedikt‹ – war mit Szenen ausgemalt, die seinen Tod und seine glorreiche Himmelfahrt beschrieben. Der Tod Benedikts war sicher eine der schönsten und eindrucksvollsten Szenen der ganzen Serie. Dargestellt worden war hier auch die Vision, bei der er die ganze Welt in einem einzigen Sonnenstrahl erschaute und die Seele des Bischofs Germanus gen Himmel aufsteigen sah. Diese Szene befand

sich in unmittelbarer Nähe des Fensters, durch das Benedikt diese Vision gesehen hatte. Andere Szenen, die sich auf Benedikts Schwester Scholastika bezogen, schmückten ebenfalls das ›Oratorium‹. Auf den Wänden im Treppenhaus, das die beiden Stockwerke der *Torretta* miteinander verbindet, hielten Symbole die Arbeit und das Apostolat der Benediktinermönche im Laufe der Jahrhunderte fest. Wie in der Parabel des Evangeliums fordert der *pater familias* die Arbeiter auf, in seinem Weinberg arbeiten zu kommen. Engel krönen die Seelen der fleissigen Arbeiter. Denn führen die Mönche letztlich kein himmlisches Leben? Und beten die Benediktinermönche im Chor nicht im Angesicht Gottes und der Engel? (Regel, Kap. IX) Entlang der Wand im Treppenhaus zeigten noch zehn weitere Szenen Aspekte der apostolischen und zivilisatorischen Arbeit der Benediktiner; man sah hier Urbarmacher, Bauern, Handwerker, Architekten, Künstler, Sänger, Musiker, Schriftsteller, Lehrer, Missionare und hohe kirchliche Würdenträger. Am Fuss der Treppe standen zwei Engel sich gegenüber, der eine ein Symbol für die Theologie, der andere das Sinnbild der religiösen Kunst. Die Schule von Beuron ging davon aus, dass die religiöse Kunst zum Gebet anregt und ihrerseits vom Gebet angeregt wird.

Ganz unten im Turm war der Saal der Mönchstugenden mit einer Darstellung der vornehmsten Aufgabe des Mönchs – das Gebet – ausgemalt. Hier unten befanden sich auch der Saal der grossen Heiligen, die aus Monte Cassino hervorgekommen waren, und schliesslich, die Zelle in der Benedikt die Ordensregel geschrieben und verschiedene Wunder gewirkt hatte. Über dem Altar erhob sich hier ein eindrucksvolles Standbild des Heiligen, der seine Regel den kommenden Mönchsgenerationen verkündet – die Nüchternheit und die Schlichtheit des Raumes unterstreichen noch den geheiligten Charakter dieser Stätte.

Das ikonographische Programm, das die Mönche von Beuron unter der Leitung von Desiderius Lenz zwischen 1900 und 1913 in der Krypta verwirklichten, gleicht einer Lobeshymne zu Ehren des hl. Benedikt, seiner Schwester Scholastika und seiner beiden wichtigsten Schüler Maurus und Placidus, denen zwei Seitenkapellen der Krypta geweiht sind. Trotz ihres grossen Reichtums bleibt diese Lobeshymne jedoch kalt; sie wirkt sogar noch kälter als der ehemalige Freskenzyklus in der *Torretta*. Das Gewölbe der mittleren Kapelle ist mit einer *Verherrlichung des Ordens des hl. Benedikt* ausgemalt, die das ausserordentliche Anwachsen seiner Nachkommenschaft im Geiste versinnbildlicht.

1944 wurde Monte Cassino, zum vierten Mal in seiner Geschichte, vollkommen zerstört. Unmittelbar danach baute man den riesigen Abteikomplex wieder auf – das letzte Wunder Benedikts –, sodass neue Zyklen und neue Darstellungen Benedikts geschaffen werden konnten. Die Dekkengemälde der Basilika sind bisher noch nicht ersetzt worden, aber die grossen Ölgemälde von Nicola Melancolico (XVIII. Jahrhundert) hängen wieder an ihrem angestammten Platz im Chor, während das riesige Bild von Luca Giordano über dem westlichen Eingang durch ein gigantisches neues Gemälde ersetzt wurde, auf dem, unter anderem, Papst Paul VI., der die Abteikirche einsegnete, abgebildet ist. Die Türen der beiden nach Westen gelegenen Eingänge sind aus Bronze; Pietro Canonico hat sie 1951 angefertigt; sie sind ein Geschenk von Luigi Einaudi, dem damaligen Präsidenten der italienischen Republik. Auf der linken Tür wird an Benedikts Wirken auf dem Monte Cassino erinnert, auf der rechten sieht man ihn als Bezwinger der Barbarei, der die zivilisatorische Arbeit preist und den Völkern die Lehre Christi verkündet. Am Beginn der grossen Treppe, die zur Basilika führt, stehen die monumentalen Standbilder Benedikts und Scholastikas wieder, die P.P. Campi 1736 gegossen hatte (die Statue Benedikts wurde repariert, die Scholastikas vollkommen neu angefertigt). Die *Torretta* ist wiederaufgebaut worden und, bis auf zwei übriggebliebene Fragmente der Fresken der Schule von Beuron, neu ausgemalt worden. Benedikts Zelle im Erdgeschoss wurde mit Episoden aus seinem Leben, die sich an dieser Stelle abgespielt haben, neuerlich ausgeschmückt: *Wiederauferstehung eines Mönchs, Voraussage der Zerstörung von Monte Cassino, Die Himmelfahrt der Seele Scholastikas, Benedikt schreibt die Ordensregel und betet in seiner Zelle.* 1952 malte Antonio Pegrassi diese Fresken. Dieses Ensemble ist völlig gegenständlich und angenehm ehrfürchtig stilisiert. Es scheint uns jedoch, wie alle anderen Malereien in der *Torretta*, der grossen Persönlichkeit des Gründers des abendländischen Mönchtums nicht gerecht zu werden. Vor dem Bild, das Benedikts Voraussage der Zerstörung von Monte Cassino zeigt, kann man sicherlich verweilen und ergriffen über die Unbill, die im Laufe der Jahrhunderte dieses Heiligtum des menschlichen Geistes heimgesucht haben, und über seinen wiederholten,

107. Tintoretto, Krönung Mariä in Anwesenheit des hl. Benedikt, des hl. Gregor und anderer Heiliger.
Venedig, Abteikirche San Giorgio Maggiore.

manchmal gelungenen Wiederaufbau nachsinnen. Man bedauert jedoch, dass kein bedeutender zeitgenössischer Künstler (man denke an Matisse in Vence) eine würdige Kapelle für Benedikt von Nursia entworfen und gestaltet hat.

In der Mitte des ersten Kreuzganges, in der Nähe des Eingangs, stellt eine gewaltige Bronzeskulptur den sterbenden Benedikt dar, eine Arbeit
208 des italienischen Bildhauers Attilio Selva (1953) und ein Geschenk von Bundeskanzler Konrad Adenauer, einem der Verfechter der europäischen Idee. Was man auch von der künstlerischen Qualität des Denkmals halten mag, es hinterlässt in jedem Fall dort wo es steht einen nachhaltigen Eindruck. Zwei Mönche stützen den Sterbenden, der seine Arme in einer letzten Geste demütig-feierlicher Bitte zum Willkommensgruss zum Himmel hebt. Etwas weiter steht über der ältesten Tür der Abtei in Grossbuchstaben der benediktinische Frieden *Pax*. Am Abhang eines der Hügel, die das Kloster umgeben, ruhen die polnischen Soldaten, die im letzten Weltkrieg ihr Leben für die Wiederoberung von Monte Cassino opferten. In der *Terra Sancti Benedicti* ruhen sie in Frieden. Papst Pius XII. ernannte Benedikt während der feierlichen Einweihung der neuen Basilika von Monte Cassino, im Jahre 1964, zum himmlischen Schutzpatron des Abendlandes. Vielleicht erhält Benedikt mit der Zeit noch ein anderes Attribut, das seine Bedeutung für Europa unterstreicht. Am Vorabend des fünfzehnhundertsten Jahrestages seiner Geburt stellt man fest, dass seine Figur keine Künstler von Rang mehr inspiriert. Möglicherweise sollten sie sich weniger um die genaue Wiedergabe der mannigfachen Attribute und Emblemata der traditionellen Ikonographie kümmern, sondern sich viel eher an den religiösen und allgemein menschlichen Werten der Lehre und Regel Benedikts orientieren, die auch heute noch eine Menschheit ansprechen können, die als Ausweg aus dem beängstigenden, allgegenwärtigen Materialismus des ausgehenden XX. Jahrhunderts wieder nach der Wahrheit sucht. Auf dem Gebiet der Kunst und der Ikonographie des hl. Benedikt ist das letzte Wort noch nicht gesprochen.

LITERATURHINWEISE

E. DUBLER, *Das Bild des heiligen Benedikt bis zum Ausgang des Mittelalters*, St. Ottilien, 1953 (Neuauflage Zürich, 1966). Von den zahlreichen Handbüchern und allgemeinen ikonographischen Lexika sollten erwähnt werden: K. KUENSTLE, *Ikonographie der Heiligen*, Freiburg im Breisgau, 1926, S. 122-125; L. REAU, *Iconographie de l'art chrétien, 3. Iconographie des Saints*, 1, Paris, 1958, S. 196-203; H. AURENHAMMER, *Lexikon der christlichen Ikonographie*, 1, 4. Aufl., Wien, 1962, S. 316-328; V. MAYR, Artikel *Benedikt von Nursia* im *Lexikon der christlichen Ikonographie*, hersg. v. E. KIRSCHBAUM und W. BRAUNFELS, 5. *Ikonographie der Heiligen. Aaron bis Crescentianus von Rom*, Rom/Freiburg/Basel/Wien, 1973, Sp. 351-364, mit einer Übersicht über alle bis 1973 erschienenen Untersuchungen und Studien. Was die italienische Kunst betrifft, die den Löwenanteil der Ikonographie Benedikts stellt, findet man eine gute Synthese in *S. Gregorio Magno. Vita e miracoli di San Benedetto* von A. FIORINI, mit einer ikonographischen Übersicht von I. BOCCOLONI, Rom, 1954. Nützliche Hinweise liefern die Artikel von D.B. JOLIET, *Essais d'iconographie monastique*, in: *Revue liturgique et bénédictine*, 1, 1911; das gleiche gilt für R. MESURET, *Les visages de saint Benoît*, in: *La vie bénédictine*, 47, 1939, S. 1-10, S. 116-126, S. 216-227. Zahllose Reproduktionen bietet *Saint Benoît dans la peinture*, Clervaux, s.d. (1916), sowie die illustrierten Studien über das Leben des hl. Benedikt, darunter A.I. SCHUSTER, *Storia di San Benedetto e dei suoi tempi*, Mailand, 1946; C.S. NESMY, *Saint-Benoît et la vie monastique* (coll. Microcosme. Maîtres spirituels, 19), Paris, 1959 und L. VON MATT und ST. HILPISCH, *Benediktus. Leben und Werk*, Würzburg (1960). Ganz besonders warm empfehlen wir *San Gregorio Magno. San Benedetto da Norcia*, Subiaco, 1964: dieses Büchlein enthält den Text der Lebensgeschichte Benedikts von Gregor dem Grossen (ital. Übersetzung: A. VALERIANI) und bietet Reproduktionen des ältesten und vollständigsten Zyklus der Lebensgeschichte Benedikts von P. Passeri und A. Capriolo (1578). Man findet schliesslich eine umfassende Reihe von Medaillons, Pfenninge und Siegeln dargestellt in A.J. CORBIÈRRE, *Numismatique bénédictine. Histoire scientifique et liturgique des croix et des médailles de Saint-Benoît*, Rom, 1904 (von diesem Werke sind uns nur die Teile I und II bekannt).

JEAN DÉCARREAUX

Geschichte des benediktinischen Mönchtums

IMAGO HOMINIS

Die Meinungen gehen auseinander, ob die Jünger des hl. Benedikt im Laufe der Geschichte des Benediktinertums immer die Ordensregel ihres Gründervaters getreulich befolgt haben. Geschichte ist das, wie man in Deutschland gerne sagt, was geschehen ist; in unserem Fall bedeutet das ein Nebeneinander von Tradition und Veränderungen, von Kontinuität in der Erneuerung, einschliesslich aller unvorhergesehenen Zwischenfälle. Für den Gläubigen beinhaltet diese Tradition überdies, dass er oft in einer Reihe von Menschenleben einen direkten Eingriff von Gott erkennt. Jedoch muss sich der gläubige genausogut wie der ungläubige Historiker stets ausschliesslich an die Gesamtheit der objektiven Fakten halten, denen er frei und ehrerbietig begegnet. Wenn die heilige Ordensregel im Laufe der Jahrhunderte in den unterschiedlichsten Ländern übernommen wurde, musste sie sich, so gut es ging, den jeweiligen zeitlichen, räumlichen und Umwelt-Gegebenheiten anpassen und zugleich den Vorstellungen der grossen Äbte und den Anforderungen, die die römischen Pontifizes stellten, entsprechen. Da die entscheidenden Gebote – in erster Linie das Einhalten der Askese und die Verpflichtung, treu das *Opus Dei* zu verrichten – unveränderlich waren, waren die Äbte und die Vorsitzenden der Kongregationen ermächtigt, unter Beachtung der ihnen vom Ordensstifter empfohlenen Behutsamkeit, die Praxis zu ändern oder zu interpretieren. Selbst die Mönchsgemeinschaften, die die Regel sehr wörtlich befolgen, haben die wünschenswerten oder nötigen Anpassungen anerkannt. Die Einheit in ein und derselben Familie hat dadurch viele Facetten erhalten.

DAS MÖNCHTUM VOR BENEDIKT Das Mönchtum war im Abendland schon lange vor der Geburt des hl. Benedikt verwurzelt. Ganze Generationen von Getauften – überwiegend Laien – hatten freiwillig das alltägliche Leben in ihrer Gesellschaft aufgegeben, um ausschliesslich in der Nachfolge des armen, keuschen, dem Vater in Liebe gehorchenden Christus zu leben. Trennung und Einsamkeit machen den Mönch aus; er lebt alleine (griechisch: *monos*). Seine ständige Bereitschaft Gott zu dienen wird im allgemeinen mit einem doppeldeutigen Begriff umschrieben: *otium,* was in Wirklichkeit weder Musse noch Untätigkeit bedeutet, sondern Freiheit der Seele und damit des ganzen Wesens, das den Kontakt mit Gott sucht und dazu das gesamte Wirkungsvermögen einsetzt, das die Taufe ermöglicht hat. Dergestalt entstand am Rande der etablierten Gesellschaft eine Welt für sich; sie war geschlossen, in sich selber gekehrt und vom Ziel, dem sie nachstrebte, vollkommen beseelt. Die Suche nach dem Transzendenten einte sie, auch wenn die Mittel, um zum Ziel zu gelangen, unterschiedlich waren. Im Griechischen bedeutet Askese soviel wie Übung – die Gemeinschaft übt sich im selbstlosen Gebet, durch das sie lebt und erleuchtet wird. Nach einer Periode des Wachstums und der Festigung hat die Gemeinschaft eine Reihe von Wertvorstellungen gefunden, die, abhängig von verschiedenen Umständen, ein beredtes Gegengewicht zu denen in christlichen Kreisen bilden, oder aber deren Werte, wegen des züchtigen Vorbilds und wegen der Bereicherung, die von den Gemeinschaften ausgeht, unterstreichen. So könnte man sehr kurz das Entstehen des Mönchtums beschreiben.

Obwohl die Gemeinschaften sich freiwillig von den normalen Strukturen der christlichen Gesellschaft absondern, werden sie im Laufe der Entwicklung dennoch in das Institut Kirche ›zurückgeholt‹ und eingegliedert. Unter Anerkennung ihrer Eigentümlichkeit kümmert sich die Hierar-

108. Symbol des Evangelisten Matthäus. Miniatur im Evangelienbuch von Echternach, VIII. Jahrhundert. Paris, Nationalbibliothek, Ms. Lat. 9389.

Auf den folgenden Seiten:

109. Engel. Ausschnitt aus dem Mosaik in der Apsis der Kirche des Benediktinerpriorats in Germigny-des-Prés, etwa 800. Diese Kapelle wurde im Auftrag Theodulfs, Bischof von Orléans und Abt von Fleury, gebaut.

110. Engel. Etwa 1070. Sant' Angelo in Formis bei Capua. Desiderius, der spätere Papst Viktor III., war einer der wichtigsten Äbte von Monte Cassino.

chie um die Gemeinschaften, die sie, von Fall zu Fall anders, einfügt, bevorzugt oder überwacht. Bei einem solchen Vorgehen besteht die Gefahr, dass die charismatische Ursprünglichkeit vom juristischen und administrativen Anpassungszwang überlagert oder sogar völlig zum Versiegen gebracht wird; wenn die eingegliederte Randgruppe jedoch kraftvoll und ohne der Routine zu verfallen weiterbesteht, beziehungsweise weiterbestehen kann, dann trägt sie entscheidend dazu bei, das ganze Institut zu beleben, aufzuklären und zu bereichern. Selbst wenn es kaum sichtbar oder nur wenig dringend ist, schafft der Zwang, die charismatischen Fähigkeiten und die Anforderungen des Instituts, in das die Gemeinschaften eingegliedert sind, auszubalancieren, manchmal doch Probleme.[1]

Es dürfte nützlich sein, auf die klassischen Formen, die das Mönchtum – sei es nun benediktinisch oder nicht – im Laufe seiner Geschichte gekannt hat, kurz näher einzugehen. Als erste Form entsteht das Eremitentum; es besitzt einen entscheidenden Vorzug, da es resolut mit der Gesellschaft, auch der religiösen, bricht. Aufgrund seiner individuellen und dadurch vielgestaltigen Prägung, ist es ausserordentlich schwierig, das Eremitentum gründlich zu kennen; diese Lebensform ist jedoch die beste Übersetzung für das Wort Mönchtum, da der Eremit sich vollkommen zurückzieht, um unter für ihn idealen Bedingungen ganz und gar dem Gebet, der Askese und der Möglichkeit Gott zu finden lebt. Im allgemeinen gibt ein älterer Eremit dem Anfänger das Vorbild, die Doktrin oder gute Ratschläge; der Eremit, den G. Duby einen Freibeuter der Busse nennt, kann sich an einem Ort niederlassen oder umherziehen. Er kann sogar, obwohl das in der Praxis kaum vorkommt, ein Priester sein. Den Reichtum seiner eigenen spirituellen Erfahrungen teilt er gerne anderen mit. In die Geschichte ist er, selbst wenn sie nichts beschönigt, zumeist eingegangen als guterzogen, grossmütig, freundlich zu seinen Besuchern, ob es sich dabei nun um Menschen oder um Tiere handelt. Nie spricht er Böses. Das ist das Eremitentum, wenn es in völliger Abgeschlossenheit praktiziert wird. Es besteht in einer weniger strengen, jedoch noch stets anspruchsvollen Form auch, wenn es sich um eine Gruppe von Einsiedlern handelt, von denen jeder einzelne in seiner Hütte oder Höhle lebt. In diesem Fall kann diese ›Zelle‹ entweder die Behausung von einem einzelnen, oder aber von zwei oder drei Brüdern sein, die sich, dem Vorbild eines älteren Eremiten folgend, einleben oder gegenseitig helfen. Diese Lebensweise liegt der *Laura* zugrunde, zu der in regelmässigen Abständen (in der Praxis einmal wöchentlich) Einsiedler aus derselben Gegend an einer Kultstätte zusammenkommen, wo sie ihre spirituellen Erfahrungen, aber auch materielle Dinge austauschen. Diese Art, getrennt und meistens unter der Leitung eines persönlichen, anerkannten Führers zusammenzuleben, ist eine wichtige Erscheinungsform im orthodoxen Mönchtum.

Das *coenobium* schliesslich versammelt innerhalb seiner Mauern eine Gemeinschaft, die der Gesellschaft draussen entstammt; unter der Leitung eines Oberen führt sie ein brüderliches, barmherziges Leben. Dieser neuen Gesellschaft im Kleinen, die gemeinschaftlich in Askese lebt und zum Teil gemeinschaftlich betet, liegt die Entscheidung des Einzelnen zugrunde, innerlich einsam sein zu wollen, um durch tägliche Übung dem Augenblick der Begegnung mit Gott in der Kontemplation näherzukommen. Unter diesem Gesichtspunkt kann man beim Zönobiten ein grosses Mass an Individualität feststellen, die man leicht mit einer Form von Eremitentum verwechseln kann.

Diese grundlegenden Gegebenheiten, die sowohl dem westlichen als auch dem östlichen Mönchtum eigen sind, werden in der Praxis jedoch unterschiedlich gelebt. Von Anfang an war das östliche Mönchtum eine grosse Gesellschaft mit kontemplativem Charakter, innerhalb derer die Individuen, von möglicherweise aufeinanderfolgenden Charismata angetrieben, die vorläufige oder endgültige Lebensweise wählten, die sie am besten zu ihrer eigenen Verklärung (griechisch: Metamorphose) führte. So kann ein und derselbe Mönch nacheinander die verschiedenen Stadien ein und derselben Berufung durchlaufen. Im Abendland hat sich das zu Beginn einheitliche Mönchtum in verschiedene spirituelle Familien aufgeteilt, deren gemeinsames Ziel zwar die Einswerdung mit Gott ist, die jedoch, jede auf ihre Weise, manche ganz besonderen charismatischen

111. Verzierungen im Sakramentarium von Luxeuil, etwa 700. Rom, Bibliotheca Apostolica, Vat. Reg. lat. 317.

Auf den folgenden Seiten:

112. Der Evangelist Matthäus. Miniatur in einer Bibel der Abtei Saint-Riquier, etwa 800. Abbeville, Stadtbibliothek, Hs. 4.

113. Evangelist. Miniatur in einem Evangelienbuch, das Legenden zufolge von den heiligen Äbtissinen Harlindis und Relindis von Aldeneik (Belgisch-Limburg) geschrieben worden ist, tatsächlich jedoch um 800 von einem irischen Mönch, der möglicherweise in Echternach verweilte. Sankt-Catharinakirche von Maaseik.

MISPRI
MADIESCM
PASCHAE
coll post prophetia

LIBER GENERATIONIS IHV XPI FILII
DAVID FILII ABRAHAM

Nuancen, oder einfach die Notwendigkeit von Reformen, erkannten und aufgriffen. So unterscheidet man bei den Zönobiten – um die es hier ausschliesslich geht – verschiedene Orden – Benediktiner, Zisterzienser –, aus denen jeweils wieder neue Ordensgemeinschaften entstanden. Gerade wegen ihrer Verschiedenheit benötigen diese Orden genauere und auch enger eingegrenzte Strukturen als die östlichen Mönchsgemeinschaften. In dieser und in vielerlei anderer Beziehung wurde zu recht festgestellt, dass sich das heutige östliche Mönchtum viel weniger von seinen Ursprüngen entfernt hat als das abendländische.

Während im Abendland das Zönobitentum die eindrucksvollste Form des Mönchtums war, betrachtete man das Eremitentum, das weiter verbreitet war als man lange Zeit hindurch angenommen hat, als Askese von höherer Qualität, die besonders schwierig zu ertragen und daher auch nur nach einer langen Erfahrungsperiode in der Gemeinschaft empfehlenswert war: das Eremitentum stellt somit mehr oder weniger die Krönung des Mönchtums dar. Im Osten ist das bei allen Möglichkeiten der freien Wahl von der Hierarchie beaufsichtigte Mönchtum eine Welt von Laien geblieben; gewiss kommt es nicht selten vor, dass Mönche auch gleichzeitig Priester sind, jedoch hauptsächlich, um die Liturgie feiern und die Sakramente erteilen zu können. Im Westen war das Mönchtum ursprünglich ebenfalls eine Angelegenheit von Laien. Langsam nahm die Zahl der Priester jedoch zu, so dass manche Klostergemeinschaften oft nahezu ausschliesslich aus Priestern bestanden, so wie es heute der Fall ist.

Zu den ersten uns bekannten Zeugnissen für die Existenz des abendländischen Mönchtums gehört eine ganz eigenartige Form mönchischer Askese. Auf dem römischen Aventin lebten die frommen, aus vornehmen Familien stammenden Frauen Marcella, Paula und ihre Töchter zusammen in armen Verhältnissen um die Heilige Schrift zu studieren und Psalmen zu singen. Ihr Führer und Meister war Hieronymus; als er Rom verlassen musste, folgten ihm einige Frauen bis nach Bethlehem nach. In Jerusalem hatte sich auch Rufin von Aquileja niedergelassen; über Melanie die Ältere, die ebenfalls einer vornehmen römischen Familie entstammte, leitete auch er eine Gruppe von Nonnen.

Gegen Ende des IV. Jahrhunderts genossen die Mönche aus dem Osten den Ruf, Vorbilder zu sein, denen die lateinische Welt folgen müsse. Dank einer lateinischen Übersetzung der *Vita* des hl. Antonius, die ihr Autor, der hl. Athanasius von Alexandria während seines Exils im Westen (um das Jahr 370) mitgebracht hatte, stand das ägyptische Anachoretentum in sehr hohem Ansehen. Hieronymus hatte die zönobitische Ordensregel des hl. Pachomius ins Lateinische übersetzt und mehrere Hagiographien berühmter Mönche verfasst. Auch Rufinus von Aquileja hatte eine erweiterte *Geschichte der Mönche,* sowie die Anweisungen des hl. Basilius – die man oft fälschlicherweise als Ordensregel des hl. Basilius bezeichnet hat – übersetzt. Die abendländischen Asketen verfügten somit über wertvolle spirituelle Nahrung und Vorbilder, denen sie vertrauensvoll folgen konnten. Sie wollten sogar vor Ort die gnadenvollen Wunder kennenlernen, von denen in den Büchern die Rede war. Grosse Entfernungen schreckten Pilger niemals ab. Eine der bemerkenswertesten Persönlichkeiten, die diese Seereisen zur Spiritualität unternahmen, war die spanische Nonne Etheria oder Egeria, deren Neugierde und Entschlossenheit, alles sehen zu wollen, in den Jahrbüchern der östlichen Mönche ausführlich festgehalten wurden (etwa 411-417).

Unterdessen gedieh das lateinische Mönchtum weiterhin auf seine Weise. In Vercelli (Piemont) lebte 369 Bischof Eusebius mit seinem Klerus in einer Gemeinschaft. In Nordafrika führte Augustinus mit seinen Freunden in Thagaste ein mönchisches Leben, das er danach auch mit seinen Priestern teilte, als er Bischof von Hippo geworden war (ab 391). Ungefähr zur gleichen Zeit stand ein Zeitgenosse des hl. Basilius, des hl. Gregor von Nysse und des hl. Gregor von Nazianz, der hl. Martin, der zunächst nach östlichem Vorbild alleine gelebt hatte, in Ligugé an der Spitze einer Gruppe von Anachoreten; nachdem der hl. Martin Bischof von Tours geworden war (371), richtete er ein Kloster für Geistliche und Laien auf, die ihn bei seinen unermüdlichen Evangelisierungsbestrebungen unterstützten; die strenge Klosterregel schrieb Züchtigungen und Studien vor.

In Italien lebten vor allem in Kampanien und auf verschiedenen Inseln heilige Mönche; der bekannteste war Paulinus von Nola (431 gestorben). Später trifft man auch in Spanien auf berühmte Mönche. Martin von Braga starb 580; im Jahre

114. Der Evangelist Matthäus. Miniatur im fränkisch-sächsischen Stil, entstanden in der Abtei von Sint-Amand, etwa 870.
Köln, Schnütgen-Museum, Inv. Nr. G 531.

637 verschied in Sevilla Sankt Isidor, einer der bedeutenden Kirchenväter des Mittelalters.

Besonders wichtig war der Beitrag den die Provence zum Mönchtum leistete. Zu Beginn des V. Jahrhunderts wurde die Insel Lérins, unter Leitung des hl. Honoratus (428 gestorben), zum Ausbildungszentrum; mehr als zwei Generationen lang kam von hier eine grosse Schar Mönche und Bischöfe, die zu den grossen Namen im südlichen Gallien gehören. Es sollte genügen, den hl. Cäsarius (453 gestorben) zu erwähnen. Fast zur gleichen Zeit, etwa 415, gründete ein östlicher Wandermönch, Johannes Kassian, nahe dem Grab des hl. Viktor in Marseille zwei Klöster, die ob ihrer Ordnung und wegen ihres Oberen berühmt wurden. Johannes Kassian wurde vor allem dank seines geschriebenen Œuvres und seiner Kenntnis des östlichen Mönchtums bekannt, die er den provenzalischen Mönchen weitergab; seine beiden Schriften *De institutis coenobiorum et de octo principalium vitiorum remediis* und *XXIV Conlationes Patrum* gelten als Klassiker des ganzen Mönchtums.

Gegen Ende des V. Jahrhunderts hatte das Mönchtum im Westen weitgehend Fuss gefasst; das hatten auch die Überfälle der Barbaren nicht verhindern können. Die Ereignisse überstürzten sich. Im Jahre 401 wird Gallien überrannt; 410 plündert Alerich Rom; 429 landen die Vandalen in Afrika; 451 und 452 fallen die Hunnen in Italien und in Gallien ein; 456 lassen sich die Westgoten in Spanien nieder, 463 die Burgunder im Rhonetal; im Jahre 496 siegt Chlodwig bei Zülpich. Alle diese Ereignisse haben das Antlitz des Westens grundlegend verändert, auch wenn die Eindringlinge zahlenmässig nicht so stark waren wie man lange Zeit hindurch angenommen hat. Das westliche Mönchtum war dadurch jedoch gezwungen, auf neuen Gebieten zu arbeiten. Auch wenn es der Lehre und dem Vorbild des östlichen Mönchtums sehr viel verdankt, bringt es dennoch – mit Ausnahme des hl. Martin[2] – keine so bedeutenden Heiligen wie Antonius, Pachomius oder Basilius hervor. Da es jedoch überall Wurzeln gefasst hat, gedeiht es auf seine Art und passt es sich den verschiedenen Örtlichkeiten und Zeitumständen an. Und dann kommt Benedikt von Nursia (etwa 480-547).

BENEDIKT VON NURSIA: DER GESETZGEBER – Auf die Themen der vorhergehenden Kapitel dieses Buchs (Lebensgeschichte und Ordensregel) soll hier nicht mehr eingegangen werden, es sei denn, die Wiederholung einiger Punkte erwiese sich als nützlich. Im ausgehenden V. und beginnenden VI. Jahrhundert, der Periode in der Benedikt seine ersten Erfahrungen sammelt, hat Italien vergleichsweise weniger unter den Einfällen der Barbaren zu leiden als der westliche und nördliche Teil des linksrheinischen Römischen Reiches (oder besser: die Überbleibsel davon). Von seiner Residenz in Ravenna aus herrscht ab dem Jahre 493 der Ostgotenkönig Theoderich im Namen des Kaisers über Italien; er zwingt die verschiedenen Bevölkerungsgruppen zum friedlichen Zusammenleben; dreiunddreissig Jahre lang tragen seine Truppen und die ›römischen‹ Völker jeder für sich und friedlich die Kultur. Als Theoderich König wird, ist Benedikt dreizehn Jahre alt; beim Tod Theoderichs, im Jahre 526, ist Benedikt 46 Jahre alt. In jener Zeit hat er aus seinen Erfahrungen als Mönch bereits praktischen Nutzen gezogen; 529 gründet er Monte Cassino und nach 534 schreibt er die Ordensregel nieder. Bis zu seinem Tod, im Jahre 547, hat Benedikt die ostgotische Herrschaft und teilweise auch die Wiedererorberung Italiens durch die Truppen von Kaiser Justinian (535-553), sowie den zeitweilig siegreichen Widerstand des Ostgoten Totila dagegen (542-552) miterlebt. Italien wird in jener Zeit völlig ruiniert.

Benedikt durchlebte die drei Stufen mönchischer Erfahrung. Zunächst war er, in Subiaco, unter der Leitung eines Älteren, ein einsamer Anachoret; danach lebte er in einer der kleinen Gruppen, von denen jede ihren Oberen hatte, und die zusammen eine Gemeinschaft bildeten; getreu der pachominianischen Tradition gab es für die Neuzugänge ein Ausbildungszentrum. Wenn man den Zahlen, die genannt werden (zwölf kleine Klöster für jeweils zwölf Mönche), skeptisch gegenübersteht, kann man sich jedoch vorstellen, dass es sich hier um eine Art Laura handelt, wo sich die Anachoreten und Halb-Anachoreten aus der Gegend regelmässig einfinden. Zum Schluss leitet Benedikt dann eine Zönobitengemeinschaft, die eine Regel befolgt – ein sehr wichtiger Umstand; jeder Tag folgt einem Rhythmus, der aus den drei Teilen des *Opus Dei*, der *lectio Divina* und der körperlichen Arbeit mit ihrer zweifachen Bedeutung von Nutzen und Busse besteht.

Der Text als dessen Verfasser Benedikt angesehen wird, ist oft mit einem anderen verglichen worden: der sogenannten Magisterregel. Zwi-

115. Die Schöpfung. Miniatur in der Bibel von Moûtier-Grandval, etwa 840 in der Abtei Saint-Martin zu Tours kopiert.
London, British Library, Ms. add. 10546.

117. Kämpfende Ritter, Miniatur in einer Handschrift von Monte Cassino, XI. Jahrhundert.
Monte Cassino, Codex CXXXII.

116. [gegenüber] Belagerung und Vernichtung einer Stadt. Miniatur aus dem Psalterium Aureum, Sankt Gallen, IX. Jahrhundert.
Sankt Gallen, Stiftsbibliothek, cod. 141.

schen den beiden Versionen gibt es derart deutliche Übereinstimmungen, dass sich viele Wissenschaftler gefragt haben, wer von wem abgeschrieben hat. Viele von ihnen nehmen an, dass der Text Benedikts nach der Magisterregel entstanden ist. Vermutlich vergeblich hat man auf dieses Thema sehr viel Tinte verschwendet. Der Text, der etwa ein Jahrhundert nach Benedikts Tod bekannt und ihm zugeschrieben wurde, setzte sich schliesslich in der Praxis auf Kosten aller anderen Regeln durch. Dieses praktische Resultat macht das Problem, das auch als ›homerische Frage des Ordens‹ bekannt geworden ist (E. Franceschini), zu einem akademischen Streit.

Diese Ordensregel war darüberhinaus nur eine der damals verbreiteten Vorschriften. Man kennt heute etwa 20 von ihnen, obwohl es wesentlich mehr gegeben hat; sie unterscheiden sich sehr deutlich voneinander. Jedes bedeutende Kloster konnte somit nach seiner eigenen Regel leben. Wenn der Lebenswandel einer Gemeinschaft fester Regeln bedurfte, war es natürlich, dass deren Verfasser sich an den Texten orientierte, die ihm bekannt waren und die er auch für seine Mönche passend fand. Der Zufall und die Charismata des Augenblicks spielten eine grosse Rolle; dennoch sind die wichtigsten Elemente in allen Gemeinschaften dieselben: die Askese, der tugendhafte Lebenswandel, das kontemplative oder liturgische Gebet. Der Gesetzgeber musste die örtlichen Gepflogenheiten, die Arbeitsbedingungen, den oft sehr niedrigen Bildungsgrad der Neuzugänge berücksichtigen. Ein sehr anschauliches Beispiel liefert Kassiodor, ein Zeitgenosse Benedikts, der zunächst ein Minister Theoderichs gewesen war und danach auf seinem Gut in Kalabrien, *Vivarium*, ein Kloster gründete; die Mönche lernten hier die weltliche und die religiöse Kultur kennen; im Kloster studierte man vor allem die Bibel sehr gründlich. Benedikt handelte genauso wie seine Vorgänger oder Zeitgenossen. Die Gelehrten haben seine zahlreichen Quellen unterschiedlicher Herkunft und guter Qualität ausfindig gemacht.

Benedikt hat lediglich drei Klöster gegründet: Subiaco, Monte Cassino und Terracina. Das ist wenig im Vergleich zu den Massengründungen einiger seiner Nachfolger. Im Grunde genommen unterscheidet sich Benedikt nicht von den anderen Verfassern von Regeln seiner Zeit; dennoch hat er einen anderen Text geschrieben, der von Monte Cassino aus seinen Weg fand, ansprach und zur Grundlage des vielfältigen westlichen Mönchtums wurde.

GREGOR DER GROSSE UND BENEDIKT Man schreibt das Jahr 568. Knapp zwanzig Jahre nach Benedikts Tod kennt Italien, das bereits unter den Versuchen der Generäle Justinians, das Land von den Ostgoten zu befreien, gelitten hatte, eine der grässlichsten Perioden, die es im Abendland je gegeben hat; Ursache sind die Einfälle germanischer Stämme. Die Avaren bedrängen die Langobarden, die zusammen mit anderen Stämmen Pannonien verlassen und Aquileja passieren. Lange Jahre hindurch besetzen sie Italien nur teilweise; dann lassen sie sich endgültig nieder. Ab dem Jahr 626 ist Pavia ihre Hauptstadt und Agilulf ihr erster König; danach fallen ihnen auch die Herzogtümer Spoleto und Benevent zu. Als Arier konvertieren sie nur langsam zum römischen Katholizismus. Ihre Niederlassung bedeutet Ruin. Bereits 577 (anderen Quellen zufolge 581) waren die Mönche von Monte Cassino, deren Kloster zerstört worden war, nach Rom geflüchtet; sie brachten ihre Regel, einen Laib Brot, ein Mass Wein und Säcke mit Mehl mit. Subiaco wurde 601 zerstört. Jeder Ansturm der Barbaren war gleichbedeutend mit noch mehr Ruinen; für die Mönche wurde es zu gefährlich, in einsamen Wäldern und verlassenen Landstrichen zu leben; so wurden sie gezwungen, in den Städten Zuflucht zu suchen. Diese Ereignisse veränderten ihre Beziehungen zur Aussenwelt. Auch wenn sich die Mönche in der Stadt gegen die Aussenwelt abschirmten, lebten sie dennoch in einer anderen Situation als die Mönche auf dem Land.

593 scheitert Agilulfs Angriff auf Rom. Er hatte Papst Gregor unterschätzt, der einst Präfekt der Stadt gewesen war und jetzt den Widerstand organisiert hatte. Die rastlose Tätigkeit des Pontifex hatte jedoch nicht seine Vorliebe für die monastische Lebensweise beeinträchtigt. So hatte er, neben anderen Gründungen, seine römische Residenz auf dem Cölius in ein Kloster umgewandelt. Fünf Jahre lang hatte er hier als Mönch gelebt. Seine Erfahrungen mit dem Leben in der Gemeinschaft, seine Vorliebe für die Heiligenverehrung und die Beseeltheit seines geschriebenen Werkes prädestinieren ihn geradezu über das Mönchtum zu schreiben: deshalb widmet der Benedikt das II. Kapitel seiner *Dialoge*. Das Buch ist ein wertvolles Dokument, da es zusammen mit der Ordensregel, von der es sich jedoch grundlegend unterscheidet, die Persönlichkeit des Gründers beleuchtet. Jedoch muss es mit Unterscheidungsvermögen gelesen werden. Dieses ›Buch‹ (ein Kapitel von 90 Spalten in der *Patrologia latina* von Migne) wurde im damals üblichen bio-hagiographischen Stil geschrieben. Der Verfasser will belehren und wählt aus dem Leben seines Vorbilds Beispiele aus – manchmal erfindet er sie auch –, die bewundert oder nachgeahmt werden sollen.

In diesem Zusammenhang taucht die Frage auf, wie Gregor zum Mönchtum von Monte Cassino stand.

Zunächst muss festgehalten werden, dass dieser Papst selber Mönch gewesen war. Zeit seines Lebens interessierte er sich für das Mönchtum; so oft er konnte lebte er im Lateranpalast wie ein Mönch. Siebenundvierzig Jahre nach Benedikts

118. Engel und Heilige verehren Christus. Miniatur aus dem Sakramentarium von Metz, vermutlich um 870 in Saint-Denis bei Paris entstanden.
Paris, Nationalbibliothek, Ms. lat. 1141.

119. Rabanus Maurus überreicht Papst Gregor IV. sein Buch. Miniatur in Rabanus Maurus' ›De laudibus sanctae crucis‹, Fulda, etwa 835.
Wien, Österreichische Nationalbibliothek, cod. 652.

120. Die Vision Jesaias. Miniatur aus Gregors des Grossen ›Moralia in Job‹, Abtei von Valeranica, um 945.
Madrid, Nationalbibliothek, cod. vit. 8. 14/2.

DUO CERUBIN
SEX ALE UNI
ET SEX ALE
ALTE
RI
DUABS UELABANT FA CIEM EIUS
ET DUABS UELABANT PEDES EIUS
ET IN DUABS UOLABANT ET CLA
MABANT ALTER AD ALTERUM
DICENTES SCS SCS SCS

LIBER
VER QVAE
BA LO

Tod schrieb er dessen Hagiographie (594). In dieser Gattung war es üblich, historische Tatsachen und Legenden zu vermischen; auffallend ist jedoch, dass Gregor, der sich bei vier ernstzunehmenden Zeugen, deren Namen er nennt und die direkte Nachfolger des Ordensstifters sind, informiert hat, dem Helden seines ›Buchs‹ ein Gewicht gibt, das er anderen berühmten Persönlichkeiten, über die er in seinen *Wundern der Väter Italiens* (der andere Titel der *Dialoge*) schreibt, nicht gibt. Von daher ist man leicht geneigt, wie man es später tun sollte, Gregor einen ›Benediktiner‹ zu nennen, was auch sein ganzes monastisches Wirken geprägt haben soll: sein Kloster auf dem Cölius, das Entsenden von vierzig Mönchen, unter der Leitung von Augustinus, ins Land der Angeln (596). Diese mehr oder weniger traditionelle Meinung haben viele seriöse Wissenschaftler vertreten.

Seit etwa zwanzig Jahren vertreten benediktinische Historiker jedoch einen anderen Standpunkt. Von der Mitte des VI. Jahrhunderts ab gibt es lange Zeit kaum Dokumente über die Mönche von Monte Cassino. Auch Gregor, der Benedikt doch so sehr preist, erwähnt die benediktinischen Mönche nicht. Da die Mönche von Monte Cassino jedoch in unmittelbarer Nähe des Laterans lebten, kannte man dort selbstverständlich ihre Lebensweise; es gibt jedoch keine Beweise, dass Gregor ihre Regel für sein Kloster auf dem Cölius oder seine anderen Gründungen übernommen hat. Im Rom jener Tage lebten zahlreiche Gemeinschaften, die die unterschiedlichsten Regeln befolgten. Von daher liegt die Schlussfolgerung nahe, dass die auf dem Cölius gültige Regel eine der vielen *regulae* war die es gab und von denen keine allgemein verbindlich war. Der Mönch Augustinus, der zu den Angeln und Sachsen entsandt wurde, war kein ›Benediktiner‹. So bedeutet die Bezeichnung *monachus romanus* auch keinesfalls ausschliesslich *monachus cassiniensis*. Man konnte in jener Zeit auf vielerlei Weise Mönch sein. Zu seinen Lebzeiten und auch noch lange nach seinem Tod muss man auch Benedikt als ein Mitglied der anonymen, kleinen Gruppe von Verfassern einer damals geltenden Regel betrachten. Wenn die Regel von Monte Cassino von Anfang an massgeblich gewesen wäre, hätte es sicher nicht bis zum Ende der Herrschaft Karls des Grossen und Beginn der Ludwigs des Frommen gedauert, bis sie sich, manchmal nur sehr mühevoll, auf Kosten aller anderen durchsetzte. *Sub judice lis est*. Der Geschichtsschreiber des englischen Mönchtums, D. Knowles, schrieb: »Es ist weder gewiss noch wahrscheinlich, dass die Mönche von Augustinus die Regel des hl. Benedikt mitgebracht haben.« So stellen vorsichtige Wissenschaftler wie G.M. Colombás auch lediglich fest: »Vielleicht hatten sie die Regel des hl. Benedikt im Gepäck.« Wie dem auch sei, die Ordensregel setzte sich im Laufe der Zeit und nach mancherlei Umwegen schliesslich doch durch.

121. Titelbeginn des Evangelienbuchs von Sint-Vaast in Arras, zweite Hälfte des IX. Jahrhunderts. Arras, Stadtbibliothek, Hs. 233.

DIE KONFRONTATION MIT DEM KELTISCHEN MÖNCHTUM Als Papst Gregor eine Gruppe von Missionaren ins Land der Angeln entsandte, kannte er die dort herrschende, komplexe Situation und deren Entstehen nicht.

Britannien war ursprünglich ausschliesslich von Kelten bewohnt gewesen. Ab Anfang des V. Jahrhunderts waren die römischen Besatzungstruppen abgezogen worden, so dass das Land Piraten und neuen Eindringlingen zum Opfer fiel. Seit Anfang des IV. Jahrhunderts war es, allerdings nur sehr oberflächlich, christianisiert worden. Um die Mitte des V. Jahrhunderts hatte der hl. Hermann von Auxerre zweimal übergesetzt. Germanische Stämme – Angeln, Jüten, Sachsen und Friesen – waren von der Küste im Südosten aus ins Land gedrungen; sie vertrieben die keltische Bevölkerung überwiegend in den Westen und richteten sieben recht stabile Staaten auf, die schon sehr bald Heptarchie genannt werden.

Um das Jahr 600, nach der Vertreibung der britischen Kelten in den Westen der Insel, ist die bevölkerungsmässige Aufteilung des Landes bereits sehr deutlich festgeschrieben. Die sogenannten Angelsachsen beherrschen den grössten Teil im Südosten der Insel. Zwar war nicht die gesamte keltische Urbevölkerung geflüchtet; aber ihr Einfluss hatte beträchtlich abgenommen oder war gar völlig verschwunden. Kelten wohnen nur noch in Strathclyde, Kambien, Wales und Cornwall. Andere Briten aus dem Süden sind über das Meer ausgewichen; sie lassen sich in der armorikanischen Bretagne nieder. Die Skoten bevölkern Irland. Einer ihrer Stämme ist an der Westküste des heutigen Schottland gelandet, wo er die Pikten zwang, nach Osten auszuweichen. So weit diese Gegenden auch auseinanderliegen, verbindet sie dennoch »eine gemeinsame Kultur, wobei das Meer das Band ist« (O. Loyer).

Von den Eindringlingen verjagt, aus der Hei-

LVC
ABACVC
SOPHON
FONTE PATRŪ DUCTAS BOS AGNIS ELICIT UNDAS

123. Miniatur aus dem Heiligenleben von Kilian, Schutzheiliger von Würzburg, Abtei von Fulda, Ende x. Jahrhundert. Hannover, Niedersächsische Landesbibliothek, Hs. 189.

mat ausgewandert und durch die Niederlage schwer getroffen, nahmen die Briten jedoch ihre religiösen Gebräuche mit. Zu Beginn der Christianisierung noch römischen Einschlags, hatte ihr Partikularismus jedoch sehr schnell Haltungen und Gebräuche angenommen, die aus den Kelten eine völlig eigene Christenheit machten. Obwohl die keltische Kirche dem so weit entfernten Heiligen Stuhl in Rom stets treu verpflichtet blieb, hatte sie jedoch sehr schnell die bischöflich-hierarchischen Strukturen preisgegeben und einen monastischen Charakter bekommen.

Die keltische Kirche war dezentralisiert. Ihre Stütze war der Clan, der auch das Verhalten der Mönche – ihre Vorlieben, Feindschaften und Vorurteile – prägte. Die Gemeinschaften, zu denen auch Priester gehörten, waren zönobitisch. Jede bildete eine Siedlung von einzelnen Hütten; die Bewohner versammelten sich mehrmals täglich in der Kirche, im Refektorium oder im Scriptorium. Am Rande ist zu erwähnen, dass es sehr viele Eremiten gab. Der Unterricht wurde in Latein gegeben, das man, da es eine tote Sprache war, mühevoll erlernte, übte und pflegte. Die unbarmherzige und ob des rauhen Klimas besonders harte Askese konnte jeden Vergleich mit der aushalten, die die legendarischen Mönche in der ägyptischen oder syrischen Wüste praktiziert hatten. Die Leistungen der strengsten Mönche gaben manchmal sogar Anlass zu Rivalitäten zwischen verschiedenen Klöstern untereinander. Die oft sehr zahlenstarken Gemeinschaften (genannt werden manchmal bis zu 2000 oder gar 3000 Mönche) wurden von einem Abt geleitet, der meistens einer Familie von Clanchefs entstammte und dementsprechend auch auftrat. Die Bischöfe, auf die man natürlich nicht verzichten konnte, waren Mönche, die der Abt ausgewählt hatte und dem sie gehorchen mussten. Vielfach war der Abt selber auch gleichzeitig Bischof.

Sowohl bei den Kelten als auch sonstwo fielen diese harten und kämpferischen Asketen durch einige Besonderheiten auf: eine merkwürdige Tonsur, die ein anderes Datum als die römische Kirche für das Osterfest festgesetzt hatte (was zu sehr konkreten Auseinandersetzungen zwischen den verschiedenen liturgischen Kalendern führen konnte), eigentümliche Taufriten und ein seltsames Zeremoniell bei der Konsekration ihrer Bischöfe. Auf diesen ihm eigentümlichen Gebräuchen, die manchem nebensächlich erscheinen mögen, bestand das keltische Mönchtum sehr nachdrücklich.

Zudem konnte es echte Verdienste vorzeigen. Die Namen seiner Gründerväter waren berühmt. Man verwies gerne auf den hl. Ninnian (nach 400, möglicherweise auch um 500) und sein Kloster Casa Candida (Whithorn, am Eingang zum Solvay Firth), und vor allem auf den hl. Iltud (527 gestorben) aus Caldey (Wales). Daneben blühten in Wales noch Bangor, Menevia, Lancarvan, in Cornwall Crediton.

Eine andere Situation trifft man in der armorikanischen Bretagne an. Wie bereits erwähnt, waren keltische Stämme von den angelsächsischen Eindringlingen gen Westen verjagt worden und schliesslich über das Meer auf den Kontinent geflohen. Einige von ihnen drangen sogar bis nach

122. Der Evangelist Lukas. Miniatur aus dem Evangelienbuch Kaiser Otto III., Reichenau, Ende x. Jahrhundert. München, Bayerische Staatsbibliothek, Clm. 4453.

124. Annuskleid. Leinen mit Seide bestickt, vermutlich ein Geschenk von Bischof Bruno an die Kunibertabtei zu Köln. Köln, zweite Hälfte des x. Jahrhunderts. Köln, St. Kunibert.

125. Verzierter Anfangsbuchstabe Q (von Quid). Kolorierte Zeichnung im Psalter von Corbie, etwa 800.
Amiens, Stadtbibliothek, Hs. 18.

HIC RESIDET XPC VIRTV
TVM STEMMATE SEPTVS

126. [links] Bucheinband aus Elfenbein, mit kostbaren Edelsteinen besetzt, etwa 900 in der Schweizer Abtei Sankt Gallen von Tuotilo gefertigt.
Sankt Gallen, Stiftsbibliothek, cod. 53.
Dargestellt wird der glorreiche Christus, umgeben von Engeln und Evangelisten.

127. Christus in der Glorie: Miniatur im Psalterium der Abtei von Lorsch, Anfang 9. Jh. Alba Iulia, Batthyanäum Bibliothek, R II, 1.

128. [unten] Glorreicher Christus, Ikonenprozession, die Vorfahren Christi, Miniatur im Psalter von Lorsch, Alba Iulia, Batthyanäum-Bibliothek, R. II, I.

129. Kampfszene: Federzeichnung in einer Bibelhandschrift, 10. Jh. Leiden, Universitätsbibliothek, Hs. Periz. F. 17. Diese Szene illustriert einen Passus aus den Büchern der Makkabäer.

130. [unten] Belagerung einer Stadt durch die Normannen. Miniatur aus dem Utrechter Psalter, um 820 geschrieben und verziert in der nordfranzösischen Abtei Hautvillers. Utrecht, Universitätsbibliothek, Hs. 32.

131. Miniatur mit der Krönung Marias, den heiligen Petrus und Paulus, und mehreren Personen. Seite in der Bibel der Abtei von Corbie, 13. Jh. Amiens, Stadtbibliothek, Hs. 23.

133. Maria mit dem Kind. Miniatur in einer Handschrift, die in Affligem entstand, XII. *Jahrhundert.*
Berlin, Staatsbibliothek Preussischer Kulturbesitz, Hs. Theol. lat. 4° 120.

132. [links] Die Kreuzigung des hl. Petrus. Miniatur aus dem Sakramentarium von Mont-Saint-Michel, Mitte XI. *Jahrhundert.*
New York, Pierpont Morgan Library, M. *641.*

134. Der Tod Mariens. Miniatur aus dem Pontifikalbuch von Erzbischof Robert, Abtei von Winchester, Ende des x. Jahrhunderts. Rouen, Stadtbibliothek, Hs. 369.

135. Reliquienschrein des hl. Liudger aus der Abtei von Werden, mit einer Darstellung Christi inmitten zweier Engel, VIII. Jahrhundert.
Essen-Werden, Sankt-Liudger-Kirche.

136. Retabel mit einer Darstellung des Pfingstwunders. Getriebenes und vergoldetes Kupfer mit Email und Filigranarbeit. Maasgegend, etwa 1160; stammt aus der Abtei von Stavelot.
Paris, Musée de Cluny.

137. Gekreuzigter Christus. Limoges-Email, XII. Jahrhundert, möglicherweise aus der Abtei von Conques.
Paris, Musée de Cluny.
Kupferstich aus dem XVII. Jahrhundert, nach einer Miniatur aus dem Jahr 1088.

138. Reliquienschrein mit dem Brustbild des heiligen Papstes Alexander, getriebenes und vergoldetes Silber, kanneliertes Email und Edelsteine. Stavelot, 1145.
Brüssel, Königliche Museen für Kunst und Geschichte, Inv. 1031. Dieser Reliquienschrein wurde im Auftrag des Abtes Wibald für die Abtei von Stavelot angefertigt.

139. Anbetung der Weisen. Limoges-Email, etwa 1190, aus der Abtei von Grandmont (Frankreich).
Paris, Musée de Cluny.
Eine der schönsten Arbeiten des ›Opus lemovicense‹.

140. *Krypta der Abteikirche von Jouarre, VII. Jh. Die Kryptgewölbe datieren vom XII. Jahrhundert; sie stützen sich auf merowingische Marmorsäulen.*

141. *Merowingisches Grabmal des Bischofes Agilbert, mit der Darstellung des jüngsten Gerichtes verziert; VII. Jahrhundert. Jouarre, Krypta der Abteikirche.*

142. Merowingisches Grabmal der ersten Äbtissin von Jouarre, Theodechildis. Ende VII. *– Anfang* VIII. *Jh. Jouarre, Krypta der Abteikirche.*

143. Zwischen den Symbolen der 4 Evangelisten thronender Christus: Relief des Grabmals vom Bischof Agilbert, VII. *Jh. Jouarre, Krypta der Abteikirche.*

144. Merowingisches Marmorkapitell in der Krypta der Abtei-Kirche von Jouarre, VII. *Jh.*

*145. Figur aus der Vision der Apokalypse: Relief des Grabmals von Bischof Agilbert, VII. Jh.
Jouarre, Krypta der Abteikirche.*

146. Die Abtei von Saint-Guilhem-le-Désert wurde 804 von Graf Wilhelm von Toulouse gegründet, der in der Einsamkeit des Languedoc sein Leben zu beschliessen wünschte. Die Gebäude stammen überwiegend aus dem XI. und XII. Jahrhundert.

147. Portal der Abtei von Lorsch. Beginn IX. Jahrhundert. Im darüberliegenden Saal wurden vornehme Gäste untergebracht. Er ist noch mit karolingischen Wandmalereien im antiken Stil verziert. Die Aussenseite wurde als Triumphbogen aus der Zeit des spätrömischen Kaiserreichs gestaltet.

148. Aussenansicht der Abteikirche von Montserrat (Spanien), Ende des x. Jahrhunderts gebaut.

149. Innenansicht der Vorhalle in der Kirche von Romainmôtier, einem ehemaligen Kluniazenserpriorat, etwa 1100.

150. Westlicher Flügel der Abteikirche von Corvey, 873-875. Es handelt sich um das einzige Beispiel einer Abteikirche aus der Karolingerzeit. Das Innere besteht aus drei Stockwerken: einem überwölbten Eingang, der Krypta heisst, darüber einer von Galerien gesäumten Kapelle. Die Galerien sind zweistöckig.

151. Die Abteikirche von Saint-Philibert zu Tournus, XI.-XII. Jahrhundert, eines der Meisterwerke frühromanischer Baukunst.

Auf den folgenden Seiten:

152. Maske. Relief am ›Bogen von Gerlannus‹, XI. Jahrhundert. Tournus, Abteikirche Saint-Philibert.

153. Segnende Figur mit Hammer. Relief am ›Bogen von Gerlannus‹, XI. Jahrhundert. Tournus, Abteikirche Saint-Philibert.

Galizien vor; die meisten liessen sich jedoch entlang der Küste der heutigen Bretagne nieder. Sie trachteten ihre Eigenart zu bewahren und weigerten sich folglich, die religiösen Gebräuche, die in ihrer neuen Heimat üblich waren, zu übernehmen. Statt dessen lebten sie lieber abseits in eigenen Gemeinschaften, die manchmal – wie zum Beispiel in Landéven – streng monastisch waren; meistens handelte es sich jedoch um Gemeinden, die um ein Kloster herum entstanden waren und – wie in Saint-Pol, Tréguier, Saint-Brieuc oder Dol – von Mönchbischöfen geleitet wurden. Allesamt verweigerten sie dem Erzbischof von Tours den Gehorsam. Stolz verwiesen die Briten auf ihre grossen Namen: Gildas, David, Pol, Samson, Tugdual, Malo.

In jener glanzvollen Periode des britischen Mönchtums herrschte in Irland, der Heimat der Skoten, eine Art paradiesischer Zustand. Das Meer hatte Invasionen verhindert. Man könnte die Insel eine Palästra für ihre christlichen Gemeinden nennen. Der hl. Patrick (461 gestorben) war zwar kein Mönch, aber er hatte sich auch als Bischof stets für das Mönchtum eingesetzt. Es scheint, dass sein Vorbild die kontinentale, von Rom geerbte Pastoralarbeit war. Wie dem auch sei, fünfzig Jahre nach seinem Tod hat sich die bischöflich strukturierte Kirche Patricks in eine Kirche auf monastischer Grundlage verwandelt. Es wimmelt hier nur so von berühmten Heiligen: Enna in Killeany (Aran-Islands), Ciaran in Cloumacnois, Brendan in Clonfert, Finnian in Moville, Comgall in Bangor, Goeningen in Glendalough; in Kildare wirkte die hl. Brigida; Kolumba, der in Clonar geschult worden war und in Iona, von wo aus er die schottischen Pikten christianisiert hatte, starb, hatte Derry, Durrow und Kells gegründet. Sein Nachfolger Aridan gründet, 636 oder 655, Lindisfarne in Northumberland. Schliesslich muss noch der bedeutende Mönch Kolumban erwähnt werden. Er war im irischen Bangor von Abt Comgall geprägt worden und war dann als Pilger erstaunlich weit gereist; nachdem er Burgund evangelisiert hatte (er gründete Annegray, Fontaines und Luxeuil), durch Neustrien und durch Austrasien gezogen war (wo er ebenfalls zahlreiche Klöster gründete), starb er, von den Langobardenkönigen beschützt, 615 in Bobbio.

Kolumban ist der Anführer der zu recht so genannten irischen Invasion, die auf dem Kontinent eine Elite von Pionieren in der Evangelisation und Zivilisierungsarbeit schult. Die irischen Missionare sind in einem riesigen geographischen Raum tätig. Das Gebiet bildet ungefähr ein Dreieck; der nine Schenkel verläuft von Rouen im Westen nach Köln und Regensburg im Osten; die beiden anderen Schenkel gehen von Rouen und Regensburg aus nach Süden, wo sie sich im lombardischen Bobbio treffen. Vor allem in jener Gegend Europas wurde die Evangelisation der angelsächsischen Mönche vorbereitet. Zu Zeiten der Kaiser des IX. Jahrhunderts werden die irischen Mönche in den karolingischen Jahrbüchern ehrenvoll vermeldet.

Die Blütezeit des berühmten irischen Mönchtums lag im VI. Jahrhundert, also etwas vor Augustinus (605 gestorben) und seinen Zeitgenossen. Einer der letzten Repräsentanten dieser glorreichen Epoche ist Kolumban, der zehn Jahre nach Augustinus stirbt. Die energischen irischen Mönche bereiteten den römischen Missionaren mancherlei Schwierigkeiten. Die anfänglichen Erfolge bei den jütischen und angelsächsischen Stämmen kamen seltsamerweise wegen christlicher Widerstände ins Stocken. Die britischen Mönche wollten ihre Riten und Gebräuche, sowie die monastische Struktur ihrer Kirche, in jedem Fall beibehalten; alle Arten von Zentralisation behagten ihnen nicht. Sie weigerten sich nicht nur, dem römischen Mönch, den der Papst zum ›Bischof der Angeln‹ ernannt hatte, zu gehorchen, sondern arbeiteten auch keinesfalls mit ihm zusammen bei der Rettung der Seelen der angelsächsischen Unterdrücker. Sie machten auch keinen Hehl daraus, dass ihnen vor der Vorstellung grauste, den Angelsachsen dereinst im Himmel wieder zu begegnen. Augustinus mangelte es seinerseits am nötigen Fingerspitzengefühl beim Umgang mit den Briten; es bleibt jedoch fraglich, ob diplomatisches Auftreten überhaupt kampflustiges Temperament beeinflussen kann.

Erst 664, ganze siebenundzwanzig Jahre nach der Ankunft der römischen Missionare, beginnen die Kelten insgesamt nachzugeben. In Withby bestand ein keltisches Doppelkloster, das die grosse Nonne Äbtissin Hilda leitete. König Oswy von Northumberland berief hier eine Synode ein, die eine Lösung für die Gegensätze zwischen den beiden Formen des Mönchtums suchen sollte. Man stellte fest, dass die irischen Mönche, die zwar etwas halsstarrig an ihren nationalen Traditionen festhielten, andererseits aber auf ihrer Insel die

154. St. Jakob von Compostella, Portal des Ruhms, am 1. April 1188 von Meister Matthäus vollendet. Compostella war einer der bedeutendsten Wallfahrtsorte des Mittelalters. Die Benediktiner spielten bei der Organisation von Wallfahrten eine Schlüsselrolle.

Angelsachsen nicht zu fürchten hatten, bereits weniger Widerstand boten. Colman, der Bischof von Lindisfarne, und die Äbtissin Hilda verteidigten jedoch die harte keltische Linie. Aber sie hatten es mit einer ausserordentlichen, reichlich stürmischen Persönlichkeit zu tun, Abt Wildrid von Ripon, dem späteren Erzbischof von York, ein Kelte der sich entschieden dafür einsetzte, Rom zu gehorchen. König Oswy, der den Konflikt mit dem hl. Petrus, dem Torhüter des Paradieses, scheute, sprach sich ebenfalls zugunsten der römischen Gebräuche aus. Whitby und Lindisfarne, die beiden Hochburgen des keltischen Integralismus, teilten mehrheitlich die Ansicht des Monarchen. Damit war die Opposition gezwungen, Zugeständnisse zu machen. Sie erklärte sich zum gemeinsamen Apostolat bereit, wenn die nationalen Gebräuche beibehalten werden durften. 668 entsandte Rom den griechischen Mönch Theodor, der Bischof von Canterbury wurde. Er gab der englischen Kirche, nicht ohne Schwierigkeiten, eine einheitliche Struktur nach römischem Vorbild; hier konnte nun die Kultur gedeihen.

Auch wenn die Mönche, die mit Augustinus nach England gekommen waren, keine Jünger des hl. Benedikt waren (man weiss nicht genau, welche Regeln die ersten Gemeinschaften in Canterbury, London und Rochester befolgten), so bedeutete die Synode von Whitby dennoch den Beginn der Entwicklung des Mönchtums auf der Insel hin zum Benediktinerideal; man kann den Weg jedoch kaum genau verfolgen. Wilfrid (709 gestorben) kämpfte glühend dafür. Benedikt Biscop (691 gestorben), der zunächst Abt von St. Augustin in Canterbury war, wurde für die Regel des hl. Benedikt gewonnen, die er hier und da mit anderen Regeln kombinierte oder abänderte. Er reiste unermüdlich; sechs Mal war er in Rom und hatte auf der An- und Abreise Umwege in Gallien gemacht, um sich überall zu informieren. Unweit York gründete er die Klöster Waermouth und Yarrow, zwei Hochburgen des angelsächsischen Mönchtums. Dort betete, lehrte und schrieb Beda Venerabilis (735 gestorben), den wir heute noch so nennen. Er wusste alles und verdiente dadurch, unter anderem, den Ehrentitel *Vater der englischen Geschichte*. Zum gleichen Kreis gehört der Angelsachse Aldheem (709 gestorben), Abt von Malmesbury, das er zu einem Zentrum der Geisteswissenschaften machte. In York führten der Bischof und die Geistlichen ein dem Apostolat und der Kultur gewidmetes Zönobitenleben. Diesem Typus einer Kloster-Diözese begegnet man häufig.

Alle Persönlichkeiten jener glanzvollen Epoche sind Zeitgenossen des Erzbischofs Theodor, der viele von ihnen überlebt; er stirbt 640, im Alter von 98 Jahren. Dank dieser Persönlichkeiten fasst das Benediktinertum auf der Insel Fuss, auch wenn es daneben noch Gemeinschaften gibt, die andere Regeln befolgen. Auch der keltische Integralismus bestand noch weiterhin; er betonte, manchmal krampfhaft, noch immer seinen Unterschied zum Benediktinertum. Allmählich wandelt sich der ursprüngliche Antagonismus zum Nebeneinander im Dienst an einem gemeinsamen Ideal. Lange Zeit hindurch praktiziert man jedoch die *regula mixta*. Eines der bekanntesten Beispiele betrifft die Milderung der strengen Askese durch Waldebert oder Walbert (670 gestorben), Abt von Luxueil, der sich auf den Rat des hl. Benedikt beruft, behutsam aufzutreten. Diese *Regula Benedicti ad norman luxoviensis coenobii* wurde auch von den Klöstern in Solignac und Fontenelle (hl. Wandrille) übernommen. In Jumièges und in Noirmoutier bezog sich der hl. Philibert (nach 685 gestorben) jedoch sehr entschieden auf den hl. Benedikt, den hl. Makarius,[3] den hl. Kolumban und den hl. Basilius. Die Praxis von Mischformen führte allmählich zum Aussterben des Mönchtums, das streng den Vorschriften Kolumbans folgt. Für Gallien sind in der zweiten Hälfte des VII. Jahrhunderts Lérins (um 650) und Fleury zu nennen, das wegen des Raubs der Reliquien des hl. Benedikt berühmt wurde (um 673), während in Italien Farfa (705) und San Vicente di Vulturne (vor 710) die Ordensregel des hl. Benedikt befolgen. Der Wiederaufbau von Monte Cassino, mit dem Petronax ab 717 beginnt, trägt dazu bei, das Werk des Ordensstifters besser kennenzulernen. Die wandernden Pilger, deren Ziel die Gräber der Apostel Petrus und Paulus waren, waren nur 150 Kilometer von einer der bedeutendsten Wiegen des abendländischen Mönchtums entfernt. Ein angelsächsischer Mönch aus Waltham, Willibald, der nach Palästina gepilgert war, verbleibt jedoch zehn Jahre in Monte Cassino, wo er der neuen Gemeinschaft beim Wiederaufbau hilft. Zu den wichtigsten der zahlreichen italienischen Neugründungen gehören Novalese bei Susa (726) und Nonantola bei Modena (752). Und auch die römischen Pontifizes verlieren das Geschehen auf dem Hügel von Cassino nicht aus dem Auge.

155. Ardennenkreuz. Es stammt vermutlich aus einer Abtei in den luxemburgischen Ardennen. Gold und Kupfer auf Holz, Edelsteine und Glas in Filigranarbeit. Anfang IX. Jahrhundert.

AUF DEM WEG ZUR FRIEDLICHEN EROBERUNG: REISEN UND PILGERFAHRTEN Bevor man die Periode näher untersucht, während der die keltischen und angelsächsischen, sowie einige gallische Mönche im Norden und Osten Europas mit einer Arbeit beginnen, die dem Christentum eine ganz andere Prägung geben wird, gilt es zu präzisieren.

Wie bereits beiläufig erwähnt wurde, wanderten die keltischen Mönche ausgiebig. Manche von ihnen lockte sicherlich die Ferne; sie schätzten das Abenteuer, unterwegs zu sein. Solche Reize sind die Dämonen aller Reisenden. In vielen Fällen siegte über den Stumpfsinn, diese Krankheitserscheinung des monastischen Gleichmuts, der Drang in die Ferne; manchmal glichen die Vagabunden aus den Klöstern Clochards. Das echte Wandern war jedoch weder seltsam noch anarchisch; es war eine Form der Askese. So wie Abraham seinem Glauben zuliebe die Heimat verlassen hatte, genauso sah sich der Wanderer im Exil; die Bedeutung der beiden Worte ist dekkungsgleich. Der Wanderer, der sich »für Gott auf den Weg macht«, folgt dem Beispiel Christi, der keinen Stein besass, auf dem sein Haupt hätte ruhen können. Der Wanderer sucht aus freiem Entschluss das Abenteuer, mit all seinen Zufällen, Ungewissheiten und Gefahren. Auf See treibt seine Nussschale gefährlich in den Fluten: er selber kann leicht Piraten zum Opfer fallen. Wenn er, alleine oder mit einer kleinen Schar, an fremdem Strand landet oder sich in einem dichten Wald verirrt, bereitet er der Anachorese als die seine Reise gesehen werden muss, nur ein Ende um sich im Exil niederzulassen. So sahen die keltischen Mönche ursprünglich die Bedeutung des Wanderns. Der Ausdruck *ad peregrinandum propter regnum Dei* besagt sehr viel. In fremden Gefilden ist der Wanderer verplichtet, über die Askese der Einsamkeit hinaus, oder über das Befolgen der Klosterregel seiner Gemeinschaft hinaus, auch noch – wie der hl. Patrick – hart zu arbeiten, um die Heiden zu bekehren: das kann ihn Schweiss, Blut und sogar das Leben kosten. So bringt er ein vollkommenes Opfer dar: ein weisses Märtyrertum, wenn er die Seinen und die Heimat verlässt, ein grünes Märtyrertum, wenn er sich strenger Askese unterwirft, ein rotes Märtyrertum, wenn er bis zum letzten Blutstropfen durchhält. In diesem Zusammenhang kann sich der Angelsachse Bonifatius (754 gestorben) rühmen, das dreifache Märtyrertum erlitten zu haben; der Skote Kolumban kannte lediglich das weisse Märtyrertum der Trennung und das grüne der Askese, das allerdings sehr dunkelgrün war.

Die Pilgerschaft unterscheidet sich von der Wanderschaft. Der Wanderer geht freiwillig ins Exil. Der Pilger ist ein frommer Reisender. Er gehört einem Kloster an, in das er, ausser wenn ihn widrige Umstände daran hindern (was nicht selten der Fall ist) nach der Askese unterwegs wieder zurückkehrt. Er besucht ein berühmtes Kloster, betet an heiligen Stätten und sammelt unterwegs für sich selber und für seine Brüder Erfahrungen und Eindrücke. Selbstverständlich wirkt auch er, wenn sich die Gelegenheit ergibt und er Zeit hat – und in jenen Tagen hatte man sehr viel Zeit – als Apostel, auch wenn er dazu nicht ausdrücklich ermächtigt worden ist.

In jener Zeit da Wanderschaft und Pilgerfahrten ein Kennzeichen des Mönchtums waren, führte die Regel des hl. Benedikt eine neue Form der Askese ein: der Mönch war verpflichtet, in einer festen Gemeinschaft das Gebot der Beständigkeit zu befolgen *(stabilitas in congregatione)* und fern der Welt eingeschlossen zu leben *(claustra monasterii)*. Der Ordensstifter war der Meinung, dass die Sesshaftigkeit im strengen Sinne und nicht im Sinne einer rein formalrechtlichen Zugehörigkeit zu einer Klostergemeinschaft, allen Mönchen, also auch dem Abt, eine Umgebung bietet, in der die Askese, die Selbstbeobachtung und das individuelle und liturgische, kontemplative Gebet besonders gut gedeihen. Wenn ein Mönch die Gemeinschaft verlassen muss weil er einen Auftrag erhalten hat, entscheidet in jedem Einzelfall einzig und allein der Abt, der das Gebot der Umsicht berücksichtigt.

Tatsächlich überschritten die Nachfolger Benedikts jedoch, dem Beispiel der wandernden Skoten folgend, alle nur erdenklichen Grenzen, um sich in der Ferne niederzulassen, um auszustrahlen und, wenn sich ihnen die Gelegenheit dazu bot, um das Reich Gottes immer weiter auszudehnen. Wie soll man sich diese zentrifugale Bewegung erklären, da sich der Gründervater mit einer Deutlichkeit, die nichts zu wünschen übrig lässt, genau dagegen ausgesprochen hat? Sind die grossen Eroberungen der germanischen Marken, an denen die Benediktinermönche entscheidenden Anteil haben, die Folge einer zwar notwendigen, doch missbräuchlichen Interpretation eines Kapitels der Regel, das als essentiell gilt?

156. Christus am Kreuze. Miniatur aus dem Evangelienbuch von Uta, Äbtissin von Niedermünster in Regensburg (1002-1025).
München, Bayerische Staatsbibliothek, Clm. 13601.

Wenn man sich an die historischen Tatsachen hält, dann kann man mit einiger Gewissheit annehmen, dass Benedikt die grossen monastischen Bewegungen, die zeit seines Lebens in Regionen, die sehr weit vom schwer heimgesuchten Kampanien stattfanden, entweder kaum oder gar nicht kannte. Wenn man als Fixpunkte die Gründung von Monte Cassino, etwa 529, und die Niederschrift der Regel, ab 540, nimmt, so kann man leicht feststellen, dass Benedikt und seine Mönche sowohl räumlich als auch zeitlich isoliert lebten. Um nur einige der herausragenden Anreger des Mönchtums anzuführen: Cäsarius von Arles starb 543, Kolumba von Iona (521 geboren) war ein noch ziemlich junger Mönch und Kolumban (540 geboren) war gerade geboren. Benedikt kannte zwar die im Mittelmeerraum vorkommenden Strömungen des östlichen Mönchtums, aber sein Horizont reichte nicht weiter als Kampanien, und er schrieb für eine kleine Schar Mönche und in schweren Zeiten (in denen Bettelmönche oft genug ihr Unwesen trieben) einen Text, von dessen weiterer Bedeutung er keine Vorstellung hatte. Auch wenn man viele Vorbehalte machen muss, spricht vieles für diese Annahme.

Man kann noch andere Gründe dafür angeben, dass gegen das strenge Gebot der Beständigkeit verstossen wurde. Zuallererst war es nötig das Apostolat des Bekehrens auszuüben, das, da es keine andere missionarische Tätigkeit gab, eine ganz natürliche Aufgabe für das Mönchtum war. Während die Bischöfe und Geistlichen hauptsächlich in den Städten tätig waren, liessen sich die Mönche vorzugsweise auf dem Land nieder, bei den *pagani,* den Heiden und Bauern. Man musste gar nicht erst bis zum hl. Martin zurückgehen, um sich dessen zu vergewissern. Der hl. Bonifatius schrieb, dass die Klöster viel geeigneter seien als alle Dienste der Geistlichen, um das Volk zum katholischen Glauben zu bekehren (Acta S.S., September VII. 1867, S. 713). Und weshalb sollten die Mönche, die in der Gegend von Monte Cassino evangelisierten, das nicht auch von anderen Gründungen, in weitentfernten Ländern, aus tun? In der Tat kümmerten sich die Päpste um die Missionsarbeit in den heidnischen Ländern, dem Beispiel Gregor des Grossen folgend, der Mönche vom Cölius, wie auch immer deren Gelübde gelautet haben mochte, nach Britannien schickte. In seinen Glanzzeiten (V. Jahrhundert) war Lérins eine wahre Schule für Bischöfe, und Monte Cassino wird nach seinem Wiederaufbau die Hochburg einer nahezu unerschöpflichen Nachkommenschaft, die sich immer weniger aus Laien und immer mehr aus Priestern zusammensetzt, die sich, ohne ihr Mönchtum preiszugeben, als Männer der Kirche im Dienst der Kirche verstehen.

Diese Entwicklung wurde vom Charisma der Behutsamkeit und zugleich von den drängenden Zeitumständen beeinflusst und schmälert keinesfalls die Verdienste einer Regel, auf deren Gebote ihr Verfasser Anfänger verpflichtete, die von den weisen Entscheidungen des Abts abhängig waren. Solange die entscheidenden Vorschriften befolgt wurden – die Neigung zur Askese, der Wille zum Gehorsam und die ständige Ausrichtung auf das liturgische Gebet wie es in der *lectio divina* gepflegt wird, sowie ein Lebenswandel, der von diesen drei Fermenten geprägt ist: ein ständiges Sich-Üben in Barmherzigkeit und Eifer –, können in konkreten Situationen, bei allen erdenklichen Risiken, doch Initiativen und Anpassungen vorgenommen werden, die der Gesetzgeber nicht vorhergesehen hatte, die aber trotzdem nicht die Kontinuität durchbrechen, die von Anfang an gewollt war und die alle Erfahrungen nur gerechtfertigt haben.

VON GROSSBRITANNIEN UND AQUITANIEN AUS IN DIE WÄLDER GERMANIENS Ein Jahrhundert lang, etwa von 650 bis 750, breitet sich das Mönchtum wegen seiner apostolischen Tätigkeit bei den heidnischen Völkern im Norden und Osten Europas ausserordentlich weit aus. Die skotischen Wanderer, die stets bereit sind für Gott ins Exil zu gehen, folgen dem Ruf unverzüglich. Die Reisewege von einst werden immer länger; neue kommen hinzu. Sie werden grösstenteils von Mönchen begangen, die die Mischregel von Kolumban-Benedikt befolgen, zunächst und vor allem in der Gegend von Paris, im Zentrum Galliens, in der Champagne, in Lothringen, in der Picardie, im Gebiet des heutigen Belgien. Die angelsächsischen Benediktinermönche, die zahlreicher und auch besser organisiert sind als die Skoten, beherrschen von nun an dauerhaft das Apostolat.

Die monastische Bewegung, die sich jetzt überall entfaltet, zieht es vor allem in eine Region: nach Belgien, nach Holland und in die germanischen Länder zwischen Rhein und Elbe. Innerhalb die-

157. Verzierte Seite aus dem Codex Aureus Epternacensis, vor 1039 in der Abtei von Echternach entstanden. Nürnberg, Germanisches Nationalmuseum, Hs. 2° 156142.

ser Bewegung änderten die römischen Mönche, die gegen Ende des VI. Jahrhunderts von Gallien ins angelsächsische Britannien gezogen waren, das nun zu blühen begann, ihre Reiseroute; so wie sie es zuvor bereits getan hatten, konzentrierten sie ihr Interesse wieder ganz und gar auf den Osten.

Während dieser langen Periode trägt das monastische Apostolat einen ganz eigentümlichen Stempel; die Expeditionen und Gründungen geschehen mit Billigung und sogar auf Befehl der römischen Pontifizes; auch die fränkischen Armeeen begünstigen sie. Dieser Schutz diente einem Zweck; die Taufe war für die Armeeführer ein politisches Faustpfand.

Der unermüdliche Pilger für Gott Amandus (676 gestorben) scheint in manchen Augenblicken die Gabe der Allgegenwart besessen zu haben. Er kam aus Aquitanien, gründete im Vorübergehen Rebais (im Norden von Meaux) und liess sich in Elnone nieder, das später seinen Namen tragen sollte; er leitete das Kloster nach der Mischregel von Cassino-Luxueil. Von Elnone aus zog Amandus nach Norden und Osten, ins spätere Flandern im Leie- und Scheldetal. Gent verdankt ihm die Gründung der Sint-Pieters- und der Sint-Bavo-Abtei. Er gründete ebenfalls Marchiennes und regte die Gründung von Nivelles an, zwei gemischte Klöster; danach erreichte er Antwerpen, das ihm als Stützpunkt diente. Sein Bischofsamt übte er vor allem als Apostel unterwegs aus.

Das gleiche gilt für einen anderen Bischof, Remaclus, ein Schüler des hl. Elisius, der Solignac gegründet hatte. Wie Amandus war auch Remaclus Aquitanier und hatte auch er eine Mischregel befolgt. Er starb zwischen 671 und 679. Auch er war viel unterwegs. Von ihm ermuntert gründete Trudo Sint-Truiden, und er selber Stavelot und Malmedy. Ihr Vorbild wirft Früchte ab; vor 730 zählt das Gebiet, das heute Belgien formt, etwa vierzig Klöster, darunter Lobbes, Saint-Hubert und Sithin (Saint-Bertin), die sich vor allem dem missionarischen Apostolat widmen.

Von zwölf Mönchen begleitet, wie Christus von seinen Jüngern (man findet die Zahl zwölf häufig

158. Anfangsbuchstabe I, Medaillons mit Szenen aus der Schöpfung aus der Bibel, die Goderan von Stavelot 1084 für die Abtei von Lobbes anfertigte.
Doornyk, Bibliothek des Seminars, Hs. 1.

159. Glorreicher Christus. Miniatur aus der Bibel von Stavelot, kurz vor 1097.
London, British Library, ms. add. 28107.

in den Annalen der Klöster), unternimmt Willibrord aus Northumberland (739 gestorben), Mönch zunächst in Ripon und danach im irischen Rathmelsigi, in Friesland eine schwierige Missionierungsarbeit, die erst gegen Ende des XI. Jahrhunderts erfolgreich abgeschlossen sein wird. In diesem weiten Land, das zwischen der Mündung von Schelde und Weser entlang der Nordseeküste liegt, werden die Völkerstämme bekehrt je weiter die fränkischen Armeen vorrücken; sobald die Armee jedoch wieder zurückgedrängt wird, kehren die Friesen wieder zum ursprünglichen Heidentum zurück. Willibrord lässt sich zunächst in Antwerpen nieder und entsendet von dort aus den Mönch Adalbert gen Norden, über das heutige Amsterdam hinaus, wo er sich in Heiloo niederlässt. Der zum Bischof geweihte Mönch Suitbert zieht durch das Land südlich der Lippe. Nach einem Sieg der Franken lässt Willibrord sich in Utrecht nieder. Er wird Erzbischof der Friesen und erster Bischof von Holland (697-698). Dreihundert Kilometer weiter südlich – und eine solch grosse Entfernung erschreckte keinen der echten Wandermönche – gründete er in der Diözese Trier das Kloster von Echternach. Diese Gründung erweist sich als besonders nützlich als sich die Friesen gegen die Franken erheben und ihren Glauben wieder aufgeben. Echternach schätzten die missionierenden Mönche sehr; hierher konnten sie sich zurückziehen, hier ruhten sie sich aus, von hier aus unternahmen sie einen neuen Anlauf. Hier starb 739 vermutlich Willibrord, der Apostel von Luxemburg, Nordflandern und der Niederlande, der ebenfalls Abstecher nach Dänemark, Thüringen und an den Niederrhein gemacht hatte.

Trotz aller Anstrengungen des hl. Bonifatius war der Norden bei seinem Tod noch nicht vollkommen christianisiert. Ein fränkischer Mönch und Bischof von Utrecht, namens Gregor, vollendete zusammen mit den angelsächsischen Mönchen, worunter Lebuin und Willhead, das Werk. In Friesland wurden die beiden sehr geschäftigen Hafenstädte Duurstede und Dokkum zu wichtigen Stützpunkten, von denen aus neue Vorstösse unternommen wurden, so dass Friesland seiner vollständigen Missionierung nicht mehr entkommen konnte.

160. Miniatur in Gregors des Grossen ›Dialogen‹, Abtei von Saint-Laurent, Lüttich, zweite Hälfte des XII. Jahrhunderts. Brüssel, Königliche Bibliothek, Hs. 9916-17.
Diese Handschrift ist eines der Meisterwerke romanischer Miniaturenkunst im Bistum Lüttich.

Der Aquitanier Pirmin (753 gestorben) drang nach Alemannien vor. 724 gründete er Reichenau, das die Benediktinerregel befolgt, und in der heutigen Schweiz Pfäfers; von beiden Klöstern gehen wichtige Neugründungen aus. Ebenfalls in der Schweiz errichtet Abt Otmar (759 gestorben) an dem Ort, den einst Gall, ein Begleiter Kolumbans, geweiht hatte, das Benediktinerkloster Sankt Gallen, von dem ebenfalls neue Gründungen in Alemannien ausgehen werden.

Dem Angelsachsen Winfrith-Bonifatius verdankt man die Gründung einer germanischen Kirche, die dem Heiligen Stuhl in Rom sehr treu ergeben war, eine Reform der fränkischen Kirche, in der Laien Bischofsämter zu besetzen und Klöster zu regieren begannen, sowie die Verbreitung der Benediktinerregel, die das germanische Konzil (742 oder 743) und das Konzil von Leptinnes (743 oder 744) offiziell anerkannten. In Wahrheit war der Boden, auf dem Bonifatius apostolisch wirkte, teilweise bereits urbargemacht. Pirmin hatte in Alemannien gewirkt; Bayern hatten Mönche aus Luxueil in Angriff genommen, vor allem der Schotte Ruprecht (715 gestorben) und der aus Poitiers stammende Emmeran (um 715 gestorben); keltische Mönche, unter ihnen Kilian (um 689 gestorben), kannten Thüringen. Dies alles waren Voraussetzungen dafür, dass Bonifatius, in Übereinstimmung mit den römischen Pontifizes und unter der nunmehr völlig normalen Berufung auf die Regel von Monte Cassino, eine reiche Ernte einfahren konnte.

Die apostolischen Wanderungen dieses Mönchs, der in bescheidenem Aufzug zu Fuss ging, machen ihn zu einem der geübtesten Veteranen der Wanderschaft für Gott. Fast vierzig Jahre lang ist Bonifatius, der, wenn er in seinem Kloster in Nursling geblieben wäre, einer der gebildeten Meister geworden wäre, der berühmteste Wandermönch seiner Generation, die eine ganze Reihe von Virtuosen zählt. Eine kleine Übersicht spricht Bände: 716-721 scheitert die Evangelisierung Frieslands, woraufhin Bonifatius zum ersten Mal nach Rom reist und über Thüringen wieder nach Friesland zurückkehrt; 722-724 missioniert er in Hessen, wo er 724 Fritzlar gründet; 725-735 ist er in Thüringen tätig und gründet dort Ohrdruff bei Gotha; vor 737 arbeitet er in Bayern; 737-744 reist er zum dritten Mal nach Rom, ordnet er die deutschen Diözesen, gründet er 744 Fulda und reformiert er, nach dem Tod von Karl Martell, die fränkische Kirche; 753/754 unternimmt er seine letzte Mission in Friesland.

Seine Gefolgsleute scheinen hauptsächlich angelsächsische Mönche gewesen zu sein. Wichtig-

161. Arbeitender Schreiber. Miniatur in einer Handschrift mit Arbeiten von Flavius Josephus, etwa 1170 in der Abtei von Sint-Truiden gefertigt.
Chantilly, Musée Condé, Hs. 1632.

162. Der hl. Amandus und der hl. Baudemundus. Miniatur im Heiligenleben von Amandus, zweite Hälfte des XII. Jahrhunderts.
Valenciennes, Stadtbibliothek, Hs. 501.

stes Element der Evangelisierung war die Gründung von Klöstern. Dort wirken zwar Priester, die die eigentliche Evangelisierung durchführen müssen, aber sie bilden nicht die stärkste Gruppe; das sind nämlich die Mönche, die nicht unbedingt auch Geistliche sind, die im Kloster verbleiben – ›in der Zelle‹ heisst es in einem Text etwas genauer –, um sich drinnen dem Studium von Texten und dem Unterrichten, sowie, was im zitierten Dokument nicht erwähnt wird, dem Gebet zu widmen; schliesslich leben im Kloster auch noch die alten Mönche, die ›nach schwerer Arbeit‹ im Ruhestand leben. Gelegentlich überwacht Bonifatius die innere Organisation persönlich. 735 oder 737 verteilt er in Fritzlar die Aufgaben. An alles hat er gedacht: an die Bestellung des Abts, an die Verantwortlichen für die spirituelle und intellektuelle Erziehung der Kinder, an die Leiter der Hörigen, an den pflichtbewussten Maurer und an den Küchenchef. Der Herr über die Töpfe, ›der kleine Sturm‹, ist einer von Bonifatius' Lieblingsmönchen; nachdem er seine Lehrzeit absolviert hatte, wurde er Abt von Fulda.

Die Anwesenheit britischer, einzig der Kontemplation verschriebener Nonnen in den heidnischen oder soeben erst bekehrten Gegenden beweist wie hoch der Apostel das Gebet als eine der wirksamsten Stützen der Missionsarbeit schätzte. Am bekanntesten wurde Bonifatius' Nichte Lioba, Äbtissin in Tauberbischofsheim, die als eine Art Generaläbtissin der in jener Zeit am Main entstehenden Nonnenklöster fungiert. Bonifatius unterhielt zu den Schwestern brüderliche und freundschaftliche Beziehungen. Zum Beispiel bat der Bischof eines Tages die Äbtissin von Minster auf der Insel Thanet, zu seinem persönlichen Gebrauch »und in güldenen Lettern die Briefe des Monseigneur Sankt Petrus« kopieren zu lassen; das beweist, dass guter Geschmack der Heiligkeit sicher nicht im Wege steht. Inzwischen reist der beinahe achtzig Jahre alte Bonifatius noch immer umher. In Friesland, wo seine ersten Missionsversuche scheiterten, findet seine Wanderschaft auf der letzten Reise die vollendete Krönung. In der Nähe von Dokkum wird er von einer Räuberbande am 5. Juni 754 ermordet, *propter Deum.* Er wird in Fulda, *inter claustra monasterii,* beigesetzt. Von den sechzig Klöstern, die Germanien bei seinem Tod zählt, wurden die meisten von ihm gegründet.

Im nordhessischen Geismar fällte Bonifatius einstens im Wald eine heilige Eiche, die die Heiden der Gegend verehrten. Der Baum wurde in Bretter zersägt und in einen dem hl. Petrus geweihten Altar verwandelt; er stand an der Stelle,

S AMANDVS
S BAVDEMVND'

HILDEFVNS

wo kurze Zeit später das Kloster Fritzlar gegründet wurde. Weiter nördlich, im Teutoburger Wald, waren im Jahre 9 nach Christus die römischen Armeen von Varus von Arminius' Truppen vernichtet worden. Der Teutoburger Wald und Fritzlar sind in zweifacher Hinsicht symbolisch: nicht weit von der Stätte entfernt, an der die kaiserlichen Legionen untergingen, siegten Bonifatius und sein Pilgerhäuflein, *propter Deum.*

Die apostolische Wanderschaft von Bonifatius und aller anderer Benediktinermönche, die in den heidnischen Ländern missionierten, beweist, dass es zwischen dem Prinzip der Beständigkeit im Kloster und der Notwendigkeit, draussen zu wirken, keinen Widerspruch gibt; denn genau in den Neugründungen können andere beständig leben. Um Fulda gründen zu können, musste man zunächst, etwa vom britischen Wessex aus, dorthin gehen; ebenso hatte Augustinus aus Rom kommen müssen, um Canterbury, ohne das Bonifatius nicht gewesen wäre, gründen zu können. So eng auch die Bande zwischen den wandernden Brüdern ein und derselben Gruppe gewesen sein mögen und so genau das gemeinschaftliche Gebet und die Askese unterwegs befolgt wurden, so ist es dennoch verständlich, dass die umherziehende Gemeinschaft letztendlich nur in der moralischen und spirituellen Beständigkeit verankert war, die ihren unverwechselbaren Ausdruck in der Barmherzigkeit fand. Als die Mönche der Aufforderung der Pontifizes folgten und sich auf Wanderschaft begaben, begingen sie in keiner Weise Verrat am monastischen Ideal, das Benedikt an einem bestimmten Ort festgelegt hatte; ohne an der Essenz zu rütteln, hatten die Mönche das Ideal sogar noch bereichert. Die Missionsarbeit ist nur ein Beispiel dafür, wie oft und wie ruhmreich der Geist von Monte Cassino in der Kirchengeschichte wirkte.

BENEDIKT VON ANIANE, DER ZWEITE GRÜNDER Die Regel von Monte Cassino musste, wie wir gesehen haben, einen weiten Weg zurücklegen bevor sie am historischen Wendepunkt ankam, ab dem sie Universalität beanspruchen konnte. Nachdem sie von einem kleinen Kloster ausgegangen ist und zweieinhalb Jahrhunderte lang in den unterschiedlichsten asketischen, kontemplativen, intellektuellen und apostolischen Experimenten ihre Feuerprobe bestanden hatte, wird diese Regel nach Abschluss der missionarischen Eroberungen nicht nur zum Leitfaden, der wegen seiner Ausgewogenheit, Weisheit und Öffnung zum Göttlichen geschätzt wird, sondern zum Gesetzbuch für die *familia Sancti Benedicti,* die über

163. [links] Sankt Ildefons beim Schreiben. Miniatur aus dem Traktat ›De virginitate sanctae Mariae‹ von Sankt Ildefons, Cluny, etwa 1100.
Parma, Bibliotheca Palatina, Hs. 1650.

164. [oben] Anfangsbuchstabe D aus der gleichen Handschrift.

165. Der Evangelist Markus. Miniatur aus dem Evangelienbuch von St-Albans, etwa 1120-1130. Hereford, Cathedral Library, Hs. O. I. VIII.

ein sich herauskristallisierendes Europa verstreut lebt, das die Grenzen des Kirchenstaates weit überschreitet und vom Ebro zur Elbe, von Schottland bis nach Sizilien reicht. Jene unruhige Epoche war sich dieser aus geschichtlicher Sicht immensen Leistung jedoch nicht bewusst.

Um 751-755 hatte im ruhigen Metz Bischof Chrodegang (766 gestorben), der wünschte, dass das Leben seiner Geistlichen in geordneten Bahnen verlaufe, eine etwas gelockerte Regel von Monte Cassino seiner nicht-monastischen Geistlichkeit vorgeschrieben; sie musste vor allem in einer festen Gemeinschaft leben und sich dem Gottesdienst widmen. Der Erfolg war durchschlagend: die *clerici canonici* von Metz wurden zu den direkten Vorgängern der Kanoniker. Ihr Gottesdienst musste besonders wohlversorgt sein; Metz wurde zu einem berühmten Zentrum der Liturgiefeier und des lateinischen Gesangs. Andernorts wurde der gemässigt monastische Lebensstil der Kanoniker von Klöstern übernommen, die deutlich erkennbar nicht mehr gewillt waren, die Vorschriften des integralistischen Monachismus zu befolgen; Beispiele hierfür sind Saint-Denis und Tours.

Schliesslich war es aber Karl der Grosse, der in seinem Reich die Benediktinerregel verbreitete. Obwohl er sich nicht übermässig für das Mönchtum interessierte, bediente er sich seiner geschickt, um in der fränkischen Kirche Ordnung zu schaffen. Das Instrument war nicht vollkommen. Das fränkische Mönchtum befolgte verschiedene Regeln; auch auf materiellem Gebiet war es zersplittert. Die karolingischen Fürsten schenkten ihren Getreuen, Bischöfen ebensogut wie Laien, zahlreiche Klöster und andere Güter. Diese Schenkungen bedeuteten aber ein Einkommen, das die Eigentümer maximal ausnutzten; auf die Mönche nahmen sie meistens keine Rücksicht. Auch Karl der Grosse betrieb eine solche Säkularisierungspolitik. Sein Freund Alkuin, der kein Mönch war, leitete fünf Klöster gleichzeitig. Trotz solcher Gepflogenheiten hatte der Kaiser jedoch verfügt, dass die Klöster einheitlich die Regel von Monte Cassino befolgen sollten, da sie seinem auf gute Organisation grossen Wert legenden Temperament am besten gefiel.

787 bat er Abt Theodemar von Monte Cassino um eine Kopie der Regel (der berühmte Kodex 914 von Sankt Gallen, den zwei Mönche aus Reichenau vom Original kopiert haben). Gemäss diesem Text sollten die Mönche in Beständigkeit ein Gebet, Studium und Unterricht gewidmetes Leben führen; sie sollten Schulen gründen, um das intellektuelle und moralische Niveau des Kirchenvolks anzuheben. Das war nicht nur in ländlichen Gegenden dringend nötig. Wie schon zuvor, blieben die Klöster die Zentren der Evangelisation in den heidnischen Gegenden; zugleich waren sie Stützen der kaiserlichen Politik bei den unterworfenen Stämmen. So konnten die Vorstellungen des Kaisers grösstenteils verwirklicht werden. Auch wenn mancherorts die Bekehrungen durch die kollektive Taufe oberflächlich waren, erzielte die Klosterreform glänzende Resultate auf dem Gebiet der regelmässigen Observanz und der Verbreitung der christlichen Kultur.

Der Kaiser hatte sich die Ernennung der Äbte vorbehalten. Bei seiner Wahl bewies er oft eine glückliche Hand; das Eingreifen des Monarchen in einem Bereich, der der Gemeinschaft vorbehalten war, lief jedoch dem Buchstaben und dem Geist der Regel zuwider. Genauso wie viele Bischöfe, wurden die Äbte leicht zu Beamten im Dienst des Fürsten. Karl der Grosse schuf die

166. Die romanische Abteikirche von Cluny (XI.-XII. Jahrhundert) war die grösste Kirche des Mittelalters. Nach der Französischen Revolution wurde sie zwischen 1792 und 1823 fast vollständig abgebrochen. Nur ein Teil des Querschiffs und einer der Türme blieben bewahrt.

167. Paray-le-Monial, Abteikirche, im XI.-XII. Jahrhundert als kleinere Version der Abteikirche von Cluny gebaut.

168. Innenraum der Kirche des Priorats Anzy-le-Duc, XII. Jahrhundert. Die Traveen des Schiffs werden von Gratgewölben überdeckt, die durch Rundbögen voneinander getrennt sind.

169. Vézelay, Abteikirche Madeleine, mittleres Portal der Vorhalle, etwa 1125-1135.
Auf dem grossen Tympanon ist Christus in seiner Herrlichkeit dargestellt; er sendet über seinen Aposteln den Heiligen Geist aus, auf dass sie allen Völkern das Evangelium verkünden.

170. Vézelay, Abteikirche Madeleine. Kopf des Christus aus dem mittleren Portal der Vorhalle, etwa 1125-1135 (Replik). Paris, Musée de Chaillot.

171. [nebenan] Saint-Benoît-sur-Loire, Abteikirche. Die Abtei wurde 651 gegründet und ist eine der ältesten von Frankreich. Die Kirche mit den massiven Glockentürmen stammt aus dem XI.-XII. Jahrhundert.

172. Ansicht der Abteikirche von Conques, mit deren Bau unter Abt Odolric (1031-1065) begonnen wurde. Diese Abteikirche war als Wallfahrtsort auf dem Weg nach Compostella bekannt. Noch heute besitzt sie einen weltberühmten Kirchenschatz.

173. Innenansicht der Kirche des Kluniazenserpriorats von Souvigny, wo zwei wichtige Äbte von Cluny, Odilo und Majolus, begraben liegen.

174. Steinerne Säule mit Darstellungen der Arbeit während der zwölf Monate, XII. Jahrhundert. Priorat von Souvigny.

175. Die Abteikirche von Saint-Eutrope in Saintes. Südlicher Teil des Chors, XI.-XII. Jahrhundert.

176. Priorat Sankt Hilarius in Melle, nördliches Portal, XII. Jahrhundert.
Im Bogenfeld des eigentlichen Portals sind Tierkreiszeichen, Krieger und Fabelwesen dargestellt. Der Reiter in der Nische über dem Eingang gilt als eine Skulptur des römischen Kaisers Konstantin der Grosse.

177. Vorderfront der Abteikirche von Saint-Jouin-de-Marnes, einem der beeindruckendsten romanischen Bauwerke aus dem XII. Jahrhundert.

178. Die Abteikirche von Montmajour, XII. Jahrhundert, Teil des Chors.
Montmajour liegt auf einer felsigen Erhebung im sumpfigen Rhonedelta.

179. Montmajour, Kloster.
Die Gebäude der Abtei stammen grösstenteils aus dem XII. Jahrhundert.
Der massige Turm, der im Hintergrund zu sehen ist, wurde im XIV. Jahrhundert von Abt Pons de l'Orme gebaut, um die Abtei im Kriegsfall zu verteidigen.

180. Die Abteikirche Saint-Etienne in Caen.
Die Stephansabtei, auch Abbaye-aux-Hommes genannt, wurde 1063 von Graf Wilhelm dem Bastard gegründet. Seine Gemahlin, Mathilde von Flandern, gründete etwa zur gleichen Zeit die Abbaye-aux-Dames oder Benediktinerinnenabtei Sainte-Trinité.

181. Die altehrwürdige Abtei von Jumièges, im VII. Jahrhundert gegründet, wurde nach der Französischen Revolution verkauft und teilweise abgebrochen. Die Ruine der herrlichen Abteikirche aus dem XI. Jahrhundert zeugt noch vom früheren Glanz.

182. Die Abteikirche von Lessay, Anfang XII. Jahrhundert, ist eine der ersten französischen Kirchen, deren Mittelschiff von einem Rippengewölbe gekrönt wird.

183. Heuschrecken im Abgrund. Miniatur aus der Apokalypse, die Stephan Garcia etwa 1076 in der Abtei von Saint-Séver-sur-l'Andour verzierte.
Paris, Nationalbibliothek, Ms. lat. 8878.

SATAN
ANGELUM
PERDICIONIS
HOMINIS
MENSIBUS

184. Geschichte Ruths. Miniatur aus der Bibel von Lambeth, Canterbury, etwa 1150.
London, Lambeth Palace Library, Hs. 3.

Kaste der Prälaten, die, auch wenn nicht alle von ihnen unbedingt Hofschranzen waren, dennoch nur weitläufig mit der Treue zur Regel etwas zu tun hatten. Die einen waren in der Verwaltungsspitze tätig, was noch normal erscheint, da die Geistlichen in jenen Tagen, zusammen mit den Mönchen, die einzigen Gebildeten waren. Die anderen Prälaten gehörten zum Kreis der Gelehrten, die der Kaiser um sich herum versammelt hatte. Wiederum andere übernahmen Kontrollmissionen *(missi)*; und manche alten Haudegen mochten die Mitra tragen, obwohl sie besser geeignet waren ein Kriegsheer in die Schlacht zu führen als Gottes Lob zu singen. Schliesslich mischten sich einige von ihnen, die sicher nicht mittelmässig waren, in die Thronzwistigkeiten ein und halfen mit, im Namen des Vorrangs der Spiritualität – und ganz gewiss ihrer Favoriten –, Kaiser und Fürsten aufzubauen oder zu demontieren. Diesem Kreis entstammte später eine Kaste mächtiger Feudalherren, die oft sehr weit vom monastischen Ideal entfernt waren.

Karl der Grosse hatte einen Mönch vornehmer Herkunft aus Septimanien ausgezeichnet, der um das Jahr 780 am Aniane-Fluss (Hérault) ein Kloster gegründet hatte, dessen Observanz berühmt wurde. Gleich dem Gründervater von Monte Cassino hiess der Abt Benedikt.

Sehr rasch machte sich Benedikt von Aniane um die Reform zahlreicher Klöster verdient; aber erst unter Ludwig dem Frommen entfaltete er sich wirklich. Als Ludwig noch König von Aquitanien war (damals das ganze Gebiet zwischen Loire und Garonne), hatte Benedikt bereits 26 Klöstern die Regel von Monte Cassino vorgeschrieben. Der neue Kaiser ermächtigte Benedikt, im ganzen Reich die Benediktinerregel einzuführen; dazu stellte er ihm auch die nötigen Mittel zur Verfügung. So liess er in Inda (Kornelimünster), unweit Aachen, ein Kloster errichten, das als Ausbildungsstätte und Ausgangspunkt der allgemeinen Klosterreform diente. Im Juli 818 erarbeitete in Aachen eine Versammlung von Äbten und Mönchen ›monastische Kapitularien‹ *(Capitulare Institutum)*, in denen der Text Benedikts angepasst und vervollständigt wurde. Die 75 Artikel des Werks schreiben, manchmal bis ins allerkleinste Detail, sehr streng die Observanz vor, die in Inda praktiziert wurde und von dort aus nunmehr auch auf ihre Befolgung anderswo kontrolliert werden sollte. Im Dezember 818 und im Januar 819 wurde einer Mönchsversammlung erlaubt, gewissen Gemeinschaften das Recht auf die eigene Wahl des Abts zuzuerkennen. Um sie vor der Willkür der Benefizianten zu schützen, wurden, zusätzlich zu denen des Abts, auch klösterliche Tafelgelder festgesetzt.

Benedikt starb 821; die Zeit war ihm nicht vergönnt, seine Reform zu festigen. Doch nach ihm sah das Mönchtum, das mehr oder weniger spontan und schrittweise zu einer Einheit geworden war, völlig anders aus. Es war zentralisiert und unterstand einem Ordensgeneral, der es von einem Ordenshaus aus leitete. Diese Organisationsform erwies sich, wegen der grossen Zahl von Klöstern, die über das ganze Reich, bei Völkern der unterschiedlichsten Herkunft und Art zerstreut waren, als ausserordentlich nützlich. Sie war, obgleich in den drei Klostergründungen Benedikt von Nursias unbekannt, aus der konkreten historischen Situation entstanden.

Zur gleichen Zeit war auch die Liturgie mit überflüssigen frommen Verrichtungen überladen, die weder mit der Nüchternheit und dem ausgewogenen Aufbau des herkömmlichen *Opus Dei* zu vereinbaren waren, noch zum Geist der Gesetze von Monte Cassino passten; in unzähligen Messen sang man übermässig viele Psalme. Von der ursprünglichen Liturgie war das Gebet zur individuellen Devotion geworden; die lange Anwesenheit in der Kirche verkürzte die Zeit für die *lectio divina*, die die spirituelle Substanz des Chorgebets liefern sollte, und die Zeit, die für körperliche Arbeit zur Verfügung stand, die die Regel hingegen als menschenwürdigen Dienst, Busseleistung, Gewinn und Ausgleich betrachtete. Die Schliessung von Schulen extra muros trug noch zur Abkapselung bei. Obwohl diese neuen Entwicklungen bedenklich waren und viel über sie diskutiert wurde, kann man jedoch annehmen, dass sie an der Essenz nichts veränderten. Nach Benedikt von Aniane singen alle Mönche die Messe so wie der hl. Benedikt sie vorgeschrieben hat (*Ut monachi omnes cursum sancti Benedicti cantarent ordine regulari*, Annalen von Lorsch, 816).

Auch an grossen Namen herrscht kein Mangel. Neben den alten Klöstern von Reichenau (724), Fulda (744), Gorze in Lothringen (748), Lorsch bei Worms (764) oder Hersfeld (764) wären Aniane (782), Conques (795 wiederaufgebaut), Gellone (804), Corvey (816-822), Vézelay (821), Hirsau in Württemberg (830), Santa Giulia in Brescia (840) und Charlieu (872) zu nennen. Grosse Schulen bestanden bei den wichtigen Gemeinschaften von Saint-Riquier, Corbie, Saint-Wandrille, Gorze, Saint-Denis, Lorsch, Fulda und Reichenau, wo die sogenannte karolingische Renaissance konkret Gestalt annahm.

Zunächst prägten ausländische Meister (wie Alkuin), die Karl der Grosse um sich herum versammelt hatte, diese literarische, künstlerische und geistige Entwicklung, die unter Ludwig dem Frommen (840 gestorben) und Karl dem Kahlen (877 gestorben) von fränkischen, germanischen und irischen Meistern fortgesetzt wurde. Sie war grösstenteils das Werk von Mönchen. Das Lateinstudium, mit dem die keltischen und angelsächsischen Mönche begonnen hatten, befähigte die Mönche und Geistlichen im Reich, die so ziemlich die einzigen waren, die lesen und schreiben konnten, sich in einer Kirchensprache auszudrükken, die solide und aussagefähig war. Viele Klöster wurden zu Horten der Geistesschulung. Die Schreiber waren unermüdlich tätig; die von Corbie und Tours ersannen die sogenannte karolingische Schrift, eine Vorstufe unserer heutigen ›lateinischen‹. Sie schrieben die Bibel und die Werke der Kirchenväter ab, aber sie vergassen ebensowenig die lateinischen Texte aus der Antike. Darüberhinaus wurden diese meisterlich geschriebenen Werke mit goldenen oder silbernen Buchstaben auf purpurrotem Untergrund herrlich ausgemalt. Die keltischen Mönche hatten eine abstrakte Malkunst erfunden, bei der die Tiere stilisiert, verschnörkelte Schriftzüge miteinander verbunden und die menschliche Gestalt zerstört wurden zugunsten des Entwurfs einer phantastischen Welt. Die Angelsachsen hatten die grossen Seiten ihrer Evangelien lieber harmonisch und mensch-

186. Fuss des Kreuzes der Abtei von Sint-Bertijns. Vergoldetes Messing, mit Limoges-Email verziert, 1160-1175. St.-Omer, Stadtmuseum.

185. Tragbarer Altar aus der Abtei von Stavelot, der auf vier Evangelisten aus vergoldeter Bronze steht. Seitenteile und Platte sind emailüberzogen, etwa 1150-1160. Brüssel, Königliche Museen für Kunst und Geschichte, Inv. Nr. 1580.

TAMQVAM ADVENIENTIS · S · VEHEMENTIS · S · REPLEVIT
PAX VOBIS
ET REPLETI · SVNT · OMNES · S · PV · SCO

lich gestaltet. Die Merowinger schmückten die grossen Anfangsbuchstaben mit Vögeln, Fischen, Bäumen und Blattwerk. Doch alle diese Versuche verblassten angesichts der grossen karolingischen Kompositionen; die Bibel-, Sakramentariums- und Psalterillustrationen waren so grossartig, dass die Illuminierkunst sehr schnell nicht mehr zum sogenannten Kunsthandwerk gezählt werden konnte.[4] In diesem Zusammenhang sollten auch die prächtigen Einbände, die Elfenbeinschnitzereien und die Gesänge von Sankt Gallen nicht vergessen werden.

Das Werk Benedikt von Anianes (821 gestorben) überdauerte seinen Schöpfer nicht sehr lange. Nach ihm trafen die Erschütterungen die monastische Welt, die von den Streitigkeiten zwischen den Söhnen Ludwigs des Frommen, dem Eingreifen mächtiger Prälaten in die Politik, darunter Wala, ein Neffe Karls des Grossen und Abt von Corbie, und dem Tun hoher Würdenträger, die als Königsmacher auftraten, ausgingen. Vor allem nach 843 erhielten bedeutende und weniger bedeutende weltliche Herren, ganz zu schweigen von einigen geistlichen, das Amt eines Titularabts zum Geschenk. Diese Unsitte kam den gesetzmässigen Abt oder Prior, der ihr zum Opfer fiel, teuer zu stehen, wenn sie ihn und die noch schwerer getroffene Gemeinschaft nicht gar ruinierte. Einfache Ritter wurden zu Äbten; als Gegenleistung mussten sie das geforderte Truppenkontingent für den Kriegsfall stellen können und ihre Herren und Wohltäter beherbergen. Die wikingischen und sarazenischen Räuberbanden überfielen am liebsten die Klöster, von denen sie wussten, dass sie reich waren. Die Mönche flüchteten und versuchten, ihre Schätze und Reliquien in Sicherheit zu bringen. Andere erkauften sich für teures Geld vorläufig Sicherheit. Einige Klöster waren zu Festungen umgebaut worden und leisteten Widerstand. Bischof Franco von Lüttich, der gleichzeitig auch Abt von Liessies war, galt als äusserst wachsam. Denn Friesland und das Gebiet des heutigen Belgien waren das bevorzugte Angriffsziel der Normannen, da sie ziemlich dicht bei Dänemark lagen und die breiten Flussmündungen von Schelde, Maas und Rhein (Lek und Waal) den Vorstoss ins Landesinnere erleichterten. Fünfzig Jahre lang, zwischen 820 und 891, wurden die Klöster geplündert, in Brand gesteckt, die Mönche vertrieben. Wenn sie zurückkehrten, fanden sie oft genug in ihren Gebäuden oder auf ihrem Grund und Boden einen Adeligen vor, der sich dort eigenmächtig niedergelassen hatte. Doch nicht nur der materielle Schaden war erheblich; die Unordnung hatte die Observanz gefährdet und die Rekrutierung gestört. Erst nachdem sie 891 bei Löwen geschlagen worden waren, fielen die Normannen nicht mehr in dieser Gegend ein. Andere Regionen in der Nähe von Flussmündungen konnten die Gefahr nicht so schnell bannen. Geordnet ging es in jenen Tagen nur in den Landstrichen zu, die die Piraten und Räuber nicht erreichen konnten, etwa in Fulda, Corvey, Reichenau oder Sankt Gallen. Sie fürchteten hingegen die ungarischen Reiter, die ab 898 Pannonien verliessen und sechzig Jahre lang Germanien, Franken und Italien terrorisierten. Rom bedrohten sie lediglich; die wirklichen Leiden tat sich Rom nämlich, während der langen Periode weltlicher Herrschaft über die Stadt (888-1057) selber an.

187. Das Pfingstwunder: Detail des sogenannten Pfingstretabels der Abtei von Stavelot, Maasland, ca. 1160. Paris, Cluny-Museum.

DAS GOLDENE ZEITALTER VON CLUNY Unter den Karolingern wurde das Mönchtum zum festen Bestandteil der geschichtlichen Entwicklung; die Herrscher hatten das gewünscht und das Mönchtum war zahlenmässig und organisatorisch stark genug.

Ab 888 verändert sich die politische Landschaft; neue Grenzen werden gezogen, lange Krisenzeiten gehen damit einher. Francia und Germania haben eine lange gemeinsame Grenze, die sie trennt und die sie verbindet. Frankreich hat seine Kapetingerkönige (987), Deutschland sächsische und fränkische Kaiser. 962 entsteht unter Otto dem Grossen das Heilige Römische Reich deutscher Nation. Die Überfälle heidnischer Völkerstämme haben aufgehört; Marc Bloch zufolge bedeutet das »eine ausserordentliche Immunität«. Abgesehen von einem vagen unguten Gefühl, das, so wurde befürchtet, möglicherweise die Parusie ankündigte, ergreift um die Jahrtausendwende kein panischer Schrecken Europa, so wie sich das vor allem Kardinal Baronius (1607 gestorben) vorgestellt hat. Es muss hingegen überall, vor allem aber im Westen, mit aufrührerischen Adeligen fertigwerden, die sich nun, da sie an keinen Auslandsexpeditionen mehr teilnehmen und auch ihre Güter nicht mehr gegen Räuber verteidigen müssen, gegenseitig bekriegen und sich von der Krone unabhängig machen. Zwischen dem Papst und dem deutschen Kaiser beginnt eine lange Auseinandersetzung um die Vorherrschaft der geistlichen oder der weltlichen Macht. Ein Mönch, Gregor VII. (1085 gestorben), ist Roms

188. Laterne von Bego III., Abt von Conques (1087-1107), getriebenes, teilweise vergoldetes Silber. Conques, Schatzkammer.

Protagonist; er muss innerhalb der Kirche auch noch gegen die nikolaistischen Ketzer und den Ämterhandel kämpfen. Drei Jahre später besteigt Urban II. den Papstthron. Der zweite Kreuzzug beginnt (1147). Zweihundertfünfzig Jahre lang halten die Mönche, die keine Grenzen kennen, im Abendland das Gebet und die Spiritualität am Leben.

Die sozialen Grenzen sind deutlicher als je zuvor gezogen. Die Christenheit besteht aus drei Klassen; über die Zugehörigkeit hat die Vorsehung entschieden. Für dieses langsam ausgebaute Klassensystem fand Adalbero von Laon (etwa 1020) im X. Jahrhundert die erstaunlichste Rechtfertigung. Jedes Individuum gehört einem Orden an, innerhalb dessen es eine ganz bestimmte Aufgabe erfüllt (*ordo* und *officium* oder *ministerium*): die einen beten (Geistliche und Mönche), die anderen kämpfen *(milites)*, die übrigen arbeiten (Bauern); die drei Stufen ergänzen einander. Eine andere Klassifizierung geht auf Ludwig den Frommen zurück: seine *Admonitio ad omnes regni ordines* unterscheidet zwischen Mönchen, Geistlichen und Laien; an erster Stelle steht der *ordo monachorum.*

Die Tatsache, dass zahlreiche Klöster von Titularäbten und Bischöfen regelrecht geschröpft wurden, mit allen unangenehmen Folgen für die Observanz und das materielle Ergehen der Mönche, forderte zu einer Reform heraus, die nicht nur den Missständen ein Ende bereiten musste, sondern darüberhinaus, wie D. J. Debois schreibt, durch eine Besinnung auf die Quellen ›neu formte‹.

Im September 909 schenkte Herzog Wilhelm von Aquitanien dem Mönch Berno von Autun, der zuvor bereits zwei Klöster gemäss Benedikt von Aniane reformiert hatte, eine ›Villa‹ in Cluny, fünfzehn Kilometer von Mâcon entfernt. In der Gründungsakte wird festgelegt, dass die Mönche ihren Abt selber wählen, und dass das neue Kloster zeitweilig direkt dem (weit entfernten) Heiligen Stuhl untersteht. Dadurch sollte jeder Einmischung von aussen ein Riegel vorgeschoben werden. Mit einem Federstrich wurden alle Laien, Kaiser und Könige inbegriffen, ausgeschaltet und alle kirchlichen Würdenträger daran gehindert, das Klosterleben zu stören. Diese Ausnahmegenehmigung, die keinesfalls eine Neuigkeit war, in jenen Tagen jedoch für Aufregung sorgte, begründete die Langlebigkeit, Unabhängigkeit und Macht einer Klostergemeinschaft, die, nach Beendigung der Missionsarbeit, ausserhalb der feudalistisch-hierarchischen Ordnung, der jedoch ihre Äbte entstammten, eine spirituelle Gemeinschaft bildete wie sie dem abendländischen Christentum geziemte. Es gab den Kaiser, den König, den Papst, und es gab Cluny.

Es war Glück oder Gnade, dass Clunys wenige Äbte sehr talentiert waren. Innerhalb eines Zeitraums von zweihundertfünfzig Jahren leiteten ganze acht Äbte das Kloster. Die berühmtesten Nachfolger von Berno (927 gestorben) erreichten das Alter der Patriarchen. Odo regierte nur 16 Jahre lang (942 gestorben), Majolus hingegen 40 Jahre (994 gestorben), Odilo 55 Jahre (1049 gestorben), Hugo 50 Jahre (1109 gestorben), Petrus Venerabilis 35 Jahre lang (1157 gestorben). Ein anderer glücklicher Umstand fügte, dass die Arbeit kontinuierlich weitergeführt wurde, da alle Äbte auf das gleiche Ziel hinarbeiteten. Unter Odo erreichte die Reformbewegung Mittelitalien (San Paolo in Rom, Farfa, Subiaco). Majolus verstärkte die Anstrengungen noch; berühmte Klöster schlossen sich der Reform an (La Charité, Saint-Denis, Marmoutier). Unter Odilo wurden es noch mehr (Saint-Wandrille, Jumièges, Mont Saint-Michel). Die Reform erreichte das christliche Spanien. Unter Odilo kannte die *ordo cluniacensias,* das heisst die Observanz der Benediktinerregel gemäss dem Geist, der Praxis und der Lebensweise der *familia* von Cluny, ihren Höhepunkt. Odilos Nachfolger, Hugo der Grosse, gebot über das glanzvolle, sogenannte Klosterreich von Cluny; zahlreiche Klöster, die sich der Bewegung noch nicht unter Odilo angeschlossen hatten, baten die burgundische Abtei um Anerkennung: Moissac, La Daurade (bei Toulouse), Saint-Martial (Limoges), Saint-Bertin (in Saint-Omer). Die Reform erreichte England und sogar Palästina. Als der Verfall sich bereits abzuzeichnen begann, vervollständigte Petrus Venerabilis das Werk seiner Vorgänger und setzte ein Generalkapitel ein, das sich aus allen Oberen zusammensetzte.

An dieser Stelle wurden nur einige berühmte Klöster genannt; das sollte jedoch nicht über die Tatsache hinwegtäuschen, dass die kluniazensische Reform zu Beginn des Jahres 1000 ein echter Neubeginn war, dessen bestes Beispiel die »Zufluchtsstätte der Weisheit« (Raoul Glabber), Cluny selber, ist. Allein die geographische Ausdehnung der kluniazensischen Expansion rechtfertigt Benedikts Ehrentitel ›Vater Europas‹. Je nach Autor variieren die Zahlen, die genannt werden. Laut D.P. Cousin zählte der Kluniazenserorden unter Hugo dem Grossen 1184 Klöster, davon 883 in Frankreich, 99 in Deutschland und in der Schweiz, 44 in England, 54 in der Lombardei, 31 in Spanien. Einige Gründungen, darunter

Auf den folgenden Seiten:

190. San Zeno, Verona, Paneel der Bronzetüren, Anfang XII. Jahrhundert. Die Reliefs stellen biblische und Szenen aus dem Leben des hl. Zeno dar.

191. Die Grablegung Christi, Relief, Ende XI. Jahrhundert. Santo Domingo de Silos, Kloster.
Dieses Relief stammt vom ersten Meister von Silos. Während der Leichnam Jesu ins Grab gelegt wird, wird bereits die Auferstehung angedeutet durch das Entsetzen der Soldaten im unteren Teil.

189. Reliquienschrein von Thomas Becket, Limoges-Email, etwa 1195, aus der Abtei von Peterborough. Das Werk wurde 1979 von Sotheby's, London, verkauft.

vor allem die *cellae,* zählten nur wenige Mönche. Dennoch hatte die Expansion ein solches Ausmass angenommen, dass im XII. Jahrhundert zehn Provinzen geschaffen wurden, um die Verwaltung zu erleichtern und die Äbte weniger Zeit beim Reisen verlieren zu lassen.

Eine hervorragend geplante Zentralverwaltung kontrollierte den ganzen Orden. Der Abt von Cluny war dessen absoluter Herr. Die Mönche bekannten sich nicht zum Kloster, in dem sie ihr Gelübde abgelegt hatten, sondern zum Abt von Cluny persönlich. Die Observanz beruhte auf der Consuetudo, die fünf Mal abgeändert oder vervollständigt wurde, sowie auf den im XII. Jahrhundert ausgearbeiteten Statuten. Umfang und Dauer der kluniazensischen Expansion machten viele Anpassungen nötig. Cluny war niemals ein unbeweglicher Block.

Der Abt, den allein die Mönche von Cluny wählten, verfügte nach eigenem Gutdünken über seine Oberen und Mönche. Alle anderen Klöster, die ihm direkt unterstellt waren, hatten an ihrer Spitze Prioren, die vom Abt von Cluny ausgesucht und eingesetzt wurden.

Cluny und seinem Abt unterstanden ausschliesslich Priorate, darunter zuallererst die fünf ›Töchter‹: Souvignies im Bourbonnais (920 gegründet), Sauxillanges in der Auvergne (1062), La-Charité-sur-Loire (Nièvre, 1059), Saint-Martin-des-Champs in Paris (1079) und Lewes in Sussex (1077). Jedem dieser Priorate konnten wiederum Neugründungen unterstehen, die entweder reformiert oder anerkannt waren; zum Beispiel hingen von La-Charité-sur-Loire 52 Klöster ab. Der Abt musste sie übrigens allesamt persönlich besuchen.

Ausserhalb dieser Pyramide standen die sogenannten abhängigen Abteien, die wohl einen eigenen Abt beibehalten durften, aber ebenfalls sehr eng vom Abt von Cluny und den Prioraten abhingen, vor allem hinsichtlich der Wahl ihres Abts. 1118 zählte man 15 solcher abhängiger Abteien. Alle bisher genannten Abteien waren sogenannte Obedienzabteien. Andere, sogenannte Observanzabteien, waren zwar mit Cluny verbunden, weil sie dessen Prinzipien übernommen hatten, ansonsten jedoch autonom. Zu einer letzten Kategorie gehörten völlig unabhängige Abteien, die jedoch mancherlei Dienste der kluniazensischen Klöster in Anspruch nahmen und mit ihnen auf dem Gebiet der Spiritualität oder der Askese gewisse Beziehungen unterhielten. Die Dienste, die Cluny in diesen Fällen möglicherweise leistete, waren, gleich den Anfragen, sehr unterschiedlicher Natur.

Dieses ruhmreiche Kapitel der Geschichte des Benediktinerordens ist vom ursprünglichen Mönchtum in den Hütten von Subiaco oder dem *coenobium* von Monte Cassino gar nicht so weit entfernt wie es scheinen könnte. Eine der wichtigsten Vorschriften der Regel befahl dem Mönch, nichts über das *Opus Dei* gehen zu lassen. Gerade diesen Auftrag hatte man in Cluny jedoch bestens begriffen; das wichtigste Bauwerk der Abtei war die Kirche, die vornehmste Beschäftigung der Mönche das Gebet.

Cluny I, das Abt Berno und seine zwölf Brüder bei der Gründung, aber auch noch seinen Nachfolger Odo beherbergte, war äusserst bescheiden. Abt Majolus liess Cluny II bauen, und 1088 begann Abt Hugo mit dem Bau von Cluny III, das Petrus und Paulus geweiht war. Fünfundzwanzig Jahre später war der Bau grösstenteils vollendet; insgesamt benötigte man jedoch über vierzig Jahre Bauzeit. Die Ruinen, die nach der Zerstörung des Klosters zwischen 1809 und 1823 noch übriggeblieben sind (das Kloster war 1798 an einen Händler verkauft worden, der es als Steinbruch ausschlachtete), muss man mit sehr viel Phantasie betrachten, um sich vorstellen zu können, dass hier die grösste der vor Sankt Peter in Rom gebauten Kirchen der Christenheit stand, an die uns heute nur noch ein mächtiger, achteckiger Turm und das Fensterkreuz eines Querschiffs erinnern. Das Gebäude war 181 Meter lang und hatte fünf Längs- und zwei Querschiffe, sowie sieben Glokkentürme. Der Chor zählte 225 Stühle. Chor und Chorgang fassten etwa 300 Mönche (anderen Autoren zufolge 400). Die besten Plätze waren für die *litterati* oder *cantores* und die vielen Priester der Gemeinschaft reserviert. Die anderen, die *illiterati,* die nicht singen konnten, die Laienbrüder, die ›Ernährten‹ *(nutriti)* und die Oblaten sassen im angrenzenden Teil und in den Seitenschiffen. Im Prinzip stand die Kirche ausschliesslich den Mönchen zur Verfügung; wegen ihrer Grösse blieb sie vermutlich jedoch kaum leer.

Der kluniazensische Mensch ist von Berufs wegen ein Beter. Dem Gebet widmet er den grössten Teil seiner Zeit und die beste Zeit am Tage. Grundlage dieser Gebete ist die in der ursprüng-

192. Unsere Liebe Frau von Stavelot, Bildnis aus Eiche, zweite Hälfte des XIII. Jahrhunderts.
Stavelot, St.-Remaclus-Institut.
Bei diesem Bildnis handelt es sich möglicherweise um das wunderbare Marienbild, das in der Krypta der Abteikirche von Stavelot verehrt wurde.

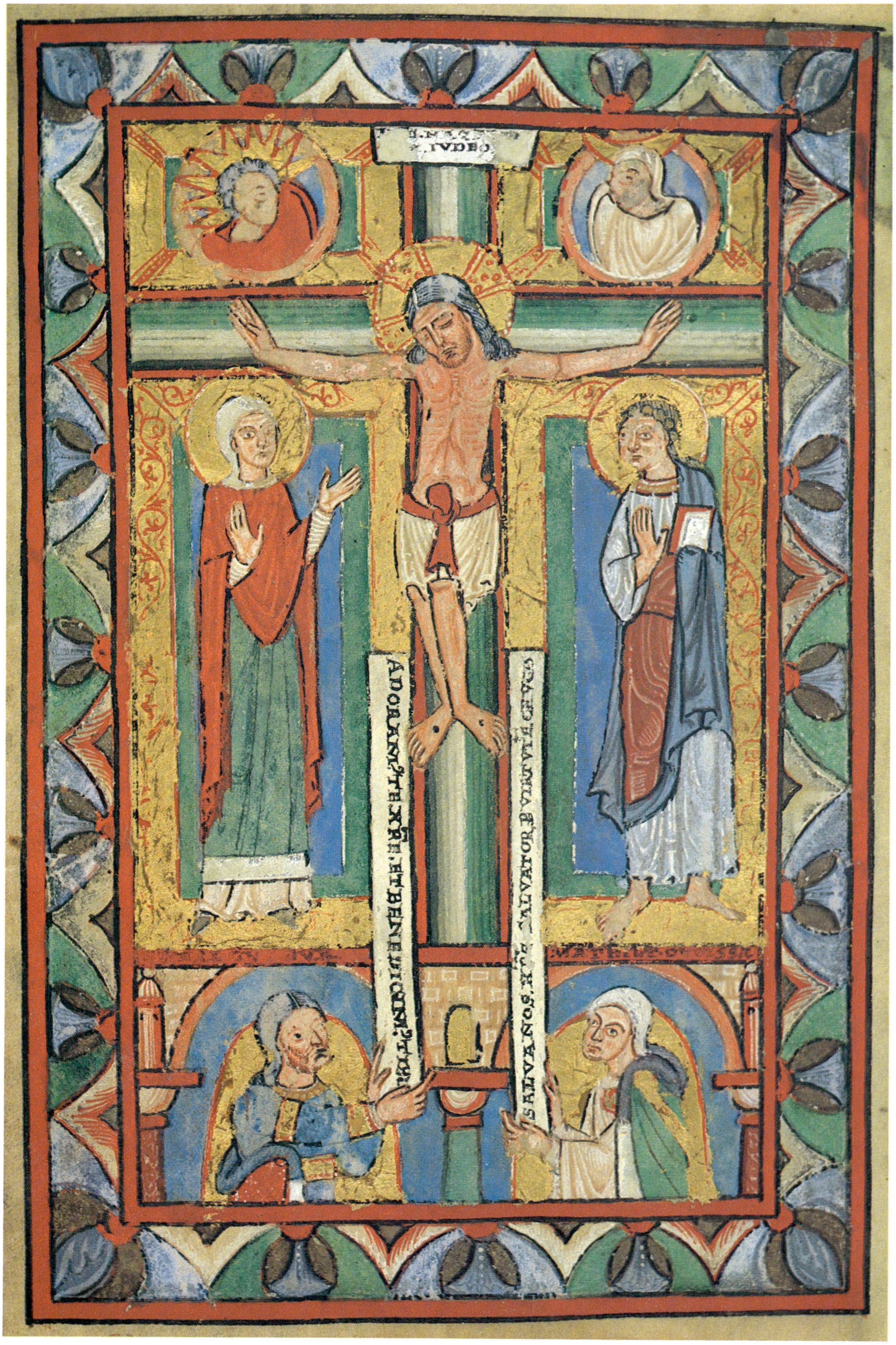

lichen Regel vorgesehene Stundenregelung; sie wird jedoch erweitert und überladen durch die integral gesungene Psalmodie, zwei gesungene Messen, deren Zeremoniell choreographisch minutiös ausgearbeitet ist, Prozessionen zu den vielen Seitenaltären (im Oktober 1130 weihte Papst Innozenz II. ganze 21). Der Pomp der kluniazensischen Liturgie, der allem Anschein nach keine Grenzen kannte, alle Lichter, Gesänge, Prachtgewänder, Zierrat, Weihrauch und Prozessionen der dichtgedrängt gehenden Mönche wollten jedoch lediglich die Züge des himmlischen Hofes um den Thron des Lamm Gottes imitieren. In keiner anderen Kirche der Christenheit wurde der jahreszeitliche liturgische Zyklus mit seinem kosmischen Rhythmus so intensiv gefeiert wie in Cluny.

Das ist aber noch nicht alles. Man sollte die Privatmessen der Priester nicht vergessen, die wöchentlich gefeiert wurden, die Rezitative zahlreicher überflüssiger Psalme, die Feier der Totenmesse, der man sich in Cluny ganz besonders verschrieben hatte, die Gedenkgottesdienste für verstorbene Brüder aus der riesigen Gemeinschaft jenseits der eigenen Mauern, die gestifteten Messen, die Gebete für Wohltäter, die beiden täglichen Predigten der Superioren – man fragt sich, zu recht, wie wenig Zeit die Individuen noch hatten, um zu schlafen oder auszuruhen. Manche Autoren haben ausgerechnet, dass die Mönche täglich insgesamt sieben Stunden im Chor verbrachten. Vermutlich waren es noch mehr. Resultat war jedenfalls eine grosse Müdigkeit, die auch die Siesta am Nachmittag und die verschiedenen mageren, jedoch sorgfältig zubereiteten Mahlzeiten nicht verhindern konnten; dabei handelte es sich nicht nur um physische Erschöpfungszustände, sondern auch die gefährlicheren geistigen Ermüdungserscheinungen; nicht nur um Schläfrigkeit (welcher Mönch könnte behaupten, noch nie im Chor eingeschlafen zu sein), sondern auch gezischte Worte, passives Aufsagen, verschleppte Verse, gelockerte Askese bei der Chordisziplin, Neigung zum Stumpfsinn, da man gewiss sein konnte, dass jedes Jahr am gleichen Tag zur selben Stunde die gleichen Worte, die gleichen Gesänge, die gleichen Versprecher wieder vorkommen würden. Dabei konnten die Mönche sich nicht mit dem Lesen von Messen vergnügen; das war den Geistlichen vorbehalten. Es ist kein Sakrileg, die Ausflüchte aufzuzählen, die die Nachzügler vorbrachten. Denn es ist gewiss, dass in den grossen Orden, die wegen ihrer Mitgliederstärke das *Opus Dei* übermässig ausbauen konnten, das von Benedikt geforderte Gleichgewicht im Tagesablauf gestört wurde. Man gab die körperliche Arbeit auf, die ab Anfang des XIII. Jahrhunderts ungebildeten Konvertiten überlassen wurde, man opferte auch die *lectio divina*, die eigentliche kulturelle Grundlage eines jeden Gebets, zugunsten der langen Aufführungen, bei denen man im Chorgestühl sitzenblieb, oder zugunsten der endlosen Prozessionen.

193. Kreuzigung, Miniatur im Psalter Heinrichs des Löwen, Helmarshausen, etwa 1175.
London, British Library, Lansd. Hs. 381 ART.

Bei einem solchen Tagesablauf stellt sich die Frage, wie noch regiert und verwaltet werden konnte, wie die Kanzlei arbeitete, die ein internationales Netz mit Hunderten von Prioraten und *cellae* kontrollieren musste, wie die zahlreichen und unterschiedlichsten Obedienzen zustandekamen, derer es in einer dermassen mitgliederstarken Gemeinschaft bedurfte, wie Oblaten und Novizen ausgebildet werden konnten, wie man den Gesang, den die Spezialisten auswendig kennen mussten, und die kulturellen und spirituellen Leistungen der Vorfahren studieren konnte, wie die Bibliothekare, Kopisten, Ausmaler, Buchbinder, Goldschmiede, Architekten, Freskenmaler und Bildhauer arbeiteten, wie materielle Obedienzen erteilt wurden, wie man die Laienmönche *(illiterati)* beaufsichtigte und führte, wie die Diener, die die körperliche Arbeit verrichten mussten, wie man die Liegenschaften und die enormen Kapitalerträge aus der Landwirtschaft verwaltete, wie man die Sakristei, die Reliquien und den Klosterschatz in Ordnung hielt, wie man das Gotteshaus schmücken konnte, wie man zu Hunderten und Tausenden von Armen barmherzig sein konnte, wie man Reisende und Pilger auf dem Weg nach Compostella beherbergen konnte. In Cluny war das alles möglich. Aber egal wie lang oder wie kurz, je nach Jahreszeit, die täglichen Verpflichtungen waren, wurde sehr häufig Dispens gewährt; trotz aller Nachteile war er absolut notwendig. So konnten die mit der Obedienz Beauftragten den Chor bereits nach dem Evangelium der Klostermesse verlassen; auch von der Teilnahme an der Gemeinschaftsmesse waren sie befreit. So blieb mancher Chorstuhl leer. Eine Kleinigkeit, die D. Jean Leclercq erwähnt, ist typisch. Ein Mönch, der sich rasierte oder der ein Bad nahm, durfte während der Rezitativstunde ›trocknen‹[5] Man sollte diese Grosszügigkeit nicht falsch interpretieren; im Chor wurden die abwesenden Individuen jedenfalls durch die Gemein-

Johannes

194. Kreuzigung und Auferstehung, Miniatur im Messbuch der Sint-Pietersabtei zu Gent, etwa 1275-1285. Gent, Bijlokemuseum, Hs. 60-1. Die Miniaturen dieses Messbuchs gehören zu den wichtigsten Werken der ersten hochgotischen Schule von Brügge und Gent.

195. Chorpartie und Seitenschiff der Abteikirche von Ringsted, eines der frühesten Beispiele dänischer Backsteinarchitektur (1170).

196. St.-Albans, Kathedrale.
St.-Albans war ursprünglich eine Benediktinerabtei, die 793 gegründet worden war. Die im XI.-XII. Jahrhundert erbaute Abteikirche wurde nach der Auflösung der englischen Klöster (1539) Pfarrkirche und 1877 Kathedrale.

197. [nebenan] Im Gegensatz zu den meisten anderen englischen Kathedralen wurde St.-Albans hauptsächlich in Backstein gebaut. Deshalb ist das Kircheninnere auch kaum mit Skulpturen verziert.

199. Kathedrale von Ely, Mittelschiff, 1110-1130.
Ely war im Mittelalter eine der acht grossen englischen Benediktinerabteien, deren Klosterkirche zugleich auch eine bischöfliche Kathedrale war.

198. Kathedrale von Ely, achteckiges Rippengewölbe des mittleren Turms. Als der im XI. Jahrhundert gebaute Turm auf der Vierung 1322 einstürzte, wurde er durch einen achteckigen ersetzt, im Late Decorated Style. Er gilt als eines der Meisterwerke der englischen Gotik.

200. Die Abteikirche von Tewkesbury, XI.-XII. Jahrhundert, eines der glänzendsten Zeugnisse normannischen Stils in England.

201. Tewkesbury Abbey, Grabmäler im Chorgang, XIV. Jahrhundert.

202. Der Kreuzgang, der meistens im Süden der Kirche liegt, ist der Mittelpunkt des Klosters. Er verbindet die verschiedenen Teile der Abtei untereinander. Im Kreuzgang stehen Bänke, damit die Mönche hier lesen oder arbeiten können. In südlichen Ländern ist der Kreuzgang offen, im Norden überwiegend verglast.

203. Santo Domingo de Silos, Kloster, Ende XI. Beginn XII. Jahrhundert.
Von 1041 bis 1073 leitete und reformierte der hl. Dominik, Prior des Klosters San Millan de la Cogolla, die alte Abtei von Silos. Sein Nachfolger, Abt Fortunio (1073-1116), baute die neue Kirche und das Kloster, das man im allgemeinen als das schönste von Spanien betrachtet.

204. St. Michael in Cuxa.
Die 878 gegründete Abtei wurde im x. und xi. Jahrhundert sehr stark von Cluny beeinflusst und verbreitete die cluniazensische Reform in Nordspanien.

205. Saint-Severin in Condroz, Kirche des ehemaligen Kluniazenserpriorats, erste Hälfte des xii. Jahrhunderts.
Der Turm auf der Vierung und die Chorpartie mit Altarnischen weisen deutlich auf den direkten Einfluss der für Cluny typischen Architektur.

206. Notre-Dame-d'Hastières-Par-Delà war früher ein Priorat von Cluny. Die Kirche stammt aus dem XI. Jahrhundert.

207. Die ehemalige Abteikirche von Susteren aus dem XI. Jahrhundert. Der westliche Teil wurde vermutlich erst im XII. Jahrhundert angebaut.

208. Attilio Selva, Der Tod des hl. Benedikt, Figurengruppe, Bronze, 1953.
Monte Cassino, Abtei.

209. Monte Cassino, die Wiege des Benediktinertums, wurde nach der Zerstörung von 1944 vollständig wiederaufgebaut. Der Polnische Friedhof, rechts am Berghang, erinnert an die blutige Belagerung.

210. Pomposa, ehemalige Abteikirche.
Der ›campanile‹ ist einer der schönsten von Italien. Er stammt, ebenso wie das Portal, aus dem XI. Jahrhundert.

211. San Zeno, Verona, Bronzenportal, XI.-XII. *Jahrhundert.*

212. San Zeno, Verona, Vorderfront und ›campanile‹. Die heutige Basilika wurde nach der Zerstörung der alten Kirche durch ein Erdbeben im Jahre 1117 gebaut. Der 1045 begonnene Turm wurde im XII. *Jahrhundert vergrössert. Der mittlere Teil des Giebels ist reich verziert. Das Portal unterhalb der Rosette ruht auf Säulchen, die von Löwen getragen werden. Die Mauern um das Portal wurden mit Basreliefs verziert, die Arbeiten lombardischer Bildhauer sind.*

213. Monreale, das von einer Kolonnade umgebene Waschbecken im grossen Kloster aus dem XII. Jahrhundert. Die Säulen haben eine typische Mosaikverzierung.

214. Köln, Sankt Pantaleon, Westseite. Die im VII. *Jahrhundert gegründete Kirche wurde gegen 950 durch Erzbischof Bruno wiederaufgebaut, der daneben auch ein Benediktinerkloster gründete. Der westliche Teil stammt aus jener Periode und wurde im* XIX. *Jahrhundert restauriert.*

215. Maria Laach, Blick auf die Abteikirche aus dem XII. *und das Atrium aus dem frühen* XIII. *Jahrhundert. Die Kirche weist alle Merkmale auf, die für die grossen romanischen Basilikas des Rheinlands typisch sind.*

216. [unten] Maria Laach, das Atrium vor der Abteikirche, XIII. *Jahrhundert.*

217. (nebenan) Payerne, Abteikirche, XI. *Jahrhundert.*

218. Christi Taufe, Stuckrelief in der Klosterkirche von Müstair. In Müstair stand ursprünglich eine von Karl dem Grossen gegründete Benediktinerabtei. Im XII. Jahrhundert wurde daraus ein Nonnenkloster. Dieses Stuckrelief stammt noch aus der Karolingerzeit.

219. *Sarkophag von Sint-Abel, etwa 750.*
Lobbes, St.-Ursmaruskirche.

220. *Heiliger Abt, Basrelief in der Abtei von Florennes, XII. Jahrhundert.*
Denée, Abtei von Maredsous.

221. Die ›Madonna von Dom Rumpert‹, Relief aus Sandstein, Lüttich, etwa 1149-1158.
Lüttich, Curtiusmuseum.
Diese stillende Jungfrau ist eines der wichtigsten Werke der maasländischen Kunst des XII. Jahrhunderts. Die Arbeit verrät den Einfluss der Schriften von Rupert von Deutz über die göttliche Mutterschaft.

222. Die ›Madonna von Siegburg‹, Kalkstein, Köln, etwa 1160.
Köln, Schnütgen-Museum, Inv. Nr. K 10.
Diese Marienfigur ist eines der schönsten Werke der rheinländischen Bildhauerkunst des XII. Jahrhunderts und ähnelt sehr stark dem byzantinischen Marientypus. Das Relief wurde bei Arbeiten in der Kirche der St.-Michaelsabtei in Siegburg gefunden.

223. Steinerne Mosesfigur aus der St. Mary's Abbey, York, etwa 1200. York, Yorkshire Museum.

224. Notre-Dame-la-Brune, vergoldetes und polychromiertes Holzbild, XII. Jahrhundert, Tournus.

225. Majestätischer Christus, Kapitell aus der Abteikirche von Saint-Germain-des-Prés, etwa 1040.
Paris, Musée de Cluny.

226. Petrus und Christus, Kapitell in der Abteikirche von Payerne, XI. Jahrhundert.

227. [rechts, links oben] David und Goliath, Relief am Portal der Abteikirche von Saint-Gilles-du-Gard, XII. Jahrhundert.

228. [rechts, rechts oben] Zwei Personen mit Buch und glorreicher Christus, Kapitelle im Kapitelsaal der ehemaligen Abtei Marcilhac, XII. Jahrhundert.

229. [rechts, unten] Die heiligen Frauen am Grab, Kapitell in der Abteikirche von Mozat, XII. Jahrhundert.

231. Das Festmahl des Herodes und die Enthauptung Johannes des Täufers, Kapitell aus dem Kloster Saint-Etienne, Toulouse, XII. Jahrhundert. Toulouse, Augustinermuseum.

230. Die Kreuzabnahme, Kapitell aus der Kirche Notre-Dame-de-la-Daurade, Toulouse, XII. Jahrhundert. Toulouse, Augustinermuseum.

232. [oben] Kapitell mit gefesselten Harpyien, XII. Jahrhundert. Santo Domingo de Silos, Kloster.

233. Kapitell mit Ranken und Vögeln, Ende XI. Jahrhundert. Santo Domingo de Silos, Kloster.

234. [oben] Abrahams Opfer, Kapitell aus der Abteikirche von Cluny, Anfang XII. Jahrhundert. Paris, Musée du Farinier.

235. Der Sündenfall, Kapitell aus der Abteikirche von Cluny, Anfang XII. Jahrhundert. Paris, Musée du Farinier.

236-239. Die Tonarten der Gregorianik, Kapitelle aus der Abteikirche von Cluny, Ende XI. – Anfang XII. Jahrhundert.
Paris, Musée du Farinier.

240. Engel besiegen die Winde, Kapitell in der Abteikirche von Vézelay, XII. *Jahrhundert.*

241. Sankt Benedikt gibt dem Mönch Hugo die Regel, Kapitell in der Abteikirche von Saint-Benoît-sur-Loire, XII. *Jahrhundert.*

S FRS HVGON
IS

242. [links] Die Verherrlichung des hl. Martin, Kapitell in der Abteikirche von Saint-Benoît-sur-Loire, XI. Jahrhundert.

243. [Mitte] Der hl. Benedikt empfiehlt den Mönch Hugo der Muttergottes, Kapitell in der Abteikirche von Saint-Benoît-sur-Loire, Anfang XII. Jahrhundert.

244. [rechts] Der Teufel versucht den hl. Benedikt, Kapitell in der Abteikirche von Saint-Benoît-sur-Loire, XII. Jahrhundert.

245. Kragenstein mit Mönchskopf, Frankreich, Ende XIII. Jahrhundert. Paris, Musée de Cluny.

246. *Sankt Petrus, Relief am Giebel der Kirche von Saint-Jouin-de-Marnes,* XII. *Jahrhundert.*

247. *Romanischer Bogen, Frankreich,* XII. *Jahrhundert. Paris, Musée de Cluny.*

248. *Christus und die Jünger von Emmaus, Relief im Kloster von Santo Domingo de Silos, XII. Jahrhundert.*

249. *Apostel, Relief aus dem Kloster von Saint-Guilhelme-Désert, XII. Jahrhundert.*
Montpellier, Museum der Gesellschaft für Archäologie.

250. *Sankt Andreas: steinerne Apostelfigur aus dem Grab des Sankt Lazarus in der Saint-Lazare-Kathedrale von Autun.*
Autun, Rolin-Museum.

251. *[nebenan, rechts] Der hl. Petrus und ein Abt, Relief aus dem Kloster von Montmajour, Anfang XIII. Jahrhundert.*
Arles, Museum für christliche Kunst.

252. [oben] Christus und Heilige, Relief aus der St.-Pantaleonkirche zu Köln, XII. *Jahrhundert.*

253. Christus in der Glorie, zwischen 6 Aposteln: Tympanon der Abteikirche von Mars-sur-Allier, XII. *Jahrhundert.*

254. Die ‹Tür des Priors›, Kathedrale von Ely, XII. *Jahrhundert.*

255. *Glorreicher Christus, Tympanon der Abteikirche Saint-Pierre in Carennac,* XII. *Jahrhundert.*

256. [*rechts*] *Benediktfigur im Tympanon der Abteikirche von Souillac,* XII. *Jahrhundert.*

257. *Hauptportal der Abteikirche von Saint-Denis,* XII. *Jahrhundert.*

258. *Kapitell aus der Abteikirche von Saint-Denis,* XII. *Jahrhundert.*

259. Ansicht von Mont-Saint-Michel.

260. Innenansicht der Abteikirche von Saint-Denis, XII. Jahrhundert.

261. Ostgang des Klosters der ehemaligen Sankt-Peterabtei von Gent, XVII. Jahrhundert.

262. Kreuzgang und Lavatorium der ehemaligen Sankt-Peterabtei von Gent, 1634.

263. [rechts] Kreuzigung, Miniatur im Messbuch Bertholds, um 1200 in der Abtei von Weingarten angefertigt. New York, Pierpont Morgan Library, M. 710.

schaft ersetzt. *Ecclesia supplet* heisst es, und dieser Ausdruck ist kein Vorwand, sondern beweist, im Gegenteil, die Einmütigkeit und den Wert des Kollektiven einer betenden Gemeinschaft, die man mit einem grossen Baum vergleichen kann, der auch lebt wenn ihm einige Blätter fehlen.

In der Feudalgesellschaft mit ihren drei Klassen gehörten die Kluniazenser nicht nur zu den Betern, sondern entstammten überdies häufig kämpfenden Familien *(milites)*. Aus diesem Grund hatten sie einen doppelten Anspruch, um von den Bauern ernährt zu werden. So erklärt sich auch ihre Verachtung für alle Handarbeit, die ihnen schon wegen ihrer Herkunft nicht vertraut war und die nicht zum stundenlangen Beten passte. In der Tat war Cluny in der Feudalgesellschaft eine herrschaftliche Festung des Gottesdienstes. Das machte seinen besonderen Charakter aus. Alle bedeutenden Äbte entstammten dem Hochadel. Die herrschenden Familien trugen, mit ihren Spenden, gerne ihr Scherflein zur Gründung von Kluniazenserklöstern bei. Der Abt von Cluny, der von seinem auch ›Palast‹ genannten Chorstuhl aus die Gemeinschaft leitet, hat das Amt und die Würde eines Monarchen; böse Zungen sprechen daher auch gerne vom ›König von Cluny‹. Gegenüber den fünf ›Töchtern‹ tritt er auf wie ein Lehnsherr gegenüber seinen Vasallen, während sie selber als Lehnsherren der von ihnen abhängigen Häuser auftreten. Die vertikalen Strukturen der Feudalgesellschaft waren für den Abt die gleichen wie für den Fürsten; man kann somit von Fürstäbten sprechen.

Gegenüber den grossen weltlichen Herren, mit denen sie unvermeidlich und häufig zu tun hatten, bewiesen die Äbte von Cluny, die sich so sehr ihres Privilegs der Exemtion und ihrer Stellung an der Spitze einer mächtigen Gemeinschaft bewusst waren, das, was Guy de Valois ›altertümlichen Respekt‹ nennt. Da die Äbte burgundischer Abstammung oder Wahlburgunder waren, waren sie Untertanen des Deutschen Reichs und achteten sie darum auf gute Beziehungen zu den deutschen Fürsten. In Frankreich, wo die meisten ihrer Klöster lagen, bewahrten sie zu den Kapetingern (987) Distanz. Cluny übte jedoch überall dort seinen Einfluss aus, wo es um den Gottesfrieden ging. Cluny stand Rom, wo zeitweilig Kluniazenser Papst waren, wohl zur Seite, aber es ist bemerkenswert, dass es sich, als Gregor VII. um die grosse Reform bemüht war, viel mehr für die gute Führung seiner Klöster interessierte als für die Besserung der Geistlichen. Auch im Streit zwischen dem Heiligen Stuhl und dem deutschen Kaiser hielt Cluny sich abseits; während der Auseinandersetzungen zwischen Gregor VII. und Heinrich IV. gab Cluny seine freundschaftliche Verbundenheit mit Deutschland nicht auf.

Der feudale Charakter von Cluny tritt deutlich zutage, wenn man die ökonomische Struktur der wichtigeren Klöster, und vor allem die von Cluny selbst, betrachtet. Genauso wie ein herrschaftliches Gut bestand das von Cluny zunächst aus dem Teil, der vollständig zum materiellen Nutzen des Abts oder Priors und seiner Gemeinschaft bestellt wurde, und danach aus den Mausen, auf denen die Pächter sich abmühten. Von Fall zu Fall kommen örtliche Arbeitskräfte hinzu, die oftmals teuren Diener, Leibeigenen oder Freien. Aber nicht alle Klöster waren reich, und sie durften obendrein die Barmherzigkeit nicht vergessen. Unter Hugo dem Grossen konnte Cluny es sich jedoch erlauben, innerhalb eines einzigen Jahres 7000 Arme zu ernähren und 250 Schweine zu schlachten, deren Fleisch die Mönche nicht essen durften, da sie magere, jedoch schmackhafte Kost zu sich nehmen mussten.

Insgesamt kann man von einem Goldenen Zeitalter sprechen. Auf der abendländischen Kirchenkarte prangen, in vielen Gegenden sogar ausschliesslich, die Zeichen für die Kluniazenser, die gleichbedeutend sind mit einem Lebensstil, der vom feierlichen Gottesdienst geprägt ist. Wenn es wahr ist, dass eine gewisse Form des Gebets kosmische Tugenden in sich birgt, dann ist es sicher nicht gleichgültig, dass die ganze Christenheit des Mittelalters während einer langen Periode allein zwölfhundert Kluniazenserklöster reich war. Im Inneren konnten diejenigen, die freiwillig den Weg zur jenseitigen Welt gewählt hatten, dem Zauber nicht entkommen, den die glanzvoll gefeierte irdische Liturgie unwiderstehlich auf Körper, Geist und Seele ausübt. Jeden Tag erscholl zu den gleichen Stunden aus hunderten von Kehlen das Lob für soviel Gnade. Darin liegt die wichtigste Bedeutung von Cluny.

Diese Erfahrung forderte eine kulturelle

264. St.-Bartholomäus, Miniatur aus dem sogenannten Oscott-Psalter, England, etwa 1270.
London, British Library, Add. s. 50000.

Auf den folgenden Seiten:

265. Sigismund von Luxemburg (1368-1436) und seine Gemahlin Barbara von Cilly, Miniatur aus dem Gebetbuch Sigismunds, XV. Jahrhundert.
Wien, Österreichische Nationalbibliothek, s. 1767.

266. Verzierte Seite aus dem Jahreszeitenbuch von Margarethe von Bar, Lothringen, etwa 1302-1304.
London, British Library, Yates Thompson, Hs. 8.

Grundlage, die nicht nur Apanage der Gebildeten war. Ein *illiteratus* kann, auf seine Weise, die Schönheit sogar besser erfühlen als derjenige, bei dem sich zwischen ihm und dem wahrgenommenen Objekt stets der Schleier des enzyklopädischen Wissens senkt. Trotzdem wurde in Cluny in der noch verbleibenden Zeit doch auch die Lektüre geschätzt. Die Ausbildung des Priesters begann mit dem Propädentikum, zu dem auch profane Texte gehörten; er erhielt eine Einführung in die bewusste Lektüre der biblischen und patristischen Texte der *lectio divina*, die ihre Früchte beim Chorgebet und beim stillen Gebet abwerfen sollte. In Cluny mangelte es nicht an (sehr schönen) Büchern, noch an Autoren, obwohl seine Produktion nicht mit der eines der grossen kulturellen Zentren aus der Karolingerzeit verglichen werden kann. Unter den Äbten überragten Odo und Odilo, die grosse Musikkenner waren, und vor allem der wissensdurstige Petrus Venerabilis die anderen Äbte, die weniger gebildet waren. Die kulturelle und künstlerische Bedeutung von Cluny ist jedoch nicht auf literarischem Gebiet zu suchen, sondern im Bereich der Architektur. Ausser der mittlerweile zerstörten Hauptkirche von Cluny III, nach deren Modell, jedoch kleiner, die von Paray-le-Monial gebaut wurde, gibt es zahlreiche kluniazensische Bauwerke. Architekten, Bildhauer, Freskenmaler und Ausmaler sorgten für die Schönheit dieser Gotteshäuser.[6]

Es hat Cluny weder an Bewunderern noch an Kritikern gefehlt. Der gestrenge Petrus Damiani fand das kluniazensische Mönchsideal zu überladen und die Mönche selber, nachdem er eine Woche lang selber von der kluniazensischen Diät gekostet hatte, zu gut genährt; er verglich das Kloster jedoch mit einem Paradies, von dem die vier Ströme des Evangeliums ausgehen, die sich in so viele Flüsse und Bäche aufteilen wie es Tugenden gibt und die die frohe Botschaft verkünden. Auf der anderen Seite hasste Bischof Adalbero von Laon Cluny; mit einem langweiligen Gedicht, das jedoch interessant ist, da in ihm die drei von der Vorsehung gewollten Klassen erwähnt werden, beschwerte er sich bei König Robert dem Frommen über das Kloster. Adalbero wirft Odilo vor, seine Mönche als Leibwächter und Soldaten zu missbrauchen und durch diesen unziemlichen Eingriff die *conexio triplex* der Sozialordnung zu durchbrechen. *Mutantur mores hominum, mutatur et ordo:* wenn der Mensch die Klasse wechselt, verändert sich auch die Ordnung der Welt. Nicht alle Bischöfe, von den nächsten Nachbarn angefangen, schätzten den unabhängigen Korpsgeist von Cluny.

In der Tat weist Cluny auf dem Höhepunkt seiner liturgischen Kultur und seines Imperiums auch Fehler auf. Das Gepränge mit dem kollektiven Reichtum, der hochherrschaftliche Stil mancher Oberen aus dem Hochadel, der tägliche Lebensstil der Individuen, die auch für Kleinigkeiten Dispens erhielten, die Versuchung, der klösterlichen Zufriedenheit zu erliegen, die Ehrbezeugungen gegenüber den Mächtigen, das Ausüben von Macht, der Ruhm, kurzum die Gefahren mit denen der Erfolg gepaart geht, drohten, aus den Kluniazensern eine Kaste von Erzmönchen zu machen, die so verwirrt waren, dass sie, wie es so schön heisst, das Mehl des Teufels mit Wasser anrührten, anstatt das etwas trockene Korn der Reform zu mahlen. Der Zulauf, der nicht unbedingt ein verlässliches Kriterium ist, könnte die Vermutung nahelegen, dass es ausser Cluny wenig oder kein Heil gab, vor allem wenn man weiss, dass das Kloster allein unter Abt Majolus 278 Schenkungsurkunden in Empfang nahm. Die Abenteuer eines Pontius von Cluny, der als Abt den Pomp schätzte, die Kardinalswürde erlangte, aber exkommuniziert im Gefängnis starb, beweisen, dass dieser Mönchtypus den Chronisten zum Gelächter diente und der Böswilligkeit Schützenhilfe leistete. Selbst innerhalb der Strukturen des kluniazensischen Bauwerks kam es zum Widerspruch. Neben anderen Schwierigkeiten beweist die Aufmüpfigkeit von Vézelay – das hierin kein Einzelfall war –, dass selbst in der besten aller monastischen Welten nicht alles zum Besten stand.

Trotz der Kritik, die die menschlichen Schwächen einer Institution, wie sie das Abendland zuvor noch nie gekannt hatte, blosslegt, sollte man nicht vergessen darauf hinzuweisen, dass nicht alle Kluniazenser zu den Grossen dieser Welt gehörten. Entscheidend waren die vielen Unbekannten, die man mit den aufgereihten Alten im Giebelfeld von Moissac vergleichen kann: »Cluny«, schrieb Petrus Damiani, »ist der fruchtbare Acker des Herrn, auf dem (...), in Milde und Barmherzigkeit geschult, ein so mächtiger Chor von Mönchen gedeiht«. Wenn man nach einem Bild für

267. Predigender Dionysius, Miniatur aus der Chronik von Saint-Denis, XIV. Jahrhundert.
Paris, Nationalbibliothek, Ms. français 2091. Der hl. Dionysius war Missionar und der erste Bischof von Paris. 285 starb er den Märtyrertod. An der Stelle, an der er der Legende zufolge begraben lag, entstand später die Abtei von Saint-Denis.

Dum docet assidue tunc lisbius ydola spreuit
Doctrineq: sue in xpi gloria creuit

den berühmten Korpsgeist sucht, könnte man an die Verklärung denken, die Petrus Venerabilis so angemessen feiern liess. Die griechische Kirche spricht von ›Metamorphose‹ und hat dem Mysterium den Rang eines der zwölf grossen Feste ihres liturgischen Jahres verliehen. Der Mönch führt dadurch, dass er Christi Leben nachahmt, das Leben der Engel und hat im Zustand der fortschreitenden Metamorphose den Weg seines Aufstiegs zum Thabor eingeschlagen (wo seit 1100 ein Kluniazenserkloster bestand). Dies ist der Weg zur Genesung einer verletzten Natur und der Kontemplation der Gottheit, die Vorbereitung und die vorweggenommene Probe der grossen, finalen, gleissend strahlenden Liturgie.

DIE REFORM AUSSERHALB CLUNYS Im von Kirchen übersäten Europa der Jahrtausendwende herrscht Cluny nicht über sämtliche Klöster, die sich auf Benedikt von Anianes Interpretation von Benedikt von Nursia berufen. Viele Klöster beriefen sich zwar auf Cluny, bewahrten jedoch ihre Unabhängigkeit. So gibt es in der abendländischen Kirche, weit über die Grenzen des Reiches von Karl dem Grossen hinaus, zahllose andere Gründungen, die, im Vergleich zur burgundischen Kapitale, keineswegs wie ›arme Verwandte‹ dastehen.

Gegen 919 gründet Gerhard von Brogne ein Kloster in der Nähe von Namur; in Gent reformiert er Sint-Pieter und Sint-Bavo, ebenso etwas weiter westlich Sint-Amand und Sint-Bertin. Von Flandern ausgehend erreicht die Bewegung Saint-Wandrille in der Normandie, den Mont Saint-Michel und Saint-Ouen in Rouen; sie versiegt jedoch sehr bald nach dem Tod des Reformators.

Der hl. Chrodegang hatte 749 im lothringischen Gorze, unweit Metz, ein Kloster gegründet, das Johann von Vendières 933 neu belebt, indem er die strenge Benediktinerregel einführt. Der Erfolg war so gross, dass aus der Observanz von Gorze zwei ›Töchter‹ hervorkamen; von jeder der beiden hingen wiederum zahlreiche andere Klöster ab. So folgten insgesamt 70 Klöster dieser Reformbewegung. Die Wirkung von Gorze blieb nicht ausschliesslich auf Lothringen beschränkt. Von den Diözesen Metz (Saint-Arnulphe) und Toul (Moyenmoutier) aus griff sie über auf die Gegend von Lüttich und Stavelot. Gembloux und Saint-Hubert schlossen sich ihr an. Im Unterschied zu Cluny wurden die Klöster, die Gorze folgten, nicht zentralistisch regiert. Jedes Haus wählte seinen Abt, der es wie ein weltlicher Herr leitete; kein Kloster genoss das Privileg der Exemtion. Das einende Band war die gemeinsame Observanz. Der Ton war rauh. Die deutschen Kaiser und Fürsten waren Gorze, dessen Aufschwung bis 1122 dauerte, wohlgesonnen.

Im Jahre 1005 reformiert Abt Richard Saint-Vanne in Verdun (1046 gestorben) und wirkt danach in Lothringen, Flandern und in den Nachbardiözesen von Verdun, darunter Reims, Cambrai und Amiens (Saint-Riquier, Saint-Josse). Sein Werk gedeiht; Bischöfe und Adelige unterstützen es. Richard und seine Anhänger gewinnen Sint-Amand und den Blandijnberg (bei Gent), und in Gent selber Sint-Pieter und Sint-Bavo. Zeitweilig ist Richard Abt von Lobbes, das zum grössten Kloster in der Diözese Lüttich wird. Gembloux, Saint-Hubert und die Lütticher Klöster Saint-Jacques und Saint-Laurent folgen ebenfalls der Reform, wie auch Saint-Michel, Noyon, Saint-Riquier, Stavelot-Malmedy. Zwischen 1020 und 1048 leitet Abt Poppo Stavelot; er war zuvor in Saint-Thierry bei Reims Mönch gewesen und hatte, unter anderem, die Klöster von Sint-Truiden, Sint-Vaast und Marchiennes reformiert, sowie Versuche in diese Richtung in Hohorst bei Utrecht unternommen. Ab 1079 folgen dann einige wichtige Klöster Cluny: Archin und Sint-Bertin machen die dortige Reform bekannt. Archin gründet 1083 Affligem, das seinerseits neue Priorate und Klöster gründet, darunter Sint-Andries bei Brügge und Maria Laach in der Eifel. Diese Klöster befolgten die Observanz von Cluny und hatten sehr grossen Einfluss auf das Mönchtum im Gebiet des heutigen Belgien. Sie waren allerdings Cluny nicht eingegliedert.

In der zweiten Hälfte des XI. Jahrhunderts überlebten die Klöster in Deutschland, das einhundert Jahre lang von den ungarischen Reitervölkern heimgesucht worden war, sehr kümmerlich – falls sie nicht völlig zerstört worden waren –, vor allem in Bayern; weltliche und geistliche Schenker-Beschützer saugten die Klöster aus. Diese Nutzniesser führten sich wie Eigentümer oder Verwalter auf und ernannten oft genug die Äbte (sogenannte ›Eigenklöster‹). Als Antwort

268. Verzierte Seite aus der Bibel der St.-Jakobsabtei zu Lüttich, XVI. Jahrhundert.
London, British Library, ms. add. 15.254.

Auf den folgenden Seiten:

269. Glasfenster im Chor der Sankt-Jakobskirche zu Lüttich, Anfang XVI. Jahrhundert.

270. Innenansicht der Sankt-Jakobskirche zu Lüttich. Das spätgotische mittlere Schiff stammt aus dem XVI. Jahrhundert.

In princi
pio crea
uit deus
celum et
terrã. Ter
ra autem
erat ina
nis et ua
cua: et te
nebre erãt
super fa
ciẽ abyssi:
et spiritu
domini
ferebatur
sup aqs.
Dixitq
dš. Fiat
lux. Et fa
cta ẽ lux.
Et uidit
deus lucẽ
quod eẽt
bona: et
diuisit lu
cem a te
nebris.
Appella
uitq lu
cem diẽ:
et tenebẽ
noctem. Factumq est uesp
ere et mane dies unus.

Dixit quoq deus. Fiat fir
mamentum in medio a
quarum: et diuidat aqs
ab aquis. Et fecit deus fir
mamentum: diuisitq
aquas que erant sub fir
mamento ab hys que e
rant super firmamentũ.
Et factum est ita. Voca
uitq deus firmamentũ
celum. Et factum est uespe
et mane dies secundus.
Dixit uero deus. Congre
gentur aque que sub ce
lo sunt in locum unum:
et appareat arida. Factũ
qz est ita. Et uocauit deus
aridam terram: congre
gationesq aquarũ ap
pellauit maria. Et uidit
deus quod esset bonum:
et ait. Germinet terra her
bam uirentem et facien
tem semen: et lignũ po
miferum faciens fructũ
iuxta genus suum: cuius
semen in semetipo sit su
per terram. Et factum ẽ
ita. Et protulit terra her
bam uirentem et afferen
tem semen iuxta genus
suum. lignumq faciens
fructum et habens unũ

C L
Johã graeff
tzo hoern
heer tzo Alte
na · weerdt ·
Corteshem ·
Auelahem ·
bochalt · vn
tzo · braeghel ·

271. Steinerne Grabfigur des hl. Bonifatius, 1357, aus der Mainzer Johanneskirche.
Mainz, Dom.
Der hl. Bonifatius, ein angelsächsischer Benediktinermönch, war der bedeutendste Missionar Germaniens. Papst Gregor II. ernannte ihn zum päpstlichen Generalvikar für das gesamte germanische Missionsgebiet. Er wurde ebenfalls Erzbischof von Mainz. 754 wurde er im friesischen Dokkum ermordet.

entstand im bayerischen Einsiedeln (945-947 gegründet) eine Reformbewegung; im übrigen Deutschland schloss man sich jedoch überwiegend der Reform von Gorze an. Auch hier unterstützten die Fürsten die Arbeit der Reformatoren, unter denen sich auch einige Bischöfe befanden (wie zum Beispiel Anno von Köln).

Cluny beeinflusste das deutsche Mönchtum kaum. Eine Ausnahme ist lediglich das bekannte Kloster Hirsau zu Zeiten von Abt Wilhelm (1076-1091), der von Sankt-Emmeran in Regensburg hierher gekommen war. Von der Reformbewegung von Einsiedeln geht Hirsau 1079 zu der von Cluny über und unterstützt es ebenfalls die Erneuerungsversuche von Papst Gregor VII. Etwa einhundert Klöster schliessen sich an. Nach Hirsau strömten die ungebildeten Laien aus dem niedrigen Adel; die *illiterati* wurden als Laienbrüder aufgenommen. Man nannte sie die Bärtigen *(barbati)*; man muss sie jedoch streng von den Laienbrüdern der Zisterzienser unterscheiden.

Diese Schilderung sollte keine Illusionen wekken. Denn obwohl die Reformbewegung in Deutschland Anhänger fand, blieben ihr die rund einhundert grossen, kaiserlichen Abteien, die unter den Karolingern gegründet worden waren – darunter Fulda, dessen Abt ein Reichsfürst war –, bis auf ungefähr ein Dutzend, verschlossen.

In Frankreich wehrten sich die Mönche von Fleury in Saint-Benoît-sur-Loire zunächst gegen die Reform; 930 schlossen sie sich dann aber, unter Beibehaltung ihrer Unabhängigkeit, der Bewegung von Odo von Cluny an. Ab 950 übt die Schule von Fleury, vor allem unter Abt Abbo (1004 gestorben) grossen Einfluss aus.

Saint-Bénigne in Dijon, das von Abt Wilhelm von Valpiano (Piemont), der zuvor unter Majolus in Cluny Mönch gewesen war, von 990-1031 geleitet wurde, machte die Reform in Italien (Fruttuavia im Piemont) und Lothringen bekannt. In der Normandie ersetzte es im Dreifaltigkeitskloster von Fécamp 1001 alle Kanoniker durch Mönche. Von hier aus griff die Reform auf zahllose Klöster in der Normandie über. Bei seinem Tod hinterliess Wilhelm 1200 Reformierte in 40 Klöstern.

Nach andere Namen wären zu nennen: Marmoutier in der Touraine (982-984); La Chaise-Dieu (1046); Molesme (1075); Saint-Victor in

272. Madonna mit Kind, Holzskulptur, etwa 1430, aus dem Kloster Seeon.
München, Bayerisches Nationalmuseum.

Marseille, das, unter Abt Bernhard (1079 gestorben) grossen Einfluss in der Provence ausübte.

Die Klöster der Normandie wurden nach dem Sieg von Wilhelm dem Eroberer bei Hastings (1066) für die englische Entwicklung sehr wichtig. Im X. Jahrhundert hatten die Mönche Dunstan und Ethelwold aus Glastonbury, sowie Oswald aus Fleury, eine Reformbewegung gegründet, die sich auf Benedikt von Aniane stützte; alle drei Mönche wurden später Bischöfe. Sie hatten für England eine *Regularis concordia* ausgearbeitet, aber ihre Arbeit wurde durch die fünfunddreissig turbulenten Jahre der dänischen Eroberung Englands (980-1016) unterbrochen. Unter Eduard dem Bekenner, der kurz vor der normannischen Eroberung regierte (1042-1066) hatte das gefährdete englische Mönchtum doch hier und da noch gewisse Ideale aufrecht erhalten und Reichtümer bewahrt. Es stand Wilhelm dem Bastard kaum aufgeschlossen gegenüber. Der Eroberer zwang den Abteien jedoch, manchmal sogar gewaltsam, Mönche aus normannischen Klöstern als Äbte auf.

Das Kloster von Le Bec spielte in diesem Zusammenhang eine sehr wichtige Rolle, weil es die Politik von Herzog Wilhelm im kirchlichen Bereich unterstützte; und diese Politik erwies sich schon sehr schnell als segensreich. Der Prior von Le Bec und Abt von Saint-Etienne in Caen, Lanfrank, der später Erzbischof von Canterbury wurde (1070-1089), reformierte das angelsächsische Mönchtum. Anselm (1099 gestorben), der »ein heiliger Abt und ein ungeschickter Bischof war« (D. Knowles), weil er sich ständig mit Wilhelm dem Rothaarigen, dem Nachfolger Wilhelm des Eroberers, entzweite, war »der erste bedeutende Philosoph des Mittelalters seit Johannes Scotus« (E. Gilson): ein brillanter Denker und Stilist, ein Meister der dialektischen Theologie und ein »vergeistigter Mystiker« (J. Leclercq).

In gewisser Weise hatte sich die Landung der römischen Mönche aus dem Jahre 596 wiederholt. Lanfrank kam eigentlich aus Pavia, Anselm aus Aosta. Als Erzbischof von Canterbury liess Lanfrank Mönche vom Kontinent, hauptsächlich aus der Normandie, über den Kanal kommen, um ihm bei der Reform behilflich zu sein. In den grossen Abteien und Prioraten entsteht ein anglonormannisches Mönchtum. Cluny gründete 1077 in Lewes eine ›Tochter‹, von der rund 40 Priorate abhingen.

In Italien litten die Klöster in der ersten Hälfte des X. Jahrhunderts unter den Angriffen der Ungarn. Von der Provence aus bedrängten die Sarazenen ebenfalls den Norden des Landes (Novalese wurde im X. Jahrhundert dreimal geplündert). San Majolo, das ihnen in die Hände gefallen war, musste sich mit einem Lösegeld freikaufen. In Mittelitalien wüteten andere Sarazenenbanden, bis sie 915 in Garigliano geschlagen wurden. In Süditalien sorgten die byzantinischen und deutschen Armeen für Unruhe; Sizilien wurde zunächst von Byzanz, danach von den Arabern erobert; bis zur endgültigen Niederlassung der Normannen, Ende des XI. Jahrhunderts, gab es so gut wie keine lateinischen Klöster. Die ersten Mönche der Neugründungen kamen aus Saint-Evroul in der Normandie.

Während jener Periode ist in Norditalien und im Kirchenstaat der Einfluss von Cluny zwar spürbar, jedoch nicht dominierend. In Mittelitalien blühen die grossen Klöster wieder auf: San Vicente di Vulture, das 881 zerstört worden war, ab 915; das 891 zerstörte Farfa ab 999, wobei Cluny mithalf. Abt Aligern (985 gestorben) baut 883 das abgebrannte Kloster von Monte Cassino wieder auf. Die *Terra Sancti Benedicti* mit ihren 200 Kirchen, Klöstern und Dörfern erstarkt wieder; Päpste und Fürsten müssen wieder auf sie Rücksicht nehmen. Höhepunkt der Entwicklung ist der 1. Oktober 1071. An jenem Tag empfängt der bedeutende Abt Desiderius (der später, als Papst Viktor III., keine gute Figur machte) Papst Alexander II., die Kurie, »mehr Prälaten als Sterne am Firmament stehen« (Leo von Ostia) und die meisten normannischen Adeligen zur Einweihung der neuen Kirche. Die vier Pfeiler des neuen Gebäudes auf dem Heiligen Berg tragen die Namen von Benedikt von Nursia, Petronax, Aligern und Desiderius.

Etwas weiter südlich wird aus den Eremitenhöhlen von Cava, bei Salerno *(crypta cava)*, die Alfiero gegründet hatte, ein Zönobitenkloster, aus dem, gegen Ende des XI. Jahrhunderts, ein neuer Orden entstehen wird. Der *Ordo Cansis* erreicht jedoch nicht die Bedeutung seines Vorbilds, des *Ordo Cluniacensis*.. Cava beherrscht ganz Italien südlich von Kampanien. Im ersten Viertel des XII. Jahrhunderts gehören 77 Abteien, 100 Priorate und 400 Kirchen zum *Ordo Cansis*.

In Spanien folgt die monastische Bewegung,

273. Meister der hl. Veronika, Madonna mit der blühenden Erbse, Köln, etwa 1415, aus dem Kölner Benediktinerinnenkloster Mariengarten.
Nürnberg, Germanisches Nationalmuseum.

nach der arabischen Machtergreifung (710-1031), der *Reconquista*-Bestrebung (1031-1260). In den nicht besetzten Gebieten war die Benediktinerregel dank der Arbeit von Benedikt von Aniane vorgedrungen, so in Katalonien (Ripoll, 880), Kastilien und Leon. Die spanischen Klöster gelangten sehr schnell zu Bedeutung; zum Beispiel gehörte Ripoll zu San Miguel in Cuxa. Ab 1008 spürt man ausserhalb Kataloniens den Einfluss von Cluny. Zu San Juan de la Pena, in Aragon, gehören 1022 65 Klöster und 12 Kirchen. Von Leyre in Navarra sind 72 Klöster abhängig.

Im Norden und Osten Europas gewinnt das Mönchtum, wenn auch nur mühevoll, an Boden. Manchmal werden nur Vorposten geschaffen, von denen die zukünftige Entwicklung ausgehen kann. Erwähnt werden sollten in diesem Zusammenhang: Egmont, das Mitte des X. Jahrhunderts über dem Grab des hl. Adalbert (740 gestorben) errichtet wird und den stolzen Titel ›Königin der holländischen Abteien‹ (P. Cousin) trägt. Mehr als 50 Klöster hängen von Egmont ab, darunter auch Hohorst, das Mönche von Sint-Pieters in Gent gegründet hatten. In Skandinavien waren die Anstrengungen von Ansger (865 gestorben) und seinem Schüler Rimbert nicht sehr erfolgreich; Dänemark hingegen zählte 35 Klöster. In Böhmen kommt es nach Adalberts Tod (997) zu einigen Neugründungen, Polen wird ab 966, unter anderem von Mönchen aus Lüttich und Lothringen, teilweise evangelisiert (Abtei von Tiniec, drittes Viertel des XI. Jahrhunderts). In Ungarn entstehen nach dem Tod von König Stephan (1038) etwa 80 Klöster um Pannonhalma.

Während des Goldenen Zeitalters von Cluny[7] gedieh auch das Eremitentum. In Süditalien gibt es einige Einsiedler byzantinischer Obedienz (Nilus von Rossanoê um 1005 in Grottaferrata bei Rom gestorben). Romuald von Ravenna (1027 gestorben) ist wie Benedikt davon überzeugt, dass das Eremitendasein die Krönung des Mönchslebens ist; unweit Arezzo gründet er Camaldoli (1012), wo beide Lebensweisen praktiziert werden können. Im Geiste Romualds wird der gestrenge Petrus Damiani, der Erbe der Väter aus der ägyptischen Wüste, Abt von Fonte Avellana bei Gub-

274. Simon Marmion, Die Seele des hl. Bertinus wird zum Himmel emporgetragen, Fragment des Retabels von Saint-Omer, 1454-1459.
London, National Gallery, Kat. Nr. 1303.

275. Lanceloot Blondeel, Teile des Schatzes von Saint-Bertin. Dijon, Museum der Schönen Künste.

aue
gracia plen

bio; gegen seinen Willen erhält er vor seinem Tod (1072) den Kardinalspurpur. In Vallumbrosa bei Florenz ist ab Johannes Gualbertus (1073 gestorben) ebenfalls eine Mischform von Eremiten- und Zönobitentum möglich. In Umbrien kontrolliert Sassovino 92 Klöster.

In Frankreich befolgt der Adelige Stephan von Thiers (1124 gestorben) zunächst in Muret, danach in Grandmont bei Limoges, ebenfalls sowohl die Benediktinerregel als auch das Eremitentum. Um 1140-1145 gibt es etwa 1200 ›arme Brüder‹ von Grandmont, die danach ›gute Männer‹ werden. Auf Sauve-Majeure (in der Gegend von Bordeaux) berufen sich 1095 20 französische, englische und spanische Klöster. 1105 versammeln sich Eremiten in Savigny (Diözese Avranches in der Normandie), um die Benediktinerregel im Sinne der Zisterzienserinterpretation zu befolgen. 32 Abteien gehen hieraus hervor. In der Gegend von Chartres gründet Bernhard von Tiron ein Haus strenger Observanz, zu dem bald 23 Abteien und 86 Priorate gehören. In Fontevrault bei Saumur, das Robert von Arbrissel (1117 gestorben) gegründet hatte, leitet die Äbtissin vier Nonnen- und ein Mönchskloster nach einer Mischregel.

Die Kartäuser, die unter Bruno von Kölns Leitung (1101 gestorben) in der Grande Chartreuse bei Grenoble und im kalabrischen Santa Maria in Eremo leben, berufen sich nicht auf den hl. Benedikt, obwohl ihre Lebensweise streng kontemplativ und eremitisch ist und sie in einer Gemeinschaft zusammenleben.

In Prémontré (Diözese Laon) gründet der Rheinländer Norbert (1134 gestorben) ein Kloster, in dem benediktinisches Zönobitentum mit apostolischer Arbeit kombiniert wird. In Wirklichkeit ist Prémontré ein Kanonikerorden augustinischer Observanz. Nach dem Tod seines Gründers gehören 614 Klöster und zehntausende von Mönche zu dieser Bewegung.

Eine solche Aufzählung weist zwei Mängel auf: zum einen ist sie immer unvollständig, zum anderen langweilig. Dennoch gibt sie annähernd eine Vorstellung vom Ausmass der Anstrengungen, der Askese, des Gotteslobs und auch der Evangelisierung und Kultur des europäischen Mönchtums unter dem Krummstab des hl. Benedikt. Im X., XI., und XII. Jahrhundert gab es in allen Landstrichen Benediktiner. Anderseits bedurfte es der Reformbestrebungen des XI und XII. Jahrhunderts. Die neuen Gründer kehrten wieder zur strengen Observanz zurück; die Betonung eremitischer Elemente sollte den Verfall des Zönobitentums, der sich ab der Mitte des X. Jahrhunderts bemerkbar machte, aufhalten. An externen Gründen für den Verfall mangelt es nicht. Der Abt ist nicht immer ein Mönch; er tritt jedoch stets wie ein weltlicher Herr auf, und allzuoft ist sein Benehmen alles andere als vornehm. Oft genug will der Nachwuchs keineswegs Christus nachfolgen, sondern ein gesichertes Auskommen für sich selber und für seinen Familienanhang finden. Die meisten Mönche leben viel zu schlecht als dass sie noch Zeit hätten an andere Dinge zu denken. Die Stimmung wird immer bedrückender. Vielleicht gibt es nicht mehr Skandale als in normalen Zeiten auch, aber man spricht mehr darüber, ohne Rücksicht darauf, dass alle guten wie auch schlechten Übertreibungen töricht sind. Tatsache ist, dass sich allmählich niemand mehr an den Eingangspforten der Benediktinerklöster, auch nicht der kluniazensischer Observanz, drängelt. Dabei fehlt es nicht an erfreulichen Ausnahmen. In Brabant gibt Affligem mit seinen Satellitenklöstern lange Zeit ein gutes Beispiel. Stavelot-Malmedy und Saint-Jacques in Lüttich halten ihr hohes Niveau. Auch in Deutschland gibt es noch viele Klöster guter Observanz (Hirsau, Sankt Blasien, Fulda, Maria Laach), während in Frankreich die normannischen Klöster bedeutend bleiben und zahlreiche neue Gemeinschaften entstehen.

276. Meister von Liesborn, Die Frohe Botschaft, Fragment eines Retabels aus der Benediktinerabtei Liesborn, etwa 1480. London, National Gallery, Kat. Nr. 256.

DIE GRAUE KUTTE VON CITEAUX Cluny kann keine Alleinherrschaft ausüben. Citeaux, das andere berühmte Kloster in Burgund, beherrscht im XII. Jahrhundert das Geschehen. In Frankreich scharen sich die unzähligen Feudalherren hinter die beiden Könige Ludwig VI., ›der Dicke‹ (1137 gestorben), und seinen Sohn Ludwig VII. (1180 gestorben). Einer ihrer besten Berater ist der Mönch Suger (1151), der den herrlichen Wiederaufbau von Saint-Denis durchsetzt, das ein »mehr königliches als feudales Gebäude« (G. Duby) wird. Mit Kaiser Friedrich I. Barbarossa beginnt links des Rheins die Stauferperiode. Der Investiturstreit zwischen dem Papst und dem Kaiser geht nun um das *dominium mundi*. Im Lateran werden 1123, 1139 und 1179 Konzile abgehalten. Zwischen Loire und Seine werden die bischöflichen Schulen und ihre Geistlichen und Kanoniker berühmt. In jener Zeit finden auch die Kreuzzüge statt. Diese Ereignisse haben auch auf die Klöster Einfluss. Nachdem das Mönchtum eine zeitlang stagniert, entwickelt es sich inzwischen wieder rapide, einerseits wegen der allgemeinen Bevölkerungszunahme, andererseits wegen der Impulse eines genialen Heiligen.

1098 ziehen 21 Mönche eines Klosters strenger Observanz, das Abt Robert in Molesme bei Châtillon-sur-Seine gegründet hatte, unter der Leitung ihres Vaters Abt gen Süden, südlich von Dijon lassen sie sich in der besonders einsamen Gegend von Citeaux nieder. Die Gründung heisst ›das neue Kloster‹.

Robert kehrt nach Molesme zurück; sein Nachfolger Alberich (1099-1109) bestimmt das zukünftige Geschick der Gründung. Sie untersteht direkt dem Papst und hat sich zum Ziel gesetzt, sehr streng und wortwörtlich die ursprüngliche Regel zu befolgen. Alberich will nicht reformieren, sondern freiwillig die strenge Askese und die Armut befolgen lassen. Auch in der Kleidung legt Alberich Wert darauf, sich von den anderen Orden zu unterscheiden. In jener Zeit trugen alle Mönche schwarze oder dunkelbraune Kutten; Alberich kleidet seine in rohe, das heisst graue, Wolle. Der Farbunterschied führt zu zwei bekannten Ausdrücken: die grauen Mönche werden weiss, und die schwarzen bleiben schwarz. Die Kleidung macht den Mönch. Das Detail ist wichtig, weil es den unterschiedlichen Lebensstil andeutet. Innerhalb ein und derselben Familie entfalten die Kluniazenser Pracht und Luxus zu Ehren Gottes; die Zisterzienser wollen Büsser sein und folgen streng dem Ideal Benedikts.

Alberichs Nachfolger, der Engländer Stephan Harding (1109-1133), setzt das Werk konsequent fort. Im Frühjahr 1112 klopft ein zweiundzwanzigjähriger Adeliger aus der Gegend von Dijon, Bernhard von Fontaines, mit dreissig Verwandten und Freunden an der Klosterpforte an. Das beweist, dass sein Vorhaben solide ist; überdies besitzt der Anführer der Gruppe einige vielversprechende Charaktereigenschaften. Zwischen 1115 und 1119 schreibt Abt Stephan im Sinne Alberichs die Satzung der neuen Bewegung. Das 1152 vollendete Dokument, die *Charta Caritatis*, wird bereits vorbildlich praktiziert. Im Gegensatz zu Cluny, dessen Abt alleine über ein vertikales, zentralisiertes Gebilde herrscht, wählt bei den Zisterziensern jedes Kloster autonom seinen Abt. Jedes Kloster, das über mindestens 12 Brüder und ausreichende Mittel verfügt, kann ein neues ›Tochter‹-Haus gründen. Die ›Tochter‹ untersteht dem Gründer, dessen Abt sie einmal im Jahr besucht. Ebenfalls jährlich treffen sich alle Äbte in Citeaux zum Generalkapitel, um den Zustand des Ordens zu untersuchen und sich gegenseitig ihrer brüderlichen und barmherzigen Verbundenheit zu ver-

277. Simon Marmion, Szenen aus dem Leben des hl. Bertinus, Flügel des Retabels von Saint-Omer, 1454-1459. Berlin, Staatliche Museen Preussischer Kulturbesitz, Gemäldegalerie.

sichern. Dieses dezentralisierte System erleichtert und vereinfacht die Verwaltung der Klöster und die Beziehungen zwischen Mutter- und Tochterklöstern.

Innerhalb der Klöster wird die Benediktinerregel buchstäblich und kommentarlos, wenn auch dort, wo es nötig schien, etwas angepasst, befolgt. Der Gottesdienst ist frei von den überflüssigen Hinzufügungen von Cluny. Die zahlreichen Priester haben mehr Zeit für die Lektüre übrig, zu der sie allerdings nicht ermuntert werden. Niemand wird von der Verpflichtung, körperliche Arbeit zu verrichten, ausgenommen. Man findet somit wieder zur ursprünglichen Dreiteilung Benedikts zurück. Überall herrscht Armut; die Kirche ist schmucklos. In manchen Fällen entstehen Meisterwerke aus nacktem Stein. Unterkunft (ein gemeinsamer Schlafsaal), Kleidung (Tunika; Kutte und Skapulier bei der Arbeit) und Nahrung (auf der Grundlage von Brot, Gemüse und Wasser) unterstreichen noch den Willen zur Askese.

Der Mönch verrichtet sehr viel körperliche Arbeit. Das Kloster wird meistens auf einem schlechten, geschenkten Stück Grund gebaut, der erst noch gerodet und urbargemacht werden muss. In vielen Fällen erlitt der Spender sicher keinerlei Verlust; andererseits waren die Mönche dann aber auch zu keinerlei Gegenleistung verpflichtet. Die Mönche mussten den Grund selber, ohne die Mithilfe von Pächtern oder Tagelöhnern, wertvoll machen. Die Priester arbeiteten entweder im Kloster oder in seiner unmittelbaren Umgebung, um schnell zum Chor gelangen zu können. Wenn das Grundstück, wie es sehr oft der Fall ist, gross ist, werden ›Scheunen‹ genannte landwirtschaftliche Betriebe gegründet. In jeder dieser Scheunen lebt eine Gruppe Brüder, die vor Ort arbeiten. Diese ›bärtigen‹ Brüder, fromme, ungebildete Bauern, bilden zahlenmässig die stärkste Gruppe unter den Laienbrüdern. Sie legen zwar ein Gelübde ab, aber sie sind nicht an das Kloster, den Gottesdienst oder das Kapitel gebunden; sie werden stets gut behandelt. Die Bemerkung von G. Duby, dass »die körperliche Arbeit die Liturgie der Armen« ist, trifft auf sie sehr gut zu. Die Scheunen ähneln jedoch, mit ihren Kapellen und Gemeinschaftsräumen, einem Kloster. Im Winter sind sie geschlossen; während der Arbeitsperiode verbringen die Laienbrüder den Sonntag im Kloster. Oft müssen sie dazu eine Tagesstrecke laufen.

Die Ankunft Bernhards führt zum gewaltigen Aufschwung des Ordens. Citeaux gründet in schneller Reihenfolge vier ›Töchter‹: La Ferté (1113), Pontigny (1114), Clairvaux (1115) und Morimond (1115). Jede Tochter gründet neue Klöster. Als Stephan Harding 1133 stirbt, existieren 75 Klöster; zwanzig Jahre später, beim Tod Bernhards, 345, am Ende des XII. Jahrhunderts 530. Zu Clairvaux gehören 355 Filiationen, zu Morimond 193, zu Citeaux 109, zu Pontigny 43, zu La Ferté 17. Von jedem Kloster hängen

wiederum etwa zehn bis zwölf Scheunen, in Osteuropa meistens noch wesentlich mehr, ab. Der Orden ist sehr gross. Clairvaux zählt 300 Chormönche und 400 Laienbrüder auf den Feldern, Vaucelles in Flandern 107 Mönche und 130 Laienbrüder, Rievaulx in England 140 Mönche und 400 bis 500 Laienbrüder.

Überall in Europa sind Zisterzienserklöster entstanden; das räumliche Verbreitungsgebiet formt einen grossen Kreis um Citeaux und seine vier ›Töchter‹. Von hier aus erreicht die Bewegung Schottland (Kinloss, 1151), Irland (Mellifond, 1142), Portugal (Alcobaça, 1148), Italien (Trefontane, bei Rom, 1140), Ungarn (Egress, 1179), Polen (Jendzejow, 1149), Pommern (Oliva, 1186), Schweden (Alavasta, 1143), Norwegen (Horedö, 1147), sowie Syrien und Palästina.

Bernhard, auf den diese gewaltige Ausstrahlungskraft mitten im Herrschaftsbereich von Cluny zurückzuführen ist, wird 1115, drei Jahre nach seinem Eintritt in Citeaux, Abt von Clairvaux. Er ist fünfundzwanzig Jahre alt. Er ist intelligent und in der Lektüre der heiligen Schriften bewandert, kennt aber ebensogut die profane Literatur. Er setzt seine ganze Energie, Bildung und persönlichen Fähigkeiten ein, auf dass im Kloster nach dem Glauben auch wirklich gelebt wird, der nach aussen »gezeigt und verteidigt« wird. Er schätzt das Neue nicht besonders. Die *auctoritates* sind ihm wertvoller als alle Dialektik; er baut auf seine rednerische und schriftstellerische Begabung, um sie zu verkünden. Auf sozialem Gebiet akzeptiert er die *ordines*, einschliesslich ihrer, aus der heutigen Sicht, Ungerechtigkeiten; im Grunde genommen bleibt er ein Vertreter des Feudalismus. Es gelingt ihm, dessen strenge Askese vorbildlich ist, ganze Familien zu überzeugen, ihre Söhne nach Clairvaux zu geben. Sein Charakter ist übrigens durchaus widersprüchlich.

Dieser Mann beherrscht das Jahrhundert. Kein Problem der Kirche lässt ihn kalt, und seine Stellung ist so stark, dass er mit Bischöfen unterhandelt und Päpste berät oder verteidigt (Innozenz II. und Eugen III.). Er lässt Abelard, seinen Intimfeind, »der vorgibt mit seiner Vernunft alles verstehen und erklären zu können«, verurteilen; er ficht die Ketzereien der Katharer an. 1095 hatte Papst Urban II., ein Kluniazenser, in Clermont zum ersten Kreuzzug aufgerufen; 1146 predigt Bernhard in Vézelay für den zweiten, der dann scheitert. Die Liste seiner apostolischen Taten ist lang. Doch was er auch immer tat, er blieb stets ein Ritter des Absoluten und sein Gebet ging auf in liebevoller Spiritualität.[8]

Die Observanzen von Cluny und Citeaux waren so grundverschieden, dass Bernhard es zum Konflikt kommen liess. Der Ausgangspunkt – Streitereien um Personen oder Interessen – ist dabei unwichtig. Im Namen von Citeaux und im Namen der Reinheit der ursprünglichen Regel warf Bernhard Cluny den Luxus, der unter dem extravaganten Abt Pons de Melgueil masslos übertrieben worden war, die überladenen Chordienste, die Preisgabe der körperlichen Arbeit und den angenehmen Lebenswandel vor. Darum schrieb er die *Apologie*, ein auch literarisch wertvolles Pamphlet, scharfzüngig und sicherlich kein Beweis brüderlicher Milde seitens des Autors. Zum Glück hatte er es in seinem eigenen Orden mit Äbten zu tun, die guten Willens und demütig genug waren, seine Schmähungen zu ertragen.

Bernhard gewann die Auseinandersetzung, aber für zahlreiche Zeitgenossen führte der Weg zum monastischen Paradies durchaus nicht durch die Sümpfe von Citeaux. Die prächtigen Äusserlichkeiten hinderten die Mönche von Cluny, die zu tausenden bis an die Grenzen des christlichen Abendlandes verstreut lebten, keinesfalls, ihrer ursprünglichen Berufung treu zu bleiben, wenn sie das so wollten. Der Streit betraf auch wohl kaum den Kluniazenser in einer katalonischen Zelle, oder den Zisterzienser in einer Scheune Kalabriens. Nach der jahrhundertealten Erfahrung barg der Streit über die echte Treue zur ursprünglichen Regel die Gefahr in sich, unnötig und endlos zu sein. Was auch immer die Urform gewesen sein mag, die beste Observanz ist stets die, die am besten auch tatsächlich befolgt wird.

Und hier liegt eine Überraschung verborgen; mit der Zeit vergisst auch Citeaux seinen radikalen Neubeginn. Ein wenig verdächtiger Autor, D. Jean Leclercq, schrieb: »Das Citeaux des XIII. Jahrhunderts gleicht erstaunlicherweise – und übertrifft es sogar noch im Schlechten – Cluny, das Bernhard im XII. Jahrhundert so heftig verurteilt hatte.« Pontius von Cluny erscheint im Vergleich dazu ein Novize. Die körperliche Arbeit, die eine asketische Übung hatte sein sollen, war dank der klugen und harten Bestellung der Äcker zu einer Quelle von Profit geworden. Aus den armen Zisterziensern von einst waren reiche Mönche geworden; man konnte das am Gottesdienst, bei Tisch, auf der Reise, am Besitz und an allerhand guten Geschäften ablesen. Es handelte sich dabei eher um den Verfall als um die Dekadenz. Das Goldene Zeitalter des Mönchtums endete paradoxerweise mit dem Silberzeug seiner besten Repräsentanten.

Man stösst immer wieder auf eine Reihe von Problemen, für die man vermutlich niemals eine

278. Meister der Abtei von Affligem, Der Auftrag im Tempel und Jesus zwischen den Schriftgelehrten: 2 Fächer des sogenannten Retabels von Affligem. Brüssel, ca. 1495. Brüssel, Königliche Museen der Schönen Künste, Inv. 552.

279. Meister der Abtei von Affligem, Die Geburt und die Anbetung der Weisen: Fach des sogenannten Retabels von Affligem, Brüssel, ca. 1495.
Brüssel, Königliche Museen der Schönen Künste, Inv. 552.

280. Meister der Abtei von Affligem, Der Tempelgang Marias und die Verkündigung: Fach des sogenannten Retabels von Affligem, Brüssel, ca. 1495.
Brüssel, Königliche Museen der Schönen Künste, Inv. 552.

befriedigende Antwort finden wird: die Überlegenheit der benediktinischen Observanz; die monastische Beständigkeit im Falle eines Mönchs oder einer Gruppe von Mönchen, die von der einen Observanz zur anderen überwechseln; oder das Bekenntnis nicht zum Kloster, in dem das Gelübde abgelegt wurde, sondern zur ganzen Kongregation; die Frage, ob das Erheben von Zehnten mit dem Gebot der Armut zu vereinbaren ist – alle diese Fragen liefern kritischen Geistern viel Stoff für akademische Auseinandersetzungen. Andererseits kann ein Umstand wie die fortschreitende Klerikalisierung des Mönchtums sofort praktische Auswirkungen haben und die Spiritualität einer Gemeinschaft verändern. Der Mönch ist ein Laie, der sich bemüht, die Möglichkeiten, die ihm die Taufe bietet, durch die Wahl einer passenden Lebensweise zu entwickeln. Die Tätigkeit des Priesters hingegen zielt viel mehr auf das Apostolat. Der Priestermönch lebt aber, im Prinzip, fernab von der Welt, der Geistliche mitten in ihr. Ohne auf die berühmte Schrift von Johannes Chrysostomos über das Priesteramt und das monastische Leben einzugehen und nur der Theorie Rechnung tragend, die in den Orden Schöpfungen der Vorsehung sieht – die Priesterorden und Mönchsorden schuf –, ist es vermutlich so, dass der Priestermönch im Prinzip nicht die Aufgaben eines Geistlichen übernehmen sollte; die Praxis hängt jedoch von den örtlichen Gegebenheiten und Notwendigkeiten ab. Alles ist eine Frage des Takts und der Umsicht: *Est modus in rebus,* lautet eine Weisheit des alten Horaz. Der Mönch, der regelmässig im Aussendienst der Kirche apostolisch wirkt, ist ebensowenig ein verhinderter Mönch wie der Mönch, der nie ein Priesteramt ausgeübt hat, auch kein verhinderter Priester ist. So paradox es klingen mag, der Priestermönch ist keineswegs ein Bastard. Ob es nun apostolisch ist oder nicht, das Priesteramt eines Mönchs ist niemals eine Ehrenmitgliedschaft, sondern eine zusätzliche Anforderung an ihn, auf sich selber noch mehr und noch besser aufzupassen.

ABSCHIED VON DEN GROSSEN NAMEN UND ERNEUERUNG DURCH DIE KONGREGATIONEN

In Frankreich dominiert die Persönlichkeit des hl. Ludwig (1226-1270) das ganze XIII. Jahrhundert, in der christlichen Welt die glänzende Epoche des Rittertums, der Kreuzzüge und des Ansehens, das Innozenz III. (1216 gestorben) dem Papsttum verschafft. 1205 tauchen die armen Brüder von Franz von Assisi auf, 1206-1208 die ersten Predigermönche von Dominik von Guzman. Thomas von Aquin, Bonaventura (beide 1274 gestorben) und andere begründen den Ruhm der Universität von Paris. Es fehlt jedoch nicht an Schattenseiten: die Kreuzzüge scheitern, in Frankreich wird ein erbitterter Streit gegen die katharischen Ketzer geführt, den man auch als eine politische Auseinandersetzung zwischen dem Norden und dem Süden des Königreichs interpretiert hat.

Die intellektuellen Strömungen des XIII. Jahrhunderts, die vor allem von zwei spirituellen Gruppen ausgehen, drängen das Mönchtum etwas in den Hintergrund. Franziskaner und Dominikaner sind tonangebend, da sie einer originellen Observanz folgen, die von der Form her das Mönchsleben und die Notwendigkeit, apostolisch zu wirken, miteinander verbindet. Der Erfolg der Dialektik, der bereits der hl. Anselm verpflichtet gewesen war und die Abelard vorzüglich weiterentwickelt hatte (er starb in Cluny), und die Theologie, die an der Universität von Paris entsteht, betreffen das traditionelle Mönchtum nicht direkt. Den heiligen Mönch Augustinus stört es nicht, wenn man ihn mit dem soeben getauften Aristoteles konfrontiert. Die akademische Tätigkeit, die auf der Diskussion, dem systematischen Aufbauen von Ideen und dem Ausschalten des Gegners beruht, ist eine Sache; die tägliche, friedliche, kaum bemerkte *lectio divina,* die mit den Jahren zum allmählichen Durchdringen führt und eher eine Haltung herausbildet als das Wissen bereichert, ist eine andere Sache.

So war es unvermeidlich, dass die Novizen, die sich vom neuen Typus der religiösen Existenz und den intellektuellen Auseinandersetzungen angesprochen fühlten, eher und zahlreicher an den Türen der Konvente als an den Klosterpforten anklopften. Übrigens öffneten sich auch die schwarzen und die weissen Mönche gegen Ende des XIII. Jahrhunderts den Ideen aus den Universitäten.

Festzuhalten wäre auch noch, dass auf die grossen Namen, die Cluny und Citeaux Glanz verliehen, eine Art Verfall und Rückzugsbewegung folgte, die die Nachfolge erschwerte; der Zustand glich dem des Jahrhunderts zuvor. Auch Helden können müde werden, und selbst die am besten organisierten Institutionen entkommen nur selten Erosionserscheinungen.

281. Messgewand von Lieven Hughenois, Goldbrokat und Stickerei, zwischen 1517 und 1535. Gent, Kathedrale. Lieven Hughenois war von 1517 bis 1535 Abt der Sint-Baafsabtei in Gent.

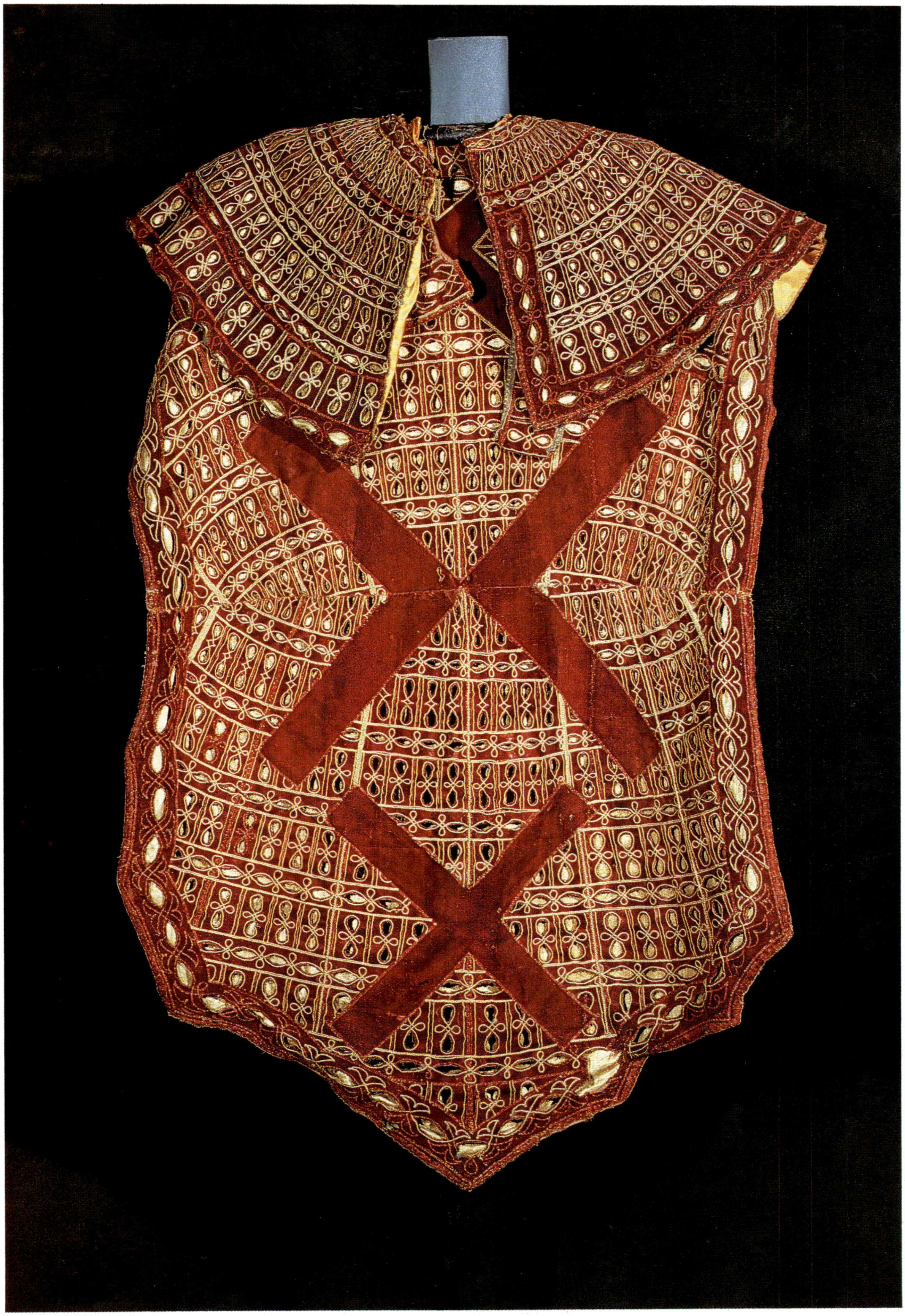

Der alte Baum des Mönchtums war jedoch noch nicht verdorrt. Das 1120 gegründete Montevergine bei Neapel praktiziert weiterhin das Eremitentum und das Apostolat; Pulsano, in Apulien (1129), befolgt noch immer sehr streng die Benediktinerregel. Im XIII. Jahrhundert entstehen neue Gruppen, die sich der Busse und der Armut verschreiben, so etwa die Kongregation von Flora, die der ehemalige Zisterzienserabt Joachim (1202 gestorben) in Süditalien gründete, oder die die Sylvestriner in Marken, die Wilhelmiten in der Toskana, die Celestiner in den Abbruzzen oder die Olivetaner vom Monte Oliveto, deren bekanntester Bernhard Tolomei (1344 gestorben) aus Siena war.

Auf die Hegemonie der Kirche unter Innozenz III. folgen im XIV. Jahrhundert grosse Schwierigkeiten, die auch dem Mönchtum alles andere als dienlich sind. Die *babylonische Gefangenschaft* der Päpste in Avignon (1309-1378), das Grosse Schisma (1378-1417) spalteten die Christenheit und die Gemeinschaften. Das Konzil von Konstanz (1414) und die Wahl von Papst Martin (1417) bedeuten zwar das Ende des Grossen Schismas, doch dauert es noch bis zum Konzil von Florenz (1439), bis die pontifikale Monarchie wiederhergestellt ist, die während des ganzen Konzils von Basel heftig bestritten worden war. Dazwischen hatte 1438/1439 die Pest gewütet; der Hundertjährige Krieg (1337-1453) brachte noch mehr Leid und Elend.

Die Zahl der Klostereintritte sank beträchtlich. 1338 zählte Jumièges noch 55 Mönche, 1380 sind es nur noch 30. In Cluny sank ihre Zahl zwischen 1360 und 1426 von 120 auf 60. Die Gemeinschaften hatten nicht mehr genügend Mitglieder, um die körperliche Arbeit verrichten zu können und stellten deshalb bezahlte Tagelöhner ein. Im günstigsten Fall bedeutete dieser Mangel an Menschen unerwartete Auslegungen der Regel oder der Consuetudo. Wenn das Zönobitentum zu wohlhabend ist, wird es leicht bequem; wird es zu arm, dann droht ihm die Misere. In beiden Fällen wird die Observanz kaum und schlecht eingehalten. Sobald es möglich ist, nimmt man Abstand von der Regel. In den Klöstern gibt es zwei Küchen und zwei Refektorien; hier wird Fleisch aufgetischt, dort magere Kost. Man schlägt kein gutes Geschäft aus, profitiert vom Studium und von den Pilgerreisen, um das lästige Gebot der Beständigkeit zu umgehen. Die Verantwortlichen innerhalb des Klosters lassen sich ihre Dienste bezahlen. Bestenfalls sucht der Betreffende »ein ruhiges, dem Studium gewidmetes Unterkommen, von Devotionen parfümiert.« (D. Knowles)

Die Kommende ist gang und gäbe. Die Päpste von Avignon betrachten sie als einfach und billig zu gewährende Entschädigung für die Verluste, die die Prälaten, auf die sie sich stützen, in Italien erlitten hatten. Während des Grossen Schismas belohnen die Päpste ihre treuen Anhänger mit solchen Pfründen. Das Übel ist vor allem in Frankreich weitverbreitet. In Deutschland wählt man eher einen Abt aus einer respektabelen Adelsfamilie, während man sich in England mit den üblichen Privilegien zufriedenstellt. Bischöfe und weltliche Herren erhalten vom Papst oder von den Fürsten Pfründe aus Klöstern; deren Prioren und Mönchen bleibt nur noch ein kümmerliches Einkommen. Das Kloster wird oft auch noch als Schloss des Pfründenbesitzers missbraucht.

Auch Citeaux ist seinem Ideal der Strenge nicht treugeblieben. Seit dem Ende des XII. Jahrhunderts schlagen die Zisterzienseräbte die Augen nicht mehr bescheiden nieder; sie feiern pompöse Messopfer. Im XIII. Jahrhundert leben die Abteien von den Einkünften aus den Scheunen, die wie ganz gewöhnliche landwirtschaftliche Güter arbeiten. Entgegen ihrer Observanz erheben sie den Zehnten, weigern sich jedoch, unter Berufung auf dieselbe Observanz, den weltlichen Herren den Zehnten zu bezahlen. Citeaux streitet sich mit seinen vier Primarabteien über die *Charta caritatis*. Zisterzienseräbte nehmen Bischofsämter an.

Die Päpste Gregor IX. (1241 gestorben) und, vor allem, Benedikt XII. (1342 gestorben) mit seiner *Benedictina* genannten Bulle aus dem Jahre 1336, haben mehrfach versucht, den Verfall aufzuhalten. Der Erfolg war gleich null. Auch die aufstrebenden Städte und die Bildung der europäischen Staaten bringen neue Probleme.

In der ersten Hälfte des XV. Jahrhunderts nimmt Italien eine besondere Position ein. Ludwig Barbo, ein venezianischer Priester und Abt des Kluniazenserklosters Santa Giustina in Padua, reformiert seine Gemeinschaft auf der Basis eines Zönobitentums strenger Observanz. Santa Giustina wird ab 1410 zum Zentrum einer neuartigen Kongregation. An der Spitze steht ein Generalkapitel, das jährlich einmal zusammentritt. Die Definitoren, die D. Cousin mit einem Ministerrat vergleicht, haben sehr grosse Machtsbefugnisse und treten als Regierung des Generalkapitels auf; zwischen dessen Zusammenkünften kontrollieren

282. Hans Holbein der Jüngere, Die Belagerung von Terwanen. London, Hampton Court.

Terwaen.

die Visitatores. Die Gelübde werden gegenüber der ganzen Gemeinschaft abgelegt. Das Gebot der Beständigkeit wird wieder sehr streng gehandhabt; ein Mönch kann auch in ein Kloster entsandt werden, in dem er sein Gelübde nicht abgelegt hat. Am Anfang wurde der Abt für ein Jahr, später für sechs Jahre gewählt. Vom ursprünglichen Monte Cassino hat man sich weit entfernt, aber 1504 beruft sich Monte Cassino selber, wie die meisten italienischen Klöster, auf Santa Giustina. Die Kongregation von Santa Giustina wird somit zum Benediktinerorden. Ausserhalb Italiens schliesst sich ihr nur Lérins an. M. Pacaut zufolge ist dieser Typus der benediktinischen Neo-Monarchie »individualistischer, intellektueller und weniger hart als die frühere Bewegung.«

Auch in Deutschland kommt es zu Reformbestrebungen. Um 1380 kehrt die Abtei von Kastl (Bayern) zur vorschriftsmässigen Liturgie zurück (Sankt Gallen, Sankt Emmeran in Regensburg, Ottobeuren). Melk an der Donau wird nach dem Konzil von Konstanz (1414-1418) reformiert und Zentrum einer Föderation, die eine von Subiaco abgeleitete Observanz befolgt. Diese strenge Observanz findet in Österreich, Bayern und Schwaben Verbreitung. In Norddeutschland geht die Bewegung nach dem Konzil von Basel (1431-1440) von Bursfeld aus. Bursfeld bei Göttingen war 1093 gegründet worden; im XII. Jahrhundert hatte seine Schule Berühmtheit erlangt, aber im XIV. Jahrhundert liess die innere Disziplin nach, zum Teil als Folge einer schlechten Verwaltung.

1433 führt Abt Johannes Dederoth jedoch eine Observanz ein, die zum Reformmodell und zur Referenz wird. Diese Reform respektiert die Autonomie der Klöster und schafft eine Kongregation ohne hierarchische Strukturen; das Generalkapitel, dem der Abt vorsitzt, leitet die Union. Nikolaus von Kues ist ein glühender Verfechter dieser Reform, die auch Papst Pius II. 1459 gutheisst. Die Reform erfasst Norddeutschland, Dänemark und die Niederlande. Zwischen 1458 und 1505 folgen ihr, zum Beispiel, Hirsau, Sint-Paul in Utrecht, Egmont, Maria Laach und Corvey; in den Niederlanden zwischen 1505 und 1700 Gembloux, Munster (Luxemburg), Sint-Andries bei Brügge, Affligem, Eename, Sint-Truiden, Stavelot-Malmedy und Saint-Jacques in Lüttich. Die Form der Union, lockerer als die einer Kongregation, erwies sich auch in paradoxen Situationen als lebensfähig. Als Bursfeld sich nach langem Hin und Her 1602 der Reformation anschliesst, bleibt nicht nur die Union der anderen Klöster bestehen, die nicht abfallen, sondern wird die Union mitten in einer schweren Krisenperiode auch noch stärker. Das gilt für die Niederlande wie für Deutschland (Fulda, 1630).

In Frankreich wird, trotz der Wirren des Hundertjährigen Kriegs und der Kriege, die Karl der Kühne und Ludwig XI. führen, Cluny reformiert; müde oder wenig erwünschte Mönche hatte man vor die Tür gesetzt. Die 1486 eingeführte Observanz bleibt bis zur Reformation gültig. Im Berry beruft sich Chezal-Benoit auf Santa Giustina. In Ungarn sollte man Pannonhalma nicht vergessen, in Spanien San Benito in Valladolid und in Portugal Sankt-Martin in Tibaës erwähnen.

ZWISCHEN ZWEI REVOLUTIONEN Anfang des XVI. Jahrhunderts bestehen in Westeuropa Grenzziehungen, die sich im weiteren Verlauf der Geschichte kaum mehr ändern werden. Die Glaubenseinheit, die, trotz tiefgreifender Umwälzungen, das Mittelalter gekennzeichnet hatte, wird zerstört. Der Religionsfrieden von Augsburg (1555) bestimmt, im *Jus reformandi: Cuius regio, eius religio;* das Glaubensbekenntnis des Fürsten bestimmt das seiner Untertanen. Die Klöster, von denen viele zu Herrensitzen geworden sind, mit wohlhabenden Pfründenbesitzern an der Spitze und armen Mönchen an der Basis, sind auf diese Auseinandersetzung kaum vorbereitet.

Überall stellt man just zu diesem Zeitpunkt Verfallserscheinungen fest, die den Gegnern des Mönchtums neue und willkommene Munition liefern. Oft dient das Kloster dazu, die vielen Nachkommen einer benachbarten Adelsfamilie unterzubringen. Auch ehemalige Soldaten steckt man ins Kloster. Neben den Mönchen gibt es zahllose Kuttenträger. 1464 lebt ein Abt von Doornyk »öffentlich mit einer Frau zusammen.« 1488 begleiten Mönche aus der Picardie Soldaten auf Plünderzügen. Hierbei handelt es sich gewiss um Ausnahmen, die allerdings auch für die allgemeine Verfassung des Zönobitentums wenig Gutes ahnen lassen. Imbert de la Tour hat viele dieser Abweichungen festgehalten und geschrieben, dass im Kloster für den Prior, den Kellermeister, den Kammerherrn und alle anderen, die ein Amt ausübten, »der Dienst zur Pfründe« geworden war.

Luther, der die Kirche reformieren wollte, spaltete sie. Nordeuropa – England, Deutschland,

283. Gaspar de Crayer, Die heiligen Einsiedler Antonius und Paulus, Gemälde aus der Abtei von Affligem, etwa 1620-1630.
Brüssel, Königliche Museen der Schönen Künste, Kat. Nr. 128.

284. Jacob Jordaens, Die Ehebrecherin, Gemälde aus der Sint-Pietersabtei von Gent. Gent, Museum der Schönen Künste, Kat. Nr. s. 6.

die Schweiz, die Niederlande und Skandinavien – folgten ihm. Die romanischen Länder Italien und Spanien berührt die Reformation kaum. Zwischen den beiden Blöcken leidet Frankreich als Pufferstaat unter den Religionskriegen; seine Könige verhindern jedoch weitgehend das Vordringen des Protestantismus. Das *cuius regio, eius religio* wirkte sich hier positiv aus. Die Klöster überstanden den Streit hingegen sehr schlecht.

1521 erklärte Luther, dass »die klösterlichen Gelübde immer zahlreicher und verbreiteter wurden, zum grössten Übel des Christentums und zum Schaden des Seelenheils.« Zunächst überlebten die Klöster, die sich zur Reformation bekannten, genauso wie zahlreiche andere protestantische Gemeinschaften. Auf Dauer waren sie hingegen von der Säkularisierung und Auflösung bedroht.

Die Reformation war für das Mönchtum eine Katastrophe. In Deutschland, wo der Verfall sehr weit fortgeschritten war, waren die Äbte oft die ersten, die sich Luther anschlossen und säkularisierten. Bursfeld ist dafür ein Beispiel; seinem Überlaufen zum Protestantismus folgten 50 weitere Klöster. Mitte des XVII. Jahrhunderts gab es noch einmal zwei – unbedeutende – katholische Äbte; es blieb bei einem Zwischenspiel. Bursfeld blieb bis 1802, als es säkularisiert wurde, ein protestantisches Kloster. In Süddeutschland tobten unterdessen die Bauernkriege; die grossen Klöster überlebten jedoch (Tegernsee, Benediktbeuren, Lorsch, Sankt Emmeran, Fulda). In Österreich gab es so gut wie keine Mönche mehr. In den

285. Payerne, Abteikirche, XI. Jahrhundert.

287. Canterbury, Kathedrale, Blick auf das Chor, Ende XII. Jahrhundert.

288. Canterbury, Kathedrale, Ansicht des Schiffs, XIV. Jahrhundert.

286. Gloucester, Kathedrale.
Blick auf das Chor und das östliche Fenster, XIV. Jahrhundert.

289. Canterbury, der Wasserturm, etwa 1160.
Der Wasserturm war das Zentrum des Wasserbevorratungssystems der Abtei.

290. Westminster Abbey, Blick auf das Chor, XIII. Jahrhundert.

291. *Milton Abbey, Panorama.*

292. *Milton Abbey, Abteikirche.*

293. San Giorgio Maggiore, Venedig, Panorama. Im X. *Jahrhundert liessen die Benediktiner sich auf einer kleinen venezianischen Insel gegenüber der Mündung des Canal Grande nieder. Die heutige Kirche und die Klosteranlage wurden von Andrea Palladio entworfen und im* XV. *und* XVI. *Jahrhundert gebaut.*

294. San Paolo fuori le Mura, Rom.
Die grosse Basilika wurde zwischen 386 und 440 gebaut und war eines der eindrucksvollsten Bauwerke des frühen Christentums. Ab dem VIII. *Jahrhundert gehörte ein Benediktinerkloster zu ihr. Nach einem Brand im Jahre 1823 wurde sie integral wiederaufgebaut.*

295. San Paolo fuori le Mura, Rom.
Mosaiken des Triumphbogens und der Apsis, die 1226 von venezianischen Künstlern angefertigt worden waren (nach dem Brand im Jahre 1823 rekonstruiert).

296. Prophetenfigur des Germanusschreins aus der Abtei Saint-Germain-des-Près zu Paris, 1408-1409.
Cleveland, The Cleveland Museum of Art, Inv. Nr. 64.360.
Der Germanusschrein, der 1792 zerstört wurde, war eine Arbeit der Pariser Silberschmiede Jean de Clichy, Gautier du Four und Guillaume Boey. Er war aus Gold und Silber gefertigt und wurde von sechs Propheten aus vergoldetem Kupfer getragen.

297. Madonna mit Kind, Marmorskulptur aus der Benediktinerinnenabtei von Longchamp, Mitte XIV. Jahrhundert. Paris, Musée de Cluny, Inv. Nr. 19254.

298. Sankt Gertrud, Eichenholzskulptur, Brüssel, Ende XV. Jahrhundert.
Sint-Gertrudiskirche zu Etterbeek.
Die hl. Gertrud war die Tochter Pippin von Landens und seiner Gemahlin Itta; zusammen mit ihrer Mutter trat sie in das von St.-Amand gegründete Kloster von Nivelles ein und wurde im Alter von 21 Jahren dessen Äbtissin. Sie starb 659.

299. Die Muttergottes des Hospitals von Geer, Holzskulptur, Lüttich, etwa 1370.
Lüttich, Museum für Kirchen- und maasländische Kunst.

300. St.-Gerhard von Brogne, Steinskulptur, Anfang XVI. Jahrhundert, St.-Maternuskirche zu Walcourt.
Gerhard von Brogne († 959) war einer der grossen Reformer der Periode vor der Klosterreform von Cluny.

301. Der hl. Abt Stephan empfiehlt der Muttergottes seine Mönche, Relief vom Grab des hl. Stephan von Aubazines, XIII. Jahrhundert.
Kirche von Aubazines.

302. Christus segnet die gekrönte Heilige Jungfrau, Skulptur über dem Eingang der Abteikirche Sankt Jakob, Lüttich, XIV. Jahrhundert.

303. Der hl. Benedikt und der hl. Johannes der Täufer, Ausschnitt aus dem Retabel von Michael und Gregor Erhart in der Abteikirche von Blaubeuren, 1493-1494.

304. Sankt Benedikt, Ausschnitt aus demselben Retabel.

305-306. Die Frohe Botschaft und das Letzte Abendmahl, Terracotta-Reliefs von Andrea della Robbia am Grabmal Guillaume Fillastres, etwa 1470-1480. Saint-Omer. Guillaume Fillastre, Abt der Sint-Bertinusabtei und Bischof von Doornyk, war zur Zeit Philipps des Guten eine der einflussreichsten Figuren am Burgunderhof.

307. Rosette der Abteikirche von Saint-Denis, XIII. Jahrhundert.

308. Musizierende Engel, etwa 1350 entstandene Wandmalerei auf der Nordwand der ›Königshalle‹ der Abtei von Lorsch.

309. Totentanz, Wandmalerei in der Abteikirche von La Chaise-Dieu, XV. Jahrhundert. Die Todesthematik spielte im spätmittelalterlichen Geistesleben eine wichtige Rolle. Der Totentanz, der möglicherweise auf ein Mysterienspiel aus dem XIV. Jahrhundert zurückgeht, verdeutlicht, dass Arm und Reich, Jung und Alt ohne Unterschied dem Tod entgegengehen.

310. Die heilige Maria mit Kind und dem hl. Benedikt, Malerei aus dem XV. Jahrhundert.

Si comme il pensoit a lentree
Non pas que on li ait empesche
Mais seulement par son pechie
Et par corrupcion de li
Il mest advis et aussi di
Que pou vault sa religion
Que vault avoir habit et nom
Et par dessoubz na riens qui vaille
Ce nest que le chapel sans faille
A lenchanteur ou il na rien
Et y mettroit on aucun bien
Ce di je pour le pelerin
Que oncques ne tint le chemin
De innocence a lui moustree
Ne de la boe nest gettee
En laissant le monde derriere
Et il sest en boute arriere
Apertenant sans honte avoir
Chascun se peut apercevoir

Ne le roy ne li scet nul gre
Se en religion nest entre
Cest chose qui ne li vault rien
Car gardee ne la a pas bien
Misericorde respondi
Il soit bon que fust ouy
A ceste chose benoit
Qui de tout ce bien savoir doit
Des moines doit scavoir lalle
Et de ses subges tout cure
Justice dist je my accort
Benoit nous voulons ton record
Avoir de ce pelerin la
Qui a dis en ton ordre entra
Se bien y a fait son devoir
La quel chose bien sai de voir
Quoncques encore ne li feist
A tant misericorde dist
Misericorde parle a benoit

311. Sankt Benedikt spricht bei der Barmherzigen für seine Mönche vor. Miniatur in Guillaume de Deguilevilles ›Pèlerinage de l'Ame‹, Frankreich, XIV. Jahrhundert. Brüssel, Königliche Bibliothek, Hs. 10176-10178.

312. Antependium aus dem Sankt-Benediktkloster zu Rupertsberg, etwa 1210-1220.
Brüssel, Königliche Museen für Kunst und Geschichte, Inv. Nr. 210/T 1784.
Die Darstellung erinnert an die Gründung des Klosters durch die hl. Hildegard von Bingen.

313. Jean Bellegambe, Der hl. Benedikt empfiehlt seine Mönche Christus. Ausschnitt aus dem Retabel von Anchin, etwa 1520-1530. Museum von Douai.

314. Juan de Valdés Leal, Äbtissin. Gemälde, XVII. Jahrhundert. Le Mans, Musée Tessé.

315. Salomon van Ruysdael, Ruine der Abtei von Egmond nach ihrer Zerstörung durch die Geuzen, Gemälde, 1664. La Fère, Musée Jeanne d'Aboville, Kat. Nr. 336.

316. Peter Paul Rubens, Die Kreuztragung, Gemälde, 1637. Brüssel, Königliche Museen der Schönen Künste. Dieses Gemälde ist eines der wenigen grossen Retabelwerke aus den letzten Schaffensjahren von Rubens; es wurde für den Hochaltar der Abteikirche von Affligem gemalt.

317. Tintoretto, Das Sammeln des Manna, Gemälde, zweite Hälfte des XVI. Jahrhunderts.
Venedig, Abteikirche San Giorgio Maggiore.

Spanischen Niederlanden tobten die Geusenkriege; 1573 wurde Egmont zerstört. Die Klöster der Union von Bursfeld lebten getrennt nebeneinanderher; einige, wie Sint-Pieter in Gent, wurden zerstört. In Dänemark, Norwegen, Schweden und Holland geht das Mönchtum vollkommen unter. In England zählte man zu Beginn des XVI. Jahrhunderts ungefähr 70 Abteien, die kleineren Häuser nicht mitgerechnet. Ausser ihren weltlichen Verstrickungen boten sie kaum Anlass zur Kritik. Heinrich VIII. hatte sich zunächst gegen Luther ausgesprochen, danach jedoch 30 Klöster aufgelöst, wobei ihm sein Vertrauter, der päpstliche Gesandte und Minister Kardinal Wolsley sogar noch behilflich war. Die Ehegeschichten des Königs, die der römischen Kurie missfielen, brachten ihn dazu, sich zum »Obersten Herrn der Kirche von England« zu machen (Suprematsakte von 1534). Eine Folge hiervon war die Plünderung der Klöster, die Cromwell 1535 einleitete. Die kleineren Klöster wurden zuerst aufgelöst. Zwischen 1538 und 1540 schloss man 54 Abteien (mit 1300 Mönchen) und die 8 Kluniazenserklöster (mit 108 Mönchen). Das Mönchtum hatte damit zu bestehen aufgehört.

In Frankreich ist die Pfründenwirtschaft zur

318. Mantegna, Die Heilige Familie, Gemälde, Ende XV. Jahrhundert. Mantua, San Andrea, Grabkapelle von Mantegna.

Norm geworden. Der König ernennt die Äbte. Trotz dieser Eingriffe, des allgemeinen Verfalls und der zahlreichen Säkularisierungen zwischen 1500 und 1550 erhalten diese Äbte mehr oder weniger gut eine Reihe von Klöstern am Leben, wobei die Tatsache, dass der Monarch katholisch ist, sicher eine wichtige Rolle spielt. Zwischen 1562 und 1593 lassen die Religionskriege das Mönchtum zwar noch weiter verarmen, ohne dabei jedoch, vor allem nach dem Übertritt von Heinrich IV., Umgestaltungen in Form von Aufrichtungen von Kongregationen unmöglich zu machen. Die Benediktiner kamen im allgemeinen besser davon als die anderen Orden. Dennoch bestand 1590 nur noch die Hälfte aller 1150 ursprünglichen Klöster, die die schwarzen Mönche 1520 noch gezählt hatten.

1563 beschloss das Konzil von Trient auf seiner 25. Sitzung, dass die Abteien »permanente und organisierte Korporationen« zu bilden hätten; in manchen Fällen erwies sich die Verwirklichung dieser Forderung jedoch als äusserst schwierig. In Mitteleuropa waren viele altehrwürdige Abteien, wie zum Beispiel Fulda, überhaupt nicht an einer solchen Konzertation interessiert.

Die Union von Bursfeld blieb jedoch bestehen, wenn auch ohne ihr protestantisch gewordenes Mutterhaus; Gruppen bildeten sich um Einsiedeln, Salzburg und Strassburg. In Frankreich entstand 1580 in Marmoutier die Kongregation der Exemtierten, der sich 55 Klöster anschlossen. In Lothringen gehörten 1604 zwölf, 1610 bereits etwa 50 Klöster zur Kongregation von Saint-Vanne. Die des französischen Saint-Maur wurde noch grösser und wuchs von 12 Klöstern im Jahre 1627 auf 191 im Jahre 1705. In Cluny, wo Richelieu Titularabt (wie in zwanzig weiteren Abteien) war und sehr ungeschickt auftrat, musste ›die alte Observanz‹ einer strengen neuen Platz machen; 1621 folgten ihr 31 Klöster. Die Spanischen Niederlande boten ein noch bunteres Bild. Viele Bischöfe, die Pfründe besassen, wollten ihre Privilegien auch weiterhin behalten und machten bei der Neueinteilung Schwierigkeiten. Saint-Vaast in Arras, Sint-Bertin in Sint-Omer und Sint-Pieter in Gent gründeten 1569 zusammen die flämische Kongregation der Exemtierten. Daneben bestand die Union von Bursfeld. Von Lothringen aus verbreitete sich die Reform von Saint-Vanne; 1628 wurde die Kongregation der Präsentation Unserer Lieben Frau gegründet, die sich auf die Statuten von Saint-Vanne berief. Trotz ihrer guten Observanz wurde die Kongregation 1654 wieder aufgelöst, da sich die angeschlossenen Klöster untereinander und mit den Bischöfen zerstritten hatten. In Affligem war, zum Beispiel, der Erzbischof von Mechelen Abt. In Italien schlossen sich 68 Klöster der Kongregation von Monte Cassino an, während in Spanien die Kongregation von Valladolid gedieh; in England gab es die sehr kümmerliche englische Kongregation.

Trotz aller Pfründenwirtschaft blieben auch die Zisterzienser über das XVI. Jahrhundert hinaus bestehen. Von Citeaux unabhängige Kongregationen entstanden in Spanien, Portugal, der Toskana und der Lombardei; die Kongregationen von Bayern, Polen, Aragon, Mittelitalien, Kalabrien und Lucca hingen jedoch auch im XVI. und XVII. Jahrhundert noch von Citeaux ab. In Frankreich gründete Dom Largentier, Abt von Clairvaux, eine Kongregation strenger Observanz, der sich auf Anhieb 40 Klöster anschlossen. Diese Häuser der sogenannten ›engen Observanz‹ stritten manchmal sehr heftig mit denen der sogenannten ›allgemeinen Observanz‹. Nachdem Papst Alexander III. 1666 eingriff, verpflichteten sich die beiden Gruppen zur Zusammenarbeit unter der Leitung des Abts von Clairvaux und eines

319. Amorbach, Abtei. Die Bibliothek wurde etwa 1790 erbaut. Sie ist mit Stuckarbeiten von A. Ditmann und Wandmalereien von Konrad Huber verziert.

320. Banz, Abteikirche. Die Abtei von Banz, 1070 gegründet, wurde nach den Glaubenskriegen im XVI. und XVII. Jahrhundert vollkommen neu aufgebaut. 1710–1719 erbaute Johann Dientzenhofer die Kirche; die barocke Inneneinrichtung ist eine der schönsten in Deutschland.

321. Metten, Abteikirche, Innenansicht, XVIII. Jahrhundert.

Generalkapitels. Auch einzelne Klöster führten Reformen durch (Orval, 1605); am interessantesten war jedoch die vom beseelten Abt de Rancé in La Trappe geleitete (1664-1700). Schliesslich wurde Ende des XVIII. Jahrhunderts auch noch eine Kongregation von Feuillant gegründet (Feuillant, Diözese Toulouse), während in Italien weiterhin die Kamaldulenser existierten; auch die Karthäuser überlebten bis zur Französischen Revolution.

Unter allen diesen Anstrengungen verdient eine intellektuelle Strömung Beachtung, bei deren Zustandekommen Saint-Maur eine grosse Rolle spielte und die den Benediktinern auch wissenschaftlichen Ruhm eintrug. Damals begann man, der Geschichte grosse Bedeutung beizumessen; nach den dialektischen Exzessen der Scholastik versuchte die Theologie, sich auf die Philologie, das Textstudium und die Geschichtsforschung zu

322. Metten, Bibliothek, XVIII. Jahrhundert.

stützen. Eigentlich war diese Idee nicht sonderlich neu. Das Studium der klassischen Texte aus der Antike während der Renaissance hatte auch zur Erforschung und zum Studieren der christlichen Texte angeregt und die sogenannte ›positive Theologie‹ vorbereitet.

Im XVI. Jahrhundert war einer ihrer Vorläufer Erasmus[9], dessen Forschungsergebnisse vor allem von den Jesuiten geschätzt wurden. Die wissenschaftliche Strömung, die vom Ende des XVII. Jahrhunderts bis zum Beginn der Französischen Revolution von Saint-Germain-des-Prés ausgeht, ist jedoch gleichbedeutend mit einer zweiten Renaissance. Die theologische Arbeit, die P. Lamy zufolge »eigentlich historischer Natur ist«, fällt von da ab leichter, da sie sich auf die bislang ausführlichste und beste Textausgabe stützen kann, die heute noch benutzt wird: die *Patrologia latina et graeca* von Migne (zur Zeit sind die Mönche von Steenbrugge mit einer verbesserten Neuauflage beschäftigt).

In Wirklichkeit waren die südniederländischen Jesuiten den Benediktinern voraus; sie hatten bereits früher die hagiographischen Texte, die ihnen nützlich erschienen, herausgegeben. Die Patres Rosweyde, Bollandus und Papebrock schufen, mit den *Acta Sanctorum,* die Grundlage einer gelehrten Gesellschaft, wie sie noch heute besteht.

In der Kongregation von Saint-Vanne und Saint-Hydulphe machten sich Dom Calmet, dessen Kommentar zur Ordensregel ein Meisterwerk der Vernunft und der Erudition ist, Dom Cellier und Dom Jean-François mit der Publikation historischer Arbeiten verdient.

Die Benediktiner von Saint-Maur verdanken ihren Ruhm ihrem ersten Ordensgeneral, Dom Gregorius Tarrisse (1648 gestorben). Im Stadtkloster Saint-Germain-des-Prés hatte man die körperliche Arbeit zugunsten der Kopfarbeit aufgegeben. 1631 stellten Dom Tarrisse und sein Bibliothekar Dom Lukas von Achery einen Arbeitsplan auf, der sich auf die patristische Literatur und die Kirchengeschichte konzentrierte. Um diese Arbeit, von deren Umfang ihre Begründer keine Vorstellung hatten, ausführen zu können, beschloss man, den jungen Mönchen eine hervorragende intellektuelle und vor allem historische Ausbildung zu geben. Die Bibliotheken, vor allem die von Saint-Germain-dès-Prés, wurden erweitert; jedes Kloster sollte seine begabtesten Mönche nach Paris schicken. Dem Verantwortlichen für eine Arbeit stand ein *socius* zur Seite, der oft ein Freund war. Die Notwendigkeit, genaue Informationen zu erhalten, verpflichtete die Mönche zum Reisen, um draussen neue Mitarbeiter ausfindig zu machen. So half die ganze Kongregation dem Pariser Kloster bei der Arbeit. Von ihren 3500 Mitgliedern arbeitete eine Elite von rund 40 Mönchen in Saint-Germain-des-Prés. Diese grandiose Aufgabe erforderte Einheit und Entschlossenheit bei allen, und hauptsächlich der Ordensleitung, um sich der Spitzenkräfte, die dazu nötig waren, zu versichern. »Die Ignoranz«, schrieb Dom Mabillon, »ist keine Tugend eines guten Mönchs.« 1790 erklärten 37 von den 47 Mönchen in Saint-Germain-des-Prés, ihrem Gelübde treu bleiben zu wollen.[10]

Zwei Namen sollten hervorgehoben werden: Dom Jean Mabillon, der zu den grossen Historikern des Ordens seit Beda Venerabilis gehört; er schrieb die berühmte Abhandlung *Etudes monastiques,* als Antwort auf den gewandten Abt de Rancé, und begründete, vor allem, mit seinem *De Ie diplomatica* die historische Kritik. Sein Konfrater Dom Bernhard von Montfaucon schrieb die Abhandlung *Palaeographica Graeca.*[11]

Das Saint-Germain-des-Prés der Mauristen war die letzte grosse Leistung des Benediktinerordens vor dem Ausbruch der Französischen Revolution. Seit dem Ende des XVII. Jahrhunderts war sie von Schriftstellern vorbereitet worden, die sie jedoch nicht voraussahen (Fénélon mit einem *Telemach,* Vauban mit seinen mutigen Texten); die Stunde der *Krise des europäischen Bewusstseins,* um es mit dem Titel eines Buches von Paul Hazard auszudrücken, oder auch die Stunde des *Französischen Europas der Aufklärung,* wie Louis Réau eine Untersuchung nannte, hatte geschlagen. Bei dieser Krise spielte auch der Jansenismus eine gewichtige Rolle, hauptsächlich ging sie jedoch von der radikalen, rationalistischen Philosophie aus. Die Naturreligion, der Josephismus, der die Kirche dem Staat unterwarf, der *Dictionnaire* von Bayle und die *Encyclopédie* von Didérot und d'Alembert, sie hatten alle zusammen ein atheistisches Klima geschaffen, das für die Französische Revolution und das Kaiserreich danach charakteristisch war.

Unter diesen Voraussetzungen konnte das Mönchtum allein verachtet, wenn nicht gar misshandelt werden, wobei man auch nicht vergessen sollte, dass die Klöster angesichts der Bedrängung von aussen auch nicht immer gegen alle Miasmen gefeit waren. »Mönch? Was ist das für ein Beruf? Es ist kein Beruf, weil man mit unverletzlichem Gefühl absurd und Sklave ist und auf Kosten der anderen lebt«, schrieb Voltaire; er war nicht der einzige, der so dachte. Als die schwersten Zeiten vorüber waren, entschied Napoleon Bonaparte: »Ich will keine Mönche (...), sondern gute Bischöfe und gute Geistliche«, das heisst kirchliche Würdenträger, die sich dem staatlichen Diktat beugen. So waren von den 1500 Benediktinerklöstern, die es vor der Revolution gegeben hatte, 1815 nur etwa 30 übriggeblieben.

Die Zahlen sind beredt. Zunächst ist die Pfründenwirtschaft mehr als je zuvor eine Plage. D. Cousin erinnert daran, dass 1789 von 1150 Mönchsklöstern 850 Pfründen sind. Eine andere Schätzung, 625 Pfründen auf 740 Klöster, ergibt kein besseres Verhältnis. Zwischen 1766 und 1790 nehmen die Eintritte rapide ab: in Cluny sinkt die Zahl der Mönche von 671 auf 301; in Saint-Maur von 1917 auf 1699 (im Jahre 1788 wurden in der ganzen Kongregation 16 Gelübde abgelegt); in Saint-Vanne von 610 auf 523. Die Zisterzienser der ›allgemeinen Observanz‹ gehen von 1851 auf 1624 Mitglieder zurück, die der ›strengen Observanz‹ von 578 auf 350. Zahlreiche Klö-

323. Johann Jacob Zeiller, Triumph des hl. Benedikt und des Benediktinerordens, Deckengemälde in der Abteikirche von Ottobeuren, XVIII. Jahrhundert.

ster der schwarzen und weissen Mönche zählen weniger als zehn Mönche; das gilt 1768 für 600 Häuser der weissen Mönche, von denen 1790 nur noch 301 mit je sechs oder sieben Mönchen bestehen. In Cluny treten 28 von 40 Mönchen aus; diejenigen, die ihrem Gelübde treu geblieben sind, wissen nicht, was sie tun sollen. Um 1752 zählen die 191 zu Saint-Maur gehörenden Klöster im Schnitt weniger als jeweils zehn Mönche. In Saint-Vanne treten von 437 Mönchen 229 aus, 64 zögern. Clairvaux leert sich: 31 Mönche verlassen den Titularabt, bei dem ein einziger Mönch zurückbleibt. In Citeaux gehen 30 von 40 Mönchen. Zwischen 1768 und 1790 nimmt der Bestand im Schnitt um 32 Prozent ab. Nur die Karthäuser, Trappisten und Nonnenklöster, sowie einige Mönchsklöster im Artois und in Flandern, halten sich.

Radikale Entscheidungen lassen nicht auf sich

warten. Am 28. Oktober 1789 verbietet ein Erlass der Nationalversammlung das Ablegen von Gelübden; am 17. Dezember des gleichen Jahres wird der Erlass bestätigt. Am 13. Februar 1790 entbindet der Staat die Mönche und Nonnen von ihren abgelegten Gelübden. Wer annimmt, erhält eine Rente. Wer bleibt, wird in einer der zusammengewürfelten Gemeinschaften untergebracht, in der alle möglichen Observanzen nebeneinander bestehen; diese Massnahme veranlasste viele von denen, die gehofft hatten treu bleiben zu können, das Kloster zu verlassen. Überall wurden die

324. Johann Michael Fischer, Abteikirche von Ottobeuren, 1737-1766, Innenraum.

325. Johann Michael Feichtmayr, Kanzel in der Abteikirche von Ottobeuren, XVIII. Jahrhundert.

Meisterwerke der Architektur geplündert und zerstört: Citeaux, La Ferté, Clairvaux, Morimond, Corbie und, etwas später, Cluny. Einige Mönche enden auf dem Schafott, viele werden verschleppt, alle verjagt.

Ausserhalb von Frankreich betreiben die Armeen der Revolutionäre und später Napoleons die gleiche Politik, manchmal allerdings etwas weniger fanatisch. In den Österreichischen Niederlanden werden die Orden verboten und ihre Güter verkauft; in der Schweiz erlaubt Napoleon hingegen den Wiederaufbau einiger Klöster. Im deutschsprachigen Raum bleiben einige bestehen: 15 Benediktinerabteien in Deutschland, 12 in Österreich und 3 in der Schweiz. In Italien führt die Französische Revolution zur Zerstörung oder zur Schliessung der Klöster, selbst im Kirchenstaat (1809). Monte Cassino, Cava, Montevergine werden zu öffentlichen Gebäuden erklärt und als Archivräume benutzt. In Spanien löst man die Klöster, einschliesslich Montserrat, auf. Das Napoleon verhasste England nimmt hingegen die englischen Benediktiner, die in Frankreich im Exil gelebt hatten, wieder auf.

Einzig und allein die Trappistenbruderschaft von Dom de Lestrange überlebte. 1791 emigrierten sie in einem geschlossenen Wagen, der ihnen als Kloster diente, nach Valsainte in der Schweiz, wo sie eine Kongregation von Wandermönchen gründen, die europäische Ausmasse annimmt. Dom de Lestrange war zunächst von Napoleon wohlgelitten, aber die Treue des Abts zum römischen Pontifex irritierte den Kaiser. Am 28. Juli 1811 lässt er den Trappistenorden verbieten. Dom de Lestrange kann flüchten. Nach 1814 gründen seine Mönche zwei Kongregationen. Die weissen Mönche hatten überlebt, die schwarzen mussten völlig von vorne beginnen.

GENS AETERNA Nach der Französischen Revolution und dem Kaiserreich zählt der Benediktinerorden noch rund 30 Klöster; er war aber auch seine Plagen aus der Zeit des Ancien Régime losgeworden. Mutige waren gefragt, um eine Restauration anzupacken, die eine Renaissance werden sollte. In Frankreich belebt ein junger Geistlicher, Abbé Guéranger, das Mönchtum im ehemaligen Priorat von Solesmes (bei Le Mans) wieder; die Gründung findet 1833 statt und wird 1837 genehmigt. Die Ideen des Gründers waren zum Teil der gängigen Romantik verhaftet. Im Dorf der Mauristen wollte er das Studium der geistlichen Wissenschaften wieder aufnehmen lassen. Das Ideal wurde jedoch abgeändert. Als der Abt 1875 starb, hinterliess er als Erbe eine Kongregation

– zu der Ligugé (1863) und Marseille (1865) gehörten – autonomer Klöster, an deren Spitze ein Abt auf Lebenszeit stand. Hieraus entstand die französische Kongregation.

1903 bricht neues Unglück über die junge, aufstrebende Kongregation herein; der sogenannte ›kleine Vater Combes‹, eine schleimige, fanatische, üble Persönlichkeit, verjagt alle Mönche – ungefähr 30000 – aus Frankreich. So entstehen Neugründungen im Ausland: Oosterhout in den Niederlanden, Quarr auf der Insel Wight usw. In Frankreich hatte Pater Muard 1850 in Pierre-qui-Vire, im Morvan, ein Kloster strenger Observanz gegründet, dessen Strenge sogar gemildert werden musste. Nach einem schwierigen Beginn und einer langen Reifezeit wurde dem Kloster eine glänzende Zukunft zuteil. Das gleiche gilt für Encalcat und Saint-Benoît-sur-Loire.

Unter Papst Pius VII. werden in Italien 12 Klöster wiedergeöffnet. 1852 gründet Pius IX. wieder die Kongregation von Monte Cassino, die er in fünf Provinzen unterteilt: Subiaco, Neapel (Monte Cassino), Rom, Norditalien und Sizilien. Später gründet Dom Casaretto, dem es nicht gelungen war, Subiaco und Monte Cassino zu einer Kongregation zu vereinigen, eine internationale Kongregation von grosser Ausstrahlungskraft; Termonde (Dendermonde) in Belgien (1858), Pierre-qui-Vire in Frankreich (1859) und Montserrat (1852) gehören ihr an. Sie heisst Kongregation von Subiaco (Monte Cassino) ursprünglicher Observanz und wurde 1872 anerkannt. 1880 wurden die Statuten geändert. Während dieser Zeit musste das italienische Mönchtum unter den Einigungsversuchen Italiens durch Piemont leiden: Klöster wurden geschlossen, ihr Hab und Gut beschlagnahmt. 1935 gehören 9 Abteien zur Kongregation von Monte Cassino, darunter Monte Cassino, Saint-Paul-hors-les-Maurs, Cava und Farfa. Zur gleichen Zeit zählt die Kongregation von Subiaco 7 Abteien in Italien, 2 in England, 3 in Belgien, 9 in Frankreich, 12 in Spanien und 3 in Deutschland.

In Deutschland sorgen die Fürsten für die monastische Restauration. König Ludwig I. von Bayern setzt sich so tatkräftig für sie ein, dass man ihn den »wahren Neubegründer des Benediktinerordens in Bayern« (D. Schmitz) genannt hat. Ihm ist es zu verdanken, dass Metten 1830 wieder seine Pforten öffnet. 1835 gründet der Monarch in München das Sankt-Bonifatius-Kloster. Die bayerische Kongregation wird 1858 gegründet.

Auch Prinzessin Katharina von Hohenzollern begründet ein ehemaliges Ausgustinerkloster neu: Beuron, von dem 1868 eine neue Kongregation ausgeht. Diese berühmte Gründung ist zwei Brüdern zu verdanken, die in Saint-Paul-hors-les Maurs ihr Gelübde abgelegt hatten, Dom Maur und Dom Placide Wolter, die sich, obwohl sie kräftig unterstützt wurden und mit dem Klosterleben vertraut waren, bei Dom Guéranger informiert hatten. Der Kulturkampf (1875-1887) zwingt die deutschen Mönche ins österreichische Exil; dort nahmen sie einige Neugründungen vor. Relativ spät wurde Maria Laach wieder aufgerichtet (1892).

Eine deutsche Kongregation, von Sankt Ottilien, widmet sich der Missionsarbeit im Ausland. Ihr Kloster wurde 1887 gebaut und 1902 zur Abtei.

1830 beginnt der bescheidene Neuanfang des belgischen Mönchtums, das auf eine glanzvolle Vergangenheit zurückblicken kann. Einige 1796 aus Affligem geflüchtete Mönche lebten 1833 noch. Da man der Meinung war, Affligem nicht wiederaufbauen zu können, gründete man 1841 Dendermonde. Der letzte überlebende Mönch von Affligem starb hier im Jahre 1846. Das Kloster schloss sich 1858 der Kongregation von Subiaco an. Termonde trug 1846 zur Gründung von Steenbrugge bei und begründete 1870 Affligem aufs neue.

1872 wird mit dem Bau von Maredsous begonnen, das 1878 Abtei wird; es gehört zur Kongregation von Beuron. Zwei weitere Neugründungen sind der Keizersberg bei Löwen und Sint-Andries bei Brügge. 1920 schliessen diese drei Klöster sich zur belgischen Kongregation zusammen. Unter Pius IX. wird das Kloster von Amay gegründet, das sehr bald nach Chevetogne übersiedelt. Dessen Mönche haben sich auf das Studium der Ostkirche spezialisiert und arbeiten an einer authentischen Ökumene, wie sie heute endlich erlaubt ist und unterstützt wird.

In Österreich hatte Kaiser Joseph II. nicht alle Klöster schliessen lassen, jedoch von denen, die bestehen bleiben durften, verlangt, in den Kirchengemeinden ›nützliche Dienste‹ zu leisten. Das bedeutete, dass unter und nach ihm die offiziell zugelassenen Klöster der Staatsaufsicht unterstanden. Die Bischöfe verweigerten überdies jede Art von Umgruppierung; Papst Leo XIII. weist die österreichischen Klöster jedoch zwei Kongregatio-

326. Melk, Abteikirche, XVIII. Jahrhundert. Nach einer Periode des Verfalls im XVI. und XVII. Jahrhundert kannte Melk eine neuerliche Blütezeit. Die Maler Paul Troger und Rottmayer und der Bildhauer Matielli schmückten die imposante Barockkirche aus.

327. Melk, Bibliothek, XVIII. Jahrhundert.

328. Melk, Der grosse Empfangssaal oder auch Marmorsaal, XVIII. *Jahrhundert. Ein ganzer Flügel der Abtei, darunter auch dieser Saal, waren dem Kaiser und seinem Gefolge vorbehalten.*

nen zu: der der Unbefleckten Empfängnis (11 Abteien) und der von Sankt-Joseph (6 Abteien und 1 Priorat). Zu diesen Häusern gehörten Schulen und Pfarrklöster. 1930 bestand in Österreich nur noch die Kongregation der Unbefleckten Empfängnis.

1802 wurden in Ungarn per Erlass wieder 5 Abteien zugelassen. Der zuvor aufgelöste Orden entstand in sehr zentralisierter Form wieder neu, mit einem vom König ernannten Erzabt an der Spitze, der seinerseits, mit Zustimmung der staatlichen Stellen, die Äbte der Tochterklöster ernannte. Pannonhalma übersteht auch die Schrekken des Zweiten Weltkriegs; man weiss nicht genau wie.

Die verbotenen Klöster in der Schweiz leben 1803 wieder auf. Die Ausdehnung des Ordens wird jedoch durch die Gesetzgebung der Kantone verhindert, von denen manche die Klöster verbieten. Sankt Gallen bleibt verboten, während Einsiedeln 1819 neubegründet wird und bis heute gedeiht. Andere Klöster werden zwischen 1834 und 1874 wieder geschlossen. Die zugelassenen widmen sich dem Unterrichtswesen. Die Französische Revolution schätzte die englischen Mönche nicht, die einst nach Nordfrankreich, Lothringen und Deutschland geflüchtet waren, und zwang sie, nach England zurückzukehren. So blieben ihnen die Anfeindungen Napoleons erspart. Ab 1802 entstehen in England wieder mehrere Klöster: Ampleforth, Dowside, Woolhampton, Belmont, in

Schottland Fort August; Ramsgate tritt der Kongregation von Subiaco bei.

In Spanien waren 1812 etwa 800 von 1700 Konventen geschlossen. Die politischen Wirren und die feindliche Haltung der Bevölkerung erschwerten den Neubeginn. 1835 wurden 56 neubegründete Klöster wieder aufgelöst, die Gelübde verboten und 1660 Mönche vertrieben. Trotzdem hatte man in Montserrat 1844 wieder begonnen, und hilft Ligugé 1880 Silos wieder auf die Beine. Um Montserrat gruppieren sich die spanischen Klöster der Kongregation von Subiaco. In Portugal werden 1834 die Güter konfisziert und die Mönche vertrieben. Selbst in jüngster Zeit hatte sich das Mönchtum hier, trotz harter Arbeit, noch nicht wieder erholt. 1893 sammelt Papst Leo XIII. alle Benediktiner in einem brüderlichen Verband, der Benediktinerkonföderation, die einem Primas untersteht. Der erste Primas war Rme. Dom Hildebrand de Hemptinne, zur Zeit ist Rme. Dom Dammertz der Amtsinhaber. Der Primas residiert im Sankt-Anselm-Kolleg in Rom; die letzten Akte von Papst Pius XII. (1952, *Lex propria*) und Papst Paul VI. (1964) haben die bestehende Organisation gefestigt und präzisiert. 1970 zählte die Konföderation 20 Kongregationen mit 225 Klöstern und 10936 Mönchen, Priestern, Laienbrüdern, Novizen und Oblaten.

Die weissen Benediktiner bieten ein weniger abwechslungsreiches Bild. Die Restauration im XIX. Jahrhundert verlief sehr träge. Von Rom aus reformierte Pius VII. die italienische Kongregation des hl. Bernhard und stellte Casamari wieder offen (1814). 1869 beschlossen die in Rom versammelten Delegierten der Zisterzienser, die keine Trappisten waren, die Restauration eines Generalkapitels mit einem Generalabt an der Spitze. So wurden 30 Abteien in 4 Kongregationen mit etwa 1000 Mönchen eingeteilt. 1892 befolgten die weissen Mönche zwei Observanzen; jede hatte ihr Generalkapitel und ihren Generalabt, sowohl der Zisterzienserorden der allgemeinen Observanz, als auch die Trappisten. 1975 gehörten 62 Klöster und etwa 1450 Mönche, überwiegend Priester, zu den 10 Kongregationen der allgemeinen Observanz.

In Frankreich und in Belgien waren die Trappisten sehr aktiv; sie übernahmen viele ehemalige Klöster und gründeten zahlreiche neue (die untereinander nicht vereint waren). 1836 bestanden drei Kongregationen: die Observanz de Rancé, die aus Valsainte hervorgegangene Observanz von Les Wange und die der Jurisdiktion des Erzbischofs von Mechelen unterstehende Observanz von Westmalle. Diese drei Trappistenkongregationen schlossen sich zu einer Union zusammen, der der in Rom residierende Generalabt von Citeaux vorstand. Da jede Kongregation jedoch ihre Gebräuche bewahren durfte, erwies sich die Ausgestaltung der Union als sehr schwierig, vor allem in Frankreich, wo die Klöster der bischöflichen Jurisdiktion unterstanden. 1869 zählten die drei Kongregationen 52 Abteien und etwa 3000 Mönche, Priester und Laienbrüder. 1892 vereinigten sich die drei französischen und belgischen Kongregationen (die italienischen Trappisten von Casamari blieben lieber selbständig) in einem einzigen Orden, dessen erster Generalabt Dom Sébastien Wyart aus Sept-Fons war. Die Trappisten nahmen Citeaux wieder in ihren Besitz. So war der reformierte Zisterzienserorden der strengen Observanz endgültig geschaffen. 1974 gehörten 85 Klöster mit 3090 Mönchen, darunter 1671 Priester, ihm an.

DIE DISKRETE WELT DER NONNEN Eine bekannte Passage in den *Dialogen* des hl. Gregor gibt die Unterhaltung zwischen dem hl. Benedikt und seiner Schwester Scholastika wieder. Da Scholastika ›Gott geweiht‹ war, schloss man daraus lange Zeit, dass sie in einem Frauenkloster unter der Regel des Ordensstifters gelebt hat. Jedoch gibt es kein Dokument, um diese Annahme zu beweisen. Zu Zeiten der Völkerwanderung unterstützten die Langobardenkönige im VII. Jahrhundert die Gründung von Nonnenklöstern in Norditalien; auch in Rom und in Süditalien kamen sie vor. Sie befolgten eine Mischregel, die aus verschiedenen Texten zusammengestellt und den persönlichen und örtlichen Erfordernissen angepasst worden war. Erst Mitte des VIII. Jahrhunderts übernehmen die Nonnenklöster, gleich den Mönchsklöstern, ganz oder teilweise die Benediktinerregel. Lioba, eine Verwandte und Mitstreiterin des hl. Bonifatius, befolgte die Regel von Monte Cassino, die auf die Mission abgestimmt war und auch das Verlassen des Klosters gestattete.

Auch die Neuordnung des Mönchtums durch Benedikt von Aniane (Aachen, 817) beeinflusste die Nonnenklöster. Viele Nonnen entstammten Adelsgeschlechtern, waren gebildet und an einen bestimmten Lebensstil gewöhnt; so bestand die Neigung, das Äbtissinnenamt als eine Familienangelegenheit anzusehen. Die Invasionen der Normannen in England und auf dem Kontinent, die Streitereien zwischen Ludwig dem Frommen, seinen Söhnen und den Prälaten und die darauffolgenden Erschütterungen beeinträchtigten den

329. Die Abteikirche von Metten, Vorderseite, XVIII. Jahrhundert.

330. *Die Abtei von Zwiefalten, Panorama. Die barocke Abteikirche von Johann Michael Fischer wurde 1738-1765 erbaut. Sie hat einen besonders schönen Innenraum im Rokoko-Stil.*

331. *Kremsmünster, Abtei, Panorama.*

332. Die Abtei von Disentis, Panorama.

333. Die Wohnung der Äbte der Abtei Saint-Etienne zu Caen, XVIII. *Jahrhundert; heute Rathaus der Stadt.*

334. Sankt Gallen, Frontpartie der Kathedrale (ehemalige Abteikirche). Die alte Schweizer Abtei wurde im XVIII. Jahrhundert völlig umgebaut. Die eindrucksvolle Fassade der Kirche (1761-1767) wurde von Johann Michael Beer entworfen und mit Bildhauerarbeiten von Joseph Anton Feuchtmayr verziert.

335. Sankt Gallen (Schweiz), Kathedrale, Blick auf den Chor.

NOMEN EIUS
IN CHORO

nebenan:

336. [links] Die Abteikirche von Malmedy, 1776 begonnen. Malmedy wurde zwischen 627 und 650 durch den hl. Remaclus gegründet, zur gleichen Zeit wie die Abtei von Stavelot.

337. [rechts] Westseite der Sint-Pieters-Abteikirche zu Gent, 1629-1728. Die Sint-Pietersabtei von Gent war eine der mächtigsten geistlichen Institutionen Flanderns.

338. [unten] Die Abtswohnung der Abtei von Gembloers, 1760-1779 nach Entwürfen von Laurent-Benoît Dewez erbaut.

339. Der Mittelgang in der Abtswohnung von Saint-Hubert, XVIII. Jahrhundert. Die Panele der Eichenholztüren zeigen die geschnitzten Wappen der Äbte.

340. Die Abtswohnung in Saint-Hubert, 1729-1731.

341. Die Abtei von Maredsous wurde 1872 gegründet; Kirche und Klostergebäude entstanden Ende des XIX. Jahrhunderts. Maredsous entwickelte sich sehr schnell zu einem Zentrum des kulturellen und intellektuellen Lebens.

342. Die Abtei Saint-Pierre de Solesmes, Sable-sur-Sarthe (Frankreich).
Die beeindruckenden Gebäude im neoromanischen Stil wurden im XIX. Jahrhundert gebaut. Solesmes ist ein wichtiges intellektuelles Zentrum und wegen seines Gregorianischen Chorgesangs berühmt.

343. Treppenhaus der neuen Abtei von Affligem, nach 1932 vom niederländischen Architekt Kropholler erbaut. Von den alten Abteigebäuden war nach der Französischen Revolution nicht mehr viel übriggeblieben.

344-345. [links und unten] Jean Cosse, Kloster und Kapelle von Saint-André de Clerlande in Ottignies, 1970. Clairelande, Louvain-la-Neuve (Ottignies).

346. [rechts] Kloster der Benediktinerinnen in Rixensart, Architekten Roger Bastin und Pierre Lanby, 1965-1968.

347. Inneres der Abteikirche von Vaals.

Zulauf und die Qualität des religiösen Lebens. Die Reform von Cluny half den Nonnen, eine lange Periode der Isolation zu durchbrechen, die besonders die Frauenklöster schwer getroffen hatte. 1061 gründete der hl. Hugo in Marcigny ein Kloster, in dem und in dessen Tochterklöstern, nach dem Vorbild des vertikalen Zentralismus von Cluny, ausgiebige Gottesdienste stattfanden, die Abgeschlossenheit verpflichtet und die Schulen abgeschafft waren. Die Gelübde wurden vom Abt oder seinem Stellvertreter entgegengenommen. Oft half, beriet und überwachte eine kleine Mönchsgemeinschaft in der Nachbarschaft die Nonnen. Auch die anderen Reformen in Lothringen, Deutschland und Italien drangen zu den Nonnen durch.

Abelard ist ein Spezialfall; etwas spät empfahl er den Nonnen seiner ehemaligen Schülerin Heloise, einer ob ihres Wissens und ihrer Erfahrung gerühmten Frau, Keuschheit. Heloise war Äbtissin von Paraclet in der Diözese Troyes (1129-1164); um ihr Kloster gründete sie eine kleine Kongregation. Bereits erwähnt wurde die originelle Organisationsform des Mischklosters Fontevrault, wo eine besonders strenge Observanz galt. Noch in jener Zeit waren die Nonnen, die sich noch manch anderer Vorzüge rühmen konnten, gebildet und aus gutem Hause, vor allem in Deutschland, wo zwei berühmte absolut genannt werden müssen: die hl. Elisabeth von Schönau (1164 gestorben) und die hl. Hildegard von Rupertzberg im Rheinland (1178 gestorben).

Auch bei den Nonnen lässt der monastische Geist ab dem Ende des XII. und während des XIII. und XIV. Jahrhunderts nach: die Zahl der Eintritte sinkt, die grosse Armut zwingt die Nonnen, alleine zu leben, die Moral lässt zu wünschen übrig, die Beständigkeit wird missachtet, die Klöster werden schlecht verwaltet, da ihnen Äbtissinnen aus kinderreichen und ziemlich armen Familien vorstehen, die dennoch einflussreich genug sind, ihre Töchter auf Kosten der Klöster unterzubringen.

An Reaktionen hierauf mangelt es nicht, jedoch werden die wirksamsten Reformen erst im XV. Jahrhundert durchgeführt, unter anderem im deutschen Bursfeld, im spanischen Valladolid und, hauptsächlich, im italienischen Santa Giustina in Padua, dessen Mönche sich zunächst überhaupt nicht um die Nonnenklöster kümmern wollten und damit einer Aufforderung des Papstes entsprachen. Durch den Zusammenschluss in Kongregationen unter einem Generalkapitel verloren auch die Nonnenklöster ihre Autonomie und wurden die Äbtissinnen ›auf Zeit‹ ernannt und streng kontrolliert, vor allem was das Gebot der Beständigkeit betraf.

Die Reformation traf die Nonnenklöster sehr schwer. ›Reformierte‹ Nonnen änderten noch gültige Observanzen. In England liess Heinrich VIII. rund 60 Nonnenklöster auflösen und ihren Besitz konfiszieren. Um die Krise zu überwinden, beschloss das Konzil von Trient 1563, dass ohne Gelübde niemand mehr in ein Kloster eintreten dürfte und dass das Gebot der Beständigkeit und des Zusammenlebens in der Gemeinschaft eingehalten werden müsse. Obwohl sie sehr allgemein gehalten waren, zeitigten diese Beschlüsse dennoch Resultate, vor allem in Italien, wo unter der Leitung der Mönche von Santa Giustina zahlreiche Häuser reformiert wurden. Die 200 Nonnen von San Salvatore in Brescia (XVII. Jahrhundert) sind ein Ausnahmefall; dennoch gab es zahlreiche Klöster mit mehreren Dutzend Nonnen. Die Reform war nicht unbedingt eine Sinekure. Der Italiener Maracco, der nach dem Konzil von Trient den Auftrag hatte, die Gemeinschaften aufzusuchen, hält fest, dass er lieber eine Million Mönche zur Ordnung rief als zehn Nonnen; vermutlich übertrieb er allzu sehr.

In Frankreich übernahmen die Benediktiner nur ungern die Leitung von Nonnenklöstern. Das hatte zur Folge, dass viele von ihnen von Männern hohen Ansehens geleitet wurden, denen die spirituelle Tradition des Benediktinerordens jedoch völlig fremd war; das gilt selbst für Franz von Sales, Vinzenz von Paul und Bérulle. In jedem Fall wurde aber darauf geachtet, dass die Regel streng eingehalten wurde. Danach folgte eine glanzvolle Periode der von Henri Bremond zu recht so bezeichneten ›grossen Äbtissinnen‹, die allesamt distinguierte, gebildete und wahrhaft heilige Frauen sind. Das erforderte Opfer. Die eleganten, spitzenbesetzten Kleider mussten Trachten aus grobem Stoff weichen, das Privateigentum, das den Reichen nutzte und die Bedürftigen nicht ernährte, wurde durch die Gleichheit in Armut ersetzt; die Einmischung der Familien in die Klosterangelegenheiten wurde soweit wie möglich zurückgedrängt.

In den Niederlanden gingen die Reformbestrebungen vom Kloster Paix-Notre-Dame in Douai aus (1625). Die Tätigkeit im Unterrichtswesen vervollständigte die Arbeit der Nonnenklöster. Eine ähnliche Erneuerung zeichnet sich auch in England, Mitteldeutschland, Österreich und Polen ab.

Fast das ganze XVIII. Jahrhundert hindurch litten die Frauenorden Not. Zunächst bestanden in Sizilien zahlreiche strenge Klöster, aber allmählich machten sich überall in Italien immer schwerwiegendere Verfallserscheinungen bemerkbar. Zur gleichen Zeit waren in der Donaumonarchie Klöster aufgelöst worden (in Österreich 1782, in den Niederlanden 1796), als Folge der Politik von Maria Theresia und Joseph II. In Frankreich dauert die jansenistische Krise bis zur Französischen Revolution an. 1792 werden alle Häuser der Kontemplation geschlossen. Manche Nonnen besteigen das Schafott. In Deutschland beschlagnahmt man 1803 Hab und Gut der Klöster; später vertreibt der Kulturkampf viele Mönche und Nonnen. In Italien führt die Besetzung des Landes durch Napoleon 1801 und 1802 zur Auflösung der Klöster, ebenso wie, ab 1855, die erfolgreich vorrückenden Könige von Sardinien die Klöster nicht verschonen. In den bestehenbleibenden Häusern ist das Niveau des spirituellen und kulturellen Lebens sehr niedrig. In Spanien findet man im XIX. Jahrhundert eine analoge Situation vor. Ganz Europa durchlebt eine religiöse Krise.

Einige Kerne widerstanden hier und da jedoch und wurden zu Ausgangspunkten des Neubeginns. Schon 1816 kehrte in Frankreich das Kloster Saint-Louis-du-Temple zu den Ursprüngen der kontemplativen Tradition zurück. In Bayern rief König Ludwig I. die ehemaligen Abteien wieder ins Leben (1835 und 1837). Ende des Jahrhunderts gründete die Kongregation von Beuron Sankt Gabriel in Prag (1889) und Marédret in Belgien (1893). Auch in Italien wurden einige Klöster wieder geöffnet. Die einst nach Douai ausgewichenen englischen Benediktiner kehrten in ihre Heimat zurück. 1867 gründete Mutter Cécile Bruyère, eine Geistesverwandte von Dom Guéranger, in Solesmes das Kloster Sainte-Cécile, aus dem danach Wisques und Kergouan hervorgegangen sind. Etwas später wurde in Dourgues das Kloster Sainte Scholastique gegründet. Die Ausweisung aus Frankreich führte zur Gründung zahlreicher Nonnenklöster im Ausland.

Das Leben der Benediktinernonnen ist fast ein Spiegelbild des Mönchslebens. Einige Unterschiede sollten jedoch hervorgehoben werden: die Beziehungen zu den Bischöfen, denen gegenüber die Nonnen zum Gehorsam verpflichtet waren, die Gefahr der Isolation, die seltene Zuflucht zu den Sakramenten, die Abhängigkeit der Klöster von Familien oder Wohltätern. Diese Schwierigkeiten sind vor allem bei den Zisterzienserinnen sehr deutlich ausgeprägt.

Heute untersteht die Frauengemeinschaft des Benediktinerordens fast einheitlich der *Lex propria* der vom Primas geleiteten Benediktinerkonföderation. 1970 zählte man in aller Welt etwa 1000 Benediktinernonnen in 307 Klöstern. Auf seiten der Zisterzienser, die sich ursprünglich nicht um die Nonnen kümmerten, datiert die erste Gründung eines Nonnenklosters aus dem Jahre 1120. Sie fand unter Stephan Handing in Tart bei Dijon statt. Ende des Jahrhunderts folgte eine weitere in Las Huelgas, die in Spanien eine sehr wichtige Rolle spielen sollte. Erst zu Beginn des XIII. Jahrhunderts fing Citeaux an, seine Nonnenklöster zu besuchen und ihnen spirituell und materiell zu helfen. Die Chornonnen entstammten fast ausschliesslich Adelsfamilien. Ende des XIII. Jahrhunderts lebten im sächsischen Benediktinerinnen- oder Zisterzienserinnenkloster (je nachdem welchen Autor man zitiert) Hefta die bedeutenden, heiliggesprochenen Mystikerinnen Mechthild und Gertrud. In der Reformation werden viele Nonnen vertrieben; einige Kongregationen bilden sich neu, darunter die Benediktinerinnen von Valladolid und die französischen Feuillantinen (beide Ende des XVI. Jahrhunderts). Port-Royal von Angélique Arnauld (1661 gestorben) sagt sich, nach einer berühmt gebliebenen Reform, von Citeaux los, verdämmert schliesslich jedoch im Jansenismus.[12] Wider alles Vermuten sparte oder vergass die Französische Revolution viele Zisterzienserinnenklöster, die sich somit neu organisieren konnten. Die Nonnen der allgemeinen Observanz wandten sich sozialen Aufgaben in Waisenhäusern, Bedürftigenstiftungen usw. zu. 1975 gab es 84 Klöster, von denen 13 zum Generalkapitel gehören, die übrigen den Bischöfen unterstehen. Diese Ausgangslage erschwert eine Schätzung des Mitgliederbestands. Man kann vermutlich 2000 als realistisch annehmen.

Ein anderer Teil der Zisterzienserinnen befolgte die Observanz de Rancé und hielt die kontemplative Tradition aufrecht, die der Gründer der Trappisten wieder aufgewertet hatte. Die Französische Revolution, die die Klöster aufhob, zwang sie ins Exil. Die Trappistinnen schlossen sich, in der Nähe von Valsainte, Dom de Lestrange an, dem sie auf seiner Odyssee folgten; dabei liessen sie vielerorts Neugründungen zurück. 1816 kehrten sie nach Frankreich zurück (Forges, Bellefontaine, Laval). Die Anhänger von Valsainte (Neue Reform) distanzierten sich von der Observanz de Rancé (Alte Reform). Alle unterstanden sie jedoch der bischöflichen Jurisdiktion; jedoch hatte jedes Kloster einen ›unmittelbaren Vater‹, ein Abt, der die Einhaltung der Observanz überwachte. Der Erlass von 1892 fasste alle Nonnen der strengen Observanz in einer einzigen Kongregation zusammen. Heute unterstehen sie dem Generalabt des Ordens, halten jedoch ihr eigenes Generalkapitel.

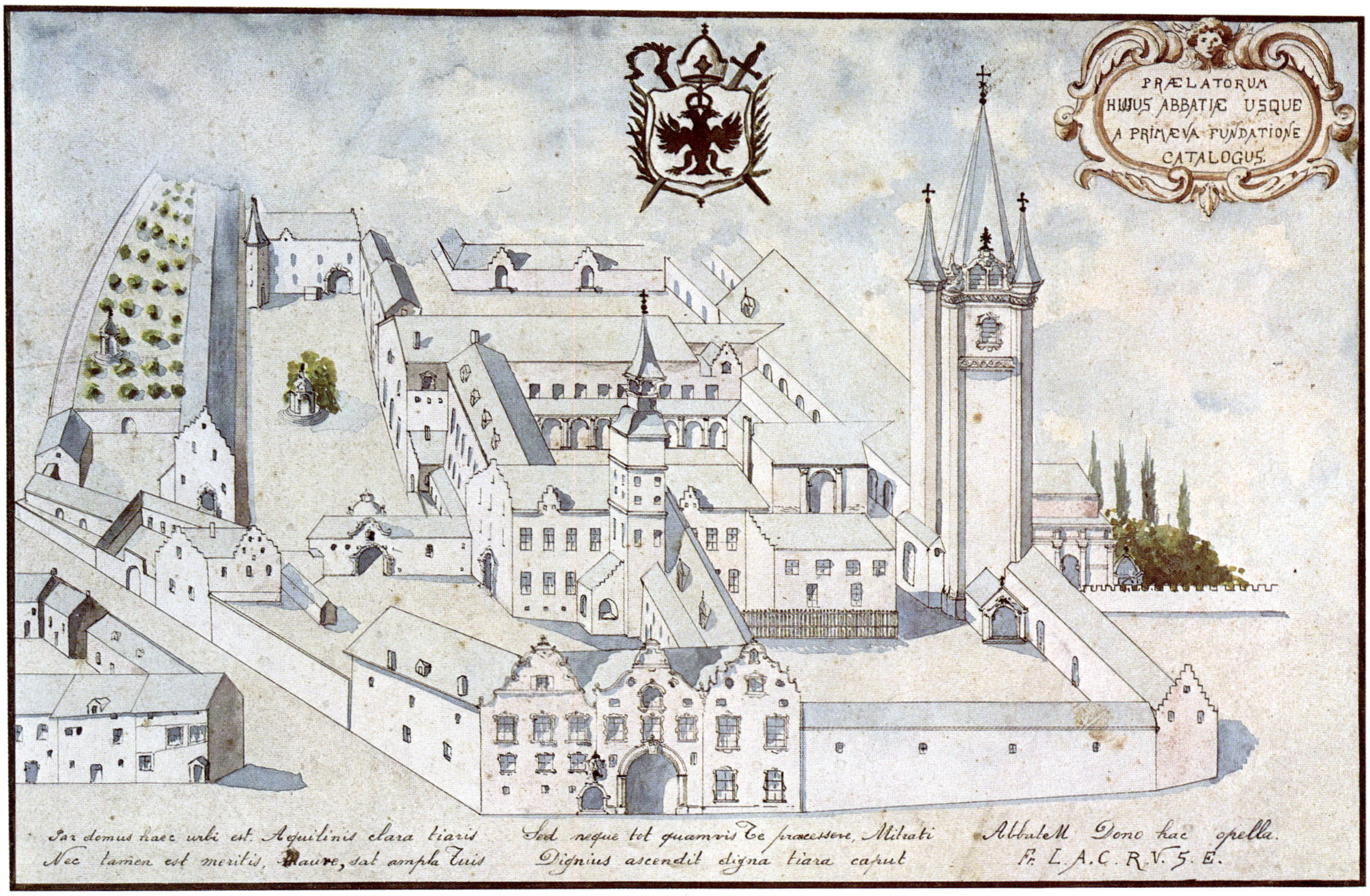

348. Die Abtei von Sint-Truiden, Kolorierte Zeichnung aus dem Jahre 1700.
Sint-Truiden, Kleines Seminar.

1974 lebten in den 49 Klöstern dieser Zisterzienserinnen strenger Observanz 1920 Nonnen.

SCHLUSS: DIE ROLLE DER ABWESENDEN Wie im Süden der Halbinsel Chalzidize der Berg Athos, der Garten der Mutter Gottes, die monastische Welt des orthodoxen Ostens dominiert, so beherrscht der heilige Berg Monte Cassino, trotz seiner bescheideneren Ausmasse, das Mönchtum des christlichen Abendlands.

Der Versuch, auf einigen Dutzend Seiten fünfzehnhundert Jahre Geschichte zusammenzufassen, ist gewagt und zwangsläufig oberflächlich. Im Anfang werden die Mönche empirisch heilig, indem sie dem Beispiel und den Geboten der Meister folgen, die sie wählen: es gibt so viele ursprüngliche Regeln, dass man von einer Milchstrasse gesprochen hat. Doch dann entsteht die eine Regel, die, wegen ihrer Weisheit, ihrer Ausgewogenheit und ihres Augenmasses, langsam alle anderen aussticht. Vom Berg Monte Cassino gelangt Benedikt in die Ebene und erreicht allmählich, dank seiner innerlichen Kraft, die Grenzen des mittelalterlichen Europa. Seine Söhne vermehren sich so stark, dass sich ihre Wege trennen: die Bewegung des hl. Bernhard gibt der Einheitsregel im XII. Jahrhundert eine neue Bedeutung. Seitdem arbeiten die schwarzen und die weissen Mönche nebeneinander auf das gleiche Ziel hin. Diese Situation dauert so lange wie die Einheit der Welt und der Christenheit im Mittelalter. Neue Zeiten und vor allem das nationalstaatlich gegliederte Europa führen zu neuen Spaltungen, aus denen die Kongregationen entstehen. Diese vom Ordensstifter nicht vorgesehene Entwicklung verläuft glücklich. Der bescheidene Stamm des Anfangs hat sich zu einem mächtigen Astwerk mit zahlreichen und quicklebendigen Verzweigungen entwickelt.

In diesem Beitrag konnte lediglich auf die grossen Anführer der Mönche eingegangen werden, die unter dem Krummstab des Gründervaters ar-

beiteten. Auch die Strukturen des Instituts konnten lediglich angedeutet werden, wobei zum Teil sehr wichtige Aspekte von historischem oder spirituellem Wert ausser acht gelassen werden mussten: die missionarische Arbeit, der Stellenwert der Mönche in der mittelalterlichen Kultur, die monastische Theologie, die Wege des Gebets und der Kontemplation. Auch die *histoire secrète* der Seelen hätte gestreift werden können, vom sich tief verbeugenden, ungeschickten, demütigen Bruder an, über die kleine Schwester, die nicht weiss, dass sie kontempliert, dem Sänger, der beim begeisterten Halleluja über eine schwierige Note stolpert, bis hin zum Wissenschaftler, der eine neue, subtile Variante mit ins Chorgestühl bringt und zum ermüdeten Bruder, der dem Stumpfsinn anheimfällt. Das ist die alltägliche, erdverbundene Geschichte, die weder der Historiker noch der Psychologe aufzeichnet, die jedoch nichts weniger als der Lebensfaden des Mönchtums ist. Auf den Altären werden die zu recht berühmten grossen Namen verewigt, aber der Altar steht auf dem Boden, den die anonymen Hände der Allereinfachsten bestellt haben. Am Ende war es zweifellos die kollektive Geschichte der kaum wahrnehmbaren und stillen Fortschritte einer ganzen, geweihten Gemeinschaft, die das dauerhafte Fundament errichtet und die fruchtbarsten Fermente des grandiosen Werkes vorbereitet hat, an dessen Spitze der hl. Benedikt als Vater Europas steht.

ANMERKUNGEN

1. vgl. hierzu: D. JEAN LECLERCQ in D.I.P., *Monachesimo, fenomenologia del monachesimo.*
2. vgl. hierzu *Saint Martin et son temps, Studia Anselmiana*, 46, Rom, 1961.
3. Die *Regula Macarii* wird Makarius dem Ägypter zugeschrieben, einem der berühmtesten Wüstenmönche des IV. Jahrhunderts; vermutlich ist sie vor 506 in Italien abgefasst worden. Den letzten Diskussionsstand gibt S. PRICOLO wieder: *L'isola dei Santi, Il cenobio di Lerino e le origini del monachesimo gallico*, Rom, 1978 (S. 106 und Fussnote 96, S. 107/108).
4. Es gibt eine Flut von Beispielen, von denen nur einige erwähnt werden können. Irland: *Evangelium von Echternach* (Ende des VII. Jahrhunderts, Paris); *Book of Durrow* (VII. Jahrhundert, Dublin); *Book of Kells* (VIII. Jahrhundert, Dublin). Angelsachsen: *Codex Amiatinus* (Beginn VIII. Jahrhundert, Florenz); *Codex Aureus* (VIII. Jahrhundert, Stockholm). Merowinger: *Sacramentarium gelasianum* (Mitte des VIII. Jahrhunderts, Vatikan); *Sakramentarium von Gellone* (Ende des VIII. Jahrhunderts, Paris). Karolinger: *Evangelium von Gottschalk* (Ende VIII. Jahrhundert, Paris); *Evangelium von Saint-Médard in Soissons* (Anfang IX. Jahrhundert, Paris); *Psalter von Utrecht* (Anfang IX. Jahrhundert, Utrecht); *Evangelium von Ebbo* (1. Viertel des IX. Jahrhunderts, Epernay); *Sakramentarium von Drogo* (Mitte IX. Jahrhundert, Paris); *Krönungssakramentarium* (2. Hälfte des IX. Jahrhunderts, Paris); *Bibel von Grandval* (um 840, London); *Bibel von Vivianus* (Mitte des IX. Jahrhunderts, Paris); *Bibel Karls des Kahlen* (um 870, Rom, Paulus extra muros); *Codex Aureus von München* (870).

   Zu den grossen Autoren der Frührenaissance gehören: Alkuin (Angelsachse), Paul Warnefrid (Langobarde), Theodulfus (Spanier). Französische und deutsche Autoren aus der zweiten Zeitperiode: Einhard, Rabanus Maurus, Walafrid Strabo, Servatus Lupos von Ferrières, Hinkmar, Gottschalk und, als einer der vielen Iren, Johannes Scotus.
5. *Aux sources de la spiritualité occidentale*, Paris, 1963, S. 116: *Si* [...] *propter hoc unam horam omiserit, nos imputatur.*
6. Bauwerke und Bildhauerarbeiten (Portale und Kapitäle). In mehr oder weniger zufälliger Reihenfolge seien hier genannt: Romainmôtier, Saint-Bénigne in Dijon, Fleury (Saint-Benoît-sur-Loire), Saint-Sernin in Toulouse, Moissac, Conques, La Charité-sur-Loire, Vézelay. Hinzugefügt seien, als Erinnerungsstütze, einige andere Beispiele von Klosterbauten aus dem XI. Jahrhundert: Saint-Philibert in Tournus, Santa Maria de Ripoll (Katalog), Jumièges, die Abbaye aux Dames und die Abbaye aux Hommes (Caen), die Abteikirche von Fécamp, die berühmten, noch erhaltengebliebenen Kapitäle von Cluny III.
   Fresken: Berzé, Saint-Savin-sur-Gartempe.
   Miniaturen: *Kollektenbuch von Paris* (B.N. Lat. 224), *Bibel von Saint-Bénigne* (Dijon, ms. 2); die Illuminierkunst von *Saint-Martial in Limoges* ist zum Teil der von Cluny verpflichtet.
7. In diesem Abschnitt und in den folgenden Abschnitten erschien es nützlich, die verschiedenen monastischen Bewegungen, die sich zur gleichen Zeit auf den hl. Benedikt berufen, entweder der kluniazensischen Richtung, oder Citeaux einerseits, der Bewegung von Citeaux andererseits zuzuordnen. Anzumerken ist ferner noch, dass Petrus Venerabilis 1156 gestorben ist, also drei Jahre vor dem hl. Bernhard.
8. 1) Die literarische und spirituelle Produktion Bernhards ist ausserordentlich: 500 Briefe, 86 Predigten über das Hohelied Salomons, verschiedene Abhandlungen über das Mönchsleben, verschiedene andere

349. Die Ehrentreppe zu den kaiserlichen Gemächern in der Abtei von Göttweig, XVIII. Jahrhundert.

Predigten. Ausser ihm sind die anderen spirituellen Meister Wilhelm von Saint-Thierry (1148 gestorben) und Ethelred von Rievaulx (1166 gestorben) zu nennen.
2) Für die Architektur der Zisterzienser gibt es ungemein viele Beispiele. Von den 878 Klischees im *Atlas de l'Ordre cistercien* von F. VAN DER MEER (Brüssel, 1945), seien hier einige, aus dem XII. Jahrhundert, genannt: in Frankreich Fontenay (Montbard), Pontigny (Auxerre), Silvanès (Rodez), Senanque (Avignon), Fontfroide (Narbonne), Obazine (Brive), Silvance (Aix-en-Provence), Le Thoronet (Draguignan). In Österreich, in der Nähe von Wien, Heiligenkreuz. In Schottland Melrose. In England Foutains (Ripon, York). In Katalonien Poblet (Tarragona). In Italien Fossanova (Terracina), Chiaravallo (Mailand), Cassamari (Frosinone, 1203-1217). In Deutschland Eberba bei Mainz.
3) Meisterwerke der zisterziensischen Illuminierkunst: Bibliothek von Dijon, Kommentare des hl. Hieronymus über Jesaias (Citeaux); Gregor der Grosse, *Moralia in Job* (Citeaux); Bibel von Stephan Harding (Citeaux); Châlon-sur-Saône, Gregor der Grosse, *Moralia in Job* (La Ferté); Troyes, *Bibel von Clairvaux* und der *hl. Augustinus von Clairvaux.*

9. Es ist vielleicht nicht uninteressant festzustellen, dass Erasmus, der die Scholastik verachtete und auch den Mönchen nicht unbedingt wohlgesonnen war, von der alten Tradition gar nicht so weit entfernt war, als er schrieb: »Die christliche Philosophie ist viel eher Leben denn Wissen, viel eher Umgestaltung der Seele denn Argumentation.«

10. Inwieweit gibt es Einflüsse des Jansenismus auf die Mauristen-Kongregation? Es ist sehr schwierig, darauf eine genaue Antwort zu geben. Es ist nicht undenkbar, dass in manchen Fällen der Vorwurf des Jansenismus gegenüber denen erhoben wurde, die den Jesuiten feindlich gesinnt waren.

11. Um nicht ungerecht zu sein, sollen hier doch einige Namen und Werke erwähnt werden. Zunächst MABILLON selbst: *Acta Sanctorum O.S.B.*, weitergeführt von D. RUINART, *Annales* und Werke des hl. Bernhard; D. D'ACHERY, *Spicilège*; D. RUINART, *Der hl. Gregor der Grosse und Akte der ersten Märtyrer*; D. BLAMPIN, *Der hl. Augustinus*; D. CONSTANT, *Der hl. Hilarius*; D. MARAN, *Der hl. Justinus*; D. MASSUET, *Der hl. Ireneus*; D. GERBERON, *Der hl. Anselm*; D. DE LA RUÉ, *Origines*; D. MONTFAUCON, *der hl. Johannes Chrysostomus* (13 in-folio), *der hl. Athanasius* (3 in-folio), *Hexaples* (2 in-filio); D. BOUQUET und Mitarbeiter, *Recueil des histoires de Gaule et de la France*; D. RIVET, *Histoire littéraire de la France*; D. DENIS DE SAINTE-MARTHE und Mitarbeiter, *Gallia christiana*; D. MARTÈNE und D. DURAND, *Alte Liturgien.*
Eine unerwartete Ehre für die grossen Mauristen: In Andritsaena, einem Dorf auf dem Peloponnes, unweit Bassae, werden in einer hervorragend unterhaltenen Bibliothek in Vitrinen mehrere Folianten von Montfaucon aufbewahrt. Vor einiger Zeit zog im Dreifaltigkeitskloster auf einer ›Stele‹ im Meteorenmassiv der Obere aus einem Stapel Bücher, die auf einem Abfallhaufen lagen, zwei Bände des hl. Basilius heraus, die die Pariser Adresse trugen; er wollte damit französischen Besuchern eine Ehre erweisen. Es handelte sich um zwei nicht zusammenpassende Bände der Werke des hl. Basilius, die Dom Gernier und Dom Maran herausgegeben hatten und die Migne in vier Bänden veröffentlicht hatte.

12. vgl. hierzu meinen Artikel in der *Revue des Deux-Mondes*: *Les débuts héroiques du Poert-Royal des Saints.* Nummer vom 15. April 1960.

LÉO MOULIN

Der Alltag früher und heute

Ich habe versucht, in grossen Zügen den Alltag eines Benediktinermönchs aufzuzeichnen, so wie er vor fast 1500 Jahren vom hl. Benedikt festgelegt worden war, und so wie er sich jahrhundertelang in ganz Europa Tag für Tag abspielte, und so wie ihn heute noch jene verbringen, die ihrem Gelübde der *stabilitas in congregatione* [Kap. IV,101], das heisst, frei übersetzt, dem Geist der Benediktinerregel verpflichtet, getreulich Folge leisten.

Manche Einzelheiten mögen überflüssig und sogar prosaisch erscheinen. Ihre tiefere Bedeutung erhalten sie jedoch durch das tägliche Leben, da sie der Essenz dieses Lebens, dem Gebet, untergeordnet sind.

»Sie beten« genügte eigentlich schon, um die Essenz des Lebens zahlloser bereits verstorbener oder heute noch unter uns lebender Menschen zusammenzufassen, die, weit von uns entfernt, im Schatten der Klöster und Jahrhunderte leben. Dennoch müsste man erklären, auf welche Weise es diesen Menschen gelang und noch immer gelingt, die spirituellen Werte, die ihre Berufung ausmachen, zu bewahren. So gut es mir möglich war, habe ich versucht, genau das zu tun; freundschaftliche Gefühle und Respekt haben mir die Feder geführt. Wenn im folgenden Irrtümer vorkommen sollten, so bekenne ich sie *non superbiendo aut resistendo vel contradicendo* [Kap. LXVIII,7-8].

Der äussere Rahmen

1. DIE WAHL DES STANDORTS

Die erste Frage, die sich stellt, betrifft den Standort der neuen Gründungen: warum siedelten die Mönche sich so weit draussen an, meistens in den unherbergsamsten Gegenden mit fürchterlichen klimatologischen Bedingungen, die für zahlreiche Probleme sorgten?

Die Antwort ist einfach. Die Mönche suchten die Einsamkeit, sie wollten weit weg vom Lärm und von der Korruption der Städte leben. Doch dazu mussten sie neue Wege begehen, um überleben zu können. Denn sie hatten Äcker, Wiesen, Wälder und Wasser nötig. Der Grund musste gerodet, abgeschwendet, urbargemacht, trockengelegt, bewässert werden, bevor er bestellt werden konnte. Das Vieh brauchte Weiden. Wasser benötigten die Mönche für die Küche, zum Reinigen der Gebäude und, vor allem, der *necessaria* (Latrinen), für die Körperpflege, zum Giessen, um Fischteiche anzulegen, zum Bierbrauen, zum Antreiben der Mühlen, die in jener Zeit eines der Meisterwerke fortschrittlicher Technologie waren und zu vielerlei Zwecken dienten.

Der Wald, am besten ein Mischwald aus Eichen, Birken und Weissbuchen – wie er in den Ardennen vorkommt –, lieferte das Holz, das für die Zimmermannsarbeiten, das Anfertigen von Geräten und Gartenstangen benötigt wurde. Holz diente als Brennstoff für die Küche. Von der Baumrinde konnten sich die Schweine ernähren. Die Reihenfolge, in der die Tiere in den Wald gelassen werden durften, war genau festgelegt: zuerst kamen die Schweine des Klosters, danach die des Königs, dann die des Adels, daraufhin die aus dem Dorf und schliesslich, ganz zum Schluss, die Schweine der Universitäten. Später wird der Wald sehr umsichtig wirtschaftlich genutzt. Und noch später, als die Abteien den Grundstein für die Metallindustrie legten, lieferte der Wald wiederum die nötige Energie; in Orval, zum Beispiel, belieferten über 460 Holzfäller die 30 Arbeiter, die dort in den Schmieden beschäftigt waren.

Auch die Beeren, Nüsse, Bucheckern, Pilze und Kornelkirschen sollten nicht vergessen werden, die zusätzliche Nahrungsmittel darstellten, sowie das Laub und das Moos, die als Streu dienten. Unbedingt muss auch der Honig der wilden Bienen genannt werden, der so sehr geschätzt wurde, dass ein *bigrus* genannter Mann ausschliesslich damit beschäftigt war, die Stöcke aufzuspüren. Da der Wald schliesslich nachts selbst für alte Haudegen und Räuber ein Ort panischer Schrekken war, schützte er die wehrlosen Mönche.

Man sieht deutlich, dass die Gründe der Standortwahl der Berufung und Lebensweise der Mönche entstammten. Im Gegensatz zu manchen zweifelhaft romantischen Behauptungen, handelte es sich um kein morbides Verlangen, sich in wilden Wäldern zu ergehen und auf unfruchtbarem Grund oder in verseuchten Sumpfgebieten leben zu wollen.

350. Mönche beten vor einem Altar, Retabelfragment, um 1500.
Amsterdam, Rijksmuseum, R.B.K. 16.739.
Möglicherweise ging es hier ursprünglich um eine Szene aus dem Leben des hl. Bernhard oder um die Darstellung einer gregorianischen Messe.

Heute urteilt man anders. Wir bewundern die Schönheit der Landschaft, in der sich die Mönche, mit sicherem Instinkt könnte man sagen, niedergelassen hatten. In der Tat ist die Umgebung vieler Klöster atemberaubend schön. Viele Beispiele drängen sich geradezu auf: Thoronet, Sénanque, Saint-Martin-du-Canigou, Poblet, Alcobaça, Hirsau, Rievaulx, und so viele andere mehr.

Doch wie berechtigt die Bewunderung auch sein mag, man muss sie sofort einschränken. Denn zum einen trafen die Mönche nicht *immer* eine glückliche Wahl; mehr als einmal geschah es, dass sie ihre erste Gründung aufgeben mussten, um sich an einem weniger unwirtlichen oder gefährlichen Ort niederzulassen. Zum anderen hat ihre jahrhundertelange Arbeit die Landschaft zutiefst geprägt; ihre Schönheit ist überwiegend Menschenwerk zu verdanken.

2. NICHT WOHNEN, SONDERN LEBEN

Das Kernstück und die einzige *raison d'être* einer Abtei ist natürlich die Kirche. Ob schlicht oder prächtig, in ihr erschallt zu jeder Stunde eines jeden Tags das Gebet der Mönche. Um dieses Hauptgebäude herum liegen dann jedoch die zahllosen Gebäude, die dem Alltagsleben dienen: der Klostergang, der Kapitelsaal, in dem sich die *congregatio* versammelt, das Stift, die Bibliothek, der Schlafsaal, die *necessaria* oder *latrina* genannten Örtlichkeiten, der Waschraum, das Refektorium und die Küche, der Krankentrakt, zu dem in einer grossen Abtei eine eigene Kapelle, ein Klostergang, eine Küche und ein Garten gehören konnten.

Die Räume werden vorbildlich saubergehalten. »Jeden Samstag wird geputzt«, bestimmte Benedikt [Kap. XXXV,13]. Die Reinlichkeit ist eine der grössten Sorgen dieser Männergemeinschaften. So überwacht, zum Beispiel, der *refectorarius* das Refektorium. Einmal pro Winter muss er die Glasfenster putzen und regelmässig mit einem Binsen- oder Heidekrautbesen den Fussboden des Refektoriums sauberkehren. Im Sommer streut er Blumen, Pfefferminze und Fenchel. Diese Sorgfalt wird natürlich nicht ausschliesslich auf das Refektorium verwandt. In der Consuetudo steht, dass der *secretarius* die Altäre zunächst mit Wasser, danach mit Wein, Ysop oder Buchsbaum reinigen muss.

Jedes Kloster benötigt auch die unterschiedlichsten Arbeitsräumlichkeiten [Kap. LXVI,12-15]: Brauerei, Käserei, Weinkellerei (je nach Region), Keller, Vorratsräume, Bäckerei, Wäscherei, Scheunen und Ställe.

Schliesslich braucht man noch genügend Räume um die Pilger, die Gäste und die Reisenden, sowie die Delegierten anderer Abteien, wenn sie zur einige Tage dauernden Versammlung des Generalkapitels zusammenkommen, zu beherbergen.

Im Mittelalter hat jedes Kloster auch seine Fischweiher, seine Bienenstände, seinen Gemüse- und Obstgarten, seine Ecken für Heilpflanzen. Etwas weiter entfernt liegen die Weiden, die Felder und die Wälder.

Das Kloster, ›das Umschlossene‹ oder *claustrum*, ist das lebendige Zentrum der Mönchsgemeinschaft. Hier werden die Geschäfte des Alltags erledigt: der Abt oder der Prior verteilt die Aufgaben, manche Arbeiten werden hier erledigt, von hier aus ziehen die Mönche langsam zur Kirche oder zum Kapitelsaal; im Kloster wird auch gelesen, meditiert und Siesta gehalten.

Lange Zeit hindurch kannte man nur einen einzigen Schlafsaal für alle Brüder, einschliesslich dem Abt. Manche dieser Schlafsäle waren sehr gross; der von Poblet misst 66 auf 12 Meter. Von daher waren sie eine der wichtigsten Stätten mön-

351. Grundriss der Abtei von Canterbury, Zeichnung, Mitte des XII. Jahrhunderts.
Cambridge, Trinity College Library, Ms. R 17 1. Dieser Plan wurde gezeichnet, weil eine neue Wasserleitung gelegt werden musste. Für eine Klostergemeinschaft war das Vorhandensein von Trinkwasser lebenswichtig.

Grundriss einer Abtei.
Die Kirche (A) geht gen Osten, daneben liegen die Sakristei (B), die Wärmestube (calefactorium) (C), der Kapitelsaal (D), in einem anderen Flügel das Refektorium (F) und die Küche (E). Der Kreuzgang (H) verbindet die Flügel. Der Waschraum (G). Die Zellen (I) liegen im ersten Stock.

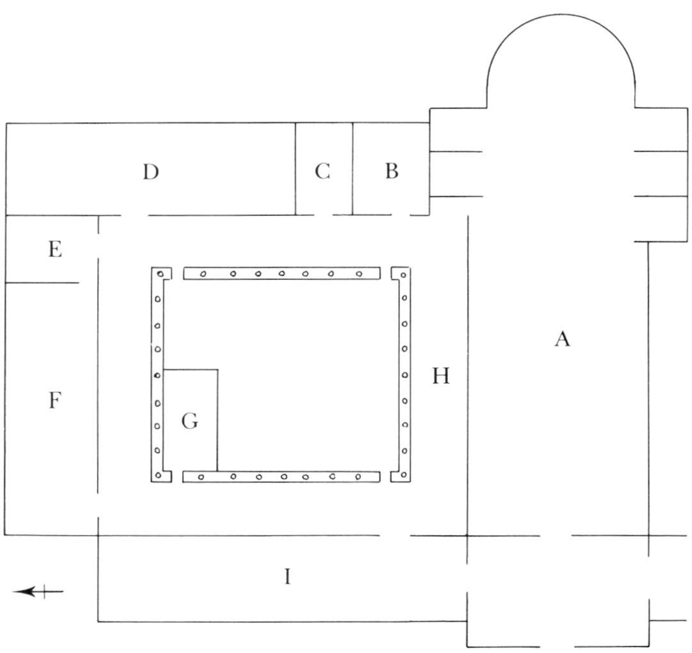

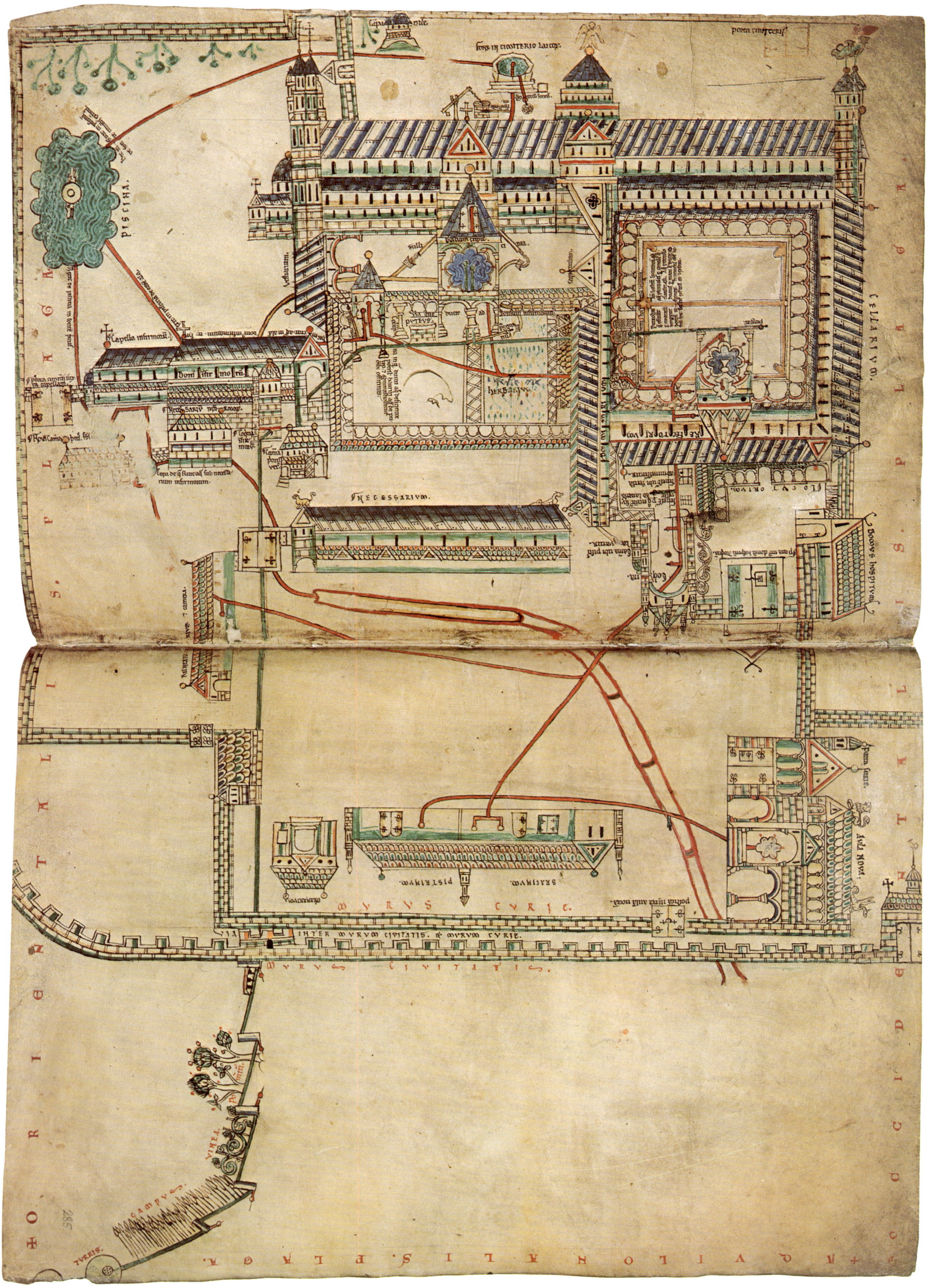

PISCINA
Capella infirmorum
CELLARIUM
NECESSARIUM
HERBARIUM
PUTEUS
Domus hospitum
AULA NOVA
PISTRINUM
BRACINUM
MURUS CURIE
INTER MURUM CIVITATIS ET MURUM CURIE
MURUS CIVITATIS
VINEA
CAMPUS
TURRIS
285

chischer Zucht. Einige Trappisten, die die Tradition bis auf den heutigen Tag beibehalten haben, versicherten mir, einige Zeit benötigt zu haben, um sich einzugewöhnen. Man glaubt es ihnen gerne. So sehr die Menschen von damals auch an das Durcheinander des Gemeinschaftslebens gewöhnt waren, begannen die Ordensbrüder dennoch sehr bald dafür zu kämpfen, die alltägliche Zumutung des gemeinschaftlichen Schlafens zu mildern, indem die Schlafstätten durch eine Scheidewand oder einen Vorhang voneinander abgetrennt wurden; das ermöglichte zwar keine vollkommen ungestörte Nachtruhe, aber zumindest ein Minimum an Privatsphäre.

Das Bett war niedrig, mit einer Heu-, Stroh- oder Laubmatratze, einer Matte, einer Decke, einem Fussdeckbett und einem Kopfkissen. Die Ordensbrüder schliefen, bis auf das Skapulier, angezogen. In manchen Klöstern folgte man jedoch einer so strengen Observanz, dass die Mönche unbedeckt auf dem Fussboden schlafen mussten. Andere gestatteten Bettücher aus Wolle oder Leinen; die Rigorosen empfanden das als Skandal.

»Unverzüglich beim Ertönen des Signals« [Kap. XXII,13] – eine Glocke oder Schnarre – muss der Mönch aufstehen. Der hl. Benedikt kann Langschläfer nicht ausstehen. Aber seine Grossmut, so werden wir noch öfter sehen, siegt immer wieder über seine Entschlossenheit, von den Mönchen etwas oder sehr viel mehr zu verlangen als sie

352. Die dritte Kirche der Abtei von Cluny, Ende des XI. Jahrhunderts erbaut und zu Beginn des XIX. Jahrhunderts grösstenteils zerstört. Nur der Petersdom war grösser als diese Kirche.

353. Gründung der Abtei von Oudenburg, Miniatur in ›Genealogia comitum Flandrensium‹, Mitte XV. Jahrhundert. Brügge, Bischöfliches Seminar, Hs. 127/S. Links ist Robrecht der Friese mit seiner Gemahlin abgebildet, rechts Radbold, Bischof von Noyon-Doornyk, der hl. Arnold, der die Abtei gründete, und ein Mönch.

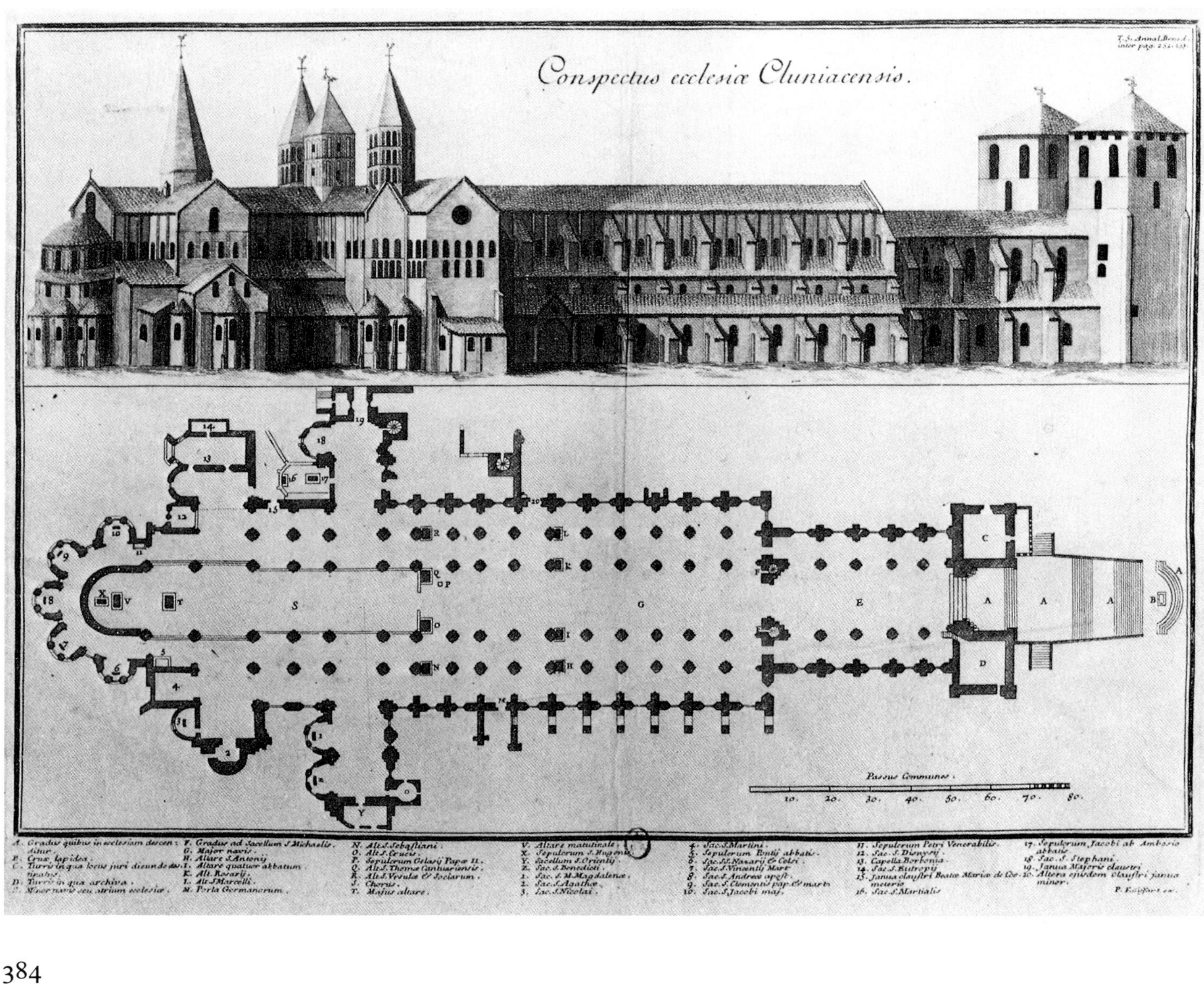

Quidam nobilis et multum locuples Conon nomine camerarius flandrie. Atque frater Euerardi tornacensis hanc ecclesiam videlicet sancti petri in Oudemborg in nomine beneficii de flandrensi comite Roberto habebat. Comes autem eande ab epo tornacensi tenebat. Huic conone inflamauit timor dei suggerente fidelissima coniuge sua hasetta nomine ut ecclesiam se expeditam quam tribiles fecerat diuina miracula immunem suis iuris liberam que patterent et ad laudem dei abbaciam monachorum instauraret :-

Ordinacione vero dei pactum est ut reddente conone comiti ecclesiam quam tenebat comes hanc eandem nouiomensi ac tornacensi episcopo nomine ratbodo reddiderit. Ratbodus quoque episcopus cum vualtero archidiacono congaudente clero et congaudente populo liberam et expeditam condonauit epo suessionensi Arnulpho. Illi que canonicam de eandem fecit inuestituram. Qui arnulphus episcopus suessionensis primus congregacionem abbatialem constituit monachorum ordinis sancti benedicti ut hactenus cernitur :· sperans monachos illic per longam etatem sanctam ducturos vitam.

M lxxxiiii.

Ordo arroasiensis incepit hoc anno. Monasterium andrensi a balduino gisnensi comite et hamensi

vng oulmer et ainsi toute la douleur fu
chassee

De saint Remacle et daucuns autres saine
dicelluy q estoient nobles et francois

En lan vny de constantin le Roy
sigibert se desesperoit quil

354. Die Marmorbearbeitung beim Bau einer Abtei, Miniatur im ›Speculum Historiale‹ von Vinzenz von Beauvais, Frankreich, XV. Jahrhundert.
Chantilly, Musée Condé, Ms. 722 ex. 1196.

355-356. Hans Part, Stammbaum der Babenberger, Gemälde, 1489. Ausschnitt links: Leopold der Durchleucht, Medaillon. Im Hintergrund erkennt man die Abtei von Melk an der Donau. Detail rechts: Hainrich Joch Samergott, Medaillon.
Im Hintergrund rechts erkennt man das Wiener Schottenkloster.
Klosterneuburg, Stiftssammung.

von sich aus leisten würden. Am Ende des gleichen Kapitels seiner Ordensregel schreibt er: »Wenn sie sich erheben müssen, um das Werk Gottes zu verrichten, dann werden sie sich gegenseitig nachsichtig (moderate) ermuntern und den Schlaftrunkenen keinen Vorwand liefern (propter somnulentorum excusationes)« [Kap. XXII,19]. Das ist typisch für die *discretio,* den Sinn für Augenmass, der den Heiligen auszeichnet.

Geheizt wird kaum. Die mittelalterliche Gesellschaft fror im Winter erbärmlich; erst im XVII. Jahrhundert wurden Öfen aus Faience erfunden. Bei den Mönchen kommt ihr unglaublicher Wille zur Zucht hinzu. Kein Raum des Klosters wird geheizt, mit Ausnahme natürlich der Küche, zu der allen der Zugang strengstens verboten ist. In der Kirche ist es manchmal so eisig, dass der Priester die Messe nicht lesen kann und der Küster ihm eine glutgefüllte Metallkugel bringt, über der er seine Finger auftaut. Im *scriptorium* friert oft genug die Tinte in den Tintenfässern ein; man macht dem Kopist ein grosses Zugeständnis: er darf in die Küche gehen, um die Tinte wieder flüssig zu machen.

Obwohl die Benediktinerregel in Süditalien abgefasst wurde, geht sie auf das Problem ein. Kapitel LV,1-4 hält deutlich fest: »Kleidung erhalten die Brüder je nach Beschaffenheit der Gegend, in der sie leben, und je nach Klima und Temperatur *(vel aerum temperiem);* denn in kalten Gegenden muss man sich wärmer kleiden als in warmen Gegenden.« Die Entscheidung hierüber wird dem Abt überlassen. Aber nicht jeder Abt besass die Gabe der *discretio* Benedikts. Im Laufe der Jahrhunderte fanden sich überdies stets Menschen, die bereit waren, unter den härtesten Bedingungen zu leben.

In manchen Ländern – Deutschland, Schottland oder Skandinavien – legt die winterliche Kälte jedoch alles lahm. Deshalb sieht man dort auch einen *calefactorium* genannten geheizten Raum oder Kohlebecken vor. Dort beteten die Mönche dann; andere lasen, putzten ihre Schuhe, liessen Aderlässe vornehmen. Im *calefactorium* wurden sie auch von den Brüdern, die Barbier spielen

357. Bau eines Turms, Miniatur im De Origine Rerum *von Rabanus Maurus,* XI. *Jahrhundert.*
Monte Cassino, Cod. CXXXII.

358. Bau einer Abtei, Miniatur aus dem ›Metrical life of St. Edmund‹, England, XV. *Jahrhundert.*
London, British Library, Ms. Harley 2278.

359. Die Konsekration des Hochaltars der Kirche von Cluny durch Papst Urban II. im Jahre 1095, Miniatur im ›Chronicon Cluniacense‹ aus Saint-Martin-des-Champs, XII. *Jahrhundert.*
Paris, Nationalbibliothek, Ms. lat. 17716.

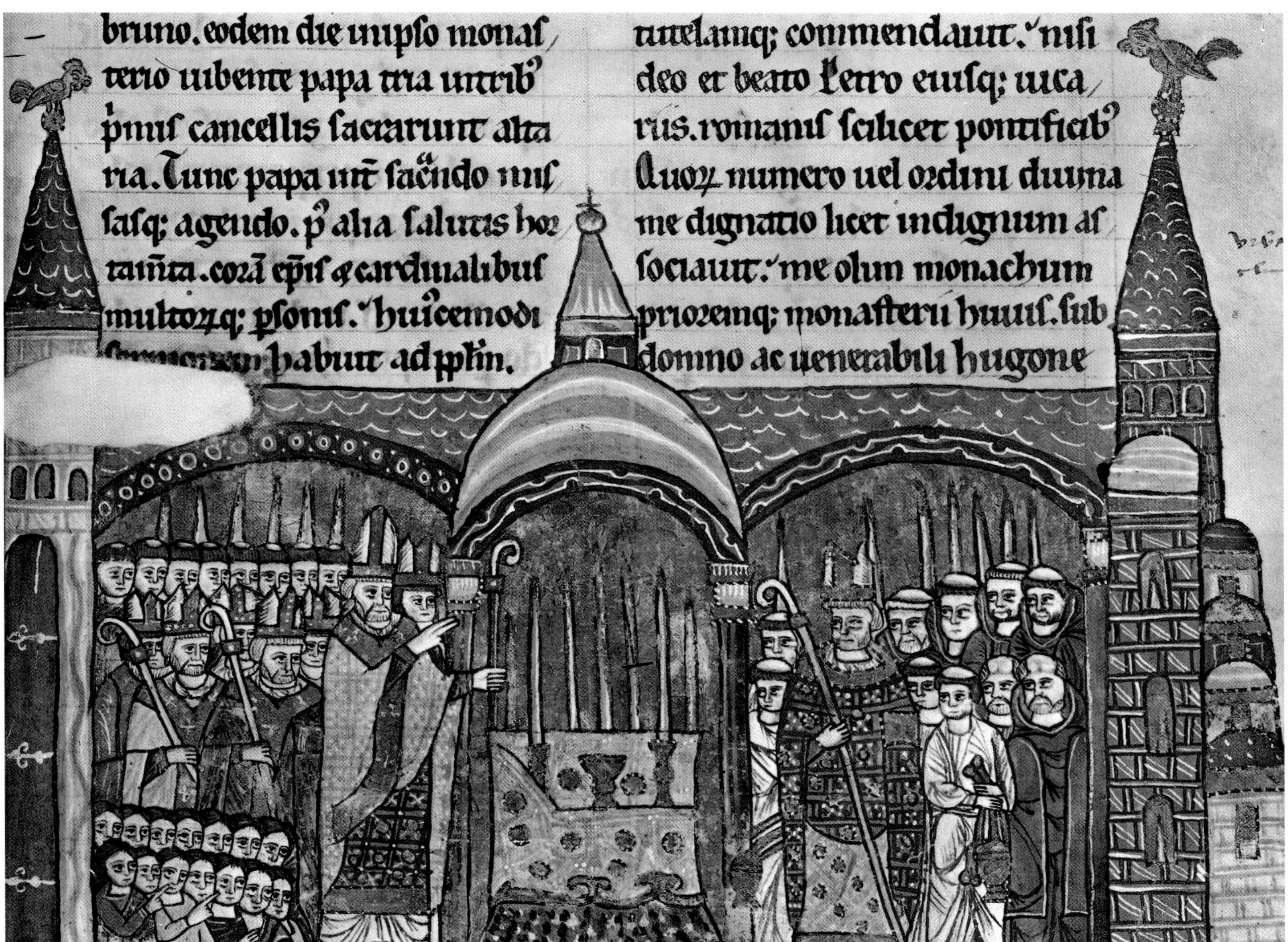

Links:

360. Mont-Saint-Michel, Eingang des Armenhauses.

361. Eingangspforte von Battle Abbey, Sussex, XIV. Jahrhundert.

362. Abtei von Canterbury: Eingang des Armenhauses. Die Benediktinerabteien schenkten einen beträchtlichen Teil ihrer Einkünfte den Armen als Almosen.

363. Gästehaus der Abtei von Vlierbeek in Kessel-lo, 1646.

364. Bronzener Türklopfer aus dem XII. Jahrhundert am Nordeingang der Kathedrale (ehemalige Abteikirche) von Durham, England. Jeder, der an der Kirchentür klopfte, musste eingelassen werden und genoss den Schutz des hl. Cuthbert.

365. Gästehaus der Abtei Mont-Saint-Michel, XIII. Jahrhundert.

366. Glockenspiel, ausgemalter Anfangsbuchstabe E in der Bibel der Abtei von Saint-Eloi (Nordfrankreich), um 1250. Arras, Stadtbibliothek, Hs. 561.

367. Singen im Chor, ausgemalter Anfangsbuchstabe C(antate) in einem französischen Psalter aus dem XIV. Jahrhundert. Amiens, Stadtbibliothek, Hs. 124.

368. Krypta der Abteikirche von Saint-Hubert, XVI. Jahrhundert.
Hier liegen mehrere Äbte begraben.

369. Chor und Chorgestühl der Abteikirche von Saint-Hubert. Die Mönche kamen mehrere Male täglich im Chor zum Stundengebet zusammen.

370. Vor der Chorschranke mit ihren Bildhauerarbeiten stand ein Hochaltar. Die Chorschranke der Kathedrale von Winchester stammt aus dem XV. Jahrhundert; im XIX. Jahrhundert wurde sie restauriert.

371. St. Alban's Abbey, Mönchschor mit der östlichen Chorschranke und dem Retabel aus Stein, 1484.

372. Gloucester, Kathedrale, Chorgestühl.
Im Unterschied zu den Kathedralen auf dem Kontinent waren die englischen Kathedralen oft Teil einer Benediktinerabtei.

373. Chordoxale in der Abteikirche von Vezzolano, 1189. Das Doxale entstand aus der Kanzel (ambo) der frühchristlichen Kirche; auf ihm standen die Sänger und wurde das Evangelium gelesen. Gleichzeitig trennte es das Chor vom Kirchenschiff.

374. St. Alban's Abbey, Choraltar, 1350.

375. Antoine du Bois kniet vor dem hl. Antonius, Holzrelief im Chorgestühl von St.-Lucien in Beauvais, 1492-1500. Paris, Musée de Cluny.
Der erste Laien-Abt des Klosters St.-Lucien in Beauvais, liess das Chorgestühl schnitzen. Hier wird er zusammen mit seinem Schutzpatron dargestellt.

376. Predigender Mönch, Chorgestühl von St.-Lucien in Beauvais, 1492-1500.
Paris, Musée de Cluny.

377. Ein Mönch am Butterfass, Chorgestühl von St.-Lucien in Beauvais, 1492-1500.
Paris, Musée de Cluny.

378. Sankt Gallen, Chorgestühl und Detail von Joseph Anton Feuchtmayer, 1763-1770, mit Darstellungen aus dem Leben des hl. Benedikt.

379. Steinernes Grabbild von Blanche von Frankreich, XIV. Jahrhundert.
Saint-Denis, Abteikirche.

380. Philibert Delorme, Grabmal für Franz I. und Claudia von Frankreich, XVI. Jahrhundert.
Saint-Denis, Abteikirche.

381. Steinernes Grabbild von Philipp IV dem Schönen, XIV. Jahrhundert.
Saint-Denis, Abteikirche.
Seit dem VII. Jahrhundert werden die Könige von Frankreich in der Abtei von Saint-Denis bei Paris beigesetzt.

mussten, rasiert; normalerweise rasierten sich die Mönche nämlich nicht selber.

Es musste allerdings sehr kalt werden, bevor man heizte. Manche Abteien richteten niemals eine Wärmestube ein, andere heizten nur anlässlich der grossen winterlichen Feste Allerheiligen und Weihnachten. Bei den Mahlzeiten und nachts bekamen die Mönche im eisigen Refektorium oder Schlafsaal oft genug Frostbeulen.

Die Beleuchtung war schwach, denn die Mittel hierfür – Oliven- oder Mohnöl, Talg, Schafsfett oder Bienenwachs – waren selten und darum teuer. Ein kleines Licht, *modicus ignis,* ein Stückchen Werg, das in Wachs schwomm und *lucubrum* oder *candela* hiess, brannte «bis zum Morgen« [Kap. XXII,7-8] im Schlafsaal. Im Winter war auch das Refektorium kaum erleuchtet. Nur in der Kirche sparte man nicht, sie ist stets herrlich erleuchtet. Für ein Pfingstfest benötigte man, zum Beispiel, einen Zentner Wachs; das war allerdings ein Ausnahmefall. Aus Dokumenten aus dem Jahr 1300 erfährt man, dass selbst das mächtige und prächtige Cluny nicht immer die Mittel hatte, um die Kirche zur Frühmette zu erleuchten.

Schwere Glocken *(campanae)* und leichte Glocken *(tintinabula),* Glöckchen *(minima signa* oder *scilla)* oder ein Gong *(cymbalum),* an den Tagen vor Ostern auch Scharren *(postis),* die demütiger als Bronze klangen, brachten Rhythmus in den Alltag der Mönche. Die Redensart »aus dem Felde geschlagen werden« soll angeblich von den Glockenschlägen abgeleitet worden sein, die zur Messfeier läuten.

Der Mönch muss ihnen augenblicklich, beim ersten Schlag, folgen [Kap. XXII,13: *absque mora,* oder Kap. XLVIII,28: *primo signo*]. Das ist eine wenig gebräuchliche Art von Willensbeherrschung oder Askese.

382. Die bewegte Überfahrt eines Abts, Miniatur eines Sittengedichts, Wallonien, XVI. Jahrhundert.
Brüssel, Königliche Bibliothek, Ms. 9229-30.

3. DIE SCHÖNHEIT DER BAUTEN

Zum Glück wird der Bauplan einer Abtei nicht der Phantasie eines Architekten überlassen. Die Gebäude müssen zweckmässig sein. Entsprechend den Umständen müssen mehrere Gebäude errichtet werden, deren Anordnung nicht nur von der Beschaffenheit und den Möglichkeiten des Grundstücks abhängt, sondern auch von den Erfordernissen des sehr spezifischen, spirituellen Gemeinschaftslebens, der Liturgie, der ›Ablesbarkeit‹ einer Idee (insofern ist eine Abtei mit einem Buch, einem ABC des Glaubens, einem Lehrmittel, einer Illustration, sogar mit einem Comic-strip zu vergleichen); der Bau muss überdies das Mysteriöse und Transzendentale deutlich zum Ausdruck bringen. Das sind sehr schwierige Anforderungen, die der Phantasie kaum noch Spielraum lassen. Im Mittelalter stellt man auch noch nicht die Neigung fest, um jeden Preis und bewusst originell sein zu wollen. Als Ideal gilt vielmehr, sich nach einem Plan zu richten, der sich andernorts bereits bewährt hat. Das erklärt die deutlich wahrnehmbaren Gemeinsamkeiten – aber auch die Abweichungen – zwischen den verschiedenen Bauwerken.

Am meisten erstaunt jedoch, dass dieser jahrhundertelange, immense Baueifer fast ausschliesslich Meisterwerke geschaffen hat; ihre Zahl geht in die Tausende. Selbst die einfachsten und am meisten zweckgebundenen Gebäude sind schön: die Küche (Alcobaça), das Refektorium (Fossanova), die Wärmestube (Sénanque), der Waschraum (Maulbronn), die Krankenstube (Musch Wenzock), der Kapitelsaal (Eberbach), usw. Ich lasse hier gerne die ›geistlichen‹ Bauwerke ausser Betracht, die Kirchen, Krypten, Klostergänge, die mit beinahe unerträglicher Wucht einem anspruchsvollen, absoluten und totalen, in seinen Aufrufen wie in seinen Bestätigungen nicht zu überbietenden Glauben Ausdruck verleihen. Jahrhundertelang schufen die Mönche in ganz Europa, von der Weichsel bis zum Guadalquivir und von Schottland bis nach Syrien, Schönheit. Es erforderte viele zusätzliche Seiten, um jede einzelne Perle gebührlich zu würdigen. Diese unsägliche Schönheit macht uns heute selbst noch beim Anblick der Ruinen von Cluny, Rievaulx oder Villers-la-Ville betroffen, und man spürt instinktiv, dass sie den modernen Bauwerken, selbst den zeitgenössischen Gotteshäusern und Klöstern, abgeht.

383. Ein Mönch bewacht das Grab eines Heiligen, Miniatur, XII. Jahrhundert.
Cambridge, Universitätsbibliothek, Ms. Ee 359. Während der Mönch (links) liest und meditiert, gehen Pilger unter dem Grab durch, um den Heiligen um Beistand zu bitten. Einer von ihnen ist geheilt worden; er hat seinen Verband abgestreift und kniet nieder.

384. Mönchsprozession, Miniatur in einer Handschrift mit Werken von Gilles li Muisis, um 1350.
Brüssel, Königliche Bibliothek, Hs. 13076-77.

Auf den folgenden Seiten:

385. Mönche im Chorgestühl, Miniatur im Psalter Heinrich VII., XV. Jahrhundert.
London, British Library, Cotton Dom I A XVII.

386. Pilger besuchen das Grab des hl. Dunstan, Miniatur.
London, British Library, Royal ms. 10 E. IV.

Wie entstand diese Schönheit? Wie soll man das Entstehen so vieler vollkommener Monumente erklären können?

Ich kenne keine bessere Erklärung als die von Régine Pernoud: »Das ganze Mittelalter hindurch bleibt die Kunst ihrem Ursprung eng verbunden... Als sekundäre Sprache, die alle Erscheinungsformen der Kunst sind, verleiht sie dem Heiligen und Transzendentalen Ausdruck.«

Genau aus diesem Grund kann man ein Refektorium nicht mit einer modernen Kantine vergleichen, gibt es einen Unterschied zwischen dem Kapitelsaal und dem Konferenzzimmer eines Aufsichtsrats, zwischen einem Kloster und einem Gerichtsgebäude. Alle diese Bauwerke besitzen eine Seele, teilen eine Botschaft mit, verkünden eine Lebensauffassung. Jahrhundertelang dienten sie dazu, Gottes Lob zu singen, und es den Menschen, die Ihm dienten, zu ermöglichen, als Menschen zu leben.

Einander ähnlich und dennoch verschieden, im Laufe der Jahrhunderte zur Befriedigung der gleichen Bedürfnisse ständig weiterentwickelt, als schlichte Überbleibsel, prächtige Ruinen, als glänzende Spuren der Vergangenheit und bis in den Tod lebendig gebliebene Steine, bezeugen diese über ganz Europa verstreuten Bauwerke, weit über die Unbill von Zeit und Menschen und über die ungerechtfertige Verachtung von Renaissance und Aufklärung hinaus, den unumstösslichen Willen der Ordensbrüder, getreu ihrem Auftrag und der Weltanschauung ihres Glaubens gemäss zu leben.

Die Gemeinschaft

I. DIE MONASTISCHE DEMOKRATIE

Wie werden die Mönche regiert? Wie wurden im Mittelalter und wie werden heute ihre Regierenden gewählt? Haben die Untertanen Rechte, oder müssen sie einzig und allein gehorchen, *perinde ac cadaver?*

In diesem Bereich existieren viele falsche Vorstellungen und Vorurteile. Darum hielt ich es für notwendig darzustellen, wie das, was ich etwas provozierend die ›monastische Demokratie‹ nennen möchte, funktioniert.

Zunächst stellt man fest, dass sich das Leben des Mönchs in einer strengen Rechtsordnung abspielt, das heisst innerhalb eines Systems, dessen Geist, Strukturen, Arbeitsweise, Entscheidungsmechanismen, Wahlmodalitäten, Rechte und Pflichten, die vom Abt angefangen für jeden gelten, in der Ordensregel genauestens festgelegt sind; selbst ›Verfassungsänderungen‹ sind möglich.

Der Mönch »untersteht der Regel und dem Abt« [Kap. I,3]. Wenn der Abt ihm etwas befiehlt, dessen Ausführung ihm moralisch oder tatsächlich ›unmöglich‹ scheint, darf er dem Abt seine Bedenken vortragen, selbstverständlich ohne Anmassung, ohne lediglich widersprechen zu wollen *(non superbiendo vel contradicendo)*, oder um systematisch Widerstand zu leisten *(resistendo)*.

Ein zweites demokratisches Prinzip betrifft die Vertretung der Gemeinschaft und die Mitbestimmung der Untertanen bei wichtigen Entscheidungen. Das ganze III. Kapitel der Regel handelt vom Einberufen der Räte der Bruderschaft. »Jedes Mal, wenn das Kloster vor einer wichtigen Entscheidung steht, muss der Abt die ganze Gemeinschaft zusammenrufen.« Bei »weniger wichtigen« Angelegenheiten genügt auch der Ältestenrat. In jedem Fall finden jedoch Beratschlagungen statt.

Der Obere stellt das Problem, zu dessen Lösung die Versammlung einberufen wurde, dar. Der Reihe nach erhält ein jeder das Wort und gibt seine Ansicht »mit aller Unterwürfigkeit, die die Demut gebietet, und und ohne jemals zu beabsichtigen, seine eigene Meinung hartnäckig verteidigen zu wollen« bekannt. Wenn der Abt die verschiedenen Meinungen gehört hat, »überprüft er seinerseits das Problem und handelt, wie es ihm am zweckmässigsten scheint«, oder »wie es am klügsten ist«, denn logischerweise muss er letztlich entscheiden.

Drittes Prinzip: das im LXIV. Kapitel festgehaltene allgemeine Wahlrecht. »Bei der Wahl des Abts gilt als unumstössliche Regel, dass derjenige bestellt wird, der entweder nach allgemeiner Übereinstimmung *(omnis concors congragatio)* – das heisst einstimmig – oder aber von der Mehrheit der Gemeinschaft gewählt worden ist.« Seit dem V. Jahrhundert hat die Kirche dieses Prinzip angewandt, das auch für die Papstwahl gilt.

Das vierte vom hl. Benedikt festgelegte, demokratische Prinzip betrifft die Verdienste. Im gleichen Kapitel LXIV, das von der Abtwahl handelt, und in dem alle erforderlichen Eigenschaften aufgezählt werden, schreibt er: »Die Wahl geschieht gemäss den Verdiensten, die sich der Kandidat im Leben, auf dem Gebiet der Weisheit und in der Lehre erworben hat« [Kap. LXIV,5-8].

Die Regel legt den genauen Ablauf der Wahlhandlung nicht fest. Die Notwendigkeit, freie und reguläre Wahlen abhalten zu müssen und dabei, soweit wie möglich, die Intrigen von Interessengruppen zu vermeiden, brachte die Mönche jedoch sehr bald dazu, ein sehr genaues und vollständiges Wahlgesetz abzufassen. (Das erste stammt von Lawrence of Somercote aus dem Jahre 1254). In den Consuetudines stehen alle Beratungs- und Wahlmodalitäten, die uns vertraut sind; sie sind uns jedoch nicht von den Griechen und Römern, oder vom englischen Unterhaus überliefert worden, sondern von der Kirche und den Klöstern. Zu diesen Modalitäten gehören das Prinzip der Wahl auf Lebenszeit des Abts, der spontanen Einstimmigkeit *(per quasi inspirationem)*, der absoluten Mehrheit, weil, wie Papst Leo I. (V. Jahrhundert) sagt, unterschiedliches Wahl- und Stimmverhalten weder zu verurteilen ist noch dem Geist des Christentums zuwiderläuft *(nec reprehensibile nec irreligiosum)*; es kam oft vor, dass unterschiedlich gestimmt wurde (*quod saepe accidit* heisst es 1134 in Citeaux, wo man ohne Umschweife verkündet: *stetur sententiae majoris partis*). Verboten war jedoch die Wahl durch Auslosen oder mit einfacher Mehrheit *(a majori parte respectu totius congregationis)*. Auch mehrfache Urnengänge kamen im V. Jahrhundert bereits vor; sie ergaben sich logischerweise aus dem Prin-

387. Singende und musizierende Mönche, Anfangsbuchstabe und Verzierung in einer Handschrift aus Peterborough, um 1300.
Brüssel, Königliche Bibliothek, Hs. 9961-62.

Cantate domino canticum nouum:
quia mirabilia fecit.
Saluauit sibi dextera eius:
et brachium sanctum eius.
Notum fecit dominus salu
tare suum: in conspectu
gentium reuelauit ius
ticiam suam.
Recordatus est misericordie
sue: et ueritatis sue
domui israel.
Viderunt omnes termini
terre: salutare dei nostri.
Iubilate domino omnis terra:
cantate et exultate et psallite.
Psallite domino in cythara
in cythara et uoce psalmi:
in tubis ductilibus et uo
ce tube cornee.
Iubilate in conspectu regis
domini: moueatur mare et
plenitudo eius orbis ter
rarum et qui habitant in eo.
Flumina plaudent manu
simul: montes exultabunt
a conspectu domini quoniam uenit
iudicare terram.
Iudicabit orbem terrarum
in iusticia: et populos
in equitate.
Dominus regnauit
irascantur populi:
qui sedes super cheru
bim moueatur terra.
Dominus in syon magnus:
et excelsus super omnes populos.
Confiteantur nomini tuo
magno: quoniam terribile et
sanctum est et honor regis
iudicium diligit.
Tu parasti directiones: iu
dicium et iusticiam in
iacob tu fecisti.
Exaltate dominum deum nostrum: et
adorate scabellum pedum
eius quoniam sanctum est.
Moyses et aaron in sacerdotibus
eius: et samuel inter eos
qui inuocant nomen eius.
Inuocabant dominum et ipse
exaudiebat eos: in colump
na nubis loquebatur ad eos.
Custodiebant testimonia eius:
et preceptum quod dedit illis.

SCS BENEDICT ABBAS.
BENEDICTUS + UENDI.
DOCET.
ECCE. NORMA M DIS
TRICTUS. PATER. ET. PASTOR.

zip der erforderlichen absoluten Mehrheit, die oft nicht in einem einzigen Wahlgang erzielt wurde.

Die Art und Weise der Stimmenauszählung konnte sehr unterschiedlich sein. Man zählte die Stimmen, wenn die Wahl »von Mund zu Mund« geschah; in diesem Fall mussten die *scrutatores* die Absichten der Wählenden auskundschaften. Oder man zählte die Stimmzettel *(schedulae)*, oder die *ballottae* genannten Kieselsteine, Münzen, Medaillons, Bohnen, usw.

Auch im Sitzen oder Stehen konnte gewählt werden, indem entweder die rechte Hand gehoben, oder der Kapitelsaal durch eine der beiden Türen verlassen wurde *(pedibus ire in sententiam)*, oder indem man »durch Kopfnicken zustimmte«.

388. Der hl. Benedikt überreicht Äbtissin Aeilika eine Ordensregel, Titelblatt einer Handschrift der Regel aus der Abtei von Ringelheim, 1025. Berlin, Staatsbibliothek Preussischer Kulturbesitz, Ms. theol. lat. qu. 199.

389. Abt Gilles li Muisis und die Mönche der St.-Martinsabtei von Doornyk, Miniatur, um 1350. Brüssel, Königliche Bibliothek, Hs. IV 119.

Dergleichen genaue Vorschriften garantierten hingegen nicht immer freie und reguläre Wahlen *(liberae et irreprensibiles)*, und ebensowenig geeignete Vorgesetzte.

Mit der Zeit wurde gegenüber den Orden und Abteien von aussen Druck angewandt, der reinem Machtdenken entsprach. Der Reichtum der Orden und Abteien, die in ganz Europa bestanden, forderte den Adel heraus, dort seine Söhne unterzubringen. Auch die anderen, konkurrierenden Orden, die Bischöfe und das Bürgertum konnten der Versuchung nicht widerstehen, sich dieser ausgezeichneten Schaltstellen der Macht zu bemächtigen.

Ohnmächtig mussten die Mönche zusehen, wie man ihnen weltliche Titularäbte aufzwang; manchmal waren das sogar Kinder. Ihre Wahl dient ausschliesslich dazu, sich der Einkünfte der Abtei zu erfreuen. Das bedeutete auch das Ende der Observanz. Der Periode des Verfalls folgten die Reformation und die Revolutionen. Nur die Klöster, die zu arm waren um verlockend zu sein, oder

Ordo ad benedi
cendum abbatem.
Pontifex die
dominica uel
festiua celebrans in ponti
ficalibus procedit in missa usque
ad alla. uel tractum. Tunc
electus abbas indutus amic
tu. alba stola et pluuiali
presentatur per duos abbates
sui ordinis epo super faldistor
ium ante altare sedenti. Qui duo
abbates flexis genibus dicant
in modum lectionis.
Reuerende pa
ter electus mona
sterii N. quem uestre pon
tificatus celsitudini ex par
te conuentus eiusdem loci
ducimus presentandum

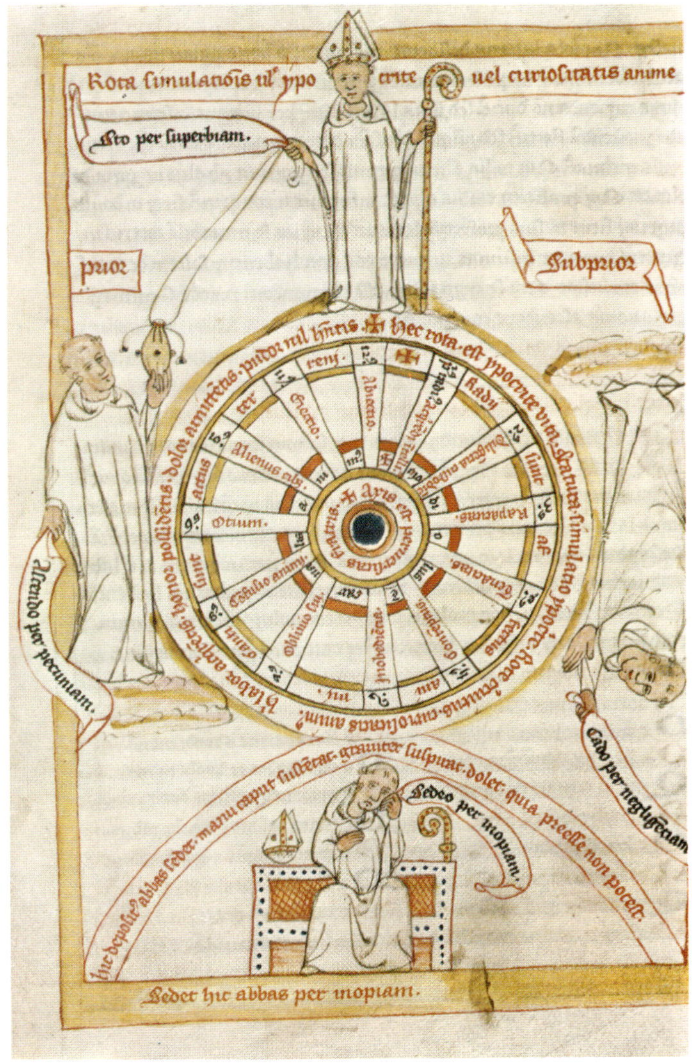

391. [links] Das Rad des wahren Glaubens. Der würdevolle und gewissenhafte Abt. Miniatur in De rota vere religionis *von Jean de Stavelot, 1437.*
Chantilly, Musée Condé, Hs. 1401.
Das Traktat De rota vere religionis *entstand vermutlich schon vor dem XIII. Jahrhundert; es handelt davon, wie ein sorgfältiger Abt sein Kloster zu leiten hat. Das Rad (rota) symbolisiert eine kluge und gerechte Leitung; Achse, Naben, Speichen und Felgen sind verschiedene Tugenden und Qualitäten.*

392. [rechts] Das Rad der Heuchelei, der Scheinheiligkeit und der Überheblichkeit, Miniatur in De rota vere religionis *von Jean de Stavelot, 1437.*
Chantilly, Musée Condé, Hs. 1401.
Diesem Beispiel sollte man nicht folgen. Das Kloster wird schlecht geführt, der hoffärtige und faule Abt wird seines Amtes enthoben, der nachlässige Prior muss seinen Hut nehmen, und der stellvertretende Prior versucht mittels Bestechung zum Ziel zu gelangen.

390. Simon Marmion, Weihe eines Abts, Miniatur im Messbuch von David von Burgund, XV. Jahrhundert.
Haarlem, Kunstsammlungen Stiftung Teylers, Hs. 77.

die völlig abgeschieden lagen, entgingen den Krisen. Die grossen Orden hingegen – wie die Kluniazenser oder Zisterzienser – zerfielen in Kongregationen, die meistens auf nationalstaatlicher und sprachlicher Grundlage aufgerichtet wurden. Die Mönche litten still und warteten auf bessere Zeiten.

DAS ERSTE SUPRANATIONALE PARLAMENT EUROPAS Im Jahre 1115, ein Jahrhundert vor der englischen *Magna Charta*, dem Embryo einer parlamentarischen Regierungsform, die sich im Laufe von sechs Jahrhunderten allmählich entwickelt, tritt in Citeaux die erste supranationale Versammlung Europas zusammen; eine geniale Politik hat das Generalkapitel, auch *Parliamentum* genannt, möglich gemacht. Begründer war ein Engländer, der hl. Stephan Harding (1109-1133).

Das Generalkapitel ist die *summa potestas* des Ordens. Es ist befähigt, Gesetze zu geben *(juxta et praeter Statutas)*, Gesetze zu ändern, auszulegen, aufzuheben und zusammenzufassen. Das Generalkapitel darf auch die Gesetzgebung vereinfachen, »damit niemand mehr zu seiner Entschuldigung sagen kann, in Unkenntnis gewesen zu sein«, die aus der Flut von Texten entstanden war und dazu geführt hatte, dass die Gesetze nicht befolgt wurden. Der Ordensgeneral verfügt lediglich über die *plena potestas,* das heisst die notwendigen Vollmachten, um gut regieren zu können. Deren Umfang ist jedoch genauestens festgelegt, einerseits durch die Benediktinerregel, andererseits durch die Statuten und Beschlüsse des Generalkapitels, das dem Ordensgeneral in keinem Fall Befugtheiten abstehen darf. Das *Parliamentum* wählt den Generalsuperior und seine Stellvertreter; es kann sie auch wieder absetzen.

2. DIE AUFGABEN

Eine Abtei ist eine kleine Stadt; es gibt zugleich sehr vielfältige und streng hierarchische Aufgaben, da es sich um ein komplexes, schwieriges Unternehmen handelt. Die Zahl der Brüder ist nicht immer und nicht notwendigerweise gross – obwohl meistens das Gegenteil der Fall ist –, die Anzahl der Tätigkeiten unterschiedlichster Art ist wohl sehr hoch. Das erklärt die für eine Abtei typischen Strukturen und Organisationsformen.

DER ABT Dem hl. Benedikt zufolge ist der Abt der Stellvertreter Christi auf Erden (*vices Christi creditur agere* [Kap. XIII,29]), der Vater des Klosters, sowohl in den materiellen Dingen [Kap. XXXIII,8], als auch in geistlichen Angelegenheiten [Kap. XLIX,22]; er ist der Hirte [Kap. II,15, 22], der Herr [Kap. III,14], der Arzt [Kap. XXVIII,8], der Hausherr [Kap. LXIV,16 und Kap. III,14].

In der Benediktinerregel trifft man häufig auf die folgenden Begriffe: *arbitrium, indicium, praeceptum, voluntas, permissio,* die verdeutlichen, wie sehr die Leitung des Klosters von der Person des Abts abhängt *(in arbitrio).*

Darüberhinaus weisen die alltäglichen Gesten bei Tisch, in der Kirche, im Kapitel oder im Kloster auf die Vorrangstellung des Abts hin. Ihm muss der Mönch zwingend gehorchen.

Dennoch sollte man sich nicht durch Worte irreführen lassen und die Benediktineräbte als Tyrannen bezeichnen. In der Tat haben sie sehr viel Macht, jedoch niemals die absolute (Kap. LXIII,5: *quasi libera utens potestate*); auch wird den Äbten angeraten, nicht »tyrannisch« aufzutreten [Kap. XXVII,17]. In Wirklichkeit leben die Mönche in einer Rechtsordnung, an die auch der Abt gebunden ist. Der Mönch »untersteht der Regel und dem Abt« [Kap. I,3]; der Abt muss also gemäss der Regel handeln. Er hat zwar sehr viel Macht, aber ebensoviele Pflichten. Er muss ihnen im Sinne der *discretio* und der *consideratio* nachkommen, das heisst mass- und taktvoll und mit Unterscheidungsvermögen. Zudem darf er niemals seine eigene »Vergänglichkeit« vergessen *(suamque fragilitatem semper suspectus sit* [Kap. LXIV,32]), dem »Feuer der Begierde oder der Eifersucht« nachgeben [Kap. LXV,54]; er muss des Tags des Jüngsten Gerichts eingedenk sein, an dem er vor Gott über alle Seelen, die ihm anvertraut waren, »vor allem aber über seine eigene« [Kap. II,113] Rechenschaft ablegen muss, sodass ihm sehr viel daran liegt, »um seine eigenen Taten besorgt zu sein« [Kap. II,116].

Dergleichen Besorgtheit zeichnet die heutigen Regierenden nicht mehr aus – soll man hinzufügen ›leider‹? Dennoch, da der Mensch nun einmal so geschaffen ist, wie wir ihn kennen, genügten alle schönen Vorschriften der Benediktinerregel nicht immer, um dem Übereifer oder der Boshaftigkeit mancher Äbte einen Riegel vorzuschieben.

DER PRIOR Der Prior ist der ranghöchste ›Beamte‹ *(obedentiarii)*, die dem Abt bei der Menschenführung und Verwaltung der Güter beistehen. Der hl. Benedikt schätzte diese Funktion schwerlich; eigentlich wünschte der Patriarch sie nicht.

394. Weihe einer Äbtissin, Miniatur im Pontifikal von Sens, Frankreich, XV. Jahrhundert.
Paris, Nationalbibliothek, Ms. lat. 962.

393. Abtsstab (sogenannter Altmanni-Stab), Elfenbein, Ende XI. Jahrhundert.
Göttweig, Stiftssammlung.

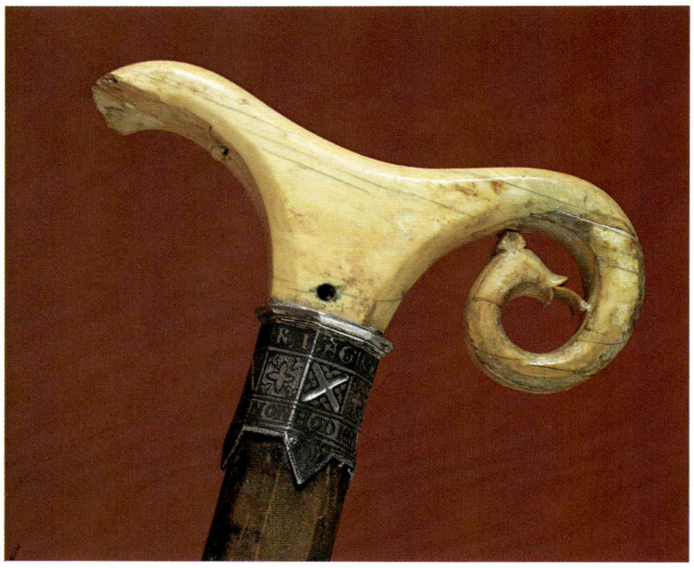

Adest reue
rende pr̄
electa nr̄a ad
bn̄dictionem
suam suscipiē
dam. Int'x epī.
Est electa se
cundum regu
lam bī bn̄dicti a sororibꝫ. Rn̄sio sororū.
Canonica in eam sororꝝ ꝯsensit electio.
Et interrogat epš. Habetis inde scriptū.
Rn̄d'. Habemus. et epš. Legatur. Quo
lecto dicat epš. Quia ergo in eā sororꝝ
uota consentiunt prius eam censemus.
Et cetera que sequuntur pro ut supius dige
sta sunt in ordinatione abbis monachoꝝ.
Et omnibꝫ eodem ritu expletis psalmis le
tanijs. uersiculis. dicat pontifex has bene
dictiones que sequuntur.

395. Mitra, Goldbrokat, Perlen und Edelsteine, Salzburg, letztes Viertel des XV. *Jahrhunderts.*
Salzburg, Benediktinerabtei Sankt Peter.
Diese Mitra gehörte möglicherweise Abt Ruprecht von Sankt Peter (1466-1495).

Er schreibt: »Wenn die Lage es erfordert, oder wenn die Gemeinschaft es angemessen und demütig verlangt, und der Abt es für billig hält, dann kann der Abt, die Zustimmung der gottesfürchtigen Brüder vorausgesetzt, einen Prior seiner Wahl ernennen« [Kap. LXV,31-36]. Wie man sieht, dreht und windet sich der hl. Benedikt, der fortfährt: Der Prior muss ›respektvoll‹ ausführen was ihm ›vom Abt befohlen‹ wird, er unternimmt nichts gegen den Willen oder die Anweisungen des Abts, und er muss die Vorschriften der Regel ›sorgfältiger‹ befolgen, weil er über seine Ordensbrüder gestellt wurde. Das alles weist darauf hin, dass diese Funktion nur widerwillig geschaffen wurde.

Übrigens beginnt das Kapitel über das Amt des Priors gleich in den ersten Zeilen schon mit Worten wie *scandala, superbia, tyrannides, dissensiones, invidiae, rixae, detractationes, exordinationes,* usw.

Erst nachdem Benedikt die vielfältigen Gefahren, die die Ernennung eines Priors mit sich bringt, aufgezählt hat, erklärt er sich, mit zahlreichen weiteren Einschränkungen, bereit, die Wahl eines Stellvertreters des Abts zu gestatten. Unmittelbar darauf beginnt jedoch wieder die Litanei säuerlicher Bemerkungen: »Wenn sich herausstellen sollte, dass dieser Prior lasterhaft ist, wenn ihn seine Erhebung berauschen, oder wenn er bewusst die Heilige Regel missachten sollte«, dann werden ihm vier Verweise zuteil. Sollte er sich auch dann noch nicht bessern, so wird er abgesetzt. Und sollte er sich nach dieser Bestrafung immer noch nicht »ruhig und gehorsam« [Kap. LXV,51] verhalten, dann wird er aus dem Kloster gejagt.

Allem Anschein nach gefällt Benedikt die Teilung der Macht nicht [Kap. LXV,7-16]. Ihm wäre lieber, dass »die Leitung des Klosters einzig und allein dem Abt« zufiele [Kap. LXV,26-27: *in abbatis pendere arbitrio*], und dass die Aufgaben unter mehrere aufgeteilt würden [Kap. LXV,30], sodass keiner von ihnen Grund hätte, sich zu brüsten *(ut dum pluribus committitur, unus superbiat)*.

Im Grunde genommen erhält man den Eindruck, dass es sich hier um eine Abrechnung handelt. Benedikts Stellungnahme beweist zur Genüge, dass er mit dem Prioramt wohl schlechte Erfahrungen gemacht haben muss. Darum ist er vor dem Prior auf der Hut und empfiehlt folglich dem Abt [Kap. LXV,54-55], beim Umgang mit dem Prior nie zu vergessen, dass dessen »Seele gelegentlich vom Feuer der Begierde oder der Eifersucht brennen« kann *(ne forte invidiae aut zeli urat animam)*.

DIE DEKANE Bereits im XXI. Kapitel erwähnt Benedikt die Dekane, »Brüder, die einen guten Ruf haben und ein heiliges Leben führen« und die nicht »wegen ihres Rangs«, sondern aufgrund ihrer »Verdienste im Leben und ihrer Weisheit in der Lehre« auserkoren werden, um »dem Abt, der sich auf sie verlassen kann, gewisse Arbeiten abzunehmen.«

Doch selbst im Fall dieser Elite verweist die Regel [Kap. XXI,11-12] darauf, dass sich der eine

396. Mitra, Gold-, Silberdraht und Perlen auf Leinen, Österreich, zweite Hälfte des XIV. Jahrhunderts. Admont, Benediktinerabtei.
Diese Mitra gehörte möglicherweise Abt Ulrich von Admont.

397. Krummstab aus der ehemaligen Abtei von Egmond, Silber und Emaille, Mitte XIV. Jahrhundert.
Haarlem, Bischofskirche.

398. Der Abt betet die Muttergottes mit dem Kind an, Miniatur, um 1350.
Brüssel, Königliche Bibliothek, Hs. IV 119.

oder andere Dekan durchaus »stolz aufblasen« und »tadelnswert« benehmen könne. Er erhält dann einen Verweis und wird, wenn das nicht abhilft, abgesetzt. Der hl. Benedikt gibt sich wirklich keinen Illusionen hin.

DER KELLERMEISTER Der *cellararius* ist der oberste Verwalter und für die Versorgung der Gemeinschaft verantwortlich; er kauft und verkauft die Grundstücke und Wälder, überwacht die Vorratsräume und die Werkstätten. In Monte Cassino bewahrte er auch die Masse und Gewichte.

Dem Kellermeister unterstanden: erstens der Domherr (abgeleitet von *capicerius,* etymologisch gesehen »derjenige, welcher über die Chorhaube in der Kirche wacht«), eine Art Schatzmeister, der die Sänger, den Hufschmied und den Tierarzt ausbezahlte und sich um den Altarschmuck und die Kleider der Ordensbrüder kümmerte (manchmal nannte man ihn auch ›Leuchtmeister‹, weil er auch für die Beleuchtung der Kirche verantwortlich war); zweitens der ›Tafeldecker‹; drittens der ›Kornmeister‹, der damit beauftragt war, das gute Einsäen der Äcker zu beaufsichtigen, und dem wiederum der ›Bäcker‹ *(pistor)* unterstand; viertens der ›Gärtner‹ *(hortulamus);* fünftens die ›Aufpasser‹, die die Fischteiche, Weinberge und Weizenfelder bewachten, der Verantwortliche für die Lebensmittelvorräte *(pistancerius),* der ›Stallmeister‹, und schliesslich ein Aufseher, dem die Organisation der Küche und die Zusammenstellung des Speiseplans oblag und dem der *cellerarius coquinae* (für die Küche) und der *cellerarius vini* (für den Wein) halfen.

Man muss nicht betonen, dass von dieser wichtigen Person alle nur erdenklichen Vorzüge verlangt wurden: Gefälligkeit, Mass, Höflichkeit, Zuvorkommenheit, Ausgeglichenheit, usw. Dass die Kellermeister auch tatsächlich allen diesen Anforderungen entsprachen, werden wohl nur hartgesottene Optimisten zu behaupten wagen.

DER KÄMMERER Im Französischen *chambrier* oder *chambellan,* im Englischen *chamberlain* genannt, war der Kämmerer eine wichtige Person. Er nahm die Einkünfte des Klosters in Empfang, verwaltete das Vermögen und bewahrte das Bargeld, die Reliquien, die Archivstücke, die Wertpapiere und die Verträge auf.

Der Kämmerer trug überdies die Verantwortung für die Behaglichkeit der Brüder; vor allem musste er ihnen das warme Wasser für die Rasur, die Seife und die Stiefelwichse besorgen. Ein *vestiarius* half ihm dabei.

Ein ›Unterkämmerer‹ musste bei Einbruch der Dunkelheit die Lampen anzünden *(crepusculo)* und sie im Morgengrauen wieder löschen *(diluculo);* er wechselte auch die Handtücher neben den Waschbecken aus.

DER VORSÄNGER Der *praecantor* gibt in der Kirche den Ton an, kümmert sich um den Gesang während des Gottesdienstes, unterrichtet die Mönche und Kinder im Singen und ist für die Bibliothek zuständig, die zu einem grossen Teil aus Manuskripten, die zur Feier der Liturgie benötigt werden, besteht. Der Vorsänger überwacht auch das *scriptorium.*

DER GASTWIRT Der Bruder Gastwirt *(hostiliarius* oder *hospitalerius)* ist »ein Bruder, dessen Seele Gott fürchtet« [Kap. LIII,48]; er empfängt die zeitweiligen Gäste. Es wird ihm nahegelegt, sie *tamquam Christus* aufzunehmen [Kap. LIII,1-2], »als ob sie Christus selber seien«, vor allem wenn es sich um ›Glaubensbrüder‹ und Pilger handelt.

Darum verlangt die Consuetudo, dass er umgänglich, sorgfältig, lächelnd, beherrscht, gesprä-

399. Abt Gilles li Muisis und die Nonnen von Doornyk, Miniatur, um 1350.
Brüssel, Königliche Bibliothek, Hs. IV 119.

chig, redefertig *(ore facundus)*, kontaktfreudig, kurzum extravertiert, wie wir heute sagen würden, auftreten muss.

Seine Aufgabe ist schwierig und verlangt Geschick: nicht alle Reisenden sind Heilige, und die Lebensumstände erleichtern so manchem Pilger nicht unbedingt die Höflichkeit. Einige sind lediglich gemeine Schmarotzer, vorgetäuschte Bettler oder Reisende, die sich einige Tage ausruhen möchten. Auch manch hochgestellter Gast, ein VIP der Zeit, blieb oft schamlos herumhängen. Und dann gab es noch die Kranken, die Sterbenden und alle diejenigen, die ganz einfach etwas verhätschelt werden wollten.

Sie alle müssen aufgenommen werden (denn schliesslich haben ›Hospiz‹, ›Hospital‹ und ›Hotel‹ eine gemeinsame Wurzel in *hospes,* der Gastgeber). Dem Gastwirt obliegt die Auswahl.

Er muss für die Sauberkeit der Räume, der Wäsche, des Geschirrs, der Bettdecken, der Tischdecken und des Bestecks sorgen. Im Winter lässt er Kerzen und Feuer anzünden.

Er wacht auch über das Zeremoniell, mit dem die Gäste empfangen werden; es wird skrupulös eingehalten: das Gebet, der Friedenskuss, der Gruss, die Lesung des göttlichen Gesetzes, die Fusswaschung als Zeichen der Aufmerksamkeit des Abts, »wonach man den Gästen alle mögliche Güte zuteil werden lasse« *(post haec omnis... exhiberatur humanitas* [Kap. LIII,20-21]). Danach werden die Gäste gefragt, ob sie an dem Tag bereits gegessen haben, ob sie sich auszuruhen wünschen

oder etwas trinken möchten, oder ob sie *ad necessaria ire,* das heisst sich die Hände waschen müssen. Der Gastwirt unterhält sich auch mit seinen Gästen.

Am Tag ihrer Abreise inspiziert der Bruder die Herberge, um gewiss zu sein, dass die Gäste nichts vergessen haben und (wenn man einen solchen Beruf ausübt, verliert man rasch sämtliche Illusionen) dass sie nichts, sozusagen ›versehentlich‹, mitgenommen haben.

Der Text, dem ich diese Zeilen entnommen habe, schliesst mit der bitteren Bemerkung, dass die Strenge, mit der das Zeremoniell ursprünglich eingehalten worden war, sehr schnell aufgegeben wurde, und dass man ›in unserer Zeit‹ *(in omnibus his modernis temporibus)* wohl gänzlich darauf verzichtet hat.

Obwohl das Zeremoniell in der Tat inzwischen aufgegeben worden ist, wage ich dennoch zu behaupten, dass der Gast heute noch zuvorkommend und ›voll brüderlicher Milde‹ *(caritatem fraternitatis,* [Kap. LXVII,11]) aufgenommen wird.

DER NOVIZENMEISTER In der Benediktinerregel wird der Novizenmeister nur beiläufig unter der Namensbezeichnung *senior* [Kap. LVIII,11-12] erwähnt, als »fähig, die Seelen zu erforschen und die Novizen aufmerksam zu überwachen.« Man kann annehmen, dass der hl. Benedikt davon ausging, dass sich die ganze Gemeinschaft der Erziehung der Kinder annahm, die dem Kloster in Obhut gegeben worden waren und im allgemeinen überwiegend die Novizen stellten *(pueris per omnia ab omnibus disciplina conservata,* [Kap. LXIII,22]); und weiter »wird man immer und überall auf sie aufpassen, bis sie das Alter der Vernunft erreicht haben« *(ubiubi et custodia habeant et disciplinam, usque dum ab intelligibilem aetatem perveniant,* [Kap. LXIII,42-45]); vernünftig werden sie, der Regel zufolge, im Alter von fünfzehn Jahren. Auch wenn der hl. Benedikt mehrere Male hervorhebt, dass die Älteren den Jüngeren mit Liebe begegnen müssen [Kap. IV,86-87; Kap. LXIII,24], so betont er jedoch ebenso deutlich, dass die Jüngeren den Älteren Respekt schulden [Kap. LXXI,8; Kap. LXIII,23 und 33-39].

400. Die Heilige Messe, Miniatur im ›Speculum Historiale‹ von Vinzenz von Beauvais, Frankreich, XV. Jahrhundert. Chantilly, Musée Condé, Hs. 722, ex. 1196.

401. Bestrafung eines Mönchs im Kapitelsaal, Miniatur in ›La fleur des hystoires‹ von Jean Mansel, XV. Jahrhundert. Brüssel, Königliche Bibliothek, Hs. 21.252. Der hl. Antonius rät dem Abt, den jungen Mönchen gegenüber nicht zu streng zu sein.

Cy commence la tierce partie du troizieme volume de la fleur des histoires qui traitte des exemples moraulz a divers propos selon le · A · B · C ·

· Premier exemple ·

Exemple comment ung abbe ou ung maistre denfans ne doit jamais estre trop rigoreux a ses disciples et subjetz · ·

A ce propos reci
te saint ancel
me que ung
abbe se complai
gnit une fois
a saint anthoine qui lors vivoit
et lui dist Pere dist il je ne scay
que je doy faire de mes jonnes moy
nes Je ne les fay que batre jour
et nuyt · mais il me semble quilz
ne se amendent pas ains empi
rent tous les jours dont certes
jay grant dueil et grant des
plaisir en moy mesmes Je te prie
conseille moy que jen doy faire
Saint anthoine lui respondy

Gar wy de by

Gar wy de by

402. Guido von Arezzo, Widmungsblatt in einem Kodex mit musiktheoretischen Arbeiten, Augsburg, Mitte XI. Jahrhundert. Wolfenbüttel, Herzog August Bibliothek, Cod. Guelf. 334 Gudianus latinus.
Guido von Arezzo war ein wichtiger Musiktheoretiker und -pädagoge. Hier schreibt er am Prolog eines seiner Traktate.

Im Mittelalter waren körperliche Züchtigungen üblich. Die Regel nimmt zu ihnen sehr nuanciert Stellung. Unter der Überschrift »Wie man kleine Kinder bessert« steht im XXX. Kapitel zum Beispiel: »Jedes Mal, wenn die Kinder, die Jugendlichen oder diejenigen, die nicht begreifen wie schmerzlich die Strafe des zeitweiligen Ausschlusses aus der Gemeinschaft ist, irgendeinen Fehler begehen, werden sie, um sie zu bessern, mit langem Fasten oder harter Geisselung bestraft *(acris verberibus)*. Die Consuetudo bestimmt hingegen, dass der Vorsänger die Kinder weder ohrfeigen noch an den Haaren ziehen darf; das sind Vorrechte des Kindererziehers *(magister puerorum)*.

DER KANZLER Die Abteien erhielten bereits sehr früh Kanzleien. Die dort Tätigen hiessen *scriptor*, *notarius* oder *cancellarius*. Ursprünglich meinte man mit *cancellarius* den Gerichtsdiener, der neben dem Gitter *(cancelli)* steht, das den Saal vom Gericht scheidet. Der Mönch, der die Matrikel und Register führte, hiess ›Vorsteher‹ *(matricularius)*.

DER KÜSTER Der *sacrorum custos* trug die Verantwortlichkeit für die geweihten Gefässe und für den Kirchenschatz, den er rein und in Ordnung halten musste. Ferner war er für die Beleuchtung der Kirche, des Refektoriums, der Gemächer des Abts und des Kellermeisters, sowie der Gästezimmer verantwortlich. Im Winter musste er glühende Kohlen besorgen, damit der Offiziant sich die Hände wärmen konnte; im Sommer musste er den Fussboden der Räume, die nicht ausgelegt waren, mit Heu und aromatischen Pflanzen bedecken.

DER KRANKENWÄRTER Der *infirmarius* gebietet über die Krankenstube und nimmt sich der Kranken an. Er muss ein Mann sein, der »Gott fürchtet, sich aufopfert und sorgfältig ist« *(diligens et sollicitus*, [Kap. XXXVI,14]).

Er kümmerte sich ebenfalls um den Garten, in dem Heilpflanzen angebaut wurden, er behandelte die Pflegebedürftigen (»aber die, die wohlauf waren, und vor allem die Jungen, kommen kaum für diesen Genuss in Anmerkung«, Kap. XXXVI,15-16), er machte in der Krankenstube Feuer und nachts Licht, er las täglich eine Messe. »Sehr schwache Kranke bekommen sogar Fleisch«, heisst es weiter in der Regel [Kap. XXXVI, 17-18]. In der Abtei von Saint-Pierre-de-Bèze kochte der Krankenwärter für seine Patienten ausgefallene Gerichte: »Mandeln, Pflaumen, Hafer-, Gersten- und Weizengrütze, junge Hühnchen und leichte Fleisgerichte...«.

Die Krankenstube nahm nicht nur Kranke auf; die Alten, die Siechen, die Bedrückten und die Mönche, bei denen man einen Aderlass vorgenommen hatte *(minution)*, verweilten ebenfalls hier. In der Krankenstube durften die Mönche miteinander sprechen, wurde für die melancholisch und stumpfsinnig gewordenen Mönche Musik gespielt, war man von der Pflicht zum Gottesdienst und zur Arbeit freigestellt. Das heisst, dass

403. Constantinus Africanus stellt mittels Uroskopie eine Diagnose, Miniatur, XV. Jahrhundert.
Oxford, Bodleian Library, Ms. Rawl. C 328.
Constantinus Africanus war im XI. Jahrhundert Mönch auf dem Monte Cassino. Er brachte die Medikamentenzubereitungen der Araber nach Europa.

es viele gute Gründe gab, um öfter krank zu feiern als es eigentlich nötig gewesen wäre.

Man sollte nie vergessen, dass im Mittelalter rauhe Sitten herrschten. Greiner waren nicht gut gelitten. In dem kurzen, knapp 23 Zeilen langen Kapitel, das Benedikt den ›kranken Brüdern‹ widmet, erinnert der Patriarch dreimal daran, dass alle – Krankenwärter, Kellermeister, ›Diener‹ – den Kranken gegenüber ›Geduld‹ aufbringen müssen und sie in keiner Weise ›vernachlässigen‹ dürfen. Man muss unterstellen, dass diese Empfehlung bitter nötig war.

DER ALMOSENIER Der *eleemosynarius* hatte den Auftrag, den sein Name bereits andeutet, nämlich den Armen, Bettlern, Pilgern, Witwen, Waisen, mittellosen Geistlichen, Reisenden und Aussätzigen Almosen zu geben.

Mehr als alle anderen Brüder musste er, gleichsam aus professionellen Gründen, gut, massvoll, voller Mitleid und Barmherzigkeit sein und ohne

404. Die Operatio, Medaillon in Email aus dem St.-Remaclus-Retabel von Stavelot, Stavelot, etwa 1150.
Ehemalige Sammlung R. von Hirsch, Basel.
Das Altarblatt wurde der Abtei von Abt Wibald geschenkt.

405. Kelch Tassilos, Messing, vergoldet, zweite Hälfte des VIII. Jahrhunderts.
Kremsmünster, Abteikirche.
Der Kelch wurde möglicherweise in Salzburg angefertigt; er gehörte Herzog Tassilo von Bayern.

406. Messgewand, roter Stoff mit Traubendolden und Ähren in Goldbrokat.
Salzburg, Sankt Peter, Schatzkammer.

407. Silberpatene mit filigranen und kostbaren Steinen, XI. *Jahrhundert.*
Santo Domingo de Silos, Abtei.

408. Patene des sogenannten Heinrichskelchs, Silber, zum Teil vergoldet, Ende XII. *Jahrhundert.*
Salzburg, Benediktinerabtei Sankt Peter.

mnipotens et misericors
deus qui sacerdotibus tuis
pre ceteris tantam gratiam
contulisti. ut quicquid in
tuo nomine digne perfecte-
que ab eis agitur. a te fieri
credatur. quesumus immen-
sam clementiam tuam. ut quod modo visitaturi su-
mus visites. et quicquid benedicturi sumus bene-
dicas. sitque ad nostre humilitatis introitum. sanctorum
tuorum meritis fuga demonum. et angeli pacis in-
gressus. Per dominum. Episcopus dicat. Oremus. Diaconus.
Flectamus genua. Levate.
Aufer a nobis domine iniquitates nostras. ut
ad loca tuo sancto nomini purificanda. puris
mereamur mentibus accedere. Per. Tunc intret eccle-
siam cum clero. et dicat. vii. psalmos. cum letania. et postquam dictum
fuit. Ut pontificem nostrum etc. Surgat et dicat ter.
Ut domum istam ad honorem nominis tui fac-
tam. regalem aulam tibi deo nostro purificare dig-
neris. Te rogamus audi nos. His peractis dicat episcopus.
Oremus. Diaconus. Flectamus. Levate.
Deus qui peccati veteris hereditariam mortem

ungeduldig zu werden die Klagen und Gegenklagen derjenigen, die ihn unaufhörlich bestürmten, ertragen können.

Die Consuetudo empfiehlt ihm, besonders umsichtig *(magna discretione)* und diskret *(discretius)* diejenigen zu behandeln, die ehedem reich und mächtig, doch dann dem Schicksal unterlegen waren und nun erröteten *(erubescere)*, weil sie auf einer Stufe mit den Entrechteten standen.

Wenn die Abtei gross war, standen den meisten Amtsinhabern Stellvertreter und Gehilfen zur Seite, von denen manche auch bezahlte Laien sein konnten (was sehr bald im Brauereiwesen und Zimmermannshandwerk der Fall war). Da in den meisten Klöstern jedoch wenig Mönche wohnten, hatten mehr oder weniger alle irgendwelche Aufgaben zu übernehmen. Da kein Amt lebenslänglich ausgeübt wurde (ausser dem des Abts), kam es nicht selten vor, dass jemand, der ein hohes Amt innegehabt hatte, wenige Monate später als Küchengehilfe oder in irgendeiner anderen untergeordneten Stellung arbeitete. Manche Brüder übernahmen, aus Demut, sogar die bescheidendsten und manchmal abstossendsten Aufgaben freiwillig.

DIE INSPEKTOREN Die wichtigsten Amtsinhaber waren die *visitatores*, die *missi dominici* der zentralen Ordensleitung, die an Ort und Stelle kontrollieren mussten, ob das alltägliche Leben in den Konventen ordnungsgemäss vonstatten ging, in Übereinstimmung mit den Geboten der Ordensregel und den Beschlüssen des Generalkapitels. Die Inspektoren befragten jeden Mönch unter vier Augen und erhielten im allgemeinen einen genauen Überblick über das, was in der Gemeinschaft in Ordnung, vor allem aber über das, was nicht in Ordnung war.

Die grosse Macht wurde ihnen von der Zentralgewalt übertragen. Sie dürfen einen Abt absetzen, oder einen Mönch in ein anderes Kloster versetzen.

Viele der Berichte, die sie nach Abschluss ihrer Inspektionsreisen schrieben, sind erhalten geblieben; für den Liebhaber der Sittengeschichte sind sie eine schier unerschöpfliche Quelle oft sehr pittoresker Informationen. Doch sollte man aus den Berichten nicht nur das ›Vermischte‹ und die Vorfälle am Rande des monastischen Gemeinschaftslebens herauslesen.

409. Neuerliche Weihe einer säkularisierten Kirche. Miniaturen im Pontifikale von Sens, XV. Jahrhundert. Brüssel, Königliche Bibliothek, Hs. 9215.

3. DIE BEWOHNER DES KLOSTERS

Es wäre irrig anzunehmen, dass in einem Kloster nur Mönche leben. Selbst heute verweilen dort Menschen zeitweilig oder auf Dauer, die kein Gelübde an das Haus bindet: Studenten, Forscher, Gläubige für Exerzitien, Priester die Anregungen oder Erholung suchen, Hausfreunde die zur monastischen *familia* gehören, Schüler oder Ehepaare (›aus Mischehen‹ steht merkwürdigerweise auf einem Faltblatt, in dem die Aktivitäten der Abtei von Ligugé aufgezählt werden).

Im Mittelalter wimmelte es in den Abteien nur so von Laien: Laienbrüder (auf die ich noch zurückkommen werde); Handwerker; Hörige, die für ihre Arbeit belohnt wurden, indem sie an den Gebeten und guten Taten des Klosters teilhaben durften und dadurch ihr persönliches Heil im Jenseits absicherten; freiwillige Leibeigene, die zwar freie Leute waren, aber als persönliche Knechte von der Abtei abhingen und ihr jährlich einen Pachtzins zahlten; Freigelassene und Bauern, die vom Kloster ein Stück Land gepachtet hatten; Präbendare – alte Ehepaare, Invaliden, alte Diener und Veteranen –, die dafür, dass sie dem Kloster ihr Vermögen schenkten, und für die kleinen Dienste, die sie noch leisten konnten, oder weil sie in irgendeiner Weise Nutzniesser waren (was man dann ›Abendmahlsbrot‹ nannte) Verpflegung erhielten (Kleidung, Kost und Logis, etwas Taschengeld); Lohnarbeiter; Lehrlinge und Schüler; Kinder, die von ihren Eltern der Abtei ›angeboten‹ worden waren; Oblaten (die man auch ›Angebotene‹, ›Gegebene‹, ›Gelobte‹ oder ›Überläufer‹ nannte), die sich selber, ihre Arbeitskraft und ihr Vermögen dem Kloster angeboten hatten und dem Abt Gehorsam gelobt hatten, jedoch ihre rechtliche Handlungsfreiheit beibehielten.

Die innere Struktur einer Abtei erfordert auch Mönche, die, in einer feierlichen Zeremonie, ihr Ordensgelübde abgelegt haben. Der Profess ist dem Geistlichen gleichgestellt; ursprünglich gab es unter den Mönchen wenig Priester. Ab dem X. Jahrhundert hat der überwiegende Teil der Mönche aber auch die Priesterweihe empfangen.

Daneben lebten im Kloster noch die Novizen und die Laienbrüder (oder ›Vertrauten‹), die als Erwachsene ins Kloster eingetreten und folglich zumeist ungebildet waren. Zunächst konnten sie daher keine vollwertigen Ordensbrüder werden; man überliess ihnen vor allem die körperliche Arbeit; ihre Gebete waren kürzer als die der Ordensbrüder. Gegen Ende des XI. Jahrhunderts gestattete man ihnen dann allerdings, das Gelübde abzulegen; dadurch wurden sie jedoch noch immer keine Mönche im eigentlichen Sinne: *conversos... qui monachi non sunt post professionem factam,* wie Papst Innozenz II. 1142 an einen Abt schreibt. Sie trugen aber die gleiche Kleidung (mit sehr kleinen, jedoch wahrnehmbaren Unterschieden), assen das gleiche Essen und erhielten, wenn sie krank wurden, die gleiche Versorgung wie die anderen Mönche.

DAS GELÜBDE Kapitel LVIII der Benediktinerregel legt fest wie diejenigen, die in den Orden eintreten wollen, aufgenommen werden müssen. Es handelt sich hierbei um ein echtes Psychodrama. Der Kandidat wird schlecht empfangen; man gestattet ihm keinen ›leichten Einstieg‹ und lässt ihn ›vier oder fünf Tage‹ vor der Pforte warten und beschimpft ihn (man muss annehmen, dass die Berufungen im Mittelalter nicht selten waren und sich mehrheitlich als echt erwiesen). Wenn der »Neuankömmling in der Ordensgemeinschaft« auf seinem Ansinnen beharrte, wurde er einige Tage lang im Gästebau untergebracht.

Von hier aus bringt man ihn in den Trakt der Mönche. Ein »Älterer, der fähig ist, Seelen zu gewinnen« leitet ihn und bringt ihm »alles Unangenehme und Rauhe bei, das näher zu Gott hinführt« (Kap. LVIII,17: *dura et aspera per quae itur ad Deum*). Wenn sich herausstellt, dass er eifert für »das Werk Gottes, den Gehorsam und alles, was der Demut *(obprobia)* dienlich ist« und zwei Jahre lang unablässig nach ›Festigkeit‹ strebt, liest man ihm schliesslich die ganze Ordensregel vor und sagt ihm: »Dies ist das Gesetz, dem Du dienen willst. Wenn Du es befolgen kannst, so trete ein. Wenn du es aber nicht befolgen kannst, steht es Dir frei zu gehen.« Wenn er beharrt, bringt man ihn ins Novizenhaus zurück, wo er studiert, meditiert, isst und schläft. Sechs Monate stellt man seine Geduld aufs neue auf die Probe. Wiederum liest man ihm die Ordensregel vor. Wenn er immer noch beharrt, wird seine Probezeit um nochmals vier Monate verlängert. »Und man liest ihm noch einmal die Ordensregel vor.«

Die Regel bestimmt dann: »Wenn er sich selber entschlossen hat, verspricht er, alles in acht zu nehmen und auszuführen, was ihm befohlen wird. Daraufhin wird er in die Gemeinschaft aufgenommen.« (Benedikt glaubt nicht an spontane Eingebungen und ›Liebe auf den ersten Blick‹; er will Menschen, die selber nachdenken können, als Mitglieder seines Ordens.)

Aber er muss wissen, dass er nie mehr auf seinen Beschluss zurückkommen und »sich der Ordensregel entziehen« kann (*collum excutere de sub iugo regulae* [Kap. LVIII,25]), dass eine Entscheidung, die nach ›so langer Bedenkzeit‹ getroffen worden ist, auf immer gültig ist, und dass das Gelübde, das in völlig freier Entscheidung abgelegt worden ist (denn noch im allerletzten Augenblick kann der Novize zurücktreten: *excusare* [Kap. LVIII,36]), gleich einem Schwur bindet.

Der Eintritt in die Gemeinschaft wird durch das Ablegen des Gelübdes vollzogen, das einen ordnungsgemäss geschlossenen, alle rechtlichen Garantien berücksichtigenden Vertrag zwischen der Gemeinschaft und dem Profess darstellt, selbst wenn im gleichen Kapitel (LVIII,62) geschrieben steht, dass »der Profess selbst über seinen Körper nicht mehr verfügt.« Das hat, wie man feststellen kann, wenig mit der Sklaverei zu tun, von der manche sprechen. (Am Rande sei gesagt, dass es heute Arten des ideologischen Engagements gibt, die ebenso hartnäckig, aber weniger durchdacht sind und sich unendlich viel weniger um die angewandten Mittelscheren.)

Das Gelübde strebt nach Festigkeit, was typisch für die Benediktiner ist, die einen Gegenpol zu den Umherirrenden bilden (Vagabunden, die »immer in Bewegung, niemals still sind« [Kap. I,30]). Das Gelübde beinhaltet auch die *conversio morum* oder *conversatio,* das heisst das Versprechen, sein Leben zu ändern und von nun an ein wahrhaft religiöses Leben zu führen. Das Gelübde verlangt ebenfalls den Gehorsam.

Der Novize »tut vor jedem einen Fussfall, damit man für ihn bete«. Von diesem Augenblick an wird er als Mitglied der Gemeinschaft betrachtet. Man nimmt ihm seine persönliche Habe ab (die aufbewahrt wird »um sie demjenigen zurückzugeben, der eines Tages vom Teufel in Versuchung gebracht wird und daraufhin das Kloster verlässt« – der hl. Benedikt gibt sich, was das menschliche Wesen betrifft, wirklich keinen Illusionen hin); er legt die Kleidung an, die seinem neuen Stand gemäss ist.

›BEFREUNDETE‹ PRIESTER UND MÖNCHE Die Regel bestimmt auch, wie »die Söhne von Adeligen und Armen, die angeboten werden« [Kap. LIX], die »Priester, die im Kloster zu verbleiben wünschen« [Kap. LX] und die »fremden Mönche« [Kap. LXI] aufgenommen werden müssen.

Der Akzent liegt hier anders. Benedikt spricht von ›Erfahrungen‹ [Kap. LIX]. Das Kind, das von seinen Eltern ›Gott dargebracht‹ worden ist, kann jederzeit in die Welt zurückkehren (das ›Darbringen‹ von Kindern war im Mittelalter zwar verboten, doch weit verbreitet und führte zu zahlreichen Missbräuchen).

410. Ein Vater bringt seinen Sohn im Kloster unter, Miniatur, XIV. *Jahrhundert. Brüssel, Königliche Bibliothek, Hs. 5668-69.*

411. Ein Mönch arbeitet als Küster in einer Pfarrkirche, Miniatur, XIV. *Jahrhundert. Brüssel, Königliche Bibliothek, Hs. 5668-69.*

Zweifellos ist es gut, dass ein Priester im Kloster Aufnahme finden kann. Doch zuvor muss auch er darauf bestehen und sich verpflichten, die Regel zu befolgen und den Rang beizubehalten, mit dem er in die Gemeinschaft aufgenommen wurde, »und nicht den anzustreben, den man ihm aufgrund der Priesterweihe zuzugestehen bereit ist«. Er muss den anderen vor allem ›Beispiele der Demut‹ geben (man erkennt sofort, wohinter der Patriarch Gefahren witterte).

Der Tonfall wird strenger, wenn es sich um »fremde Mönche aus fernen Ländern« (*de longinquis provinciis* [Kap. LXI,1]) handelt. Sie werden zwar zugelassen, aber nur unter der Bedingung, »das Klosterleben nicht durch eitle Ansprüche zu stören«, und wenn sie sich als demütig, barmherzig, zurückhaltend, weder prätentiös noch lasterhaft erweisen; andernfalls teilt man ihnen ›höflich‹ (*honeste* [Kap. LXI,18]) mit, das Kloster verlassen zu wollen. Ein anderer, kurzer Satz verdeutlicht ebenfalls Benedikts Bedenken: »Wenn der Abt den Eindruck gewonnen hat, dass der fremde Mönch dessen würdig ist, kann er ihm sogar erlauben, einen höheren Rang einzunehmen« im Vergleich zu dem, den er bei seinem Eintritt in die Gemeinschaft hatte. Das gleiche gilt für Priester, die ins Kloster aufgenommen worden sind; auch sie können befördert werden, wenn der Abt »ihren Lebenswandel dessen würdig« achtet [Kap. LXI,31].

4. DIE FREUDEN DES MÖNCHSEINS

Trotz aller Höhen und Tiefen, trotz des Gemeinschaftslebens, das oft genug wie ein schweres Gewicht drückt, und trotz der Verpflichtung, ständig die Regel zu befolgen, trotz aller Niederlagen und Zweifel und Trotz der so schnell erreichten Grenzen, ist das Leben der Mönche dennoch von Freude und Glanz erfüllt, einer vollkommenen Freude und einem strahlenden Glanz, selbst im Schatten des Zweifels und in der Umnachtung des Geistes.

Man muss schon so naiv wie ein Journalist sein, um zu schreiben: »Ich habe niemals heiterere, offenere und weniger einsame Kerle gesehen als diese ›Solitäre‹ in ihren Zellen.« Wie sollte es auch anders möglich sein? Ich kann es selber bestätigen: überall habe ich diskrete, vornehm verhaltene Freude angetroffen und ständig Aufmerksamkeit für den Mensch, der man ist, so wie man es ist; das zeugt von makelloser Zuvorkommenheit und menschlicher Zuneigung.

Dennoch irrt man, wenn man annimmt, dass alle Mönche aus demselben Guss sind. Dass sie sich alle einer grossen Familie zugehörig fühlen, erklärt sich einerseits aus ihrer Rekrutierung, die auf temperamentmässigen Affinitäten beruht, und andererseits aus dem, was sie gemeinschaftlich erleben. Trotz des Zwangs zur Konformität hat meistens ein jeder eine deutlich ausgeprägte Persönlichkeit, mit Mängeln und Vorzügen. Weder das Befolgen der Regel, noch die Pflicht zum Gehorsam und das Gemeinschaftsleben können die Charakterunterschiede einebnen. Das bekommt dem Gemeinschaftsleben nicht immer besonders gut.

Auf dieses Problem kommt der hl. Benedikt häufig zurück. So schreibt er an einer Stelle: »Jeder hat von Gott bestimmte Gaben erhalten« [Kap. XL,1-2]; ein andermal heisst es: »Jedem Alter und jedem Intelligenzgrad muss man angemessen begegnen« [Kap. XXX,1-2].

Der Tag des Benediktinermönchs

Am Ende eines Oktobertages machte ein Dutzend schwer beladener Männer am Rande der Lichtung eines nahe der Weichsel gelegenen Waldes halt. Seit dem Morgen regnete es; kalt und schwer fielen die Tropfen nieder. Die Kleider sogen das Wasser auf und drückten auf die Schultern. Der Anführer untersuchte die Gegend und sagte: »So wurde es uns vorausgesagt. Ich glaube, dass es so gut ist. Danken wir Gott, dass er uns gesund hier hat ankommen lassen.« In den nebligen Abendhimmel stieg ein Gebet. Die Männer waren zwei Tage Fussmarsch von der nächsten menschlichen Behausung entfernt. Sie waren in einem fremden, wilden Land. Sie bereiteten ihr Nachtlager. Sie blieben hier für immer. Sie kehrten nie mehr in ihre Heimat zurück. Man schreibt das Jahr 1175. Zisterziensermönche haben soeben die Abtei von Wachok gegründet; sie besteht heute noch.

Ich habe diese Zeilen bewusst im Stil der historischen Romane aus dem letzten Jahrhundert geschrieben. Denn die Ausbreitung des Zisterzienserordens im XII. Jahrhundert verläuft auch wie in einem Roman. 1098 wird Citeaux gegründet, unmittelbar danach folgen seine vier ›Töchter‹, La Ferté (1113), Pontigny (1114), Morimond (1115) und Clairvaux (ebenfalls 1115). Danach lässt sich die Ausbreitung kaum noch genau verfolgen, jeder ›Ableger‹ gründet seinerseits weitere ›Ableger‹. Die neuen Gründungen sind sehr unabhängig von den Häusern, die sie gegründet haben; es besteht sogar eine Neigung, sich sehr schnell und sehr weit vom Herkunftsort niederzulassen. Die Gründungen folgen in ungemein kurzen Abständen, in Italien ab 1120, in Deutschland ab 1123, in England ab 1129, in Österreich ab 1130, bald darauf auch in Schottland, Portugal, Rumänien, Lettland und sogar in der Türkei. Bereits zu Beginn des XIII. Jahrhunderts besteht ein dichtes, mächtiges Netz von Zisterzienserklöstern. Der Orden, der beim Eintritt des hl. Bernhard (1112) nur 19 Klöster zählte, war bis zu seinem Tod (1153) bereits auf 343 angewachsen. Ende des XII. Jahrhunderts waren es 525, Ende des XIII. Jahrhunderts fast 700. Man könnte das als einen Sieg der Autonomie und des freien Unternehmungsgeistes betrachten.

Das Netz überzieht ganz Europa. Die Gründungen, die am weitesten vom Ursprung Clairvaux entfernt sind, liegen in Schottland, Irland, Portugal, Ungarn und Schweden. Gründungen von Morimond gab es zwischen Polen, England und Spanien; Wachok gehörte dazu. Für Pontigny, La Ferté und Citeaux gilt das gleiche. In weniger als einem Jahrhundert Zeit ist Europa von Zisterzienserklöstern übersät, von Kinloss in Schottland und Lysekloster in Norwegen, von Alcobaça in Portugal bis Padis im Baltikum.

Um zur Versammlung des Generalkapitels in Clairvaux zu kommen, müssen die Äbte der am weitesten entfernten Klöster zwischen 1000 und 2000 Kilometer weit reisen; dabei handelt es sich um Entfernungen im Vogelflug. Sie gingen zu Fuss. Sie unternahmen diese Reise jedes Jahr. Über welche Strassen, durch welche Furte, durch welche Wälder, Sümpfe und Ebenen? Sie scheuten weder Gefahren noch Müdigkeit. Wo schliefen sie? Wo assen sie? Und sobald die Versammlung des Generalkapitels beendet war, zogen sie wieder vondannen.

Wie sahen sie die Welt? Wie sah der Alltag dieser vom Leben und Glauben gestählten Männer aus, die in den Fusstapfen des hl. Benedikt zu ›Vätern Europas‹ wurden? Sie hinterliessen auf diesem Kontinent unauslöschbare Spuren. Vom Alltag werden die folgenden Seiten handeln.

DIE STUNDEN DER NACHTRUHE Die Mönche folgen heute noch fast dem gleichen Lebensrhythmus wie ihre Vorgänger. Vor dem Morgengrauen, zwischen Mitternacht und zwei Uhr, stehen sie auf, um die Vigilie zu singen (heute ist das die Frühmette). Für diesen Brauch gibt es zwei Gründe. Im Mittelalter standen alle Menschen sehr früh auf. Also musste man noch früher aufstehen, wenn man seine Zeitgenossen beeindrukken wollte. Zum anderen haben die Mönche seit eh und je die Stille und Reinheit der Nacht geschätzt, um ihr freudiges Gebet erschallen zu lassen.

In manchen Abteien legte man sich nach der Frühmette für zwei oder drei Stunden, also bis fünf oder sechs Uhr morgens, je nach Jahreszeit, wieder schlafen. Am frühen Nachmittag war eine Siesta vorgesehen. Zur Nachtruhe ging man ge-

412. Gilles li Muisis diktiert seine Memoiren, Miniatur, um 1350.
Kortrijk, Stadtbibliothek, Hs. 135.

gen 18 oder 19 Uhr. Alles in allem schliefen die Mönche also genug; aber aus Gründen der Zucht wurde der Schlaf immer wieder unterbrochen.

Es galt als ein schweres Vergehen, beim ersten Glockenschlag nicht sofort aus dem Bett zu springen; in diesem Fall musste der Mönch sich öffentlich beim Sündenkapitel anklagen. In jenen Tagen war ein Bruder damit beauftragt, mit einer Laterne in der Hand herumzugehen, um schlafsüchtige Mönche ausfindig zu machen, die sich in eine versteckte Ecke zurückgezogen hatten. Fand er einen solchen ›Betrüger‹, dann setzte er die Laterne vor dessen Füssen ab; wenn der Schläfer dann endlich aufwachte, musste er, mit der Laterne in der Hand, so lange durch das ganze Kloster irren, »damit jedermann Bescheid wisse«, bis er einen anderen Schuldigen gefunden hatte.

Diesen Brauch kennt man heute nicht mehr. Aber er macht deutlich, dass selbst in den sogenannten »Jahrhunderten des Glaubens, als die Kathedralen noch weiss waren«, die Mönche alles andere als Heilige waren, die ihren Pflichten pünktlich nachkamen. Es waren Menschen wie jedermann, das heisst voller Fehler; die Regel weist ständig auf diesen Umstand hin. Die Mönche hatten jedoch die Absicht, gemäss den Anforderunfen, die ihr Glaube an sie stellte, zu leben; und darin unterscheiden sie sich von uns.

DAS GEBET Heute noch ist der Tagesablauf eines Mönchs vollkommen auf das Gebet abgestimmt. »Nichts darf dem Gottesdienst vorgezogen werden« (*Opus Dei,* [Kap. XLIII,5]), so heisst es in der Regel. Seit Jahrhunderten besteht die Folge von Frühmette, Prime, Tertie, Sexte, None, Vesper und Komplete. Es gibt Privatmessen und die Frühmesse, an der die Gemeinschaft geschlossen teilnimmt, es gibt die Klostermessen. Allein die ordentlich gesprochenen Worte des Gebets und die anderen religiösen Haltungen – Meditation, innere Stille *(quies mentis),* Ekstase – ermöglichen den Dialog des Menschen mit Gott.

Tag für Tag verlieh das Mittelalter seinem Glauben in den Liturgien Ausdruck, die im Chor gesungen wurden und »vorbildliche Urformen des Gebets« waren. Die Liturgien der Benediktiner gehören zu den schönsten und ergreifendsten, die es überhaupt gibt. Auch im Ritus – mit seinen Verbeugungen, Fussfällen, dem Sichniederknien und Wiederaufstehen – gab sich der Mönch ganz und gar, ›mit all seinen Kräften‹, das heisst mit allen Fasern seines Körpers, dem Lob Gottes hin.

Warum schreibe ich in der Vergangenheitsform, ›verlieh Ausdruck‹, ›gab sich hin‹? Können wir diese Gesten, Worte und Liturgien heute bei den Jüngern des hl. Benedikt etwa nicht mehr hören und sehen?

›Sie beteten‹ fasst hervorragend die Existenz von tausenden von Männern zusammen, die seit fünfzehn Jahrhunderten Gott dienen. Jedes Mal wenn ich in einer Benediktinerabtei dem Gottesdienst beiwohne, verspüre ich in meinem tiefsten Inneren diese lange, lückenlose Kontinuität. Sie ist so vollkommen, dass ein junger Novize, der zu Zeiten des hl. Bernhard in Clairvaux lebte, keinen Anlass zur Verwirrung hätte, wenn er durch irgendeine wundersame Fügung in unsere Zeit zurückkäme.

413. Ein nackter Mann transportiert auf seinem Wagen Mönche und Nonnen beim Ballspiel, Verzierungen in einer englischen Handschrift, XIII. Jahrhundert.
Oxford, Bodleian Library, Ms. Bodley, 264.

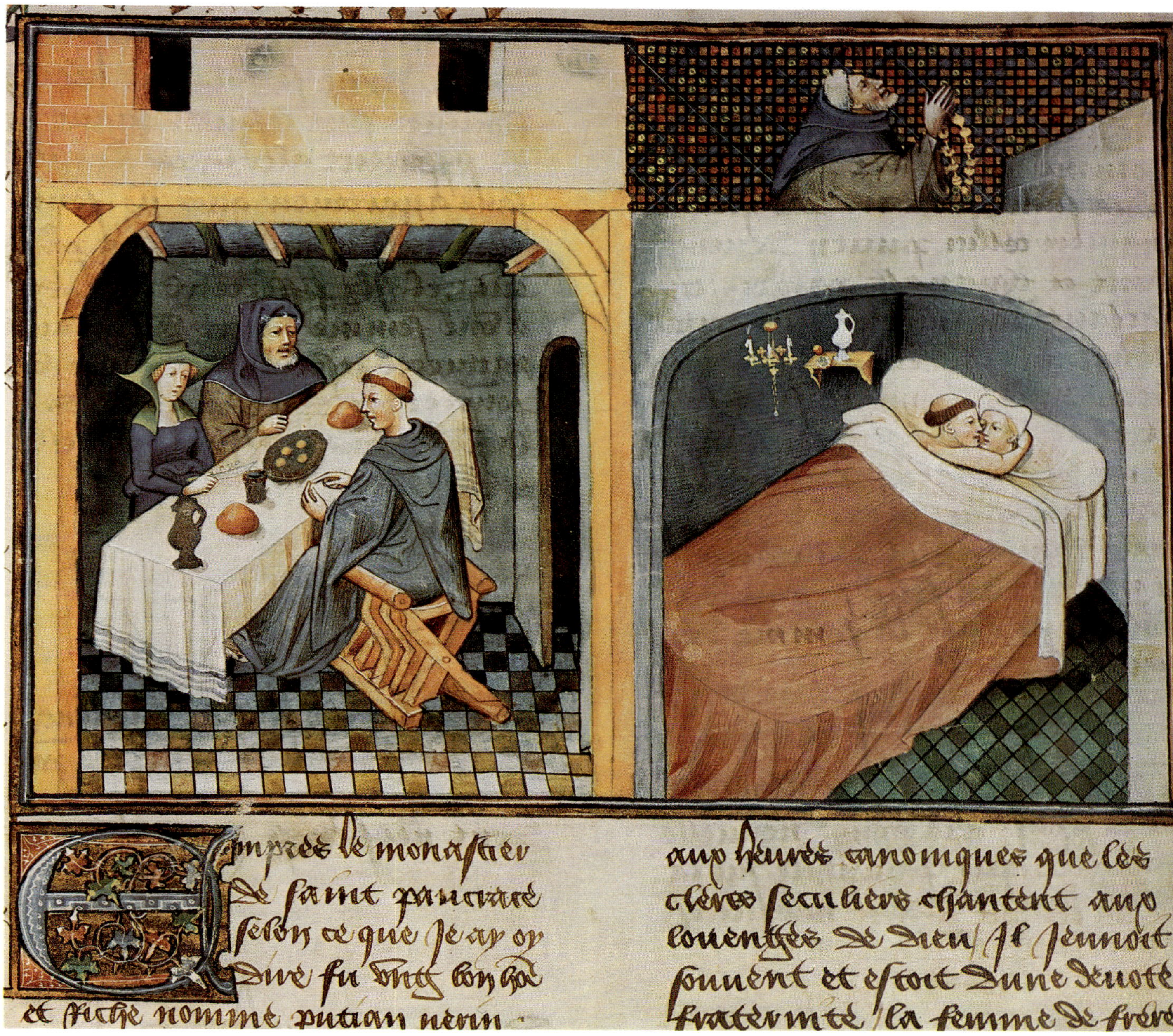

414. Die Mönche und die Freuden des Lebens, Miniatur im ›Decamerone‹ Bocaccios, Flämisch, XV. Jahrhundert. Paris, Bibliothèque de l'Arsenal, 5070.

›Sie beteten‹ bedeutet auch noch: das Fasten und die Abstinenz, die Askese, das Wecken in tiefster Nacht, die gestörte Nachtruhe, die Frostbeulen, das Verbot, zwischen den Mahlzeiten zu trinken, die Keuschheit, den Gehorsam, die einfache und abwechslungsreiche Nahrung, die Feldarbeit, die Tätigkeit in den Werkstätten oder Bibliotheken, das Befolgen der Regel, die völlige Selbstbeherrschung (*actus vitae suae omni hora custodire* [Kap. IV,55]). All das ist letztlich nur in einem Leben sinnvoll, in dessen Mittelpunkt das Gebet steht. Jeder dieser Akte ist ein Gebet für sich.

DIE BEOBACHTUNG DER REGEL UND DIE REGELMÄSSIGKEIT Eines der hervorragenden Kennzeichen des Mönchslebens ist seine ausserordentliche Regelmässigkeit. Alles wird, auf die Minute genau, geregelt, überwacht, organisiert, programmiert, eingeteilt. In der Consuetudo werden alle alltäglichen Handlungen – die Mahlzeiten, die Körperpflege, der Gruss gegenüber dem Abt, der Empfang von Gästen, das Brechen des Brotes und das Ausschenken des Weins, die Höflichkeitsformeln – genauestens beschrieben. Diese Vorschriften gelten an jedem Tag; sie gelten darüberhinaus für ein ganzes Leben.

Daraus sollte man jedoch nicht schlussfolgern,

dass die zahllosen bindenden Vorschriften den Mönch in ein Korsett zwängen. Denn er sucht die Freiheit nicht im Bereich von Phantasien und Nostalgien wie jemand, der keine Tabus und Zwänge anerkennt, sondern in der Tiefe seines Herzens. Die Anforderungen, die die Observanz und der Gehorsam an ihn stellen, sind dabei keine Hindernisse, sondern Stützen. Die Mönche sind freie Männer.

Eine andere falsche Vorstellung, der widersprochen werden muss, besagt, dass das Leben eines Mönchs monoton und langweilig ist. Der Alltag der Mönche ist nicht alltäglich im Sinn von banal und abwechslungslos; der Mönch lebt aktiv, nach einem wechselnden Rhythmus, der sowohl aus dem Inneren als auch von aussen beeinflusst wird.

Dennoch war der Tagesablauf der Mönche in ferner Vergangenheit aussergewöhnlich.

Im Mittelalter war die Idee, den ganzen Tag nach einem strengen, zuvor festgelegten Plan einzuteilen, zu festen Zeiten zu essen und zu schlafen, genauestens Regeln zu befolgen, die es der Gemeinschaft und dem Individuum gestatten, sich voll zu entfalten, völlig neu und unerhört. Genau darum beeindruckte diese Idee jahrhundertelang Dörfler und Herren, Geistliche und Bürger. Ein geordnetes, in der ursprünglichen Bedeutung des Wortes zivilisiertes Leben (das heisst voller Höflichkeit und Lebensart) bestand sehr lange Zeit hindurch nur in den Abteien. Vor al-

415. Der Mönch Paphnicius versucht die Courtisane Thais zu bekehren, Miniatur in einem Sittengedicht, Wallonien, XIV. Jahrhundert.

416. [rechts] Eine schwangere Äbtissin betet voller Verzweiflung zur Muttergottes, Miniatur in einem Sittengedicht, Wallonien, XIV. Jahrhundert.
Brüssel, Königliche Bibliothek, Hs. 9229-30.

En aquerre malvesement
En leuangille apertement
Nous en dit diex toute la somme
Mex preuz fet il seroit a lomme
Mainte ame trebusche
Et maine.
El feu denfer riche et demaine
Et povretez sauve maintre ame
Miex ama diex la povre fame
Mlusurier qui tant avoit
Mla fin perdu en estoit
Leuangille dit en apert
Mriens na cil q̄ū il se pert
Cil usurier cil robeor
Cil avocas cil pledeor
Mia ne querroient finer
De tolir et de rapiner
Mferoit dont bien sire diex
Assez miex certes de tiex
Naiment tant riē cōme ...
Paradis et richece en terre
Jen cuidois c̄tes plus de mil
Msont pieur q ne sont cil
Mli deables a cros denfer
Traineut cuz el feu denfer
Boule et baras tant moteplore
Mtouz li mondes si ēploie
Tant a p tout barat et guile
Mtant est chascuns plains de guile
Chascuns veult mes vivre
De boule
Miex est venuz cil q miex boule
Tant a p tout de pledeiaus
Descheuins et descreuetiaus
De larrons et de harpeors
Dechumeriaus de trufleors
Mnus preudons ne puet
Mes vivre.
Et si sont plain de grant malice
Msil pooient le calice
Tolir au clerc ou au pruoire
Silroient seur. v. s. boivre
Ne clers ne lais ne leur eschape
A dieu touldroient il sa chape
Sil la pooient atraper
Il ne tendent fors q haper
Et a tenir si comme escoufles
Ni doivient nue vne moufles
Mles lasses ames deviegnent
Mes q les cors aese tiegnent
Ne puet preudos durer entreus
Dautrui morsiaus sont cras les lé
Dont morsiaus viengnent
Ne leur chaut
Mes quil leient
Ou froit ou chaut
De male mort seront demors
Car tant meinent de max mors
La mort mordant les pinst toz morde
Car ne se veulent desamordre
Mais cest amors a male mort
Mamantes morsiax si a mort
Sil ne lesse cele morsure
Lamour qui a male morsure
Aculs mordre se ramordra
Et de sigrant mors ē mordra
Mtuit de male mort morront
Chascun sen
Cil qui morront
Explicit. du p̄stre et de lusurier.

De la beesse qui fu grosse q nostre dame delivra. .xi.

Une abeesse
fu jadis
M la dame
de paradis
amoit mlt
amoreusement
Son cuer et son
entendement
A li servir trestout metoit
Duremēt sen entremetoit
De garder lordre et le couvent
Et tant quil avenoit souvent
Mses nonains en mesdisoient
Et entrelles en murmuroient
Mlt en avoient grant envie
Mt ne savoient en sa vie
Mre dire ne q reprendre
Ne sen savoient a quoi prendre
Lonc tans garda si son afaire
Mne li virent chose faire
Dont la peussent accuser
Mes anemis qui amuser
Fet bien les genz p maintes fois
Fu mlt iriez et mlt destrois
De ce que cest si longuement
Maintenue si sagement
Li deables qui set maint tor
Tant li ala et nuit et jor
Et tant son cuer li enflāma
Mson despensier en ama
Icelle de virginite
Mnoit au roi de maieste
Doucemēt dōne et promis
Li fist brisier li anemis
La bone dame ē petit tens
Dedenz ses flans senti tel gme
Mtant gma et qui tant crut
Mle sot bien devout et crut

lem heute, da rüde Umgangsformen zwischen den Menschen leider den Ton angeben, überraschen die Milde, die tiefe Menschlichkeit und die Zuvorkommenheit, mit der die Benediktiner einen Gast empfangen: »Alle Gäste, die vorbeikommen, werden wie Christus selber empfangen« steht in der Regel [Kap. LIII,2]. So betritt man eine Oase der Stille und des Friedens, in der man gerne verweilt.

DIE MAHLZEITEN Die Mönche lieben das Leben. In den Klöstern wird man keine Spuren von Neurosen oder romantischer Verzweiflung finden. Der Mönch schätzt auch gutes Essen, anders kann man sich die strengen Vorschriften der Consuetudo (und die Übertretungen) nicht vorstellen. Wenn der Mönch weder Fleisch noch Fett isst, sondern mit ›Kräutern‹ und ›Wurzeln‹, Eiern und Fisch Vorlieb nimmt, dann tut er es aus Gründen der Zucht und nicht, weil er die Tafelfreuden nicht schätzt oder kennt.

In Cluny wurden den Mönchen zum *prandium* (›pranzo‹ im Italienischen) täglich zwei Gänge aufgetragen. Es handelt sich dabei um ein Zugeständnis des hl. Benedikt an die menschliche Schwäche (die er *infirmitates* nennt).

Der erste Gang besteht aus gekochter Hafer- oder Gerstengrütze, der zweite aus ›Kräutern‹ – in diesem Fall alle möglichen Gemüse, die über der Erde wachsen: Salat, Kohl, Lauch – und ›Wurzeln‹ – Rüben, Karotten, Pastinaken, Zwiebeln, ab dem XVII. Jahrhundert auch Kartoffeln. Hinzu kommen Obst, Milchprodukte, Käse, Wein oder Bier.

An den Fastentagen nahmen die Mönche nur eine Mahlzeit pro Tag ein, entweder um zwei Uhr – während der von der Regel vorgeschriebenen Fastenzeit zwischen dem 14. September und Ostern –, oder gegen vier Uhr nachmittags – während der Fastenzeit. Essen bedeutete unter diesen Umständen wahrlich *disjunare,* das heisst ›das Fasten unterbrechen‹ (›breakfast‹ im Englischen), denn die Mönche standen im Morgengrauen bereits auf. Sie fasteten wirklich.

Ausserhalb dieser ›Perioden der Entsagung‹, während derer sich alle »der Erfahrung und Erprobung des Verzichts stellen« (R. Ruyer), nahmen die Mönche auch noch ein *cena* genanntes Abendmahl ein, das leichter als das *prandium* war.

Eine zusätzliche Portion Eier, gebackenen Käse und Zwiebeln, die auf einem Teller serviert wurden, nannte man ›generale‹, und ›Portion‹ (vom lateinischen *pietas* abgeleitet) hiess die zusätzliche Ration Milchsuppe während der Fastenzeit, die sehr oft von Wohltätigkeitsvereinen ausgeteilt wurde; zwei Mönche mussten sich eine Ration teilen.

Die Mönche kannten ferner das *mixtum,* bei dem nach der Frühmette oder nach der Vesper Brot und Wein (oder Bier) gereicht wurden; ferner das *liberes* nach der None und die *collatio,* ein bescheidener Imbiss, der an den Fastentagen nach der Lesung der *Collationes* von Kassian eingenommen wurde [Kap. XLII].

Zusammen mit den Gerichten aus gekochten Körnern, *polenta* oder *porridge,* war das Grundnahrungsmittel im Mittelalter das Brot. Man buk es aus einer Mischung von Gersten-, Hirse und Dinkelmehl, oder Roggen-, Gersten- und Weizenmehl. In schlechten Zeiten wurden Hülsenfrüchte beigemengt.

Aus dem Mehl wurden zahllose Esswaren zubereitet, vom Pfannkuchen bis zum *panis natalitius* genannten Weihnachtsbrot, von der Semmel bis zum Toast, von Plätzchen (die im Französischen ›biscuits‹ heissen, vom Lateinischen *biscotus*, zweimal gebacken) bis zu Salzstangen und *grissini* (von *gressa,* Fett). Bis zum Beginn des XIX. Jahrhunderts wurden ganz allgemein sehr viel Backwaren gegessen.

Zusammen mit den Brei- und Hülsenfruchtgerichten hatte die tägliche Nahrung der Mönche (ausser während der Fastenperioden) etwa 5000 bis 6000 Kalorien. Daher wurden die Mönche dick. Das Volk sprach davon, dass jemand ›so fett wie ein Mönch‹ sei; es irrte sich jedoch darin, die Beleibtheit der Mönche auf vermeintliche Schlemmereien im Refektorium zurückzuführen.

Im Jahre 1749 stellt ein Untersuchungsbericht fest, dass die Mönche im grossen und ganzen »frugal, ausreichend und ordentlich« in »grossen, hellen und sauberen« Refektorien zu essen bekamen.

DER KÄSE Die Gewohnheit, regelmässig Käse zu essen, verdanken wir den Mönchen. Auch hier bietet sich die besondere Lebensweise der Mönche als Erklärung an. Um Käse herzustellen, benötigt man grosse Mengen Milch; da Vieh selten und teuer war und überdies nur wenig Milch gab, gelang es allein den Mönchen, Überschüsse zu produzieren. Ihr fester Wille, bewusst den Appetit zu zügeln und keine Butter zu verwenden, trug mit dazu bei, dass die Milchüberschüsse entweder ständig gleich hoch blieben oder aber sogar noch

417. Bei der Weinernte, Miniatur aus den ›Dialogen‹ Gregors des Grossen, Abtei Saint-Laurent in Lüttich, XII. Jahrhundert. Brüssel, Königliche Bibliothek, Hs. 9916-17.

quod non potuit implere: ut miraculum qđ taceri
uoluit. minime absconḋi potuisset: GREGORIUS.

Redemptor nr̄ ꝑ mortale corpus omne qđ egit. hoc nob
in exemplo actionis ꝓbuit: ut ꝑ nr̄arū uirtū mo
dulo. eius uestigia sequentes. in offenso pede opis.
ꝑsentis uite carpiamus uiam. Miraculum namq;
faciens. & taceri iussit. & tamē taceri n̄ potuit: ut ij

stiegen. Andererseits konnte nur qualifiziertes, genaues und ständig scharf beobachtendes Handwerkertum – wie wir es bei den Mönchen antreffen – die schwierigen und feinen Techniken der Käseherstellung erlernen, verfeinern und von Generation zu Generation weitergeben. J. Claudian und Y. Serville schreiben daher, »dass es nicht erstaunlich ist, dass diese Techniken zuerst dort bekannt waren, wo die grossen Klöster lagen, in der Schweiz, in Gallien, entlang dem Rhein, in Flandern und in Grossbritannien.« Das erklärt die vielen Sorten von Trappistenkäsen.

DIE GETRÄNKE Zur Feier des Messopfers braucht man Wein; die Mönche pflanzten deshalb überall dort Weinstöcke an, wo sie annehmen konnten, dass die Trauben reifen würden. In meinem Buch über das Alltagsleben der Mönche zwischen dem X. und XV. Jahrhundert (*La vie quotidienne des religieux du Xe au XVe siècle,* Paris 1978) habe ich bereits darauf hingewiesen, wieviele herrliche Weinberge wir den Mönchen verdanken.

In einer Zeit, da man hauptsächlich Wasser mit Fruchtsaft oder Wurzelsud trank und die gegorenen Getränke noch nicht so klar wie das Bier waren, war Wein ein edles Getränk.

Bereits Jesus hatte für die ›ergrauten‹ Tischgenossen Wasser in ›guten Wein‹ verwandelt (Johannes II,1-10); Paulus hatte geschrieben: »Höret auf, nur Wasser zu trinken.« (1. Tim., V,23) »Um die Schwachen zu stärken« hatte der hl. Benedikt den Genuss von Wein gestattet, allerdings in Massen und nicht *ad satietatem.* Die Mönche vergassen solch glänzende Argumente wohl kaum.

Wenn die Mönche keinen Wein hatten, begnügten sie sich mit Bier; es wäre übertrieben zu behaupten, dass sie es lieber tranken. Bier galt im wahrsten Sinne des Wortes als ein ›unedles‹ Getränk; mancherorts liess die Consuetudo für die Fastentage die Wahl zwischen Bier und Wasser, oder stellte fest, dass man »soviel Bier wie nötig« *(ad necessitatem)* trinken darf – eine sehr vage Vorschrift –, jedoch, natürlich, nicht *ad ebrietatem.* Zu berücksichtigen ist, dass das *cervesia* genannte Wurzelbier nicht mit dem klaren, gehopften Bier, das wir heute kennen, zu verwechseln ist; es war ein dicker, trüber, fermentierter Sud, der sich nur sehr kurze Zeit – wenn es hoch kam einige Wochen lang – hielt. Das uns vertraute Bier ist eine Erfindung der Mönche aus dem IX. oder X. Jahrhundert, genauer noch: es ist eine Erfindung der flämischen Benediktiner. Sämtliche Fachausdrücke, wie Bier, Malz, Hopfen, sind flämischen Ursprungs. Noch heute ist ein flämischer Abt, der hl. Arnold (XI. Jahrhundert), der Schutzpatron der Brauer. Er hatte nämlich festgestellt, dass diejenigen, die *cervesia lupulina* tranken, weniger schnell Epidemien erlagen als jene, die nur Wasser tranken. Um seine Mitbürger zum Biertrinken zu ermuntern, hatte er mit seinem Krummstab wie mit einer Maischkrücke in der Braupfanne gerührt.

Lange Zeit hindurch war die Herstellung von Bier – Starkbier *(potio fortis)* für die Mönche und Schwachbier *(potio debilis)* für die Laienbrüder, anderen Klosterbewohner und Bedürftigen – ein einträgliches Vorrecht der Klöster. Das gleiche gilt für die Herstellung von Honig- und Apfelwein (*medo* und *sicera* genannt), die die Mönche in der Bretagne und in der Normandie erfunden und danach in England eingeführt und populär gemacht hatten.

Mönche standen auch bei vielen ›Likören‹, Branntweinen und Obstwässern Pate. Diese Tatsache ist einfach zu erklären. Die Mönche waren die ersten und jahrhundertelang die einzigen, die über Destillierkolben verfügten und mit ihnen auch umzugehen verstanden; sie besassen Weinvorräte; sie konnten es sich finanziell erlauben, das Destillat reifen zu lassen; und sie waren schliesslich auch die einzigen, die einen Apotheker zur Verfügung hatten. Denn zunächst brauen sie guten Gewissens, auf halbem Wege zwischen Alchemie und Pharmazeutik, herzstärkende Tränke (›cordiaux‹ im Französischen) und Lebenselixiere (vgl. das französische ›eau de vie‹, aber auch den skandinavischen ›Aquavit‹ und den englischen ›Whisky‹). So entstanden die unzähligen Klosterliköre und Obstwässer; nur die Marke ›Bénédictine‹ ist weltlichen Ursprungs, wird jedoch in der ehemaligen Abtei von Fécamp hergestellt.

Wie alle anderen Menschen des Mittelalters schätzten die Mönche alles, was stark nach Gewürzen und aromatischen Kräutern schmeckte. Nicht nur Wasser, sondern auch Bier und Wein tranken sie mit Zugaben von Thymian, Zimt oder Anis, Rosmarin, Koriander, Muskat, gemahlenem Ingwer und anderen Gewürzen, sowie Honig; oft hatten sie die Mischung mazeriert. Je nach Zutaten entstanden somit Bleicher, Gewürzwein oder Piment, die Vorläufer von Vermouth, Zubrowka oder Drambuie. Manche belgischen (Kriek-Lambic mit Kirschsaft) und englischen (Ginger-Ale mit Ingwer) Biere sind noch Überbleibsel dieser mittelalterlichen Gepflogenheit.

DIE TISCHSITTEN Die Menschen des Mittelalters kennen kaum das, was wir heute ›Privatsphäre‹ nennen; sie können sich kaum absondern und laufen sich ständig gegenseitig vor die Füsse. Im Grunde genommen sollte das die Mönche nicht gestört haben. Dennoch sollte man berücksichtigen, dass sie auf engstem Raum in einer geschlossenen Gemeinschaft zusammenlebten und ständig den harten Anforderungen der Regel und der Disziplin unterworfen waren. Deshalb mussten Spannungen am besten von vornherein vermieden werden.

Deshalb hält die Consuetudo die Tischsitten – man könnte fast von einer Tischliturgie sprechen – für sehr wichtig. Für den Mönch bedeutet ›essen‹ nicht nur ›sich ernähren‹, sondern vor allem ›kommunizieren‹; und das verträgt sich mit Unordnung nicht. Der Mönch trifft daher zeitig im Refektorium ein; der hl. Benedikt widmet das ganze XLIII. Kapitel der Regel den Massnahmen, die gegen jene Brüder zu treffen sind, die »zum Gottesdienst oder bei Tisch« (die Verbindung beider ist charakteristisch) zuspätkommen. Im *ablutorium* am Eingang zum Refektorium wäscht sich der Mönch die Hände. Danach stellt er sich an seinen Tischplatz und wartet schweigend auf die Ankunft des Abts, der das Tischgebet spricht; danach beginnt der Vorleser mit der Lesung (bis heute ein Absatz aus der Regel).

Mit gesenktem Haupt, unter der Kutte gefalteten Händen und völlig regungslos (selbst ohne seine Serviette zu bewegen) hört der Mönch zu, bis ihn das *Verbo Dei* zum Essen auffordert. Er schneidet sein Brot *decenter*, isst *honeste et religiose*, schweigsam und ohne seine Tischgenossen zu beobachten (die er jedoch, ich weiss nicht gut wie, diskret darauf aufmerksam machen muss, wenn ihnen etwas fehlt). Wenn sie danach verlangen (und er passt auf, dass er diesem Wunsch schon zuvorkommt), reicht er ihnen die Schüssel oder die Karaffe an, ohne ein Wort zu wechseln, lächelnd und mit einer freundlichen Geste. Er dankt dem Wöchner, der ihn bedient, mit einem leichten Kopfnicken. Aufmerksam lauscht er der Lesung; im allgemeinen ist das dazu gewählte Buch interessant – somit lernt man selbst während der Essenszeit noch Neues hinzu.

Am Ende der Mahlzeit sammelt jeder die

418. Die Arbeit im Laufe der Vier Jahreszeiten, Miniatur in einer Handschrift aus der Abtei von Monte Cassino, XI. Jahrhundert.
Monte Cassino, Codex CXXXII.

419. Rotulus mortuorum, *Gent, Sint-Baafskathedrale. Zahlreiche Abteien gehörten Betbruderschaften an. Der Tod eines Mönchs wurde dann mit einer Rolle den anderen Abteien mitgeteilt.*

Krümel und legt sie auf seinen Teller. Man dreht das leere Glas um und bedeckt übriggebliebene Brotreste mit dem Zipfel seiner Serviette.

Auf ein Zeichen des Abts hin wird die Lektüre beendet; der Mönch steht auf, nimmt wieder seinen Platz vor dem Tisch ein, spricht ein Dankgebet, verbeugt sich und zieht sich zurück. Es kann jedoch auch vorkommen, dass die ganze Gemeinschaft, unter Glockengeläut singend, in einer Prozession zur Kirche zieht.

Dieses aus Urzeiten stammende, kaum je veränderte Zeremoniell spielt sich unter tiefem Schweigen ab (ein Kloster ist nicht nur ein Tempel des Gebets, sondern auch eine Stätte des positiven Schweigens, das nicht nur Abwesenheit von Lärm bedeutet, sondern konkret und handgreiflich wie frisches Brot ist). Jedwede Unterhaltung ist verboten. Messer und Gabel müssen so lautlos wie möglich benutzt werden. Die Consuetudo bestimmt jedes Detail; wenn, zum Beispiel, Nüsse aufgetischt werden, darf der Mönch sie nicht zwischen den Zähnen knacken, sondern ausschliesslich mit dem Messer öffnen. Wenn man den Mund noch voll Speise hat, darf man nicht trinken; man darf nicht am Brot knabbern bevor die anderen Gerichte serviert worden sind; man darf das Tischtuch weder beflecken noch zerschneiden. Der Tisch wird je nach der liturgischen Jahreszeit gedeckt. Die Tischtücher müssen so oft wie nötig, die Servietten jede Woche gewechselt werden. Undsoweiter.

Wenn man weiss, wie unordentlich, schmutzig und geräuschvoll in jener Zeit die Mahlzeiten eingenommen wurden, selbst bei den höchsten Gesellschaftsschichten, versteht man die Verblüffung und Verwunderung derjenigen, die einige Tage lang im Kloster das Leben mit den Mönchen teilten.

DIE KRANKHEIT Ein Mönch klagt und stöhnt nicht: »Aufdass Deine Qualen zwischen Gott und Dir bleiben.« Wenn ein Bruder in Abwesenheit des Abts, dieses ›Seelendoktors‹ [Kap. XXVII, 4 und Kap. XXVIII,8-18], ein Medikament einnehmen wollte, musste er zuvor das Kapitel um Erlaubnis *(venia)* und um Fürbitten für sein Heil ersuchen. Im allgemeinen gibt es nur wenige, selten gebrauchte Medikamente. Wenn ein Bruder erkrankt, bittet er den Abt um die Erlaubnis, die Krankenstube aufsuchen zu dürfen. Wenn er plötzlich und schwer *(passio subita et gravis)* erkrankt, sodass er sich selber nicht mehr helfen kann, stehen die anderen ihm bei.

Der Krankenwärter, ein »gottesfürchtiger, ergebener und achtsamer Diener« (Kap. XXXVI,14),

420. Moritz und Jörg Frosch, Votivaltar von Abt Christian von Castelberg, 1572.
Disentis, Abtei St.-Martin.
Dieses Retabel ist eines der wichtigsten Beispiele der Kunst der frühen Renaissance in der Schweiz.

421. Utrechter Meister, Kreuzigung, Gemälde zum Andenken an Hadewijck von Hardenbroek und Agnes von Gent, 1543.
Utrecht, Museum Het Catharijnenconvent.
Zur Erinnerung an verstorbene Klösterlinge wurden in manchen Fällen nach ihrem Tod Porträts gemalt.

kümmert sich um die Kranken, die Alten, die Siechen, die Niedergeschlagenen *(accidiosi)* und die Mönche, die zur Ader gelassen worden sind. Er gibt Bäder (»wenn es nötig ist« [Kap. XXXVI,14]), Getränke, Elixire, Opiate und andere kümmerliche Heilmittel der Medizin jener Zeit. Wenn er mit seiner Erfahrung nicht weiterkommt, zieht er einen Arzt (oft einen Laien) zu Rate. Er muss ausserdem den Kräuter- und Heilpflanzengarten bestellen und sich um die Mahlzeiten kümmern. Da es beschwerlich ist, ständig in die Küche laufen zu müssen, die in manchen Abteien am anderen Ende liegt, ist er so eingerichtet, dass er die Gerichte aufwärmen und nachwürzen, oder die Reste, die man den Kranken noch *honorifice*, also guten Gewissens vorsetzen darf, entsprechend zubereiten kann. Er wacht auch über das Feuer in der Krankenstube – die einer der wenigen Räume des Konvents ist, wo geheizt wird; das macht sie natürlich reizvoll – und über die Nachtbeleuchtung.

Jeden Tag liest der Krankenwärter eine Messe, spricht erbauliche Worte des Trostes und tritt milde, geduldig (*patienter portandi sunt* [Kap. XXXVI,9]) und dienstfertig auf. Kapitel XXXVI der Ordensregel verlangt, dass man sich »vor allem um die Kranken kümmern und ihnen dienen muss wie Christus, der da sagte: ›Ich war krank und ihr habt mich aufgesucht.‹.« Der hl. Benedikt fügt in einem Satz, der seine tiefe und zugleich illusionslose Menschenliebe beweist, hinzu: »Die Kranken beachten ihrerseits, dass man ihnen im Namen Gottes beisteht und verursachen den Brüdern, die sie verpflegen, nicht durch unnötige Ansprüche Gram« (*non superfluitate sua contristent fraters suos servientes sibi* [Kap. XXXVI,7-8]).

Ein anderer Beweis luzider Menschenkenntnis ist der folgende Zusatz des Patriarchen, der an die Adresse des Abts gerichtet ist; »Er sorgt peinlich genau dafür, dass die Kranken unter keiner Nachlässigkeit zu leiden haben« [Kap. XXXVI,10-12], und weiter [Kap. XXXVI,21-22], dass »der Kellermeister und die Diener« sie nicht vernachlässigen. Schliesslich weist der hl. Benedikt auch noch darauf hin, dass »der Abt für alle Fehler, die seine Brüder begehen *(quic quid delinquitur)* verantwortlich ist.«

Ohne vorherige Erlaubnis des Abts durfte niemand die Kranken besuchen. Ein Mönch, der krank ist, kann nicht auf Linderung durch den Zuspruch seiner Verwandten hoffen, denn, so steht in alten Dokumenten geschrieben, es ist leicht möglich, dass die irdischen Dinge, denen diese Verwandten verhaftet sind, den Mönch ›besudeln‹.

Im Vergleich zu dem des gesunden Mönchs war das Leben des Kranken im Krankentrakt herrlich angenehm. Dort war »den sehr schwachen Kranken, die wieder zu Kräften kommen müssen« [Kap. XXXVI,17-18] gestattet, Fleischspeisen zu essen; sie erhielten Hühnerbrühe und Fisch, wenn es normalerweise verboten war, Grützen und Nachspeisen. Auch der Wein floss hier nicht gar so spärlich. Für die niedergeschlagenen und stumpfsinnigen Brüder spielte man Musik. Die Kranken waren vom *Opus Dei* und von der Schweigepflicht befreit. Kurzum, die mönchische Disziplin war hier beträchtlich gelockert; das machte die Krankenstube sehr attraktiv. Der Krankenwärter musste sehen, ob er es mit wirklich Bedürftigen oder aber mit Simulanten und Mönchen, die sich ein paar Tage lang verwöhnen lassen wollten, zu tun hatte.

TODESKAMPF UND TOD Sobald sich der Zustand eines Kranken verschlechtert, benachrichtigt der Krankenwärter den Abt. Begleitet von einigen Brüdern, stattet der Prior dem Kranken einen Besuch ab. Ist der Fall hoffnungslos, dann sprechen die Brüder drei Gebete; der Kranke weiss, was das bedeutet. Er spricht das *Confiteor,* wenn er noch sprechen kann; andernfalls spricht der Abt es an seiner Stelle.

»Wenn die Seele beginnt, sich vom Körper zu trennen und zu entfliehen« *(in extremis laborat),* wie es in einem alten Text heisst, breiten die Brüder auf dem Boden oder auf Stroh ein Büsserhemd aus, malen mit Asche ein Kreuz auf und betten den Sterbenden darauf *(in cenere et cilicio).* Wiederholte Klapperschläge verständigen die ganze Gemeinschaft *(quando quis moritur, ad me currendo venitur).* Alle müssen sofort *(sine alique mora)* kommen; keine Entschuldigung, selbst nicht die einer Messfeier, gilt. Mit verhaltener Stimme wird das *Credo* gesungen.

Der Sterbende beichtet. Er bittet seine Brüder um Vergebung für die Fehler, die er Gott und ihnen gegenüber begangen hat und tut vor ihnen einen Fussfall (wobei ihn gegebenenfalls zwei Brüder stützen) oder gibt ihnen den Friedenskuss. Die Augen auf das Kreuz geheftet, erhält er die letzte Kommunion.

Die alte Consuetudo sah vor, dass dem Unglücklichen Fragen gestellt wurden, wie etwa »Freust Du Dich, in der Mönchskutte zu sterben?« Dieses Psychodrama muss grausig und rührend zugleich gewesen sein.

Der Todeskampf wurde von einigen symbolischen Gesten begleitet. So salbte der Wöchner die Augen, Ohren, Nasenlöcher, Hände und Füsse; die fünf Wunden Christi nahmen die Sünden, denen der Mensch durch die Tätigkeit seiner fünf Sinne erlag, hinweg. Wenn der Todeskampf lange dauert, zieht die Gemeinschaft sich zurück; nur ein Bruder liest dem Sterbenden aus der Passionsgeschichte vor.

Sobald der Tod eingetreten ist, wäscht man auf einer Steinplatte im Krankenbau den Körper mit warmem Wasser. Im allgemeinen fiel die Aufgabe den Mönchen zu, die den gleichen Rang wie der Verstorbene bekleideten. Die Hände wurden unter dem Skapulier gefaltet, das man daraufhin zunähte; das Gesicht wurde von der Kapuze bedeckt. Der Leichnam wurde beweihräuchert und mit Weihwasser besprengt. Danach trug man ihn zur Kirche. Die Mönche stellten sich im Kreis um die Bahre auf (in den Klöstern, wo das üblich ist. Anderswo, zum Beispiel bei den Trappisten, ruht der Leichnam auf einem Holzbrett); Wachen wurden eingeteilt, damit die Gemeinschaft ständig anwesend war. Nach dem Totenamt trugen die Mönche die sterbliche Hülle zum Friedhof; dabei sagten sie, einer äusserst genauen Liturgie

422. Totenmesse, Miniatur in Speculum historiale *von Vinzenz von Beauvais, Frankreich, XV. Jahrhundert. Chantilly, Musée Condé, Ms. 722, ex. 1196.*

qui estoit de conuent cosme car il auoit este
martir de Ihesucrist tant comme il auoit vescu
en ce monde

De la translation de son corps et des miracles quil fist L.

Adoncques quant les freres furent
orphelins de leur pere ilz esleu
rent vng de leur conuent pour

folgend, die von Kloster zu Kloster verschieden ist, Gebete auf. Der Leichnam wurde ins Grab gelassen. Der Abt warf als erster drei Schaufeln Erde. Die anderen folgten seinem Beispiel und bedeckten den Körper vollständig mit Erde. Anschliessend kehrten alle ins Kloster zurück. Man löschte die Kerzen und hörte mit dem Glockenläuten auf.

Dreissig Tage lang singen die Mönche gemeinsam die Totenmesse. Jeder Priester liest sieben Messen. Das Essen des Verstorbenen reichte man – in Cluny dreissig Tage lang, in Deutschland während eines ganzen Jahres – den Armen, die der hl. Odo ›Türhüter des Himmels‹ nannte.

DIE ARBEIT Da der Mönch bewusst und gewollt ein vollkommenes Leben führt, das sich ganz und gar an der christlichen Heilsbotschaft und an der Ordensregel ausrichtet, begeht er einen Weg, der ihm per Definition keinen materiellen oder sozialen Gewinn einbringt. Er negiert seine Zeit und meidet den Zeitgeist. Er will ausschliesslich in einem Reich wohnen, das nicht von dieser Welt ist und dessen wahrnehmbare Elemente ihm wenig bedeuten. Er fühlt sich eigentlich nicht gerufen, um zu kolonisieren, urbarzumachen, Äcker zu bestellen, neue landwirtschaftliche Produktionsmethoden zu ersinnen, Sümpfe trockenzulegen, Mühlen zu bauen, Bienen zu züchten, Wälder zu hegen oder Wein und Käse zu erzeugen. Er kennt nur geistige, spirituelle Ziele – selbst die apostolische Tätigkeit, die karitative Arbeit und das Erteilen von Unterricht interessieren ihn nicht, zumindest nicht in erster Instanz.

Und dennoch beginnt mit den Mönchen, ohne dass sie sich dessen bewusst waren, oder es beabsichtigt hatten, eine so tiefgreifende, folgenschwere wirtschaftliche und soziale Entwicklung, die das ganze Mittelalter entscheidend prägt. Von daher sind der hl. Benedikt und die Benediktiner im historischen und soziologischen Sinne die ›Väter Europas‹.

Zu Beginn mussten die Mönche, die wegen der Observanz alle Einkünfte kirchlicher oder weltlicher Herkunft und jegliche Hilfe von Leibeigenen oder Tagelöhnern ablehnten, selbst für ihren täglichen Lebensunterhalt aufkommen. So zwang die Observanz sie, urbar zu machen, zu bewässern, trockenzulegen, abzuschwenden, zu düngen, Äcker zu bebauen *(laborare)*, Saatgut und Vieh zu züchten, sich als Bauern und Hirten zu betätigen. Aus menschenleeren Heidegebieten, endlosen Sümpfen und wilden Wäldern machten sie Kulturlandschaften; ihr fester Glaube half ihnen. Doch damit begründeten sie die moderne Landwirtschaft. Zur Feier des Messopfers benötigte man Wein. Deshalb pflanzten die Mönche überall dort Weinstöcke, wo sie hoffen konnten, dass die Bodenqualität und das Klima für die Trauben günstig waren. Viele europäische Weinberge gehen auf die Mönche zurück.

Das Gelübde der Armut, das frugale Alltagsleben, die Fastenperioden, die Abstinenz und viele andere Gebote sorgten fast automatisch dafür, dass die Mönche Obst-, Mehl-, Korn-, Milch- und Honigüberschüsse hatten, die sie dann, um sie nicht verderben zu lassen, zu Obst-, Apfel- und Honigwein, zu Kuchen und Plätzchen, zu Bier, Käse, Schnaps und Likör verarbeiteten. Da die Mönchstugenden zugleich auch die Gefahr einer ungeniessbaren, langweiligen Küche heraufbeschworen, legten die Mönche – um dieser Gefahr vorzubeugen und, sicher zunächst, nicht aus Gründen der Feinschmeckerei – den Grundstein der Gastronomie.

Sie brauchten sehr viel Wachs, um ihre Kirchen angemessen beleuchten zu können, also entwickelten sie die Bienenzucht. Sie benötigten Wolle, aus der sie ihre Kleider herstellten, Pergament, Milch für die Käseherstellung, Fett zum Beleuchten; deshalb hielten sie auf dem verlassenen Brachland unzählige Schafherden.

Für die lange Fastenzeit waren sie auf grosse Mengen Fisch angewiesen und begannen, in den Flüssen Fische zu züchten; die künstliche Befruchtung ist eine Erfindung der Mönche.

Aus naheliegenden Gründen führen die Mönche von heute keine so gewaltigen Arbeiten mehr aus. Dennoch betätigen sie sich auf vielen Gebieten. Aus dem Stegreif seien hier als Beispiele genannt: die Keramik- und Schmuckherstellung (in Maredsous, Belgien, und im spanischen Montserrat), die Druckwerke (aus dem deutschen Beuron), die Herstellung von Obstsäften (Dendermonde, Belgien), Fruchtpasten und Lavendelparfüm (Hautecombe, Frankreich), Liköre (Seregno in Italien), Plätzchen (Verneuil-sur-Avre, Frankreich), Arzneimittel (Florenz), Wachskerzen (im holländischen Egmond), Farben (Wavremont, Belgien), Röstkaffee (Clervaux in Luxemburg), Buchbinderei (Farnborough, England), Restaurierung alter Bücher und Handschriften (im italienischen Praglia), Leitung eines Museums (Bologna), Herstellung von Schallplatten (Klur Moussa, Senegal),

423. Mönche während eines Requiems, Miniatur im Stundenbuch von König Rainer, Dijon, 1437. London, British Library, Ms. Egerton 1070.

Memento mei amica dei

425. Willem von Affligem betet zur hl. Lutgard, Miniatur im ›Leben der hl. Lutgard‹ von Willem von Affligem, Abtei von Sint-Truiden, um 1300.
Kopenhagen, Königliche Bibliothek, Ny kgl. Saml. 168, 4°.

426. Das Sterben der hl. Lutgard, Miniatur im ›Leben der hl. Lutgard‹ von Willem von Affligem.

424. Ein Mönch polychromiert ein Bild, Miniatur, Frontispiz einer Handschrift der Apokalypse, Canterbury, XIII. Jahrhundert.
London, Lambeth Palace Library, Hs. 209.

Bienenzucht (Saint-Benoît-sur-Loire, Frankreich), Landwirtschaft und Viehzucht (Fontgombault in Belgien), landwirtschaftliche Versuchsanstalten (Dzugbegan, Togo), Brauereien und Käsereien (Maredsous in Belgien). Undsoweiter. Und, auf ganz anderem Gebiet, arbeiten Mönche im Gaststättengewerbe, als Leiter von Exerzitien und Meditationskursen, als Lehrer, Sozialfürsorger, Seelsorger und Herausgeber von Zeitschriften.

Doch die ›Handarbeit‹ *(opus manum)*, die die Benediktinerregel vorschrieb, und die zudem lebensnotwendig war, beanspruchte die Mönche so sehr, dass das *opus Dei*, oder zumindest die Qualität des Gottesdienstes, gefährdet wurde. Um beiden Anforderungen gerecht zu werden, setzten die Mönche sehr bald Technik und Organisation ein. Immer mehr Abteien verfügten über Wassermühlen, die einen ersten grossen technischen Fortschritt im Abendland darstellten; alle möglichen Werkstätten wurden gegründet: Giessereien, Ölmühlen, Glasereien, Gerbereien, Papiermühlen, Färbereien, Brauereien, Käsereien, später auch Druckereien (die die Mönche zuerst verbreiteten). Hatten die Mönche eine – selbst bescheidene – Erzader entdeckt, begannen sie unverzüglich mit der Metallgewinnung und -verarbeitung; eine ihrer Spezialitäten war die Herstellung von Frischzacken für die Haushalte. Andernorts beuteten die Mönche Kohlenminen, Torfmoore, Schiefer- oder normale Steinbrüche, Salinen,

O REX ISTE TVVS LOCVS ETTERNA CA VOCA TS
EXPECTAT VENIA NOCTE DIE Q TVA

427. Die Schreibstube von Echternach, Miniatur, Echternach, um 1040. Bremen, Staatsbibliothek, Hs. B 21.

428. Liturgischer Kamm, Elfenbein, X. Jahrhundert, aus der ehemaligen Abtei von Stavelot. Brüssel, Königliche Museen für Kunst und Geschichte, Inv. 153/1823-24. Alte liturgische Gesetze schrieben dem Priester vor, sich nach dem Anlegen der Messgewänder zu kämmen.

429. Pyxis zur Aufbewahrung der Hostien, Limoges-Email, XIII. Jahrhundert. Saint-Hubert, Abteikirche, Sakristei.

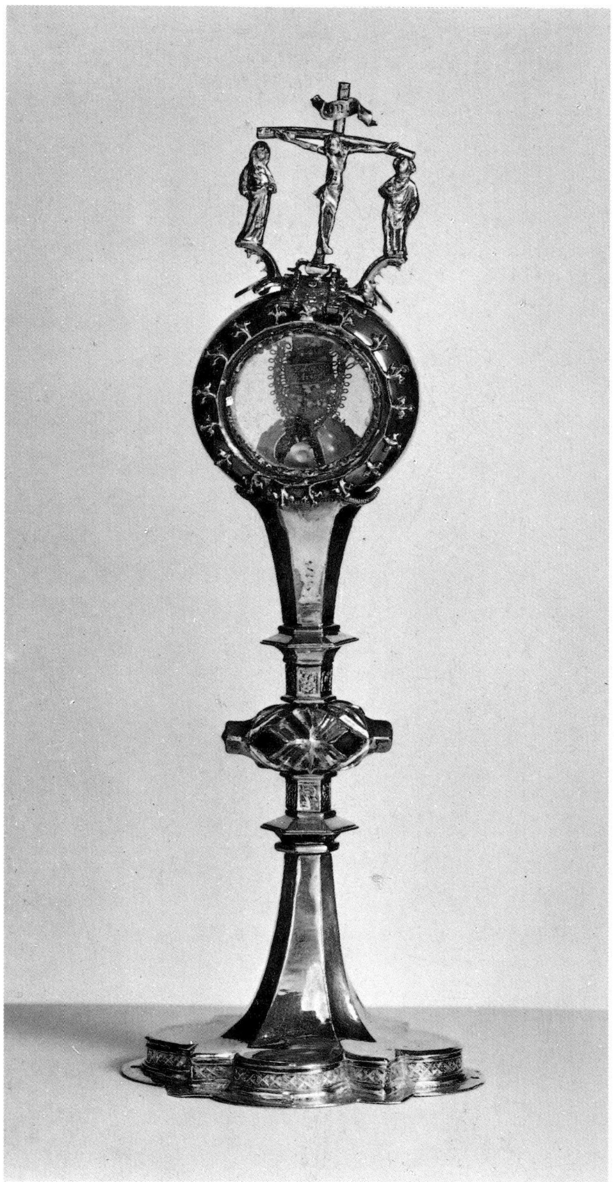

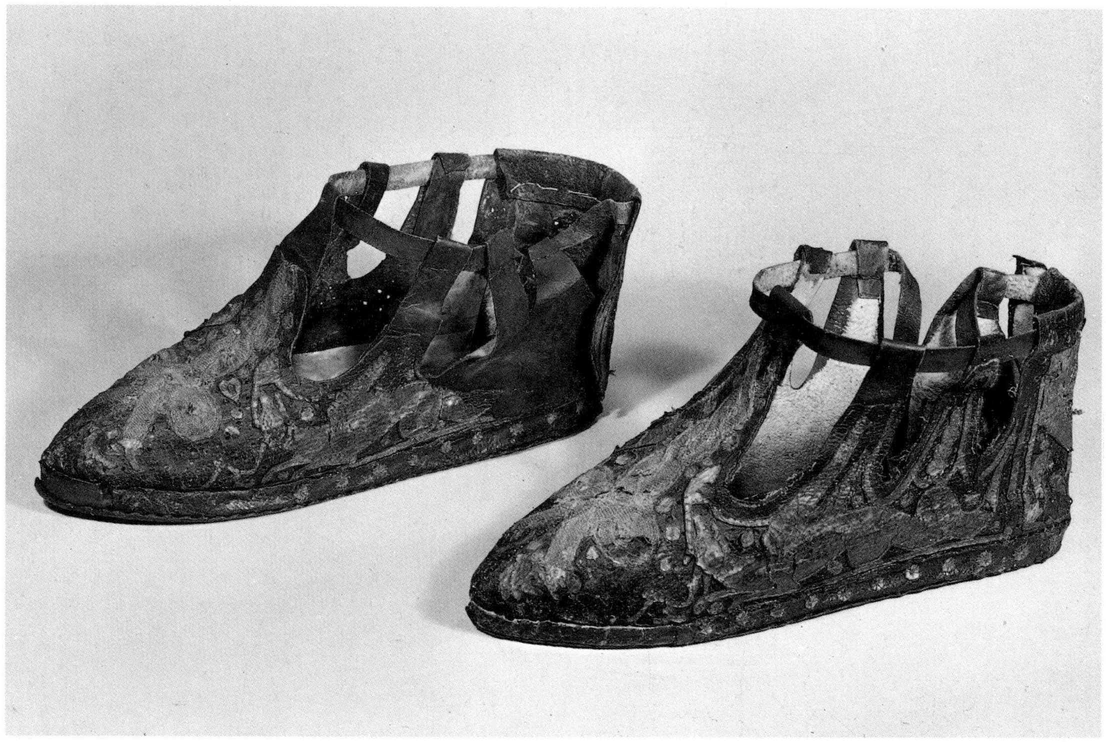

430. Ostensorium zum Zeigen von Reliquien, Silber vergoldet, Salzburg, Mitte XV. Jahrhundert, aus St.-Peter, Salzburg. Wien, Österreichisches Museum für Angewandte Kunst, Inv. GQ 1813.

431. Liturgische Sandalen, rotes, vergoldetes Leder, XII. Jahrhundert, aus der ehemaligen Abtei von Stavelot. Das Bischöfen vorbehaltene Privileg, liturgische Sandalen zu tragen, wurde manchen Äbten vom Papst zugestanden.

432. Leuchter für die Osterkerze aus der Abtei von Rochefort, Messing, um 1520.
Brüssel, Königliche Museen für Kunst und Geschichte, Inv. 98/2953.

433. Christuswiege, Holz, vergoldet und polychromiert, XV. Jahrhundert.
Köln, Schnütgen-Museum.
In Nonnenklöstern hatte man solche Wiegen für bestimmte Liturgiefeiern nötig.

434. Messpult von Stavelot, Holz, um 1530.
Verviers, Stadtmuseum.
Auf dem Messpult lagen die Messbücher. Dieses Pult schmücken zwei Szenen aus dem Leben des hl. Remaclus.

435. Kreuz von Roger von Helmarshausen, Anfang XII. *Jahrhundert.*
Köln, Schnütgen-Museum.
Die Abtei von Helmarshausen war ein wichtiges Zentrum der Metallkunst.

436. Reliquienschrein von Adalbert und Hieronymus aus der Abtei von Egmond.
Utrecht, Museum Het Catharijnenconvent, Inv. B.M. *3151 und 11.*

437. Weihrauchschale, Limoges-Email, XIII. *Jahrhundert.*
Paris, Musée de Cluny, Inv. Nr. 22423.

438. Weihrauchfass, Limoges-Email, XIII. *Jahrhundert.*
Paris, Musée de Cluny, Inv. Nr. 22424.

439. Sogenanntes Hemmagewand, XV. *Jahrhundert.*
Salzburg, Sankt Peter, Schatzkammer.

440. Stickerei mit einer Darstellung der Muttergottes auf dem Sichelmond, 1541, aus der Abtei von Aduard.
Utrecht, Museum Het Catharijnenconvent, Inv. ABMT. *2061.*

442. Paxtischchen der Bruderschaft der drei Marien, Frankreich, XV. *Jahrhundert.*
Paris, Musée de Cluny, Inv. Nr. 9188.

441. Handwärmer, Messing, mit eingravierten Darstellungen der Apostel. Frankreich, XIII. *Jahrhundert.*
Paris, Musée de Cluny.
Oft war es in den Klosterkirchen so kalt, dass der Priester sich die steifen Hände wärmen musste, um den Gottesdienst fortsetzen zu können. Der Wärmer wurde dazu mit glühender Holzkohle gefüllt.

443. Ewiges Licht, Schmiedeeisen, um 1500.
Gent, St.-Baafskathedrale, Bischofskapelle.
Früher war dieser gotische Leuchter polychromiert und mit Heiligen- und Apostelbildern verziert.

445. Hostieneisen aus der Abtei von Saint-Hubert.
Saint Hubert, Musée du Fourneau Saint-Michel.

444. Hostieneisen, Schmiedeeisen,
Frankreich, XIV. Jahrhundert.
Paris, Musée de Cluny.

446. Gloucester, Kreuzgang, Anfang XV. *Jahrhundert.*

447. Mont-Saint-Michel, Kreuzgang, XIII. *Jahrhundert.*

Gegenüber:

448. [links oben] Saint-Georges in Boscherville, Eingang zum Kapitelsaal, XII. Jahrhundert.
Hier wurde täglich ein Kapitel aus der Regel vorgelesen und hier musste ein Mönch der Klostergemeinschaft seine Fehler bekennen, woraufhin er bestraft wurde.

449. [rechts oben] Westminster Abbey, Kapitelsaal. Hier fanden 1282-1547 die Sitzungen des englischen Unterhauses statt.

450. Schlafsaal der Abtei Saint-Bénigne in Dijon, XIII. Jahrhundert (heute Museum).

451. Gloucester, Lavatorium, XV. Jahrhundert.

452. Gent, Sint-Baafsabtei, Kreuzgang und Lavatorium, Ende XII. Jahrhundert.

453. Kremsmünster, Fischteiche.
Aufgrund der vielen Fastentage wurden in der Nähe der meisten Abteien Fischweiher angelegt.

454. Scheune für den Zehnten der Abtei von Lorsch. Die Einkünfte der Abteien bestanden grösstenteils aus Zehnten; ein Zehntel der Erträge aus der Landwirtschaft musste an die Abteien abgeführt werden.

455. Der Michaelofen in der Nähe von Saint-Hubert. Dom Spirlet, der Abt von Saint-Hubert, liess 1770/1 einen Hochofen bauen, um das Eisenerz zu verwerten, das auf dem Gelände der Abtei gefunden worden war.

456. Seligenstadt, Südflügel der Abtei. Rechts das Hauptgebäude, links die Klosterküche aus dem XVII. Jahrhundert und der Treppenturm.

457. Scheyern, Kapitelskapelle (Johanneskirche) mit der Wittelsbachergruft, XIV. Jahrhundert.

458. Seligenstadt, Abtei. Die Wohnung des Abts und das Gästehaus, 1699.

459. Fontenay, Zisterzienserabtei, Kirchenchor, 1139-1147.
Der Ende des XI. Jahrhunderts gegründete Zisterzienserorden wollte zur ursprünglich strengen Regel des hl. Benedikt zurückkehren. Das fand in den schlichten, schmucklosen Kirchen und Klöstern seinen Niederschlag.

460. Grabstein von Abt Durand von Bredan (1048-1072), Anfang XII. Jahrhundert. Moissac, Kreuzgang.

461. Krummstab von Albert von Hierges, Abt von Walcourt, XIII. Jahrhundert. Brüssel, Königliche Museen für Kunst und Geschichte, Inv. 150/2851.

462. Krummstab, Limoges, XI. Jahrhundert. Salzburg, Sankt-Peter, Schatzkammer.

463. Die Arbeit im Laufe der Monate, Reliefs am südlichen Portal der Abteikirche von Saint-Denis (westlicher Giebel), XII. Jahrhundert.

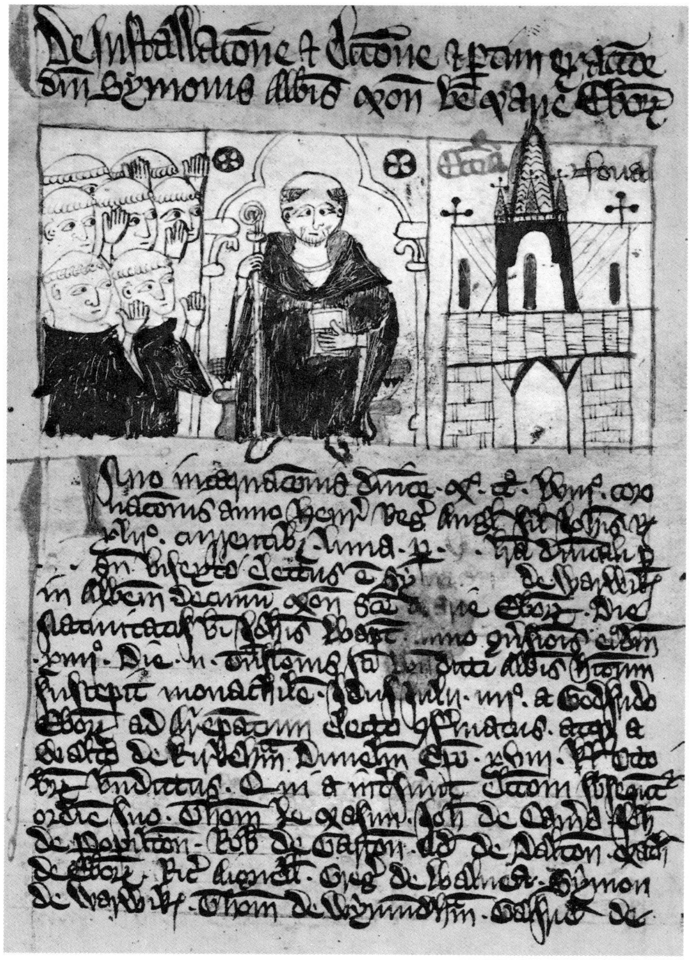

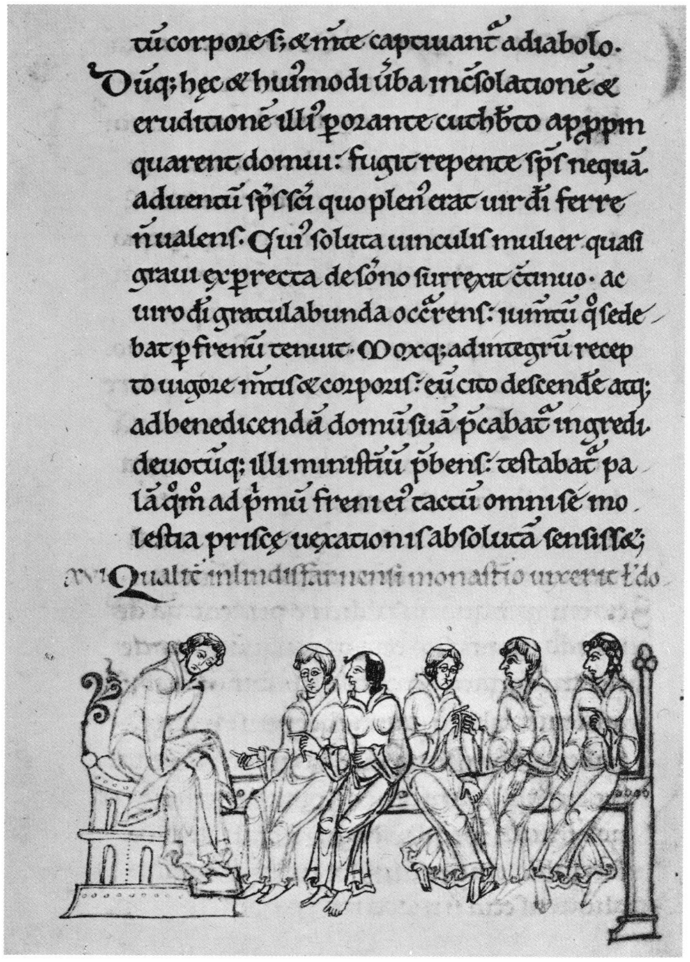

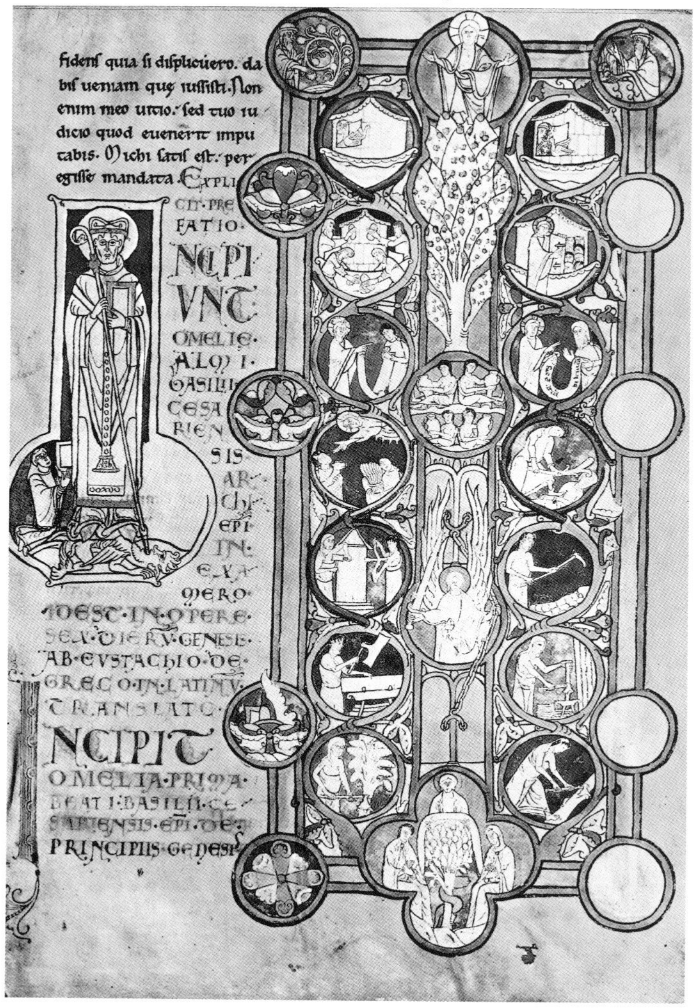

*464. Abt und Mönche von St.-Mary's Abbey in York, Miniatur. York, Miniatur.
Oxford, Bodleian Library, Ms. Bodley 39.*

*465. Mönche von Lindisfarne, Federzeichnung, Durham, 1150.
Oxford, Bodleian Library, Ms. University College 165.*

*466. Ärztliche Versorgung, Federzeichnung, XII. Jahrhundert.
Durham, Cathedral Library, Ms. Hunter 100.*

*467. Verzierter Anfangsbuchstabe I in einer Homilie des hl. Basilius, ausgemalte Handschrift aus der Abtei St.-Lambert in Liessies, XII. Jahrhundert.
Paris, Bibliothèque de l'Ecole des Beaux-Arts.*

468. Elfenbeinpaneel vom Diptychon des Konsols Areobindus, Byzanz, VI. Jahrhundert.
Paris, Musée de Cluny.
Byzantinische Kostbarkeiten gelangten sehr oft in den Besitz von Kloster- und Domschätzen.

469. Mittelalterliches Schreibzeug: ein Schreibstift (A), Bleistifte (B-C), ein Kratzer (D) und ein Pfriem (E).
Paris, Musée de Cluny.

470. Wachstafel aus der Abtei St.-Lambert in Lüttich, Elfenbein, XIV. Jahrhundert.
Paris, Musée de Cluny.
Auf solchen Täfelchen hielt man mit einem Stift allerhand Notizen fest.

471. *Mönche auf dem Grabmal des hl. Stephan von Aubazine, XIII. Jahrhundert.*
Aubazine, Kirche.

472. *Die Philosophen, Miniatur in einer Handschrift von Monte Cassino, XI. Jahrhundert.*
Monte Cassino, Codex CXXXII.

Alaun-, Gips-, Blei-, Silber- und Goldadern aus. Es wäre leichter aufzuzählen, auf welchen Gebieten – falls es sie geben sollte – die Jünger des hl. Benedikt nicht die Initiatoren und Schrittmacher der Entwicklung gewesen sind; sie leisteten ebenso effizient und selbstlos das, was man heute Entwicklungshilfe nennt.

Zusammenfassend kann man guten Gewissens bestätigen, dass – um die heutzutage gängige, vertraute Terminologie zu verwenden – der religiöse Oberbau, das heisst das christliche Konzept der Beziehungen zwischen Gott und den Menschen, im Fall der Mönche die Grundlage für den wirtschaftlichen Oberbau war. Es ist kein Paradox, dass im Laufe der Geschichte des Benediktinerordens die Infrastruktur stets aus der Religiosität, dem Glauben und einer ganzen Reihe von Auffassungen und Haltungen gegenüber dem Leben besteht, die jahrhundertelang zehntausenden von Menschen vorgeschrieben wurden; die wirtschaftliche Organisation und die unternehmerische Tätigkeit sind lediglich deren Projektion oder Spiegelbild. Historisch betrachtet gilt das bis zur Säkularisierung des wirtschaftlichen Denkens. Aber der Prozess der Säkularisierung ist seinerseits wiederum in der christlichen Botschaft verankert.

DIE SOZIALFÜRSORGE Als die religiöse – und manchmal auch abergläubische – Verehrung von Reliquien tausende von Pilgern durch ganz Europa und bis ins Heilige Land lockte, brachte der gleiche tiefe Respekt vor dem Evangelium die Mönche, die bereits die Grundlagen eines ›grünen

SCRIPTOR SRIPTORUM PRINCEPS EGO NEC OBITURA DEINCEPS LAUS MEA NEC FAMA QUIS
PREDICAT EADWINUM FAMA PER SECULA VIUUM · INGENIUM CUIUS LIBRI DECUS IND
ICAT HUIUS · QUEM TIBI SEQUE DATUM MUNUS DEUS ACCIPE GRATUM

Europa‹ geschaffen hatten, dazu, ein ausgedehntes Netzwerk von Wegen, Brücken, Gast- und Raststätten, Horten und Krankenhäusern zu schaffen. Doch schon davor hatte die Lehre des Evangeliums zur Gründung von Hospizen, Leprastationen, Schulen, Altersheimen, Asylen für Geisteskranke, Berufsschulen für Handwerkerlehrlinge, Bauern, Viehzüchter und Winzer geführt. Man könnte sie die Embryoform der heutigen Sozialversicherung nennen.

DAS ›SCRIPTORIUM‹ UND DIE BIBLIOTHEK Heute denkt man gerne, dass die wichtigste Arbeit der Mönche darin bestand, Handschriften zu kopieren *(scribere)*. Obwohl sie sich, wie wir sehen konnten, keineswegs auf diese eine Tätigkeit beschränkt haben, stellt man dennoch fest, dass sie in den Augen der Mönchen von grosser geistiger Bedeutung war. Diese Bedeutung nahm noch zu, sodass das Kopieren zu einer typischen Klosterarbeit wurde. Man kann davon ausgehen, dass alle Mönche schreiben konnten, obwohl manche Dokumente die Vermutung nahelegen, dass das nicht für die ersten Jahrhunderte zutrifft. Wir wissen ebensowenig mit Genauigkeit, ob alle Mönche eine saubere Schrift hatten und Augen, die gut genug waren (Brillen – die ›Bandbrillen‹, vom lateinischen *berylus* abgeleitet, heissen, was auf den Halbedelstein Beryll verweist, aus dem die Gläser geschliffen wurden – gibt es erst seit dem XIII. Jahrhundert), um den ganzen Tag lang in einer nicht immer gut beleuchteten Zelle oder im *scriptorium* zu schreiben, wo irgendeine Funzel flackerte. Wir wissen hingegen wohl, dass sich viele Kopisten über die Plackerei, die ihr frommes Werk war, beschwerten. Die zahllosen Fehler, von denen die Handschriften strotzen, bezeugen, dass sich die Kopisten nicht immer auf ihre Arbeit konzentrierten. Pro Tag schrieben sie zwischen drei und sechs Seiten im Quartformat. Ein Jahr benötigte man, um die Bibel zu kopieren. Ein guter Kopist produzierte im Laufe seines Lebens zwischen vierzig und fünfzig Werke. Alles was uns aus der Antike überliefert worden ist, gelangte einzig dank der Arbeit der Mönche in unseren Besitz. Hingegen wurden im Laufe der Jahrhunderte unzählige Handschriften durch Fahrlässigkeit, Unkenntnis, bösen Willen, Kriege und Revolutionen zerstört; allein in Cluny verbrannten die Calvinisten mehr als 1800 Handschriften.

Sehr schnell wurde die Arbeit rationalisiert und spezialisiert; neben den eigentlichen Kopisten arbeiteten die Polierer und Hautbimser *(forbitores)*, die Pergamenthersteller *(pergamentaci)*, die Linienvorzeichner, die Korrektoren, die das Werk kollationierten, die Ausmaler und die Buchbinder. In einem Text ist sogar die Rede von einem Mönch, der eigens auf die Interpunktion achtete.

Der Kopist benutzte unterschiedlich grosse Gänse- oder Schwanenkiele, Kreide oder Bimsstein *(pumices)* zum Radieren, zwei Tintenstecher *(cornua)* mit roter *(rubrica)* und schwarzer Tinte.

Die Tinte wurde aus Kohl- oder Gallapfelsaft, Vitriol (das heisst Kupfersulfat, im Lateinischen *cupri rosa* genannt) und Gummiarabikum hergestellt, die man in Bier oder Wein einkochte.

Im Winter konnte es im *scriptorium* oder in der Zelle so durchdringend kalt sein, dass der Mönch die Wärmestube – falls es eine gab, was nicht in allen Klöstern der Fall war – oder die Küche aufsuchen durfte, zwar nicht um seine steifen Finger aufzutauen, aber um die Tinte wieder flüssig werden zu lassen. Man kann sich leicht vorstellen, dass unter derart schwierigen Bedingungen Bücher selten und entsprechend teuer waren. Voller Bewunderung steht man vor Bibliotheken mit 1000 oder 2000 Bänden; das waren Ausnahmefälle, denn die meisten Bibliotheken zählten nur 300 bis 400 Werke. Weil sie so kostbar waren, wurden sie manchmal sogar angekettet; man lieh sie nicht gerne aus, vor allem weil die Ausleihzeiten ungeheuer lang waren, nämlich bis zu 10 oder gar 20 Jahre. Schon in jenen Tagen war ein (im Prinzip zum Kopieren) ausgeliehenes Buch sehr oft verloren. Bei Bränden oder Angriffen rettete man vor allem die Bücher; als die Barbaren vor den Pforten von Monte Cassino standen, nahmen die flüchtenden Mönche die Ordensregel mit (und, um es der Ehrlichkeit halber hinzuzufügen, auch Brot und Wein) und liessen die sterblichen Überreste des Ordensstifters zurück.

Man fragt sich ob die Mönche viel lasen. Wie immer, wenn es sich um Menschen handelt, muss man antworten, dass ein kleiner Teil sehr viel las, und dass andere überhaupt nicht lasen; im allgemeinen begnügten sich die meisten Mönche damit, ein bis zwei Bücher pro Jahr immer wieder durchzulesen. In der Consuetudo wird festgelegt, dass ein Bruder, der *ein* ihm ausgeliehenes Buch innerhalb eines Jahres nicht gelesen hatte, das Sündenkapitel um Vergebung bitten musste. Man

473. Der Mönch Eadwine beim Schreiben, Miniatur im Psalter Eadwines, um 1150.
Cambridge, University Library, Hs. R 17.1.
Es handelt sich hierbei um ein stark farbiges Selbstporträt Eadwines.

war also nicht immer mit ganzem Herzen bei der Sache. Der hl. Benedikt ahnte das, als er schrieb: »Sonntags sollten alle lesen... Wenn ein Mönch jedoch zerstreut oder faul ist, sodass er nicht studieren kann oder will, dann wird ihm eine andere Arbeit zugeteilt, damit er nicht ohne Beschäftigung ist« [Kap. XLVIII,51-56]. Und es wird ebenfalls verfügt, dass die Mönche, die die Bibliothek aufsuchen, ihre Kapuze nicht zu tief über das Gesicht ziehen dürfen, damit man kontrollieren kann, »ob sie schlummern anstatt zu lesen.«

Insgesamt lasen die eifrigen und die ›zerstreuten‹ Mönche zusammen also wenig. Aber sie lasen langsam und genossen jeden Satz und jedes Wort. Sie bemühten sich, die Absicht des Autors zu erkennen und die Essenz des Buches zu erfassen. Ich bin nicht sicher, ob unsere heutige Angewohnheit, diagonal zu lesen, besser ist.

Die Aktualität des hl. Benedikt

Bis hierher habe ich fast ausschliesslich in der Vergangenheitsform geschrieben, da mir das Alltagsleben der Mönche des Mittelalters vertraut ist. Daraus sollte man nicht ableiten, dass das Leben, das die Mönche heute führen, radikal anders ist und vor allem auch nicht, dass es sich nur noch um einen Anachronismus oder ein Überbleibsel handelt.

Der Rhythmus und die Riten, die Sitten und Gebräuche des modernen monastischen Lebens sind grosso modo die gleichen wie in der Vergangenheit. Davon kann sich jeder überzeugen, der einige Tage in einer Benediktinerabtei verweilt. Die zeitgemässe Lektüre der Ordensregel beweist, dass der grosse Entwurf des genialen hl. Benedikt – dieses »Vaters Europas« (Papst Pius XII. am 18. September 1947) und »Botschafters des Friedens, Architekten der Einheit und Meisters der Zivilisation« (Papst Paul VI. am 24. Oktober 1966) – heute noch ebenso aktuell und ebenso zwingend gültig ist wie seit Jahrhunderten.

GUTE MENSCHENKENNTNIS Der hl. Benedikt gibt sich keinen Illusionen über seine Mönche und ganz allgemein den Mensch hin. Aus Erfahrung kennt er ihre Schwachheit, ihre Verwundbarkeit, ihre grosse Zerbrechlichkeit, ihren Hang zur Faulheit und ihre Neigung, sich gehenzulassen, ihre tiefverwurzelte Boshaftigkeit: »Laster, die der menschlichen Natur eigen sind« (Molière), und von denen auch Mönche nicht frei sind. Benedikt weiss, dass auch sie der Versuchung erliegen. Es gibt kaum eine Seite der Regel, wo nicht in der einen oder anderen Form auf diese Grenzen und Schwächen hingewiesen wird: »Wir leben schlecht und unvollkommen, wenn wir uns gehenlassen« [Kap. LXXIII,17-19], »die Lauen und die Faulen« [Kap. XVIII,74], »wenn ein Bruder aufmupft« [Kap. XXIII], »wenn einem Bruder häufig Fehler nachgewiesen werden« [Kap. XXVIII], wenn ein Bruder zu spät zum Gottesdienst kommt [Kap. XLIII], wenn er sich, ohne um Erlaubnis gefragt zu haben, zu Exkommunizierten gesellt [Kap. XXVI]. Der Patriarch ist sich also deutlich der menschlichen Schwachheit bewusst; kaum hat er, um nur noch ein Beispiel zu nennen, die Eigenschaften aufgezählt, die ein Kellermeister haben muss [Kap. XXXI] – »weise, reif, von nüchterner Art, gottesfürchtig« usw. –, da beeilt er sich auch schon alle Fehler aufzuzählen, mit denen er keinesfalls behaftet sein darf: gefrässig, hochmütig, leicht reizbar, stolz, geizig, oder nachlässig. Auf den ersten Blick scheint das selbstverständlich zu sein, denn man kann sich kaum einen Unternehmer vorstellen, der bei der Einstellungen seinen neuen Buchhalter darauf aufmerksam macht, dass er sich besser nicht an der Kasse vergreift. Der hl. Benedikt betrachtet den Menschen jedoch derart kritisch, dass er es immer wieder für nötig hält auf das hinzuweisen, was er *nicht* tun und wie er *nicht* sein darf.

Ein anderes Beispiel, bei dem es sich um jene handelt, die *ad opus Dei... tarde occurunt* [Kap. XLIII]. Dieser Mönch darf nicht seinen üblichen Platz im Chor einnehmen; er muss in der letzten Reihe abseits stehenbleiben, sodass der Abt und alle Brüder ihn sehen können; die Demütigung, so hofft man, wird ihn bessern (*pro ipsa verecundia* [Kap. XLIII,17]). Die Genialität des hl. Benedikt

474. Guillaume Fillastre, Abt von St.-Omer und Bischof von Doornyk, überreicht Philipp dem Guten sein Buch über den Orden vom Goldnen Vlies. Miniatur.
Brüssel, Königliche Bibliothek, Hs. 9028.

Sensieut le second livre de la thoyson dor
Tresexcellent prin
ce et trespuissant
en puissance et
vertu et mon tres
redoubte seigneur
monseigneur charles par la
grace de dieu duc de bourg.ne
de lotrinch et de brabant de lem
bourg et de luxembourg conte
de flandres dartois et de bourg.ne
pallatin de haynau de hollan
de de zeellande et de namur
marquis du saint empire sei
gneur de frise de salins et de
malines chief et souverain
du tresnoble ordre du thoyson

Femina par sūmis· maior paribus sibi summis·
hoc uirtus meruit· partus & hoc tribuit·
HEC·SUSTENTET·ONUS·QUOD BAIULAT·ISTE·PATRONUS·
PRO·LIBRO·DITA·SCRIPTORĒ·PERPETE·VITA·

wird jedoch erkennbar in der Begründung, warum er die Nachzügler nicht von der Messfeier ausschliesst; er schreibt: »Wenn sie ausserhalb des Gotteshauses blieben, wäre für manche die Verlockung allzu unwiderstehlich, sich schlafen zu legen oder sich draussen zu einem Plausch niederzusetzen« [Kap. XLIII,18-22]. Benedikt hat tatsächlich keine Illusionen über Spontaneität und Eifer seiner Jünger, um den Gottesdienst zu feiern.

Ein letztes Beispiel für seine skeptische Haltung denen gegenüber, die doch eigentlich ein vollkommenes Leben führen sollten. Es handelt sich um eine sehr kurze Bemerkung im Kapitel *De hospitibus suscipiendis;* die Armen und Pilger sollen *tamquam Christus* [Kap. LIII,11] aufgenommen werden, das heisst ausserordentlich zuvorkommend, denn *in ipse magis Christus suscipitur* [Kap. LIII,31-33]; was die Reichen betrifft, so genügt wohl die Furcht, die sie den Mönchen einflössen, um ihnen einen guten Empfang zu garantieren *(nam divitum terror ipse sibi exigit honorem)*.

Der Patriarch offenbart sich als ein Mann des Konkreten und Möglichen, also als ein Mann, der zu regieren versteht; für ihn ist der Mensch nicht von Natur aus gut, vernünftig und fest entschlossen. So gesehen erteilt der hl. Benedikt auch eine grosse Lektion in politischer Klugheit; auf der Basis einer optimistischen Haltung gegenüber den Menschen kann man keine Gemeinschaft wie den Benediktinerorden gründen, der Gerechtigkeit und Dauerhaftigkeit nachstrebt. Diese realistische Beurteilung führt aber keineswegs zu Heftigkeit oder Verachtung. Der hl. Benedikt ist ein anspruchsvoller Meister; er hat nichts von einem vergrämten, trockenen Puritaner, der sich ›schlecht und bitter‹ ereifert [Kap. LXXIII,1].

In der Regel sucht man vergeblich nach einer Spur der unerbittlichen Härte, nach Freuden grausame Klarheit oder der intellektuellen Boshaftigkeit eines Machiavelli: »Denn ganz generell kann man von allen Menschen behaupten, dass sie undankbar, launisch und unehrlich sind, die Gefahr scheuen und auf ihren Vorteil achtgeben; sie zögern nicht, einem liebenswürdigen Menschen mehr zu schaden als einem gefährlichen.« (*De Principe,* XVII. Kapitel) Machiavelli zufolge ist man besser gefürchtet als beliebt. Benedikt hingegen will zunächst geliebt und erst danach gefürchtet werden [Kap. LXIV,73].

FESTENTSCHLOSSEN ZUR MILDE Wie hart Benedikt auch zu sich selber ist, zu seinen Mönchen spricht er als »zärtlicher Vater« [Prolog, 3], als »Seelendoktor« [Kap. XXVIII,8], als »Hirte«, der auf alles achtgibt was jene, die er leitet, betrifft [Kap. IV], als ein Mann, »der das Laster hasst, aber den Menschen liebt« [Kap. LXIV,28] und der »immerzu die Barmherzigkeit der Gerechtigkeit vorzieht« [Kap. LXIV,27]. Er ist milde, ›gerade weil‹ er davon ausgeht, dass der Mensch von Natur aus schwach und böse ist (»Das Dichten des menschlichen Herzens ist böse von Jugend auf«, Gen. VIII,21). Darum vergibt Benedikt gerne – im Gegensatz zu jenen, die den Menschen optimistisch betrachten.

475. Gebetsbruderschaft zwischen den Abteien von Sint-Vaast (Arras) und Citeaux, Miniatur im Kommentar des hl. Hieronymus zum Propheten Jeremias.
Dijon, Stadtbibliothek, Hs. 130.
Diese Verbrüderung fand anlässlich des Besuchs von Abt Stephan Harding von Citeaux in Sint-Vaast statt (1125).

in uirtute tua. ꝛ ccta.
Spicien
de
ten

BIBLIOGRAPHIE

ALLGEMEINE WERKE

Bibliographie:

Bibliographie générale de l'Ordre Cistercien, Hrsg. H. ROCHAIS und E. MANNING, Rochefort, seit 1977.
Bulletin d'histoire bénédictine, in *Revue bénédictine*.
C. CONSTABLE, *Medieval Monasticism. A Select Bibliography* (*Toronto Medieval Bibliographies*, Teil VI), Toronto, 1976.
O.L. KAPSNER, *A Benedictine bibliography*, 2 Teile, Collegeville, 1962^{2}.

Zeitschriften:

The American Benedictine Review, St. Paul, Minnesota, seit 1950.
Cîteaux. Commentarii cistercienses, Achel, seit 1950.
Collectanea Cisterciensia. Revue de spiritualité monastique, Scourmont, seit 1934.
Regulae Benedicti Studia, Hildesheim, seit 1972.
Revue Bénédictine, Maredsous, seit 1884.
Studien und Mitteilungen zur Geschichte des Benediktiner-Ordens, Ottobeuren, seit 1880.
Studia monastica, Montserrat, seit 1959.

Reihen:

Archives de la France monastique, Paris und Ligugé, seit 1905.
Beiträge zur Geschichte des alten Mönchtums und des Benediktinerordens, Münster, seit 1912.
Studia Anselmiana, Rom, seit 1933.

Wörterbücher:

Dictionnaire de Spiritualité, Paris, seit 1936.
Dizionario degli Instituti di Perfezione, 5 Teile erschienen, Rom, seit 1973.
Dictionnaire d'histoire et de géographie ecclésiastiques, Paris, seit 1912.
Dictionnaire d'archéologie chrétienne et de liturgie, Paris, 1907-1953.
Lexikon für Theologie und Kirche, 10 Teile, Freiburg im Breisgau, 1957-1965^{2}.

Handbücher:

J. ANGERER-G. TRUMLER, *Klösterreich. Die Stifte und Klöster in Bayern, Österreich und der Schweiz*, Wien, 1978.
U. BERLIERE, *L'Ordre monastique*, Maredsous, 1923.
ID, *Coup d'œil historique sur l'Ordre bénédictin en Belgique dans le passé et dans le présent*, Maredsous, 1929.
C. BROOKE, *The Monastic World 1000-1300*, London 1974. Übersetzung *Les Monastères 1000-1300*, Paris, 1975.
C. BUTLER, *Benedictine Monachism*, London, 1919, Cambridge, 1961^{2}.
P. COUSIN, *Précis d'histoire monastique*, Paris, 1956.
L. DALY, *Benedictine Monasticism. Its Formation and Development trough the 12th Century*, New York, 1965.
C. DAMEN, *De Orde van Sint-Benediktus in Nederland*, Brügge-Utrecht, 1965.
J. DECARREAUX, *Les Moines et la civilisation en Occident*, Paris, 1962. (Engl. Übers. 1964.)
E. DE MOREAU, *Les abbayes en Belgique (VIIe-XIIIe siècles)*, Brüssel, 1952.

476. Verzierte Seite aus einem Psalter, XV. Jahrhundert. Brüssel, Königliche Bibliothek, Hs. 6426.

A. DE VOGÜÉ, *La Communauté et l'abbé dans la Règle de saint Benoît*, Paris, 1961.
J.C. DICKINSON, *Monastic Life in Medieval England*, London, 1961.
G. DUBY, *Le temps des cathédrales. L'art et la société (980-1420)*, Paris, 1976.
M. ESCARPASSE, *L'architecture bénédictine en Europe*, Paris, 1963.
M. ESCOBAR, *Ordini e Congregazione Religiose*, 2 Teile, Turin, 1951-1953.
A. FLICHE-V. MARTIN, *Histoire de l'Eglise depuis les origines jusqu'à nos jours*. 21 Teile, Paris, 1934-1952.
M. HEIMBUCHER, *Die Orden und Kongregazionen der Katholischen Kirche*, 2 Teile, Paderborn, 1933-1934^{3}.
I. HERWEGEN, *Sinn und Geist der Benediktinerregel*, Einsiedeln-Köln, 1944.
P. HELYOT, *Histoire des ordres monastiques, religieux et militaires*, 8 Teile, Paris, 1714-1719.
S. HILPISCH, *Geschichte des benediktinischen Mönchtums*, Freiburg im Breisgau, 1929.
ID., *Das Benediktinertum im Wandel der Zeiten*, St. Ottilien, 1950 (Engl. Übers. 1958.)
B. JASPERT, *Die Regula Benedicti-Regula Magistri Kontroverse (Regulae Benedicti Studia, Supplementa*, Teil III), Hildesheim, 1975.
H. JEDIN, *Handbuch der Kirchengeschichte*, 10 Teile, Freiburg im Breisgau, 1929.
H. JEDIN, *Atlas zur Kirchengeschichte*, Freiburg im Breisgau, 1970.
O. KAPSNER, *The Benedictines in Brasil, in The American Benedictine Review*, 28 (1977) S. 113-132.
D. KNOWLES, *The Monastic Order in England*, Cambridge, 1963^{2}.
ID. *Great Historical Enterprises, Problems in Monastic History*, London, 1963.
ID. *Christian Monasticism*, London, 1969.
J. LECLERCQ, *L'amour des lettres et le désir de Dieu*, Paris, 1957.
ID., *Aspects du monachisme hier et aujourd'hui*, Paris, 1968.
A. LINAGE CONDÉ, *Los origines del monacato benedictino en la Peninsula Iberica*, 3 Teile, Leon, 1973.
ID. *El monacato en Espana y Hispanoamerica*, Salamanca, 1977.
M. MOURRE, *Histoire vivante des moines*, Paris, 1965.
G. PENCO, *Storia del monachesimo in Italia*, Rom, 1968^{2}.
J. PEREZ DE URBEL, *Los monjes espanoles en la edad media*, Madrid, 1945^{2}.
ID, *Historia de la orden benedictina*, Madrid, 1941.
L.J. ROGIER-R. AUBERT-M.D. KNOWLES, *Geschiedenis van de Kerk*, 10 Teile, Hilversum 1968 (Auch in einer amerikanischen, spanischen, italienischen und portugiesischen Fassung.)
J. RYAN, *Irish monasticism*, Dublin, 1931.
E. SACKUR, *Die Cluniacenser*, 2 Teile, Halle, 1892-1894.
A. SCHIPPERS, Art. *Benediktiner*, in *Reallexikon zur deutschen Kunstgeschichte*, Teil II, 1933-1947, Kol. 236-266.
PH. SCHMITZ, *Histoire de l'Ordre de Saint-Benoît*, 7 Teile, Maredsous, 1942-1956.
J. TERALON, *La France des Abbayes*, Paris, 1978.
F. VAN DER MEER, *Atlas de l'ordre cistercien*, Amsterdam, 1965.

Cîteaux:

Die Zisterzienser, Geschichte, Geist, Kunst, Köln, 1974.
L. LEKAI, *Les moines blancs*, Paris, 1957, verbesserte und erweiterte Fassung von *The white monks*, Okauchee, 1953.
J. MAHN, *L'Ordre Cistercien*, Paris, 1951^{2}.

Geschichte der Benediktinerabteien:

L. COTTINEAU, *Répertoire topo-bibliographique des abbayes et prieurés*, 3 Teile, Mâcon, 1939-1970.
A. KOLB, *Germania Benedictina*, 11 Teile, Augsburg, seit 1970.
U. BERLIERE und Andere, *Monasticon Belge*, 7 Teile Maredsous-Liège, 1890-1978.
P.C. BOEREN, *Monasticon Batavum*, Teil III, Amsterdam, 1942.
Gallia christiana, 16 Teile, Paris, 1626-1786.
W. DUGDALE, *Monasticon Anglicanum*, 8 Teile, London, 1817-1830.

NACH KAPITELN

KAPITEL I

LEBEN

Kritische Ausgabe:
U. MORICCA, *Gregorii Magni Dialogi Libri IV*, Rom, 1924.
A. DE VOGÜÉ, *Grégoire le Grand. Dialogues (Sources Chrétiennes, 251)*, Paris, 1978.
Übersetzungen: Französisch
A.J. FESTUGIÈRE, *Grégoire le Grand. Dialogues*, Paris, 1978.
Niederländisch
Vita Benedicti (Spiritualiteit, nr. 10) Nijmegen-Brügge, 1976.

REGEL

Bibliographie:
A. ALBAREDA, Bibliografia de la Regla benedictina, Montserrat, 1933.
Kritische Ausgabe:
R. HANSLIK, *Benedicti Regula (Corpus Script. Eccles. Lat.*, 75), ed. altera emendata, Wien, 1977[2].
A. DE VOGÜÉ, *La Règle de Saint-Benoît (Sources Chrétiennes*, 181-186), Paris, 1972.
Übersetzungen: Deutsch
B. STEIDLE, *Die Regel St. Benedikts*, Beuron, 1952.

STUDIEN

A. BORIAS, *Couches rédactionelles dans la Règle bénédictine in Revue Bénédictine*, 85 (1975), S. 38-55.
ID., *Comment Saint-Benoît a élaboré et rédigé sa Règle*, in *Lettre de Ligugé*, 175 (1976), S. 5-17.
A. DE VOGÜÉ, *Benoît modèle de vie spirituelle d'après le Deuxième Livre des Dialogues de Saint Grégoire, in Collectanea Cisterciensia*, 38, (1976), S. 147-157.
M. DOUCET, *La tentation de Saint Benoît: relation ou création par Saint Grégoire le Grand*, in *Collectanea Cisterciensia*, 37 (1975), S. 63-71.
ID., *Pédagogie et Théologie dans la »Vie de S. Benoît« par saint Grégoire le Grand*, in *Collectanea Cisterciensia*, 38 (1976), S. 158-173.
R. GILLET, Art. *Saint Grégoire le Grand, in Dict. de Spirit.*, 6 (1967), Kol. 905-910.
K. HALLINGER, *Papst Gregor der Grosse und der Hl. Benedikt*, in *Commentationes in Regulam S. Benedicti*, Rom, 1957, S. 231-319.
N. HUYGHEBAERT, *Simplicius, propagateur de la Règle bénédictine. Légende ou tradition*, in *Revue d'Hist. Ecclés.*, 73 (1978) S. 45-54.
B. JASPERT, *Benedikt von Nursia, der Vater des Abendlandes? Kritische Bemerkungen zur Typologie eines Heiligen*, in *Erbe und Auftrag*, 49, (1973), S. 90-104, 109-207.
C. LAMBOT, *La vie et les miracles de saint Benoît*, in *Revue Liturgique et monastique*, 19 (1934), S. 137-165.
J. LAPORTE, *Saint Benoît et les survivances de paganisme, in Etudes ligériennes d'histoire et d'archéologie médiévale*, Auxerre, 1975, S. 233-246.
C.M. LOPEZ, *El Hombre que creo Europa*, Madrid, 1973.
F. MASAI, *Recherches sur les Règles de S. Oyend et de S. Benoît*, in *Regulae Benedicti Studia*, 5 (1977), S. 43-73.
P. MEYVAERT, *Problems concerning the »Autograph« Manuscript of Saint Benedict's Rule*, in *Revue Bénédictine*, 69 (1959), S. 3-21.
A. MUNDO, *L'authenticité de la Regula Benedicti*, in *Commentationes in Reg. S. Ben.*, Rom, 1957; S. 105-158.
G.M. OURY, *Ce que croyait Benoît*, Paris-Tours, 1974.
G. TURBESSI, *Recenti indagini intorno alla regola di S. Benedetto e ai suoi rapporti con la precedente e coeva legislazione monastica*, in *La scuola cattolica*, 101 (1973), S. 479-510.
H. VANDERHOVEN, MASAI und P.B. CORBET, *La Règle du Maître. Edition diplomatique des manuscrits 12205 et 12634 de Paris*, Brüssel-Paris-Antwerpen-Amsterdam, 1953.
J.H. WANSBROUGH, *St. Gregory's Intention in the Stories of St. Scholastica and St. Benedict*, in *Revue Bénédictine*, 75 (1965), S. 145-151.

KAPITEL II

Saint Benoît dans la peinture, Clervaux, 1916.
San Gregorio Magno. San Benedetto da Norcia, Subiaco, 1964.
S. Gregorio Magno. Vita e miracoli di San Benedetto. Bearbeitet von A. FIORINI, Rom, 1954.
H. AURENHAMMER, *Lexikon der christlichen Ikonographie*, Teil I, 4, Wien, 1962.
E. DUBLER, *Das Bild des heiligen Benedikt bis zum Ausgang des Mittelalters*, St. Ottilien, 1953; Zürich, 1966.
D.B. JOLIET, *Essais d'iconographie monastique, in Revue liturgique et monastique*, 1 (1911).
K. KUENSTLE, *Ikonographie der Heiligen*, Freiburg im Breisgau 1926.
V. MAYR, Art. *Benedikt von Nursia*, in *Lexikon der christlichen Ikonographie*, Teil V: *Ikonographie der Heiligen*, Rom-Freiburg-Basel, Wien, 1973, Kol. 351-364.
R. MESURET, *Les visages de saint Benoît*, in *La vie bénédictine*, 47, (1939), S. 1-10, 116-126; 216-227.
C.J. NESMY, *Saint Benoît et la vie monastique (Microcosme. Maîtres spirituels*, Nr. 19), Paris, 1959.
L. REAU, *Iconographie de l'art chrétien*, Teil III: *Iconographie des saints*, Paris; 1958.
A.I. SCHUSTER, *Storia di San Benedetto e dei suoi tempi*, Mailand, 1946.

KAPITEL III

Il Monachesimo e la Riforma ecclesiastica, Mailand, 1971.
Il Monachesimo nell'Alto Medievo e la formazione della cultura occidentale, Spoleto, 1957.
Los Monjes y los Estudios, Poblet, 1963.
Mönchtum und Gesellschaft im Frühmittelalter. Herausg. F. PRINZ (*Wege der Forschung*, Nr. 312), Darmstadt, 1976.
New Catholic Encyclopedia, 15 Teile, Washington, 1967.
Rencontres de Todi. Spiritualita cluniacense, Tode, 1960.
Sankt Bonifatius (XII. Jahrh.), Fulda, 1954.
Théologie de la vie monastique, Paris, 1961.
P.F. ANSON, *Partir au désert. Vingt siècles d'érémitisme*, Paris, 1967.
A. CHAGNY, *Cluny et son empire*, Paris; 1949.
G.M. COLOMBAS, *El Monacato primitivo*, 2 Teile, Madrid, 1974-1975.
K.J. CONANT, *Cluny: les églises et la maison du Chef d'Ordre (Medieval Academy of America*, 77), Cambridge (Mass.), 1968.
V. DAMMERTZ, *Das Verfassungsrecht der benediktinischen Mönchskongregationen* in *Geschichte und Gegenwart* – (*Kirchengeschichtliche Quellen und Studien*, 6), St. Ottilien, 1963.
J. DÉCARREAUX, *Les Moines et la Civilisation I*, Paris 1962; II, (im Erscheinen begriffen) *Les Moines Précepteurs de l'Europe;* III (in Vorbereitung) *Les Moines à leur Age d'Or.*
J. DUBOIS, *L'originalité des bibliothèques monastiques*, in *Lettre de Ligugé*, 180 (1976), S. 12-27.
J. EVANS, *Monastic Life at Cluny, 910-1157*, Hamden (Conn.) 1968.
K.F. FRANK, *Früheres Mönchtum im Abendland*, 2 Teile, Zürich, 1973.

L. GOUGAUD, *Les Chrétientés celtiques*, Paris, 1911.
K. HALLINGER, *Gorze-Cluny*, Rom, 1952; Graz, 1971.
I. HERWEGEN, *Der heilige Benedikt, ein Charakterbild*, Düsseldorf, 1947.
R. HOSTIE, *Vie et mort des Ordres religieux. Approches psychosociologiques*, Brügge-Paris, 1972.
J. HOURLIER, *L'Eglise classique, 1140-1378. Les religieux*, Paris, 1974.
J. LECLERCQ, *Aux Sources de la spiritualité occidentale*, Paris, 1963.
ID., *Témoins de la spiritualité occidentale*, Paris, 1964.
ID., *Aspects du monachisme hier et aujourd'hui*, Paris, 1968.
J. LECLERCQ-F. VANDENBROUCKE, *La Spiritualité du Moyen Age*, Teil II, Paris, 1961.
O. LOYER, *Les chrétientés celtiques*, Paris, 1965.
G. OURY, *Les moniales bénédictines*, Paris, 1965.
M. PACAUT, *Structures monastiques, Société et Eglise en Occident aux XIe-XIIe siècles*, in *Cahiers d'Histoire*, 20 (1975), S. 119-131.
I. SCHUSTER, *Saint Benoît et son temps*, Paris, 1950.
J. SEMMLER, *Karl der Grosse und das fränkische Mönchtum*, in *Mönchtum und Gesellschaft im Frühmittelalter*, Darmstadt, 1976.
A. VAUCHEZ, *La spiritualité du Moyen Age occidental, VIIIe-XIIe siècle*, Paris, 1975.
J. WOLLASCH, *Mönchtum des Mittelalters zwischen Kirche und Welt (Münstersche Mittelalterl. Schriften, 7)*, München 1973.

KAPITEL IV

M. BLOCH, *Avènement et conquêtes du moulin à eau*, in *Annales d'histoire économique et sociale*, 7 (1935), S. 538-563.
C. CAPELLE, *Le vœu d'obéissance des origines au XIIe siècle (Bibliothèque d'histoire du droit et droit romain*, II) Paris, 1959.
J. CASTELNEAU, *La vie au Moyen Age d'après les contemporains*, Paris, 1947.
F.H. CROSSLEY, *The English Abbey in life and work in the Middle Ages*, London, 1949.
E. DELARUELLE, *Le travail dans les règles monastiques occidentales du quatrième au neuvième siècle*, in *Journal de psychologie normale et appliqué*, 1948, S. 51-64.
G. DE VALOIS, *Le monachisme clunisien des origines au XVe siècle. Vie intérieure des monastères* (*Archives de la France monastique*, XXXIX), Ligugé-Paris, 1975.
J. DUBOIS, *Les moines dans la société du Moyen Age* (950-1350), *in Revue d'Histoire de l'Eglise de France*, 60 (1974), S. 5-37.
L. GOUGAUD, *Dévotions et pratiques ascétiques du Moyen Age*, Paris-Maredsous, 1925.
E. LESNE, *Les livres, »scriptoria« et Bibliothèques du commencement à la fin du XIe siècle*, Lille, 1938.
L. MOULIN, *Le monde vivant des religieux*, Paris, 1964.
ID., *L'Aventure européenne. Introduction à une sociologie du développement économique de l'Occident*, Brügge, 1965.
ID., *La vie quotidienne des religieux au Moyen Age, X^e^-XVe siècles*, Paris, 1978.

BILDERQUELLEN

Admont, Benediktinerabtei
Amsterdam, Rijksmuseum
Antwerpen, Koninklijk Museum voor Schone Kunsten
– Museum Mayer van den Bergh
– B. Urban
– R. Van den Boom
Bad Homburg von der Höhe, Verwaltung der Staatlichen Schlösser und Gärten Hessens
Bamberg, Staatliche Bibliothek
Barcelona, Ampliaciones y Reproducciones Mas
Berlin, Photoatelier Jörg P. Anders
– Staatliche Museen Preussischer Kulturbesitz
– Staatsbibliothek Preussischer Kulturbesitz
Beuron, Beuroner Kunstverlag GmbH
Bremen, Universitätsbibliothek
Bretteville-sur-Odon, Photo Yves le Clerc
Brüssel, A.C.L.
– Koninklijke Bibliotheek Albert I
– Koninklijke Musea voor Kunst en Geschiedenis
– Koninklijke Musea voor Schone Kunsten van België
– Photo Rousseau
Caen, Stadtverwaltung
Cambridge, Trinity College Library
– University Library
Chantilly, Musée Condé
Chenove, Minirel Création
Cleveland, The Cleveland Museum of Art, Purchase, Leonard C. Hanna Jr. bequest
Dijon, A. Berlin
– Bibliothèque Municipale
– Musée des Beaux-Arts
Disentis, Benediktinerabtei
Durham, The Dean and Chapter Library
Ettal, Benediktinerabtei
Florenz, Scala
– Uffizien
Gent, Centrum voor Kunst en Cultuur
– Dienst Monumentenzorg en Stadsarcheologie
– Foto-atelier De Rammelaere
– Museum voor Schone Kunsten
– Museum voor Stenen Voorwerpen
Haarlem, Foto E. de Haas
– Teylers Stichting
Hannover, Niedersächsische Landesbibliothek
Hekelgem, Abdij Affligem
Karlsruhe, Badische Landesbibliothek
Köln, Rheinisches Bildarchiv
– Schnütgen-Museum
Kopenhagen, Kongelige Bibliotek
Krems, Institut für Mittelalterliche Realienkunde Österreichs
Kremsmünster, Benediktinerabtei
La pierre-qui-vire, Zodiaque
London, Courtauld Institute of Art
– British Library
– British Museum
– The Brompton Oratory
– Hampton Court, Royal Collection, courtesy of Her Majesty the Queen
– Angelo Hornak/Vision International
– Lambeth Palace Library
– National Gallery
– National Monuments Record
– O. Smith
– Sotheby Parke Bernet Publications Ltd
– Thames and Hudson Ltd
– Victoria and Albert Museum
Lüttich, J. Mascart
– Musée Curtius
– Musée de l'Art Wallon et de l'Evolution Culturelle de la Wallonie
– F. Niffle
Lyon, M. Lescuyer et fils
Madrid, Archivo Historico Nacional
– Bibliotheca Nacional
Mailand, I. Buga S.a.S.
Mainz, Foto Popp
Marburg, Bildarchiv Foto Marburg
Maria-Einsiedeln, Benediktinerabtei
Maria-Laach, Kunstverlag Maria-Laach
– Jaca Book
– Pubbli Aer Foto
Mönchengladbach, Kunstverlag Hans Storms
München, Bayerische Staatsbibliothek
– Dr. Johannes Steiner
New York, Pierpont Morgan Library
Nürnberg, Germanisches Nationalmuseum
Ottobeuren, Photo Braun
Oxford, The Bodleian Library
Padua, Monastero di Santa Giustina
Paris, Bibliothèque de l'Ecole des Beaux-Arts
– Bibliothèque Nationale
– Caisse Nationale des Monuments et des Sites – Arch. Phot. Paris/S.P.A.D.E.M.
– Documentation Photographique de la Réunion des Musées Nationaux
– Photographie Giraudon
– Jean Raibier
– Service Photographique des Musées Nationaux
Parma, Bibliotheca Palatina
– Studio Fotografico Tosi
Pijnacker, Fas Keuzenkamp
Rom, Bibliotheca Apostolica Vaticana
Rotterdam, Museum Boymans-van Beuningen
Rouen, Bibliothèque Municipale
Sable-sur-Sarthe, Abbaye Saint-Pierre de Solesmes
Salzburg, Benediktinerinnenabtei Nonnberg
Saint-Omer, Musée de la Ville
Sankt Gallen, Pius Rast
– Stiftsbibliothek
Sankt Moritz, H. Steiner
Schaffhausen, Stadtverwaltung
Scheyern, Benediktinerabtei
Seitenstetten, Benediktinerabtei
Sint-Amandsberg, Walter de Mulder
Stuttgart, H. Schmidt-Glassner
– Württembergische Landesbibliothek
Tielt, Uitgeverij Lannoo
Urach, Robert Holder Presse-Foto-Verlag
Utrecht, Stichting Catharijneconvent
– Universiteitsbibliotheek
Voorburg, A. Frequin
Watford, Woodmasterne Ltd
Wien, Bundesdenkmalamt
– E. Mejchar
– Fritz Molden Verlag
– Österreichische Nationalbibliothek
– Österreichisches Museum für Angewandete Kunst
– Gerhard Trumler
Wilhelmsburg, Foto Fasching
Wolfenbüttel, Herzog August Bibliothek
Würzburg, Photo-Handlung Gundermann
York, The Yorkshire Museum
Zeist, Rijksdienst voor de Monumentenzorg
Zürich, Ex Libris Verlag

INHALT